权威·前沿·原创

皮书系列为
"十二五""十三五"国家重点图书出版规划项目

本书获河南省社会科学院哲学社会科学创新工程试点经费资助

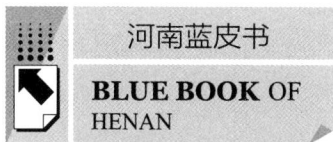

河南蓝皮书

BLUE BOOK OF
HENAN

河南文化发展报告
（2019）

ANNUAL REPORT ON CULTURAL DEVELOPMENT OF HENAN

(2019)

以改革创新推动文化建设

主　编／谷建全

副主编／李立新　杨　波

社会科学文献出版社

SOCIAL SCIENCES ACADEMIC PRESS（CHINA）

图书在版编目（CIP）数据

河南文化发展报告：以改革创新推动文化建设.
2019／谷建全主编. －－北京：社会科学文献出版社，
2019.8
（河南蓝皮书）
ISBN 978 - 7 - 5201 - 5335 - 5

Ⅰ.①河… Ⅱ.①谷… Ⅲ.①文化发展 - 研究报告 -
河南 - 2019 Ⅳ.①G127.61

中国版本图书馆 CIP 数据核字（2019）第 180244 号

河南蓝皮书

河南文化发展报告（2019）
——以改革创新推动文化建设

主　　编／谷建全
副 主 编／李立新　杨　波

出 版 人／谢寿光
责任编辑／杜文婕
文稿编辑／李惠惠

出　　　版／社会科学文献出版社·城市和绿色发展分社（010）59367143
　　　　　　地址：北京市北三环中路甲29号院华龙大厦　邮编：100029
　　　　　　网址：www. ssap. com. cn
发　　　行／市场营销中心（010）59367081　59367083
印　　　装／天津千鹤文化传播有限公司

规　　　格／开　本：787mm×1092mm　1/16
　　　　　　印　张：23.5　字　数：352千字
版　　　次／2019年8月第1版　2019年8月第1次印刷
书　　　号／ISBN 978 - 7 - 5201 - 5335 - 5
定　　　价／128.00元

河南蓝皮书编委会

主要编纂者简介

谷建全　河南省社会科学院院长，研究员，经济学博士，博士生导师。郑州大学、河南科技大学、河南工业大学、河南理工大学兼职教授。国家"万人计划"首批人选、国家哲学社会科学领军人才、国务院特殊津贴专家、文化名家暨全国宣传文化系统"四个一批"优秀人才、河南省优秀专家、河南省宣传文化系统"四个一批"优秀人才、河南省跨世纪学术技术带头人。中国劳动经济学会副会长，河南省信息化专家委员会副主任委员，主要从事产业经济、科技经济、区域经济研究。近年来，公开发表学术论文200余篇，出版学术专著15部，主持国家、省级重大研究课题30余项，获得省部级奖励20余项，主持编制各类区域发展规划100余项，30余项应用对策研究得到省委省政府领导批示。

李立新　河南省社会科学院文学研究所副所长、研究员，兼任河南省社会科学院中原文化研究中心副主任、河南省姓氏祖地与名人里籍研究认定中心副主任兼秘书长、河南省姓氏文化研究会副会长兼秘书长、《黄河文化》副主编。长期致力于甲骨学殷商史与中原文化研究，在《考古与文物》《中国历史文物》等杂志发表论文50余篇，并编著《中原文化解读》《华夏历史文明传承创新研究》等专著。主持并完成国家社科基金课题一项。连续多年参与河南省委省政府文化建设相关文件的起草工作和省内外文化专题调研活动。

杨　波　河南省社会科学院文学研究所副所长、副研究员，第二届河南省直青联委员，河南省宣传思想文化战线第六批"四个一批"人才。兼任中国《三国演义》学会理事、河南省文学学会副秘书长等职。主要从事中国古典文学和中原文化研究，在《中国文化研究》《中州学刊》等刊物上发表学术论文30多篇，出版《诰命敕命真迹》《乡党有德泽教化》等专著8部，主持并完成国家社科基金青年项目1项，参与完成省部级以上课题"华夏历史文明传承创新区建设的战略布局及发展路径研究""新农村建设中的豫西窑院文化保存现状及保护对策研究"等7项，科研成果多次获得省部级优秀社科成果奖。

摘　要

2018 年是改革开放 40 周年，也是贯彻落实十九大精神的开局之年。河南以党的十九大精神和习近平总书记调研指导河南时的重要讲话为统领，紧紧围绕"构筑全国重要文化高地"和"让中原更加出彩"的要求，大力推进河南文化建设。全省基层公共文化服务体系不断完善，公共文化服务体系示范区和示范项目建设渐入佳境，公共文化服务效能显著提升，文化惠民工程扎实推进；文化产业体量和质量均稳步增长，规模以上文化企业增长迅速，行业分布更趋合理，文化产业"双十"工程取得新进展，文化产业示范基地建设不断提升。2017 年河南省文化及相关产业增加值为 1341.8 亿元，比 2016 年的 1212.8 亿元增加了 129.0 亿元，年增幅 10.6%，占全省 GDP 的比重为 3.01%。文化产业增加值在中部六省位居第一，文化产业对河南经济发展的贡献不断增大；各地市区域文化竞争力呈现差异化倾向。2019 年，河南省将改善优化营商环境，加大力度深化改革，进一步提升开放水平，促进文化旅游融合发展，推动中原优秀传统文化创造性转化和创新性发展。

关键词：河南　改革创新　文化事业　文化产业　区域文化竞争力

目 录

Ⅰ 总报告

Ⅱ 文化事业篇

Ⅲ 文化产业篇

Ⅳ　文学艺术与传播篇

Ⅴ　区域篇

皮书数据库阅读**使用指南**

总 报 告

General Reports

B.1

2018~2019年河南文化发展
态势分析与展望

河南省社会科学院课题组*

摘　要： 2018年是改革开放40周年。河南紧紧围绕"新时代怎样让中原更加出彩"的重大时代命题，不断加大对公共文化建设的政策扶持力度和资金投入，努力提高文化设施的便捷性、普适性和有效性，持续加大对文化产业培育发展力度，河南文化产业集聚发展水平和文化企业市场竞争能力不断提升，文艺精品创作频频获奖，与世界联系的广度、密度与深度逐渐推进，在文化建设方面取得了不少喜人的成绩，为未来发展积蓄了强大动能和潜力。同时，存在公共文化事业资金投

---

* 课题组组长：李立新。副组长：杨波。课题组成员：郭海荣、陈勤娜、卢冰、田丹。执笔：郭海荣、陈勤娜。

入总量偏低，公共文化服务体系建设有待完善，优势文化资源的产业化程度偏低，文化产业与其他产业融合不够，文化政策棚架现象需要改善，文化人才队伍建设有待加强等问题。2019年，河南将继续保持健康稳定的发展势头，推动文化与旅游的融合发展迈上新台阶，丰富对外文化交流的形式与内容，持续加大文化建设资金投入，努力打造一支强有力的文化人才队伍，为满足新时代人民对文化建设的新期待新需求而努力前行。

关键词： 改革开放40周年　文化建设　文化产业　公共文化事业

一　2018年河南文化建设基本态势

（一）改革开放40年河南文化站在新起点

2018年是改革开放40周年，是贯彻落实十九大精神的开局之年，是习近平总书记调研指导河南工作四周年，也是坚定文化自信、推动社会主义文化繁荣发展的关键之年。习近平总书记2014年调研指导河南时指出，"实现'两个一百年'奋斗目标、实现中华民族伟大复兴的中国梦，需要中原更加出彩"[1]，从而"把中原出彩与中国梦紧密联系在一起，照亮了河南发展前行之路"[2]。2018年6月，中共河南省委在十届六次全会上提出要"肩负起新时代中原更加出彩的历史使命"，以实力和能力回应总书记的嘱托。这是继河南省八次党代会提出"加快从文化资源大省向文化

---

[1] 《总书记河南考察侧记》，人民网，2014年5月12日，http：//ha.people.com.cn/n/2014/0512/c351638-21182578.html。

[2] 《河南省委十届六次全会暨省委工作会议召开　王国生陈润儿讲话》，濮阳网，2018年6月30日，http：//www.pyxww.com/ztlm/pyzxd/2018-08-31/36992_2.html。

强省跨越"、河南省九次党代会"加快建设文化强省"和河南省十次党代会"加快构筑全国重要文化高地"这几大阶段性奋斗目标之后,河南省委对河南文化发展建设提出的新的任务和要求,充分表明经过40年改革开放之后,河南文化又一次站在新的历史起点。河南以党的十九大精神和习近平总书记调研指导河南时的重要讲话为统领,紧紧围绕"构筑全国重要文化高地"和"中原更加出彩"的要求,深刻领会和把握什么是中原更加出彩和中原怎样才能更加出彩这两大时代命题,大力推进河南文化建设,努力壮大文化产业,不断提升公共文化服务水平,提高河南人民文化素养,加快传统中原文化传承创新发展,加大对外文化交流力度,通过不断努力为未来发展积蓄强大动能和发展潜力。在"中原更加出彩"整体目标引领下,河南省文化建设进入总结反思再前行的新的历史发展阶段。

(二)公共文化服务体系不断完善

公共文化服务体系的不断完善,是河南文化建设的又一显著特点。2018年,河南省持续加大对公共文化建设的政策扶持力度和资金投入力度,进一步提升公共文化基础设施的科技含量,努力通过"互联网＋公共文化服务"模式,提高文化设施的便捷性、普适性和有效性,有效提升了公共文化的服务效能。截至2018年底,全省共有文化馆206个,博物馆335个,其中新增民办及行业博物馆52个,公共图书馆158个;公有制艺术表演团体171个;全国重点文物保护单位358处,省文物保护单位1231处,入选国家级非物质文化遗产名录113个;有线电视用户1023.21万户,广播综合人口覆盖率与电视综合人口覆盖率分别达98.62%和98.84%;全年图书出版总印数2.71亿册,期刊出版总印数0.85亿册,报纸出版总印数18.15亿份;综合档案馆177个,已开放各类档案494.22万卷(件),各项数据较上年均有不同程度增长,综合服务能力不断增强。

公共文化服务体系示范区和示范项目建设渐入佳境。创建公共文化服务体系示范区或示范项目的主要目标，是尝试解决公共文化服务体系建设中有可能遇到的困难和问题，构建相对完善的公共文化服务体系。2011年国家级公共文化服务体系示范区（示范项目）创建活动启动以来，河南省创建国家级公共文化服务体系示范区和示范项目分别为4个和8个，省级公共文化服务体系示范区和示范项目各有24个，各级公共文化服务体系示范区所在地的公共文化建设依托这一平台实现较大飞跃，各级公共文化示范项目也得到了较快发展。国家和省财政给每个示范区、示范项目的投入也减轻了创建地区地方财政的公共文化投入压力。这些示范区和示范项目，依托地方特色文化资源，借助数字网络技术和现代传播手段，为民众提供了更为丰富多彩的公共文化服务，也为河南公共文化服务体系建设的全面提升提供了现实参考和有益借鉴。开展示范区和示范项目评选活动，大大增强了地方推动公共文化建设的积极性和主动性。如2016年荥阳市取得河南省第四批公共文化服务体系示范区创建资格以来，在推动地方公共文化服务体系建设、加大公共文化服务创新力度方面，取得许多可圈可点的成绩：一是加强场馆建设，打造出文体设施"5分钟服务圈"，荥阳图书馆和荥阳市文化中心被评为国家一级馆；二是加强基层文化建设，对全市村（社区）综合文化服务中心进行升级改造，全市297个村（社区）全部建成达标的综合文化服务中心，设置率达94％，基本实现了三级公共文化设施全覆盖①。

　　不断加大的考核力度有效促进了公共文化服务效能的提升。经过多年的发展，河南省公共文化服务体系建设取得良好成绩，同时对公共文化建设的考核力度也在不断加大。为了提升现代公共文化服务效能，2018年7月30日，河南省政府办公厅印发《河南省现代公共文化服务体系建设绩效考核办法（试行）》（以下简称《考核办法（试行）》），通过对设施建设、服务供给、保障措施、社会评价几个方面的评估，对示范区和示范项

---

① 《河南省第四批公共文化服务体系示范区创建单位亮点展示——荥阳公共文化建设可圈可点》，"公共文化空中大课堂"微信公众号，2018年6月22日，https：//mp. weixin. qq. com/s？＿＿biz＝MzI3MzEzMjE2Mg％3D％3D＆idx＝1＆mid＝2650314195＆sn＝2e5292ace3c15170c1a339acb7dd1d84。

目进行考核评定并进行排序，对考核成绩突出的地方给予奖励，而对于连续两次考核在后两名的地方则给予通报批评并限期整改。《考核办法（试行）》的出台对示范区（示范项目）的建设起到非常积极的监督作用，可以有效避免重申报不重管理的情况发生，为入选示范区或示范项目的单位箍上科学管理的紧箍咒。同年10月，河南省文化厅也下发了《河南省文化厅关于开展乡镇综合文化站专项治理工作的通知》，对各地公共文化建设提出具体评价标准，激发了地方文化建设的主动性，大大提升了公共文化服务的效能。

文化惠民工程开展扎实有效。文化惠民工程是推进公共文化服务标准化、均等化，让百姓共享文化建设成果的直接方式，其开展情况必然会影响公共文化服务活动的实施效果。近年来，河南始终坚持"让群众走近文化，让文化贴近生活"，以更具针对性的内容供应满足省内不同群体的文化需求。"中原文化大舞台""戏曲进校园""农家讲堂""农村放映室""河南省乡村音乐厅""周末公益剧场""舞台艺术送农民"等各种类型的活动经过几年的发展，不断成熟完善，为百姓提供了丰富多彩的文化生活。以周口为例，截至2018年底，"周口公益剧场"已演出500余场，演出节目1100多个，参演人数近5万人次，观众达460万余人次，已经成为周口持续时间最长、观看人数最多、地方影响最大的基层群众文化品牌，不仅入选第一批国家级公共文化服务体系示范项目，还被中宣部评为"全国宣传思想文化工作创新案例"并在全国推广。加强文化惠民活动的多样性、针对性和有效性，也是河南各地市纷纷采取的便民举措。河南多地市借鉴焦作市"百姓文化超市"的文化服务，积极整合地方文化资源，采取"百姓点单、精准供给"的模式，因地制宜推出地方民众喜闻乐见的文化活动，避免文化供给的单一性、片面性和盲目性。鹤壁市依托几大节会，形成"春有樱花节、夏有诗歌会、秋有文博会、冬有古庙会"的文化供给模式，保证全年文化活动不断档、有新意、有趣味。三门峡市为丰富群众文化生活，努力打造文化品牌，形成以"万人帐篷节""消夏文化节""国际摄影节""唱响三门峡"为主的群众文化活动品牌，为群众提供了丰富多彩的文化活动，群众满意度大幅提高。

（三）文化产业体量和质量均稳步增长

河南文化建设的第三大年度显著特点，是文化产业体量和质量均稳步增长。2018 年，河南以推进文化产业"双十工程"为龙头，加大对文化产业培育发展力度，重视加强文化产业园区建设，持续关注重点文化企业，推动中小企业做大做强，培育有特色的新兴文化产业，文化产业发展实现新的突破。2017 年河南省文化及相关产业增加值为 1341.8 亿元，比 2016 年的 1212.8 亿元增加了 129.0 亿元，同比增长 10.6%，占全省生产总值的比重为 3.01%。文化产业增加值在中部六省位居第一，显示出较为强劲的发展动力。其中，文化制造业增加值为 584.67 亿元，占 43.6%；文化批零业增加值为 166.81 亿元，占 12.4%；文化服务业增加值为 590.32 亿元，占 44.0%。文化服务业长幅较大，较上年增长 32.1%，增加值首次超过文化制造业（见表 1）。文化产业对河南经济发展的贡献度不断提升，为河南构筑全国文化发展高地、推动中原更加出彩打下了坚实基础。

表 1　2017 年河南省文化及相关产业增加值情况

单位：亿元，%

产业类别	增加值	增速	占比
文化制造业	584.67	-3.9	43.6
文化批零业	166.81	6.1	12.4
文化服务业	590.32	32.1	44.0
全省	1341.80	10.6	100.0

资料来源：根据《河南统计年鉴（2018）》整理。

规模以上文化企业增长迅速。2017 年全省规模以上文化及相关产业企业拥有资产 3330.07 亿元，比上年增长 2.2%；全省规模以上文化及相关产业企业 3424 家，比上年增加 216 家，增长 6.7%。其中文化制造业企业 974

家，比上年增长－5.8%，从业人员 287614 人，行业资产总计 1508.48 亿元，年营业收入 2574.87 亿元，利润总额 189.59 亿元；文化批零业企业 736 家，比上年增长 1.2%，从业人员 41677 人，行业资产总计 219.98 亿元，年营业收入 435.54 亿元，利润总额 28.19 亿元；文化服务业企业 1714 家，比上年增长 18.5%，从业人员 167739 人，行业资产总计 1601.61 亿元，年营业收入 606.76 亿元，利润总额 78.83 亿元。三者企业数量占比分别为28.4%、21.5%和50.1%，文化服务业企业单位数占比首次过半，比上年提高了 5.0 个百分点，利润总额占比分别为 63.9%、9.5%和 26.6%（见表2）。这些数据的变化充分表明河南文化产业发展趋势，即文化产业类型开始进入调整期，制造业由小而多逐步向少而强迈进，聚拢优势资源提升企业及产品的市场竞争力是文化制造业今后的发展方向。文化批零业受网络渠道影响较大，虽然企业数量有所增加，但利润下滑明显。文化服务业正迎头赶上，法人单位数、从业人员、占比及利润都有较快的增长。

表2 2017 年河南省规模以上文化产业企业基本情况

指标名称	法人单位数（家）	从业人员期末人数（人）	资产总计（亿元）	营业收入（亿元）	利润总额（亿元）
全省	3424	497030	3330.07	3617.17	296.61
按产业类型分组					
文化制造业	974	287614	1508.48	2574.87	189.59
文化批零业	736	41677	219.98	435.54	28.19
文化服务业	1714	167739	1601.61	606.76	78.83
各产业占比（%）					
文化制造业	28.4	57.9	45.3	71.2	63.9
文化批零业	21.5	8.4	6.6	12.0	9.5
文化服务业	50.1	33.7	48.1	16.8	26.6

资料来源：根据《河南统计年鉴（2018）》整理。

行业分布更趋合理。2017 年河南从事文化核心领域的规模以上企业达到2351 家，增长 9.3%，占全部规模以上文化及相关产业企业的 68.7%，比上年提高了1.6个百分点，其中内容创作生产、创意设计服务、文化传播渠道、文化娱乐休闲服务、新闻信息服务、文化投资运营分别占19.2%、18.1%、14.7%、14.2%、2.2%和0.2%。从事文化相关领域的规模以上企业1073家，增长1.5%，占比为31.3%，其中文化辅助生产和中介服务、文化消费终端生产、文化装备生产占比分别为16.2%、11.9%和3.3%。文化核心领域从业人员299491人，资产22433539.7万元，营业收入18561398.6万元，利润总额1586909.8万元。文化相关领域对应数据分别为197539人、10867171.2万元、17610301.6万元和1379181.5万元。文化核心领域的增幅明显、占比提高，表明文化产业结构更趋合理，文化产业质量有效提升。

文化产业"双十"工程取得新进展。为持续培育壮大河南文化市场主体，提升文化产业集聚发展水平、提高河南文化企业市场竞争力，河南省多年来持续推进"双十"工程，对有基础、有竞争力、有影响力、有前景的文化产业园区和文化企业进行重点扶持。2018年12月，河南省第三届（2018~2019年）文化产业"双十"工程入选名录公布，郑州国际文化创意产业园、开封宋都古城文化产业园、汝州市汝瓷电子商务产业园、许昌钧瓷文化创意产业园、镇平县（石佛寺镇）玉文化产业园、鹿邑县曲仁里老子文化产业园六家文化产业园区入选河南省第三届"双十"工程重点文化产业园区；河南日报报业集团有限公司、中原出版传媒投资控股集团有限公司、河南有线电视网络集团有限公司、郑州华强文化科技有限公司、郑州报业集团、开封清明上河园股份有限公司、兰考县成源乐器音板有限公司、洛阳日报报业集团、河南省杂技集团有限公司、河南瑞贝卡发制品有限公司十家文化企业入选河南第三届"双十"工程重点文化企业名单。

文化产业示范基地建设不断加强。为推动河南文化产业示范基地建设，2018年5月，河南省文化厅开展了河南第七批省级文化产业示范基地评选活动，经过为期一个多月的评选，河南省国脉文化产业园有限公司、郑州勤丰实业有限公司等29家企业入选，成为河南文化企业发展的典型。详细名单如下：①河南省国脉文化产业园有限公司；②郑州勤丰实业有限公司；③河南省利伟文化传播有限公司；④河南一涵汴绣有限公司；⑤开封"开封府"旅游开发有限公司；⑥河南健特生物科技集团有限公司；⑦洛阳隋唐百戏文化发展有限公司；⑧洛阳双元围棋文化发展有限公司；⑨河南尧神文化传播有限公司；⑩鹤壁国立光电科技股份有限公司；⑪河南狮傲康实业有限公司；⑫沁阳市蓝钻文化产业有限公司；⑬濮阳市华艺国际文化传媒有限公司；⑭禹州市周家钧窑有限公司；⑮河南瑞美真发股份有限公司；⑯三门峡陕州地坑院文化有限责任公司；⑰三门峡市金土地食品有限公司；⑱南阳市博采工艺品有限公司；⑲南阳多宝堂文化传播公司；⑳河南宏昌科技有限公司；㉑天明民权葡萄酒有限公司；㉒信阳大别山民俗文化产业有限公司；㉓河南大别山西河旅游发展开发股份有限公司；㉔郸城新视界文化影视有限公司；㉕项城市越野杂技团有限公司；㉖河南昊韵乐器有限公司；㉗济源市卢全茶业有限公司；㉘汝州宣和坊汝瓷有限公司；㉙汝州市朱文立汝瓷艺术有限公司。这些示范基地涉及文化传播、文化旅游、生物科技、电子科技、传统工艺、民俗文化等多个领域，丰富和发展了河南文化产业的内涵与品类。

（四）文学艺术创作产生较大反响

　　河南文化建设的年度显著特点之四，是文学艺术创作产生较大反响。2018年，河南文艺工作者坚持以习近平总书记关于文艺创作的一系列讲话精神为指导，坚持以人民为中心的创作导向，创作出一大批优秀文艺作品。在文学创作方面，中原作家群展现出强劲的创作实力。长篇小说创作方面，李洱的《应物兄》和周大新的《天黑得很慢》无疑值得关注。李洱的《应物兄》这部现象级作品被评论家赞为"升级版《围城》"，并位居"2018收获文学排行榜"长篇类榜首。周大新的《天黑得很慢》以"拟纪实"的方式，对当下老年人生活给予了关注。中短篇小说方面，邵丽当仁不让扛起大旗，她的新作《春暖花开》《我的婆婆》对人性及人际关系的拿捏非常细腻准确。乔叶的《四十三年简史》、李清源的《没有人死于心碎》、张运涛的《聪明记》和八月天的《非常约会》等作品，也是年度佳作。散文方面，刘庆邦的长篇纪实散文《我就是我母亲》，冯杰讲述北中原精怪文化的《午夜异语》，简单的随笔集《落凫记》，以及河南省散文学会主办的梦情散文集《愿人生光芒万丈》等广受好评。在诗歌方面，《我在你的路上：邵丽诗集》（邵丽）、《马新朝诗选》（马新朝）、《黄河传》（耿占春）、《从缪斯山谷归来》（蓝蓝）、《坐一辆拖拉机去耶路撒冷》（谷禾）等诗集颇有影响。在文学评论研究方面，孔会侠的《李佩甫评传》和赵富海的《南丁与文学豫军》在社会上产生较大反响。在电影电视制作方面，河南影视制作在政府的扶持及创作人员的努力下始终稳步发展。截至2018年9月，河南省影片剧本备案111部，有9部作品获得电影公映许可证，剧本备案数和获证数量均位居全国第八。电视剧方面，2018年河南共受理电视剧题材备案52部2189集，其中已通过备案公示剧目24部1078集；受理电视动画备案8部1888分钟。审查电视剧完成并核发《国产电视剧发行许可证》2部68集；审查电视动画片并核发《国产电视动画片发行许可证》4部676分钟。作为戏曲大省，2018年河南戏曲界的表现也同样可圈可点。河南省曲剧艺术保护传承中心创排了现代曲剧《信仰》，新乡市演艺有限责任公司创排了大型精准扶贫新编现代豫剧《老村里的新故事》，许昌桑派豫剧院以张文亚"割肝救母"的真实事迹为依据创排了《撼天情》。此外，话剧《兵团》、豫剧《苍生大医》、越调《吉鸿昌》、京剧《马蹄声碎》的剧本创作完成，豫剧《南水迢迢》《重上太行山》《大国工匠》和歌剧《银杏树下》等的剧本创作正在推进，扶贫题材豫剧《尧山情》《重渡沟》则在试演后进入了加工提高阶段。

在大量优秀作品的支撑下，2018年河南文艺精品创作频频获奖。文学创作方面，阎连科风头强劲，小说《日熄》先后获美国《柯克斯书评》2018年度十佳翻译小说、美国《出版商周刊》2018年度好书等奖项，这也是2018年唯一入围的华语类书籍。阎连科《田湖的孩子》在"《收获》文学排行榜"上位居非虚构类作品第二。河南年轻诗人杜涯的诗集《落日与朝霞》荣获第七届鲁迅文学奖诗歌奖，成为河南省第四位获此殊荣的诗人。在"第十四届《当代》长篇小说年度论坛暨第十九届《当代》文学拉力赛"评议中，李佩甫的《平原客》和梁鸿的《梁光正的光》入选"2017 年度五佳作品"，河南作家作品占据两席。梁鸿的《梁光正的光荣梦想》（单行本名为《梁正光的光》）和刘庆邦的《牛》分别荣获"年度长篇小说总冠军"和"年度中短篇小说总冠军"。刘庆邦的《陪护母亲日记》获得第十四届《十月》文学奖；邵丽获第四届"林斤澜篇短小说奖"之"优秀短篇小说作家奖"；鱼禾凭借《界限》荣获 2018 年度"弄潮杯"人民文学奖散文奖；侯发山获小小说金麻雀奖（2015～2017 年度）；阿慧的《大地的云朵》在"2017《民族文学》年度奖"评选中荣获韩文版散文纪实类年度奖；赵克红的《回望故乡》荣获第八届冰心散文奖；毕祖金的《椰岛椰韵情》获"第五届中外诗歌散文邀请赛"一等奖和最佳散文奖；2018 年 12 月，诗人高春林荣获 2018 年"诗东西奖"，周大新则凭其长篇新作《天黑得很慢》斩获首届南丁文学奖。影视戏曲方面，河南新闻出版广电局和商丘市联合制作的主旋律电影《李学生》，入围 2018年加拿大金枫叶国际电影节院线类电影奖，李学生的扮演者宋禹获得最佳男演员奖。在第十一届中国旅游电视周中，河南省报送的 12 部作品全部获奖，其中《大天鹅》荣获最佳作品奖，《遇见真实的自己》《陈家沟》《榼坠》摘得优秀作品奖，《陕源洞天》《爱上砀山》《河南历史文化博览》《崖上人家》《诚信传家　大宅绵延》《天鹅之城》《灵境宝地》《家园》等喜获好作品奖。第十一届全国微视频短片评优年会上，河南卫视自制的《四十年》获得短视频公益类一等奖，《坚守》获短视频剧情类一等奖。河南广播电视台民生频道制作的《我愿意》和河南卫视《老家的味道》在 TV 地标（2018）中国电视媒体综合实力大型调研活动中荣获年度上星频道最具创新影响力节目。在中国全媒体年会上，《我是河南人，河南再出发》《兰考之变》《向着黎明出发》《崤函子弟在军营》《市民学校》《我愿意》《好人王雪涛》《周口市 2016 年度公益人物颁奖晚会》八部作品荣获全国优秀公益电视节目作品奖，庞晓戈、关枫荣获公益主持人类优秀主持人奖①。河南广播电视台卫星频道主持人关枫在2018年"金牌主播"评选活动中获"2018电视十佳金牌主播"大奖。在出版发行方面，《中国三十大发明》和《中国创造故事丛书》入选2018年全国优秀科普作品，这也是河南省科普读物第一次获此殊荣。

（五）文化遗产保护有序推进

河南文化建设年度显著特点之五，是文化遗产保护有序推进。一是继续加快推进大运河大遗址文化遗产的保护工作。多地市积极加强考古遗址公园建设，将生态绿化与遗址文化相结合，推进"生态保遗"，仅郑州市2018年就"新建遗址生态文化公园17处，绿化面积2.4万亩，基本形成中心城区遗址生态文化公园文化带"。二是不断扩大保护城乡传统格局和历史风貌范围。为更好保护河南优秀历史文化遗产，保护城乡传统格局和历史风貌，2018年7月，河南省公布了第一批15个省级历史文化街区名单，即开封市双龙巷历史文化街区、开封市书店街历史文化街区、开封市马道街历史文化街区、洛阳市东西南隅历史文化街区、安阳市仓巷街历史文化街区、安阳市西大街历史文化街区、安阳市城隍庙——高阁寺历史文化街区、浚县东大街历史文化街区、浚县南山街历史文化街区、淇县中山街历史文化街区、濮阳县明清四街历史文化街区、商丘市北城历史文化街区、商丘市南城历史文化街区、新密市县衙——礼节街历史文化街区、新密市仁育街历史文化街区等。三是一批博物馆纪念馆陆续建成。河南文物博物馆建设进入新阶段，二里头遗址博物馆主体已经封顶，河南省博物院主馆改造工程正在有序进行，中原考古博物院正在建设，郑州博物馆新馆主体结构已经建成。截至2018年底，河南省已经建成各类博物馆纪念馆340座，形成以河南博物院为核心、以各地方博物院为主、以非国有博物院馆为辅的网络体系。四是河南文物保护、管理、交流和展示水平明显提升。2018年，河南博物院与洛

---

① 《中国全媒体年会在京举行 豫8部作品2位主持人获奖》，中华网，2018年6月26日，https：//henan.china.com/news/yw/11185132/20180626/25229618.html。

阳博物馆共同主办的"谁调清管度新声——丝绸之路音乐文物展"荣获第十五届（2017 年）全国博物馆十大陈列展览精品推介精品奖，《谁调清管度新声——丝绸之路音乐文物》一书获得"2017 年度全国文化遗产十佳图书"的称号①。同年，河南博物院社会教育服务部获得"全国文物系统先进集体"称号②。11 月，在第八届"中国博物馆及相关产品与技术博览会"上河南文物系统获得多个奖项，河南省十三家文博单位共同获得"最佳展示奖"，河南省博物院"数字课堂教育公共服务平台"项目荣获"第四届全国十佳文博数字技术产品及服务奖"，河南博物院"志愿者团队"微博除荣获"2018 年度文博十大创新力官微"奖外，还获得"中国博物馆十佳志愿者之星""优秀项目提名奖""'十佳'教学设计"等多个奖项，被戏称为"获奖专业户"。这些奖项表明，河南文物保护、管理、交流和展示水平有了明显提高，服务能力得到有效提升。

继续加大对非物质文化遗产的保护工作。2018 年 5 月，《河南省传统工艺振兴计划》正式出台，明确提出通过建立河南省传统工艺振兴目录、扩大非遗传承人队伍、加强传统工艺传承人研修培训、培育传统工艺知名品牌、拓宽销售渠道、加强国内外交流等十项措施，加强传统工艺的传承保护，"到2020 年，传统工艺的传承和再创造能力、行业管理水平和市场竞争力、从业者收入以及对城乡就业的促进作用得到明显提升"。③ 此后各地市纷纷开展培训学习交流活动。8 月，第二期河南省非物质文化遗产（传统技艺类）保护和传承培训班在郑州举办；9 月，洛阳市非遗传统技艺保护工程培训班在洛阳文化馆举办；10 月，焦作市举办了传统工艺传承人群研修培训班暨2018 年传统技艺抢救保护工程工作推进会。2018 年河南省共有 43 位非遗传承人入选第五批国家级非物质文化遗产代表性项目代表性传承人名

---

① 参见河南博物院网站，http：//www.chnmus.net/sitesources/hnsbwy/page _ pc/wbzx/yndt/list9.html，最后访问时间：2019 年 7 月 1 日。
② 《河南博物院社会教育服务部荣获"全国文物系统先进集体"》，搜狐网，2018 年 7 月 26 日，http：//www.sohu.com/a/243568550_ 99931229。
③ 《河南省传统工艺振兴计划》，河南省文旅厅网站，2018 年 5 月 14 日，http：//gov.hawh.cn/content/201805/14/content_ 413093.html。

单，其中包括"木兰传说"传承人陈时云、"民间社火"（浚县民间社火）传承人孙书林等，这是河南省民间文学和民俗类项目首次入选，实现了国家级非遗项目类别的全覆盖。至此，河南省共有国家级非遗项目113项，国家级非遗代表性项目代表性传承人127人，省级非遗项目728项。河南注重通过多种途径扩大对非物质文化遗产的宣传保护，在重要节庆活动期间，举办各种展演，提高百姓对非遗的认识和喜爱，鹤壁浚县古庙会、淮阳太昊陵庙会、马街书会等非遗展演活动在民间颇具影响力，已经成为河南非物质文化遗产的重要活动品牌。

（六）国内外文化交流成效显著

河南文化建设年度显著特点之六，是国内外文化交流成效显著。2018年，河南加大与世界联系的广度、密度与深度，通过与世界各国的文化交流合作，全方位多角度地展示丰富多彩的中原文化。4月，以"新时代的中国：与世界携手让河南出彩"为主题的外交部河南全球推介活动在北京举行。2018年初，河南积极参与并圆满完成文化部2018年欢乐春节海外巡演任务，共派12个团组201人，在美国、俄罗斯、日本、意大利、卢森堡、葡萄牙、爱尔兰、澳大利亚、新西兰、加蓬、科特迪瓦、波兰、塞内加尔、斐济、新加坡15个国家参与"欢乐春节""四海同春"等文化交流活动，开展各类文化交流演出52场次，观众多达25万人次，以少林武术、杂技演出、民族歌舞为主的河南地方文化深受当地观众好评。2018年河南文化演出遍布世界各大洲，如河南省少林武术表演团的迪拜、保加利亚之旅，河南豫剧团的美国、塞内加尔、加蓬、科特迪瓦之行，《梨园春》剧组在俄罗斯的交流演出等。除演出外，河南还扩大与世界各国的文物文化交流，2018年初"中原音乐文物瑰宝——来自河南博物院的远古和声展"在美国亚利桑那州展出，"洛阳唐三彩艺术展"在波兰展出。7月，河南非遗项目赴日本、斐济展览，包括唐三彩、牡丹画、泥塑、剪纸等中原传统文化技艺深受当地观众喜爱。9月，洛阳24件（套）珍贵文物在沙特阿拉伯国家博物馆亮相。这些活动充分展示了中原文化的魅力，加深了与各国的文化交流。

　　积极融入"一带一路"建设，扩大与沿线国家的交流合作。"一带一路"是近年来国家提出的重大倡议，河南作为古丝绸之路的重要节点省份，在多个领域不断扩大对外文化交流，2018年与沿线国家的文化交流合作突出表现在出版行业。1月，第五期"丝路书香"来华培训研修班在郑州开班，包括巴基斯坦、孟加拉国、斯里兰卡、蒙古国四国的17位高级出版人参加此次学习。年初，中原出版传媒集团中亚首家"中原文化交流中心"在吉尔吉斯斯坦成立，《习近平谈治国理政》、美食烹饪、武术健身、中国旅游、中华文化等方面的图书颇受欢迎，河南省新华书店"云书网"海外文化消费服务店也同步落户。3月，洛阳举行了"河南省'一带一路'语言服务研究中心揭牌仪式暨语言服务体系建设洛阳论坛"，这是河南省首家针对"一带一路"建设开展语言服务的研究中心。4月，首届河南"五侨"服务"一带一路"建设座谈会在郑州召开，来自世界各地的知名华人华侨领袖、商界精英及企业家代表等出席了会议。河南加大与卢森堡的文化经济交流，加强郑卢"空中丝绸之路"的各项建设。河南省委2017年出台了《郑州—卢森堡"空中丝绸之路"建设专项规划（2017—2025年）》，2018年河南卢森堡中心在郑东新区开工建设，并着力将之打造成河南联系世界的"国际客厅"。这些举措将为河南融入"一带一路"、打造对外开放交流高地发挥积极的作用；这些交流可以使当地民众更深入地了解中国，对推动中原文化"走出去"，实现"民心相通、文化相融"的远景目标起到非常积极的作用。

　　根亲文化是河南联系世界的又一个重要桥梁，很多姓氏都举行了丰富多彩的寻根问祖活动。2018年4月，戊戌年黄帝故里拜祖大典吸引了众多海内外华人华侨的加入，第十一届"黄帝文化国际论坛"也以"黄帝文化与新时代"为主题，深入探讨了黄帝文化与时代的深厚关系，为打造全球华人根亲文化圣地提供了智力支撑。与此同时，世界刘姓文化交流暨经贸论坛在鲁山县举行，海峡两岸张氏宗亲联谊活动以"两岸一家亲　欢聚在祖根"为主题在濮阳寻根谒祖，来自菲律宾、新加坡以及我国港澳台地区的施氏宗亲恳亲团在固始团聚。5月，来自世界各地的赖氏（罗氏、傅氏）宗亲代表齐聚息县祭拜始祖叔颖公。9月，泰国林氏宗亲总会共87人到卫辉比干庙拜祖寻根。10月，2018年中国·商丘国际华商节以"齐聚华商源、共筑中国梦、争做出彩人"为主题，欢迎来自海内外的各界代表在华商之源进行交流合作。寻根拜祖之旅加强了全球华人的文化认同，也唤醒了他们学习中原文化的热情。同年6月，"范长江行动——2018香港传媒学子中原行"活动在开封启动，70余名来自香港传媒大学的学生参加了这一活动。7月，海外华裔青少年"中国寻根之旅"夏令营在郑州轩辕黄帝故里开营，来自美国、加拿大、德国、法国等9个国家的240名学生和领队参加了此次活动。河南理工大学举办的"河南省高校外国留学生太极拳体验营"活动，有来自世界24个国家和地区的70多位留学生参加这一活动。该校承办的第十七届"汉语桥"世界大学生中文比赛观摩夏令营，通过激发外国学生学习汉语的热情，进一步加深了对中国语言文化的理解，增强了河南与世界各国的文化交流。

借助"一带一路"和根亲文化平台，河南文化"走出去"在2018年有了新的突破。3月，中国（河南）自由贸易试验区国际物流金融洽谈会在郑州举行，"一带一路"沿线国家的政府机构代表、企业代表及金融高管共200多人参加了会议。4月，新时代"一带一路"城市产融合作论坛、海峡两岸企业家峰会、第十二届中国（河南）国际投资贸易洽谈会先后在洛阳和郑州召开。9月，第五届中原（鹤壁）文化产业博览交易会在鹤壁举办，来自"一带一路"沿线12个国家、全国4个省（区）的6个城市、全省18个省辖市的1220家企业、共计逾4000人参展①；首届中原文化旅游产业博览会在洛阳市召开，共有"一带一路"沿线30多个国家1000多家参展商参展②。丰富的文化交流活动极大地促进了文化产业的发展，也提升了河南文化企业和文化品牌的影响力。在2018年295家国家文化出口重点企业和108个重点项目中，河南有3家企业（河南约克动漫影视股份有限公司、河

---

① 《让中原文化熠熠生辉——写在第五届中原（鹤壁）文化产业博览交易会举行之际》，"大河网"百家号，2018年9月30日，https：//baijiahao. baidu. com/s？id = 1612993016946361511&wfr = spider&for = pc。

② 《首届中原文化旅游产业博览会圆满落幕!》，"大话河南"百家号，2018年9月26日，https：//baijiahao. baidu. com/s？id = 1612630754228701675&wfr = spider&for = pc。

南省山河柳编文化产业有限公司、中原出版传媒投资控股集团有限公司）和3个项目（比什凯克中原文化交流中心项目、北美训演基地布兰森大剧院项目展销会、520集《我是发明家》大型原创系列动画电视剧）同时入选①。

二　以改革创新推动河南文化建设的主要做法

（一）观念变革为河南文化发展提供改革动力

思想观念是文化、经济、社会建设的总开关。改革开放之初，河南省委按照中央精神，解决了一大批历史遗留问题，为河南文化建设创造良好氛围。此后，河南乘着改革开放的东风进入社会主义现代化建设的新时期，文化建设逐步推进，文化事业与文化产业逐步发展壮大。中部崛起战略加快了河南文化建设观念的转换，推动河南"加快从文化资源大省向文化强省跨越"，河南文化建设也随之步入发展快车道，河南文化形象获得很大改善；中原经济区建设直接赋予了河南建设华夏历史文明传承创新区的国家文化使命，河南更是获得"先行先试"的历史契机；文明河南建设的提出与实施，为河南文化发展提供了价值引领和精神支撑；河南郑州航空港经济综合实验区建设、"一带一路"建设、河南自由贸易区建设等所提供的战略机遇，促成了河南文化高地建设目标的构建，并在助推中原更加出彩方面发挥着凝心聚力、振奋人心的作用。河南省文化产业增加值继2015年突破1000亿元大关之后，2017年达1341.8亿元，成为河南经济社会发展的新引擎。回顾近几年河南文化产业的发展历程可以看出，文化产业的快速发展离不开改革开放提供的历史新机遇。一方面，改革开放为加快文化产业发展提供了思想保障；另一方面，对文化产业概念的不断理清及深入理解，则使文化产业发展实现了质的飞跃。而河南历届省委省政府围绕国家战略机遇所制定的文化政

① 《2017～2018年度国家文化出口重点企业和重点项目名单公示》，三门峡市人民政府网站，2017年11月23日，http：//www.smx.gov.cn/html/content/14/2017-11/23/11520-1.html。

策、产业规划与发展措施等，都不同程度地促进了河南社会文化发展观念的不断变革，成为助推河南文化发展的改革动力，最终转化成为河南文化建设的现实推动力。

（二）体制改革为河南文化发展提供制度保障

在改革开放和社会主义现代化建设的新时期，人民对文化消费的需求明显增加，文化产业进入快速发展通道。为解决传统体制下文化产业发展存在的弊端，河南省按照中央统一部署，大力推进文化体制改革，解除文化产业发展中存在的种种不合理制约，2005年以来从政策层面为文化产业发展提供了一系列制度保障。2005年9月，河南省委省政府出台了《河南省建设文化强省规划纲要（2005—2020年）》，要求加快文化单位体制机制改革，推动经营性文化事业单位转企改制。11月29日，河南文化影视集团正式挂牌成立，这是河南文化产业改革发展迈出的重要一步。此后，《关于经营性文化事业单位转企改制中若干配套政策的意见》《关于省直经营性文化事业单位转企改制中人员分流安置和劳动保障有关问题的意见》等文件先后出台，为文化事业单位转企改制提供了政策保障。2012年，党的十八大报告提出"深化文化体制改革，解放和发展文化生产力"，河南省文化体制改革随之进入新阶段。2015年，河南出台了《全省深化文化体制改革实施方案》，明确了深化改革的目标任务、方法措施及责任分工，努力向现代文化治理方式转变，在全面深化文化体制改革的关键之年迈出坚定的步伐。以商丘市为例，2015年以来，商丘市先后下发或出台了《全市深化文化体制改革实施方案》《关于加快构建现代公共文化服务体系的实施意见》《关于支持戏曲传承发展的实施意见》《推动基层综合性文化服务中心建设实施方案》《关于做好政府向社会力量购买公共文化服务工作实施意见的通知》《关于加强商丘新型智库建设的实施意见》《关于进一步深化文化市场综合执法改革的实施意见》《关于推进全市志愿服务制度化的实施意见》《关于推动国有文化企业把社会效益放在首位、实现社会效益和经济效益相统一的实施办法》《关于推动我市传统媒体和新兴媒体融合发展的实施意见》等十多个重要文件，为商丘文化体制改革发展提供了有力的政策保障，也为河南文化建设提供了鲜活的实践样本。① 总之，文化体制改革为河南文化发展提供了制度保障、增添了新的动力，也掀开了新的篇章。

（三）产业集聚为河南文化发展提供优质平台

随着改革开放的逐步扩大与不断深入，河南文化产业的发展也进入新的阶段。河南各地市通过不断发掘文化资源优势，加强文化产业园区（基地）建设，推动文化产业集聚发展，孵化、催生更多有竞争力和影响力的文化企业和文化产品。经过十多年的快速发展，河南文化产业集聚发展的需要越发迫切，文化产业园区建设快步推进，已基本形成项目集聚、要素集聚、企业集聚三大形态。目前河南已建和在建的文化园区和基地达 59 个，其中国家级文化产业示范园区 1 个，国家级动漫产业基地 1 个，国家级文化与科技创新示范基地 1 个，国家级文化产业示范基地 9 个。文化产业园区建设促进了河南文化产业的集聚发展，使河南文化产业多年来始终保持高速增长，文化产业增加值始终高于 GDP 增速，为河南文化产业发展提供了新的优质平台。

三 2018年河南省文化建设存在的主要问题

近年来河南省对文化建设越来越重视，在完善公务文化服务体系、推动文化产业发展、促进文学艺术创作、加强文化遗产保护、加大国际文化交流等方面进行了各具特色的实践与探索，取得了较为显著的成绩。但同时应该看到，河南文化建设还有不少亟待提高和完善之处，需要在今后的工作中加以重视。

第一，文化建设的认识理念有待提高。文化是一个国家和民族的灵魂，

---

① 商丘市出台的一系列文化政策参见《改革开放 40 年商丘辉煌成就系列报道之文化体制改革篇——百花齐放助推"文化强市"》，搜狐网，2018 年 9 月 21 日，http：//www.sohu.com/a/255105793_100229419。

文化在社会发展中的地位日益提高。深入加强文化建设，对传承弘扬中华优秀传统文化，提升国家文化软实力，推进文明河南和文化强省建设，打造全国重要的文化高地，满足人民群众日益增长的精神文化需求，具有重大的现实意义。河南各地对文化建设的重视程度并不相同，有些地方和部门对文化建设的认识高度还不到位，对文化建设在社会发展中的作用和意义还有一定的认识局限性，特别是对新时代社会主要矛盾已发生重大转变的现实情况认识还不到位，文化服务供给的质量不高。河南作为文化资源大省，近年来文化产业和文化基础设施建设都有很大进步，但同时其发展又具有不平衡不充分的共性特征。如河南由于人口多、底子薄等历史原因，人均公共文化建设资金投入在全国排名一直比较靠后，文化产业的投入也严重不足，河南文化产业专项扶持资金总量偏低。因为缺少宏观视域下文化建设的顶层设计，所以全省打造全国高地的总体要求、总体布局、总体原则和具体路径做法等还有待进一步完善，文化政策的推进落实机制有待进一步健全，文化建设的总投入有待提高。

第二，公共文化服务体系建设有待完善。文化建设的其中一项重要功能就是为人民提供公共文化服务。增强公共文化服务供给，满足人民对美好生活的向往也是河南省文化建设的一个重要目标，而提供公共文化服务的载体主要是各类文化场馆。由于当前的公共文化建设资金投入总量偏少，投入不平衡，各地市的公共文化服务设施建设有待完善，公共文化服务体系的便利化、均等化有待加强。公共文化设施在建成后还存在利用率低的问题，有些是因为馆址交通不便，有些是因为公共文化服务的形式、内容缺乏吸引力，公共文化服务能力有待提高。此外，目前的文化供给中，低端的重复的设施多，高端的有效的设施少。由于现阶段社会主要矛盾的变化，文化供给需要从数量的扩张转变为质量的提升，向高端有效的方向转变，公共文化服务的供给则亟待进行结构性改革，从而满足人民多层次、多样性的精神文化需求，满足人民日益增长的美好生活需要。

第三，文化产业发展有待加快。一是文化资源开发利用程度不高。河南虽然历史文化资源丰富，但由于缺乏市场化的途径和方法，文化资源的开发利用一直比较滞后，资源产业化转化较为薄弱，文化资源优势还没有变成文化产业优势，对从消费市场和现代产业角度提炼文化资源的市场价值要素，而后进行合理有效开发和利用的思考不深、实践不足、效果不佳。对历史文化传承保护与创新利用关系处理得不够好，过于强调文物资源的保护，限制了历史文化资源的开发利用，未能将保护和开发有机结合起来。二是文化企业小、散、软情况依然比较严重。河南的文化企业总体规模不大，小型企业和家庭作坊式企业居多，很多文化企业的规模效应、集聚效应和知名效应还没有形成。三是文化产业质量不高，具有核心竞争力的品牌产品和品牌企业较少。文化产业与节会、旅游、科技、金融、医药等产业的融合发展还不够，以"文化＋制造业""文化＋旅游""文化＋农业""文化＋科技""文化＋金融""文化＋创意"等为代表的融合模式在产业层面还没有得到广泛应用。四是文化新业态发展较慢。目前全省文化产业仍以传统产业为主，产业附加值不高，特别是数字文化创意产业还处在起步阶段。

第四，文化政策棚架现象有待改善。2016 年 10 月，河南省第十次党代会提出"加快构筑全国重要的文化高地"的奋斗目标，并相继出台了一系列文化政策。但总体来说，河南文化政策的配套还有待完备，文化政策的实施还有待落实，政策棚架现象依然存在。如河南在出台《公共文化服务保障法》《公共图书馆法》《关于实施革命文物保护利用工程（2018—2022年）的意见》等政策配套条例时明显滞后，文化政策的内容有待完善，文化政策落实有待加强。如根据文化部等三部委联合印发的《中国传统工艺振兴计划》，为推进非遗分类保护工作实施的《河南省传统工艺振兴计划》，具体的建设进度还有待督促；根据《国务院办公厅关于进一步加强文物安全的实施意见》制定的《河南省人民政府关于进一步加强文物工作的实施意见》，也有待进一步落实。

第五，文化人才队伍建设有待加强。人才是文化发展的关键因素，是推动文化繁荣发展的重要战略资源。无论是十九大报告提出的坚定文化自信，还是河南省第十次党代会提出打造全国重要的文化高地，归根结底是提高中原文化的影响力，培养和引进更多高素质人才。文化发展需要大量多学科、多层次的文化事业和文化产业人才。但是目前河南省文化事业的快速发展与文化建设人才储备之间存在巨大缺口，人才储备不足成为制约河南文化事业繁荣发展与文化产业提质增效的重要因素。一方面，文化行政管理人员缺乏，文化事业单位编制较少，很多优秀人才无法补充到基层文化事业单位。另一方面，文物、艺术、公共文化、文化产业、文化市场、非遗等各类专业人才缺乏。此外，艺术科研工作者非常稀缺。河南现有的文化人才流失现象严重，文化人才培养引进机制不健全，不仅难以从外地招来高端文化人才，本地的文化人才也留不住，优秀的文化人才一直在向北、上、广、深等一线城市流动，河南文化人才匮乏的现状亟待改变。

四　2019年河南文化发展的趋势分析与对策建议

（一）2019年河南文化发展的趋势分析

2019年，河南将继续深入贯彻党的十九大精神和习近平新时代中国特色社会主义思想，强化"四个意识"，坚定"四个自信"，始终坚持以人民为中心的发展思想，用新时代中原人文精神助推中原经济社会发展，努力在让中原更加出彩的历史使命中发挥更积极的作用。

以深化改革促进河南文化健康持续发展。2018年是我国改革开放40周年，河南文化领域的改革发展，也走过了不平凡的历程。一是在现代治理体系、现代公共文化服务体系、现代文化产业市场体系等多个方面取得了巨大成就，逐渐形成多层次、宽领域的文化开放格局。2019年，河南将继续深化改革，推动文化部门转变职能，完善国有文化资产管理体制，推动实现管人管事管资产管导向的统一。二是继续深化国有文化企事业单位改革，加快推进公司制、股份制改革进程，健全法人治理结构，建立有文化特色的现代企业制度。三是大力推动文化领域供给侧结构性改革，以高质量文化供给增强人民群众的文化获得感、幸福感。

以顶层设计引领河南文化快速有序发展。为加快构筑全国重要的文化高地，河南省落实《河南省文化厅艺术事业"十三五"规划》，制定《河南省现实题材舞台艺术创作计划（2018—2021年）》，加强文化艺术作品的统筹规划。深入开展贯彻落实《公共文化服务保障法》和《公共图书馆法》的工作，有序推动全省《公共文化服务保障条例》和部分省辖市条例立项进程。加大文物保护力度，落实《国务院办公厅关于进一步加强文物安全的实施意见》，推进全省文物安全综合防范体系建设。制定实施《河南省传统工艺振兴计划》，促进全省传统工艺的传承与振兴。推动《河南省文化厅"十三五"时期文化产业发展规划》贯彻实施，文化产业做大做强，文化产业发展体系进一步完善，使文化消费和文创产品的开发探索得到有效推进。

以文化旅游融合发展共谱出彩河南新篇章。文化与旅游相辅相成，相互促进。河南文化资源丰富，文物古迹居全国首位，河南旅游业正处于高速发展期，文化与旅游的融合将共谱"出彩河南"新篇章。河南红色旅游景点众多，如郑州二七纪念塔、信阳市红色旅游系列景区（点）、驻马店市确山县竹沟革命纪念馆、南阳桐柏英雄纪念馆等，有利于强化爱国主义和革命传统教育，塑造社会价值观，增强文化自信。把河南丰富的文化遗产开发利用与文化旅游结合起来，既能使文化遗产"活起来"，又能提升旅游产业和项目的内涵。近年来，文化旅游的产业链不断延伸，呈现多领域、多产业、多区域的融合式发展，推动文化产业和旅游经济的共生共赢。河南的文旅融合还把文化作为一个城市的"魂"和"根"来经营，打造全域旅游，将整个城市作为一个旅游项目来打造，着力在"文城一体""景城一体""产城一体"上下功夫，将进一步推动城市建设、商贸业态和文化旅游的协调发展，打造极具影响力的文化旅游城市。

文化国际交流的形式与内容更加丰富。河南文化建设一向重视"开放、共享"的发展理念，以开放促进共享，以共享推动自身更好地发展。河南坚持推动文化"走出去"和"请进来"，组团远赴海外多国开展文化交流演出，同时举办高层次论坛和研修班，邀请海外人士来河南进行文化深度交流。2019年，河南文化的国际交流形式和内容将更为丰富多样，如通过举办功夫文化、汉字文化、河洛文化等多种论坛，继续开办少林功夫非洲学员班，拓展渠道平台，开展多领域、多层次的对外交流合作。河南自贸区的建设也将加快中原文化"走出去"步伐。积极融入"一带一路"建设，邀请外国艺术团来河南，举办"一带一路"国际文化艺术展演，中原文化的影响力将进一步增强。

（二）2019年推动河南文化发展的对策建议

文化是一个地方的性格和灵魂，是衡量一个地方综合竞争力和综合实力的重要因素。近年来，河南省陆续出台了一系列文化领域的政策，深化体制改革，完善现代公共文化服务体系，重视农村文化建设，加强农村公共文化建设，服务乡村振兴战略，实施文艺精品工程和河南戏曲振兴工程，深入贯彻落实《公共文化服务保障法》和《公共图书馆法》。全省文化及相关产业发展迅猛，保持着高增速发展。在中国特色社会主义新时代，河南应抓住历史机遇，积极跟进国家文化发展理念，进一步提高中原文化影响力，助力中原更加出彩。

1.重视文化发展战略，助推河南经济社会高质量发展

认真学习贯彻党的十九大精神，深入学习习近平总书记的文化思想和党的十九大关于文化建设的重要部署。十九大明确指出："中国特色社会主义文化，源自于中华民族五千多年文明所孕育的中华优秀传统文化，熔铸于党领导人民在革命、建设、改革中创造的革命文化和社会主义先进文化，植根于中国特色社会主义伟大实践。"明确优秀传统文化传承中华文明、维护民族团结、凝铸民族精神的重要作用，强化文化建设的战略地位，以及对社会发展和全球文化交流的重要意义。河南省近年来对文化建设越来越重视，每年的政府工作报告都将其作为必不可少的内容，但是相对于党的十九大报告中对文化的重视和定位，河南对文化建设的重视程度还有待提高。落实习近平总书记提出的让中原更加出彩的要求，实现文化强省、华夏历史文明传承创新区、文明河南和文化高地建设等目标任务，必须高度重视文化建设，树立文化自觉，强化文化担当，进一步增强文化建设的使命感、紧迫感。

深刻认识文化对经济发展的新动能作用。文化是社会经济发展的内生动力,对推动经济转型升级和社会发展至关重要,新时代文化领域多元多样多变的特征越来越鲜明,文化渗透各行各业,"文化+"跨界融合发展,将会形成强劲的发展新动能,带动河南经济高质量发展。要持续加大文化建设资金投入。河南是文化资源大省,但由于人口多底子薄,人均文化建设资金的投入在全国排名一直比较靠后。公共文化服务体系的完善需要大量资金支持,社会力量的准入门槛有待降低,使社会资金进入更流畅,发动社会力量的积极参与。文化产业的发展也需要专项扶持资金,完善投融资平台,加强监管,改善文化政策的棚架现象,使其进一步落到实处。要更好地满足人民精神文化生活新期待、新需求,承担起"兴文化"这一宣传思想工作的重要使命任务,文化建设还要坚持把社会效益放在首位,创作更多与新时代相匹配的人民喜爱的文艺精品,推动文化事业全面繁荣和文化产业快速发展。

2. 坚持文化需求导向,提高公共文化服务与供给的质量和效益

进一步完善公共文化服务基础设施建设,健全河南各地市的文化场馆建设,扩大场地面积,更新设备,尤其是改造提升县级以下公共文化设施,改善人居环境,拓展群众活动空间。提高公共文化服务实际效能,提高文化场馆利用效率,创新公共文化服务的形式和内容。积极推行公共文化场馆免费开放或优惠开放。推动公共文化场馆服务的互联互通。省、市、县和乡镇之间公共文化场馆信息互通、资源共享,提高公共文化场馆设施利用率。健全公共文化设施运行管理和服务标准体系,搭建新形式的公共文化服务平台,加强公共文化服务体系的便利化、均等化。

提高公共文化服务供给水平。新时代人民群众多样化、多层次的精神文化需求日益旺盛,对文化产品和服务的供给提出了新要求,需要加快推进公共文化服务的"供给侧"改革,改善公共文化服务供给的结构和质量,满足人民群众求知、娱乐、健身等多元化需求,促进文化事业现代化、均等化、精准化发展。坚持需求导向,扩大有效供给,促进公共文化供给侧提质增效。建立公共文化服务项目内容与群众需求有效对接机制。公共文化场馆

根据各自功能定位，健全基本服务项目、丰富服务内容、创新服务方式，通过各种渠道或平台向社会公布，吸引和方便群众按需就近参与公共文化活动，不断增强人民群众的文化参与感、获得感和认同感。

加快推进公共文化资源数字化进程。建设公共数字文化分布式资源库群，建设数字图书馆、文化馆、博物馆和数字农家书屋等，增强公共文化服务现代传播能力。强化文化惠民，注重文化领域的精准扶贫，引导和支持各类文化企业开发公共文化产品和服务，补齐文化民生短板和优质文化短板。持续开展群众文化活动。发挥文化广场、文化活动室等文化载体的作用，推进社区文化、家庭文化、企业文化、校园文化建设，丰富基层群众特色文艺活动，提升人民文化生活品位。

3. 运用"文化 +"思维模式，推动文化产业成为新的经济增长点

以文化为核心起点，树立融合理念，运用"文化 +"思维，实现文化与农业、旅游、科技等其他领域的跨界融合。着力推动"文化 + 互联网"，打造文化发展新引擎。互联网技术飞速发展，给人类社会带来急剧变革，互联网和文化的融合已经成为我国"十三五"阶段新的经济增长点。截至2018 年 4 月，河南的互联网用户总数已经破亿，95.5% 的企业已经接入互联网，但是设置互联网运营、开发和电子商务的团队仅有三成企业，互联网与文化的融合较为欠缺。要使互联网文化产业积极参与文化事业，就要加强文化信息资源共享，提高文化企业在公共网络信息库建设的参与度。加强网络舆论的引导，重视网络传播的影响力，大力推进传统媒体与新兴媒体融合发展，积极培育数字出版、网络剧、动漫游戏等新型文化业态。要努力建设推动互联网与文化产业融合的生态环境，提供明确的政策导向，使互联网为文化产品的流通提供便利，促进人们的文化消费，推动文化企业的发展。

推动"文化 + 产业"，促进传统文化产业转型再升级。促进文化与金融、工业、农业、旅游业、建筑业、信息业、医药业等产业的跨界融合发展，增加传统产业的文化附加值；推进文化与科技协同创新，建设文化与科技融合示范基地，实施文化与科技融合示范工程；推动文化产业的数字化、网络化进程；借助文化与旅游管理机构的合并，推动文化与旅游的深度融

合，趁着河南旅游业发展的良好势头，依托丰富的文化资源，使中原文化借助旅游这一载体得到更广泛的传播，同时使旅游具有更为丰富的内涵品质，使文化与旅游互惠共赢。着力推动"文化＋金融"，保障文化改革发展中资金要素的供给，切实缓解文化企业融资难、融资贵的问题，文化产业作为新的经济增长点，推动河南经济的进一步发展。推动文化与医药业的融合，弘扬传统医药文化，为医药业注入文化内涵。

推动"文化＋"结构性改革，培育文化供给服务新动能。顺应新时代人们文化消费换挡提速，特别是文化消费快速增长的新需求，不断深化文化体制改革，推动文化事业和文化产业的快速发展，推出更多高品质的文化产品和服务，提高文化供给的精准度。提高公共文化服务效能，使文化供给的形式和内容更为丰富多样。实施文艺精品工程，促进更多适合人民需求的高品质文艺作品的创作。

4. 完善人才培养机制，多措并举加强文化人才队伍建设

实施培优计划，培养高素质专业人才队伍。适应新时代文化建设的总体要求，结合"河南省青年艺术人才扶持计划""河南省艺术名家推介工程"，以及公共文化服务、文物保护利用、非遗传承保护等人才培养计划，注重培养创新型、复合型、国际化人才，能够开拓文化新领域、掌握现代传媒技术、懂经营善管理、适应文化"走出去"需要的高素质专业人才。重视文化科研工作，加强文化企业、文化事业和省内高校文化资源的共享，建立产学研紧密结合的文化人才培养基地。采取多形式、常规化的专业技能培训，鼓励出国深造，加强对专业文化人才的培养。

实施引智计划，引进高端文化人才。构建完善人才引进机制，制定人才引进目录，有针对性地引进一批高端紧缺文化人才，引进一批有较大影响力的名家大师、学科带头人。制定并实施引进文化优秀人才办法，明确人才引进专项资金，加强对文化领军人才的引进，以全国文化名家暨"四个一批"、全省"四个一批"等领军人才培养工程为依托，着力打造一批在新闻、理论、文艺、出版、高新技术等各文化门类有影响力的名家大师和领军人物。大力实施青年文艺人才引进计划，加强后备人才队伍建设，推动青年

人才逐步成长为各文化艺术门类的领头人。

实施固本计划，做好现有文化人才队伍管理提升。加强文化部门干部的培训工作，举办党务干部、行政管理人员培训班。加强基层文化人才队伍建设，完善机构编制、人员配备、待遇保障等，确保基层文化工作机构健全、人员到位、待遇落实。重视发现和培养扎根基层的民间文化人才，落实"三区"人才支持计划文化工作者专项，鼓励引导人才向"三区"和基层一线流动，鼓励文化专业人才参与基层文化建设和群众文化活动。举办公共文化、文化产业、文化市场、文物、艺术、非遗等各类专业人才培训班，不断提高文化从业人员的专业素养。

5. 明确城市文化定位，发挥"以文化城"在百城建设提质工程中的引领作用

确定城市文化发展的总体布局，完善文化建设专项规划。依托各市资源禀赋、文化特色，构建"一带四区块"的城市文化发展格局，即以郑州为中心，以洛阳、开封为副中心，以许昌、新乡、焦作、平顶山、漯河、济源等九座地级市为核心层所构成的中原城市群文化带，以安阳、鹤壁、濮阳为主体的豫北文化区块，以南阳、信阳、驻马店为主体的豫南文化区块，以周口、商丘为主体的豫东文化区块，以三门峡为主体的豫西文化区块，逐渐形成围绕中心、各展所长、优势互补、竞相发展的城市文化发展格局。现有各级政府制定城市发展总体规划偏重于对城市空间和功能结构的布局规划，在众多的专项规划中涉及文化方面的规划主要有文物保护规划、历史文化名城保护规划，这两个规划都是侧重于保护，还缺乏把文化和城市紧密结合起来、突出城市文化特色的战略性规划。因此，要在百城建设提质工程中，制定和完善城市文化建设专项规划，将目前的城市文化定位、历史文化资源保护、城市设计、城市双修、城市特色风貌塑造等所有涉及城市文化建设的目标、要求和项目都深度整合到一个规划中，在保持与城市总体规划、控制性详细规划一致的前提下，提出河南城市文化建设的方向和目标，对城市的主题文化定位、城市建筑风格、城市夜景、城市建筑色彩、城市文化设施布局、城市文化符号塑造等做出详细规划，为城市的文化建设提供具有整体性、科学

性、可操作性的依据，尽量减少城市文化局部性、重复性、碎片化的规划和建设。

明确城市文化标志，打造城市文化建设亮点。精心选择城市文化建设项目，以项目建设为抓手，打造文化核心吸引物，突出城市特色，提升整个城市品质。在城市文化建设项目选择上要抓住重点，不要对那些公众熟知的东西再反复做宣传，要在那些重量级的考古发现、最能突出中原文化精髓的史前文化、汉字文化、古都文化、科技文化、思想文化等方面进行创新突破，以不同的项目形式，建设成为新时代的文化经典。在历史遗迹遗址利用展示方面，重点对裴李岗遗址、大河村遗址等进行遗址展示、利用，让河南历史文脉向前延伸，刷新人们对河南的认识，使世界看到一个更古老更厚重的河南。在汉字文化方面，抓好甲骨文识别工程、中国文字博物馆续建工程、漯河许慎文化园等一批重点项目，传承汉字国粹，弘扬传统文化。在古都文化方面，重点要建设安阳殷墟大遗址文化旅游体验区、开封宋都古城文化核心展示区、洛阳河洛文化展示体验核心区，另外，要把郑州作为八大古都的重要古城遗址，把郑州西山古城、商城遗址、新郑郑韩故城建设成为考古遗址公园。在科技文化方面，重点实施河南省文化科技创新工程，加快推进重点文化设施和文化综合体项目建设，建设大河全媒体矩阵和全媒体数字资源聚合投送平台，提高文化的传播力、公信力、影响力。

启动"九个一工程"，推动城市文化高品质建设。为更好地实施以文化城工作，可以启动"九个一工程"，即根据各市文化资源和文化特色，确定一个城市主题文化定位；把城市与文化紧密结合起来，制定一个突出城市文化特色的文化建设总体规划；从文化含量、知名度、美誉度、代表性、独特性、地域性、时代性等方面，遴选一批代表性的城市文化符号，以此来明晰城市的文化内涵，彰显城市的文化特色和精神气质；筹建一个反映城市主题文化定位的标志性景观；确立一个城市形象文化标志，要加快推进城市形象标志建设，在城市的重大活动、城市宣传、城市窗口、公共建筑、公共设施、荣誉信用、公务系统、对外交往等领域，统一规范使用城市形象标识；建立一个城市文化标识系统，包括市徽、市花、市树、市旗、吉祥物等，在城市的公共建筑、城市窗口、文化街区、公共设施等场所，要通过标语、图案、色彩等形式将城市的标识体系表现出来，改善城市的视觉印象，增强市民的凝聚力和归属感；构建一个普惠全民的公共文化服务体系；扶持一批富有创新性的文化产业项目；形成一个党委、政府齐抓共管文化的体制机制。

B.2
2017~2018年河南省区域文化
竞争力分析评价报告

河南省社会科学院课题组*

摘　要： 2018年，河南文化建设取得新进展，呈现新气象：公共文化政策资金支持有力，公共文化服务朝着数字化方向发展，非物质文化遗产保护传承工作更加系统化，文化与科技融合发展效应渐显，文化旅游产业蓬勃发展，精神文明创建活动多姿多彩，河南文化事业和文化产业表现出齐头并进的发展态势。从18个省辖市40多个单项指标统计数据来看，河南各地市在文化建设方面投入的人力物力财力大相径庭，故而其文化综合竞争力也参差不齐。其中文化事业排名前五位的地市分别是郑州、洛阳、南阳、安阳、焦作，文化产业排名前五位的地市分别是郑州、开封、洛阳、平顶山、焦作。郑州以其独特的区位优势、良好的营商环境和大量的资金投入而居综合排名榜首。河南各地仍需在打造良好的营商环境、持续加大政策资金投入、有针对性地培养高素质人才队伍、千方百计提高文化产业发展质量等方面下一番深功夫，为中原更加出彩贡献文化力量。

关键词： 文化建设　文化竞争力　营商环境　文化产业

---

* 课题组组长：李立新。副组长：杨波。课题组成员：卢冰、郭海荣、陈勤娜、田丹、肖理奇。执笔：杨波、卢冰、肖理奇。

一 2017~2018年河南省区域文化建设的基本态势

2017年是国家实施"十三五"规划的重要一年，也是《河南省国民经济和社会发展第十三个五年规划纲要》实施的关键一年。河南省深入学习贯彻党的十九大精神，牢记总书记调研河南时的嘱托，按照河南省委省政府关于文化建设的要求，持续推进文化体制改革，加强公共文化服务建设，促进非遗传承工作系统化，深化产业融合发展，开拓奋进，砥砺前行，取得了一系列可喜的成绩。

（一）公共文化政策资金支持有力

先后出台了一系列保障政策。近年来，河南省根据社会经济发展趋势和河南实际情况，制定并出台了《河南省建设文化强省规划纲要（2005—2020年）》《河南省国民经济和社会发展第十三个五年规划纲要》《关于大力发展文化产业的意见》《关于加快发展服务业的若干意见》《河南省省级文化产业发展专项资金管理使用实施细则》《河南省省级非物质文化遗产保护专项资金管理办法》等一批政策文件，为全省文化事业和产业发展提供了有力的政策保障。河南出台的一系列文化政策，在支持地方特色文化资源的发掘、保护、利用，打造打响特色文化品牌，助力河南社会经济发展等方面成效显著。

逐年加大文化事业和文化产业专项资金支持力度。近年来，河南省继续强化文化建设资金支持，在公共文化服务、文化产业等方面持续加大专项资金投入。一是设立文化服务中心建设资金。河南省财政厅联合河南省文化厅设立每年1亿元的基层综合性文化服务中心建设奖补专项资金（执行期限暂定为2017~2021年），主要用于对革命老区、民族聚居区、贫困地区基层综合性文化服务中心的建设以及提供基本公共文化服务补助，并对绩效评价优良的省辖市、县给予奖励。2017年的奖补资金已经下达，其中补助资金额度为4000万元，奖励资金额度为6000万元。二是设立文化产业发展专项资金。为鼓励社会资本参与文化产业发展，逐步形成多元投资、有序竞争、充满活力的发展格局，省财政每年安排专项资金用于支持文化产业发展。从2014年起，为培育新型文化业态繁荣发展，河南省财政从一般公共预算中合计安排1.8亿元，用于推动新型文化业态增量提质发展。2017年度河南省财政厅下达文化产业项目补助资金近6000万元，共支持项目32个，加上扶持46个新型文化业态项目的5000万元资金，已经下达资金1.1亿元用于扶持河南省文化产业发展，重点支持省政府命名的"双十"工程项目、传统媒体和新兴媒体融合类项目、弘扬优秀传统文化或社会效益突出的内容文化产业项目等。通过财政资金的有力支持，不断培育优势文化产业，深度发掘历史文化资源，大力发展创意文化产业，一些传统文化资源优势正逐渐向产业优势转化，文化产业的核心竞争力也不断提升。

（二）公共文化服务朝着数字化方向发展

公共文化服务体系日益完善。2017年开始实施的《国家公共文化服务保障法》提出，要运用现代信息技术和传播技术，提高公共文化服务水平。为深入贯彻落实中央关于公共文化基础设施建设、公共文化供给和公共文化活动宣传等方面的精神，河南省先后制定了《河南省现代公共文化服务体系建设绩效考核办法（试行）》《河南省推进县级文化馆图书馆总分馆制建设的实施意见》等文件，还借助新技术和新媒体大大提升了公共文化服务水平，公共文化服务体系进一步完善。如全省大力推进基层综合性文化服务中心建设，目前已建成综合文化服务中心2.6万个。省直院团剧场全部开工建设，郑州、周口、南阳、开封等地新建、投入使用一批文化设施。省文化馆、洛阳市群艺馆、信阳市图书馆等三家单位作为国家试点推进法人治理结构改革。济源市顺利通过第三批国家级公共文化示范区中期督导检查，许昌市获得第四批国家级公共文化示范区创建资格。

基础设施建设数字化程度逐渐提高。河南省致力于公共文化设施的智能化建设，采用高科技手段提供高效的服务模式。2017年，许昌市启动实施了"智慧阅读空间"建设计划，充分运用智能控制系统等现代科技手段，在市中心规划建设了 12 座 "智慧阅读空间"，倾力打造 "15 分钟阅读圈"，创新城市阅读服务体系。这一举措先后被河南省人民政府门户网站、中国文化报、中国社会科学网、中国文明网等主流媒体宣传报道，中央电视台《新闻联播》也以 "河南：推动文化惠民打造 15 分钟阅读圈" 为题加以报道，许昌市倡导全民阅读的创新做法产生了良好的社会效益。

公共文化供给模式不断创新。河南省依托基层公共文化服务数字平台，在公共文化供给模式方面不断创新，有针对性地提高文化服务供给水平，实现了政府实效和百姓实惠的双赢局面。如焦作市采用 "超市化" 供应、"菜单式" 服务、"订单式" 配送的文化惠民模式，提高群众参加文化活动的积极性，为加快构建现代公共文化服务体系建设提供了鲜活经验。目前，河南省正在积极建设数字公共文化服务平台 "百姓文化云"，通过关注当地的 "百姓文化云" 微信公众号，群众就可以了解所在城市文化场馆举办的各项文体活动及送戏下乡等公益演出活动等，同时可以将文化资源制作成菜单，由群众根据需要 "点单"，建成之后产生的社会效益非常可观。通过整合有效资源打造数字化的公共文化服务平台，不仅能大大提高文化馆、博物馆等公共文化场馆的利用率，而且可以在更大程度上满足群众的多样化文化需求。

传统媒体和新媒体的融合发展成效凸显。河南省利用新媒体和传统媒体的融合发展做好公共文化活动宣传，大大提高了活动影响力和社会参与度。"中原文化大舞台活动" 自 2015 年启动实施以来，共组织开展舞台演出 1273 场，放映电影 21000 余场，惠及群众 1300 多万人次，2017 年推出全省同步启动活动仪式，充分运用广播、电视、网络直播、微博互动等多种宣传方式，增强了活动的互动性，实现了随时随地看直播、边看边聊边互动的良好效果。据统计，全省启动仪式现场观众共 22000 余人，累计观看直播 90000 余人次，47000 余人次点赞。

（三）非物质文化遗产保护传承工作更加系统化

一是非物质文化遗产保护工作逐渐系统化、法制化。河南省在非遗人才培养、数据库建设、非遗展示宣传等方面都取得了一定的进展。在非遗基础研究方面大力推进，目前全省已有 33 个省级非遗研究基地。2016 年《洛阳市非物质文化遗产保护条例》经河南省人大常委会批准，洛阳作为设区地级市颁布非遗保护条例在全省是第一家，在全国是第二家，地方性非遗保护工作法治化建设走在了全国前列。

二是创新人才培养模式。河南省以展示馆和传习所为平台，全面宣传、展现非遗文化的魅力，也积极探索新时代非遗人才培养模式。目前，全省已确定"博衍非物质文化遗产展示馆（古琴斫制技艺）"等 40 个展示馆为河南省非物质文化遗产示范展示馆，"河南坠子传习所"等 40 个传习所为河南省非物质文化遗产示范传习所。2015 年文化部启动"国家级非物质文化遗产代表性传承人记录工程"以来，经过近两年的深入调查和挖掘，目前河南已完成对十名国家级非遗传承人的抢救性记录，形成文献片、综述片和工作卷宗等系列成果。郑州市强化非遗传承人的培养，建立了非遗项目代表性传承人数据库，同时加大对传习活动的资助力度，开办了戏剧、刺绣等非遗传承人培训班，鼓励将非物质文化遗产传承人才培养纳入职业教育体系，推动民间传统手工艺传承模式创新。

三是积极建设非遗项目数据库。各地纷纷借助数字化技术，对濒危非遗项目进行有效保护。平顶山市建立马街书会专业档案室和数据中心，采用文字、图片、音像、多媒体等方式，系统记录传承人的唱腔、曲调、代表性曲目（书目）等，编辑出版《马街书会》《说书人摄影集》《马街书会摄影集》等。同时举行多样化的传承方式，组织开展祭火神、收徒拜师、对戏、书状元评定及农户艺人接待等各项民俗活动，设立河南坠子、三弦书、大调曲子等 30 多个本地曲艺曲种传习所，建成中华曲艺展览馆、名人苑、状元苑等民俗景观，恢复马街当地村民的艺人接待风俗，打造出闻名全国的不散马街书会。①

四是多方宣传非遗文化。河南各市县与相关部门围绕非遗项目举办多种活动，多方宣传展示河南非遗文化。开封、许昌、三门峡等地举办 2017 年

① 《河南宣传》，2017 年第 8 期。

"文化和自然遗产日"系列宣传活动，将地方民俗和非遗项目结合起来，展现非遗项目的魅力。濮阳市先后在60多所学校开展非遗进校园活动，培养青少年对非遗文化的兴趣。2017年在郑州、安阳、北京等地举办传统戏剧展演活动，其中多为稀有剧种，辐射国家级非遗传统戏剧类项目，在剧场演出的同时在网络直播媒体进行网络直播，扩大活动宣传范围。现场还以图片展的形式展示河南省稀有剧种的整体风貌及其抢救保护工作，并在展演期间召开传统戏剧保护工作座谈会，探讨新时期传统戏剧保护、传承和发展路径。[1] 河南省正在打造集展示、体验、交流、创新、教育、培训等功能于一体的非遗展示体验平台，不断寻求非遗发展性保护途径。光山县"传统技艺作坊苑"、河南非遗体验馆、华夏非遗馆中原馆等场馆相继开放，不断寻求非遗生产性保护的突破口，让更多人了解非遗、使用非遗，让非遗融入现代人的生活，在新时代获得第二次生命。[2]

（四）文化与科技融合发展效应渐显

2017年河南省文化及相关产业增加值为1341.80亿元，占河南生产总值的比重为3.01%，文化产业在融合发展方面效应日益凸显。

一是各地深入推进科技创新和制度创新。近年来，随着文化体制改革的深入推进，科技进步带来了生产和消费的重大变革，河南不断抢抓科技和制度创新的"风口"，文化产业融合发展趋势明显。全省各地纷纷出台文件，为加快文化产业融合发展提供保障。如《河南省文化创意和设计服务与相关产业融合发展规划（2015—2020年）》《河南省国民经济和社会发展第十三个五年规划》中，都提出要加快发展文化创意产业。2017年制定的《河南省"十三五"战略性新兴产业发展规划》，强调加快数字技术与文化创意的融合发展，突出地方特色文化创造性转化和现代内容精品制作。

---

[1] 《首届晋冀鲁豫传统戏剧展演在河南安阳开幕》，新华网，2017年11月17日，http://www.xinhuanet.com/local/2017-11/17/c_1121973340.htm。

[2] 《华夏非遗馆中原馆开馆》，河南省文旅厅网站，2017年11月24日，http://gov.hawh.cn/content/201711/24/content_409558.html。

二是相关部门为社会资本和文化企业牵线搭桥。2016年10月至2018年4月，河南省文化厅先后两次举办中小文化企业投融资路演暨项目对接签约活动，为解决河南文化企业融资难问题提供助力。第一届活动以"深化新合作、共谋新发展"为主题，组织河南中小文化企业参与投融资路演和项目推介，与省内外金融投资机构深入谋划文化金融的合作发展，其中河南一涵汴绣有限公司、河南今古融文化传媒有限公司、河南索易文化发展有限公司等文化企业参加路演。① 第二届河南省中小文化企业投融资路演暨项目对接签约活动则以"新时代、新融合、新发展"为主题，组织30家金融机构和200家文化企业面对面互动，现场有11家企业共签约12个项目，为推动文化产业成为拉动河南经济增长的重要引擎献智献力。②

三是切实提升文化传播服务能力。中原出版传媒集团强化技术引进创新，通过加快资本运作，切实提升文化传播服务能力。不断扩大MPR读物出版规模，推出AR、VR产品，与台湾智慧产业合作的智慧教室、脑波教室、护理云平台、版权引进等项目已经落地。经过近年来坚持不懈的努力，打造出"多形态内容创新发布出版融合发展重点实验室"的中原出版传媒集团，已经成为全国首批拥有国家级实验室的出版传媒企业。

四是扶持开发文化创意产品的力度进一步加大。河南博物院获得2017年国家文化文物单位文化创意产品开发扶持，河南省山河柳编文化产业有限公司等三家企业为国家文化出口重点企业（见表1），比什凯克中原文化交流中心等3个项目为国家文化出口重点项目（见表2），汝瓷电商产业园等4个项目被推荐为文化部2018年"一带一路"文化贸易重点项目，河南省漫画时代传媒有限公司、河南智睿动漫设计有限公司、河南华冠文化科技有限公司、河南约克动漫影视股份有限公司、郑州壹卡通动漫科技有限公司五家动漫企业获得2016~2017年进口免税资格。

---

① 《2016年河南省中小文化企业投融资路演暨项目推介活动在我市成功举办》，郑州市文化广电和旅游局网站，2016年10月26日，http：//wgx. zhengzhou. gov. cn/news/461324. jhtml。
② 《第二届河南省中小文化企业投融资路演暨项目对接签约活动》，《河南日报》2018年4月22日。

表1 2015~2018年河南省入选国家文化出口重点企业

入选时间	文化出口重点企业名称
2015~2016年	中原出版传媒投资控股集团有限公司
	登封市鹅坡少林武术文化博览有限公司
	固始县恒达工艺品有限公司
	固始县华源工艺有限责任公司
	潢川县永江羽毛制品有限责任公司
	河南约克信息技术股份有限公司
2017~2018年	河南约克动漫影视股份有限公司
	河南省山河柳编文化产业有限公司
	中原出版传媒投资控股集团有限公司

资料来源：参见河南省人民政府网站，http：//www. henan. gov. cn。

表2 2015~2018年河南省入选国家文化出口项目

入选时间	入选项目名称	企业名称
2015~2016年	中国少林大成（柏林）健康中心	登封市大成健身有限公司
	中国非洲电影频道	河南电影电视制作集团公司
2017~2018年	比什凯克中原文化交流中心项目	河南省新华书店发行集团有限公司
	北美训演基地布兰森大剧院项目展销会	河南省杂技集团有限公司
	520集《我是发明家》大型原创系列动画电视剧	河南约克动漫影视股份有限公司

资料来源：参见河南省人民政府网站，http：//www. henan. gov. cn。

五是省内文化消费需求逐渐上升。如郑州市被文化部、财政部确定为第一批国家文化消费试点城市以来，按照"政府主导、市场运作、社会参与、文化惠民"的原则，通过移动互联网和大数据技术建立文化消费综合信息平台，以评价积分激励消费和文化消费补贴两种方式拉动文化消费的同时，郑州市财政安排了2500万元文化消费试点专项资金，对演出经纪机构以奖代补，其中参加试点的公益性公共文化场馆达到17家、文化企业达到105家。河南省还积极引导和鼓励各类资本投资建设商业影院，加快城镇数字影院新建改建步伐，不断改善电影放映基础设施，初步形成管理科学、覆盖广泛、层次多样的现代电影市场体系。作为河南省的自主品牌，河南奥斯卡电影院线在巩固本土优势地位的同时，科学布局"一带一路"沿线城市，已在乌鲁木齐、西安、太原等城市投资兴建五星级影城 9 座，签约加盟影城 8 座，目前在全国拥有影城 210 家，其中省内有 183 家，银幕 844 块，座位数99408 个，其中省内 2016 年新增影院 33 家，新增银幕 169 块，新增座位数19275 个，宣传阵地的影响力和文化消费的吸引力和谐共生。

（五）文化旅游产业持续蓬勃发展

近年来，河南各地市根据河南省人民政府办公厅下发的《关于印发河南省"十三五"旅游产业发展规划的通知》，纷纷结合当地的实际情况，深度挖掘河南特色文化资源，创新发展文化旅游思路，创新旅游体验形式，鼓励民俗技艺进驻景区，倾力打造不同特色的文化品牌，努力将特色文化资源优势转化为文化旅游产品，文化旅游成绩比较突出。2017 年，全省共接待海内外游客 66511 万人次，其中入境游客 307.32 万人次，旅游创汇总收入达到 98182 万美元，年末 4A 级以上景区 159 处，星级酒店 532 个，旅行社1199 家。[①]

表3　2017 年河南 18 个省辖市旅游业基本情况

省辖市	星级酒店(个)	入境旅游创汇收入(万美元)	国内旅游总花费(亿元)	国内旅游人均花费(元)
郑　州	84	20919	1193.12	941
开　封	17	12088	478.10	812
洛　阳	54	39930	1017.00	831
平顶山	35	899	218.60	542
安　阳	15	1748	435.86	696
鹤　壁	10	267	98.70	470
新　乡	10	976	253.93	820
焦　作	25	9470	372.99	801
濮　阳	11	140	23.81	181

① 参见河南省统计局、国家统计局河南调查总队《2017 年河南省国民经济和社会发展统计公报》，河南省统计局网站，2018 年 2 月 28 日。

续表

省辖市	星级酒店(个)	入境旅游创汇收入(万美元)	国内旅游总花费(亿元)	国内旅游人均花费(元)
许　昌	19	238	107.10	615
漯　河	9	256	41.60	409
三门峡	16	2564	295.02	848
南　阳	76	1343	280.30	973
商　丘	12	269	29.74	642
信　阳	32	541	198.80	651
周　口	18	1710	114.64	650
驻马店	29	4613	184.56	459
济　源	2	211	55.80	830

注：旅游创汇收入、接待国内游客人数、接待国内游客收入为抽样调查数。

资料来源：《河南统计年鉴（2018）》，第204~205页。

　　《河南省旅游产业转型升级行动方案（2017—2020年）》为全省相关行业和产业提供了参考。洛阳市于2018年2月出台《关于加快旅游产业转型升级建设国际文化旅游名城的实施意见》，以建设国际文化旅游名城为总体目标，推动洛阳市旅游产业发展由速度规模型向质量效益型转变，力争到2020年洛阳市旅游总收入能达到1380亿元，在助推打造沿黄旅游产业带上升为省级战略方面贡献不少。鹤壁市着力打造民俗文化品牌，通过举办民俗文化节开展旅游推介活动、经贸洽谈与招商联谊活动、中原非物质文化遗产展演、浚县地方戏曲展演、浚县传统民俗文化展等活动，吸引周边20多个市县和大批海外游客前来观光、祈福，日游客量超过50万人次。焦作市积极探索文化与旅游业深度融合模式，倾力打造"山水焦作"文化品牌。整合神农山、青天河等资源开发百家岩竹林七贤精品文化景点，每两年举办一次竹林七贤文化研讨会；利用南水北调绿化带打造明清古民居、宗教寺庙、陶仓楼观景台等文化景观；通过举办太极拳网络视频大赛、太极拳高峰论坛等，并在郑州、深圳、上海等地举办陈家沟太极拳文化旅游推介会活动，持续提升太极拳文化影响力和凝聚力，积极拓展太极旅游产品的发展。孟州市坚持每年定期举办"韩愈文化周"，成立了韩愈研究中心和韩愈文化研究所，多次举办韩愈国际学术研讨会，已修建成"韩苑"，从硬件和软件两个方面提升韩愈文化的影响力。禹州市推出"全景禹州、全域旅游"战略，吸引民间资本4亿多元修缮鸠山王家大院、神垕古镇、张良洞等历史遗迹。在国家旅游局公布的首批乡村旅游"千千万万"品牌榜中，禹州市以6家金牌农家乐、1家模范户和5名致富带头人成功登榜，10个村被评为"河南省特色旅游村"，成为县域文化旅游的成功范例。

二 2017～2018年河南省区域文化竞争力分析

2017～2018年河南省区域文化竞争力评价指标体系（以下简称"指标体系"），主要以2017～2018年《河南统计年鉴》，河南省、市、县三级年度《政府工作报告》，《河南省国民经济和社会发展统计公报》，《河南省财政预算情况和财政预算（草案）的报告》，以及河南主流媒体、主要网站或新媒体公开发布的文化资料等为参考依据，通过客观分析河南省近两年来的文化建设总体状况和各市县区域文化发展的基本态势，为加快新时代河南文化建设步伐、助推中原更加出彩提供一些理论参考和现实借鉴。

由于文化建设的数据相对滞后，河南省社会科学院课题组每两年撰写一次《河南省区域文化竞争力分析评价报告》。下面对《2017～2018年河南省区域文化竞争力分析评价报告》评价指标体系和数据采集情况简要加以说明。本报告在《河南文化发展报告》（2014年、2015年、2017年）所收竞争力报告的基础上展开，主要采用了2017～2018年的文化数据，继续沿用《2015年河南省区域文化竞争力分析评价报告》的评价指标体系，分别设置了4个一级指标、12个二级指标、47个三级指标，其中前三个一级指标"文化事业"（40分）、"文化产业"（40分）、"人才队伍建设"（10分）为客观指标，第四个一级指标"专家综合评分"（10分）系主观指标，是基于省内一批长期实地调研、问卷调查或跟踪研究的相关专家给出的综合评价，同样具有可资借鉴的意义。因此，各市县区域文化竞争力综合指数

（c_i）的计算方法，仍由客观指标的实际分值（b_i）和主观指标两部分组成，即"$c_i = (b_1 + b_2 + b_3 + \cdots + b_{47}) + $专家综合评分"。

（一）河南省各地市文化事业竞争力分析

指标体系中的一级指标"文化事业"下，设置了5个二级指标和26项三级指标，其中二级指标及相应分值分别是"公共文化基础设施"（6分）、"公共文化产品供给"（10分）、"公共文化资金投入"（10分）、"文化遗产保护利用"（6分）、"省级以上（含省级）奖项荣誉"（8分），并结合实际数据统计分别给出相应分值。

1.公共文化基础设施指标解析

二级指标"公共文化基础设施"下设4个三级类目，对应的理论分值均为1.5分。因为这4个指标在全省各市县均已达标，所以其中"文化信息资源共享工程覆盖率""社区文化中心""乡镇综合文化站""农家书屋覆盖率""博物馆（纪念馆）""公共图书馆""文化馆（群众艺术馆）"给出相同的满分分值，"广播电视综合覆盖率"一项则是以该项的理论分值1.5分为满分，根据各市县的实际覆盖率（占比）加以推算。18个省辖市的公共场馆情况见表4，以资参照。其中河南18省辖市公共场馆统计表采用数据主要来源于《河南统计年鉴（2018）》和河南省文化厅统计公布的有关数据，其中文化馆数据采用的是文化馆和群众艺术馆的综合数据，艺术表演团体数据则包括国有艺术表演团体和其他经济体艺术表演团体。

表4 2017年河南18个省辖市公共场馆情况统计

单位：个

省辖市	公共图书馆	文化馆	博物馆	艺术表演团体
郑 州	13	13	37	76
开 封	6	14	29	97
洛 阳	17	17	65	103
平顶山	9	12	13	40

省辖市	公共图书馆	文化馆	博物馆	艺术表演团体
安　阳	7	15	15	89
鹤　壁	5	6	2	34
新　乡	11	13	12	83
焦　作	8	12	11	96
濮　阳	7	9	11	189
许　昌	7	8	14	32
漯　河	5	6	12	27
三门峡	7	7	7	35
南　阳	12	16	20	77
商　丘	9	14	14	204
信　阳	11	18	37	116
周　口	11	12	15	144
驻马店	10	11	11	222
济　源	1	1	1	1

资料来源：根据《河南统计年鉴（2018）》整理。

从表4可以看出，随着社会力量的加入和全民消费时代的到来，各地市公共图书馆和文化馆的数量稳中有进，博物馆的数量在稳步增长，艺术表演团体的数量则大幅增加，河南省公共文化消费的潜力越来越大。

河南博物馆事业的飞速发展，从大幅增加的博物馆数量和明显提升的博物馆服务质量可见一斑。通过比较2015年和2017年的博物馆数量可知，除了鹤壁、许昌、三门峡、周口、济源五个地市外，其他13个地市都有所增加。其中郑州、开封、洛阳、平顶山、焦作、濮阳、信阳、驻马店分别由2015年的31个、24个、60个、6个、9个、7个、32个、8个，增加到2017年的37个、29个、65个、13个、11个、11个、37个、11个；新乡、漯河和商丘三个地市则分别由原来的2个、0个、1个，增加到12个、12个、14个，数量和规模都实现了很大的突破。从艺术表演团体数量来看，2015年拥有50个以上艺术表演团体的地市仅有洛阳（77个）和濮阳（126个），2017年拥有个100个以上艺术表演团体的地市就有洛阳（103个）、濮阳（189个）、商丘（204个）、信阳（116个）、周口（144个）、驻马店

（222个）六个地市，郑州、开封、安阳、新乡、焦作、南阳六个地市则分别拥有艺术表演团体76个、97个、89个、83个、96个、77个，数量和取得的经济效益也都很可观。

"十三五"时期，河南广播电视综合覆盖率继续保持着良好发展态势，不仅实现了村村通广播电视，而且完成了从村村通到户户通、优质通、长期通的飞跃。截至2017年，全省广播和电视综合覆盖率均达到95%以上，开封、鹤壁、许昌、漯河、商丘五个地市更是达到100%的覆盖率（见表5）。

表5　2017年河南18个省辖市广播电视综合覆盖率

单位：%

省辖市	广播覆盖率	电视覆盖率
郑　州	99.48	99.81
开　封	100.00	100.00
洛　阳	97.53	97.97
平顶山	98.88	97.81
安　阳	100.00	99.69
鹤　壁	100.00	100.00
新　乡	99.95	99.80
焦　作	99.76	99.09
濮　阳	96.71	97.46
许　昌	100.00	100.00
漯　河	100.00	100.00
三门峡	97.38	97.90
南　阳	96.73	96.76
商　丘	100.00	100.00
信　阳	95.36	97.59
周　口	98.55	99.53
驻马店	99.44	98.87
济　源	99.06	99.27

资料来源：《河南统计年鉴（2018）》（表22~24），第728页。

2. 公共文化产品供给指标解析

提高公共文化产品供给的质量和水平，是加快构建现代公共文化服务体系的重要内容。因此，二级指标"公共文化产品供给"给出的分值相对较重。该项下设"国家级公共文化服务体系示范区和示范项目""省级公共文化服务体系示范区和示范项目""每万人拥有公共图书馆藏书""群众文化事业从业人员数量""博物馆、公共图书馆、文化馆年接待人数""农村电影放映及其他（市县本级）文化下乡活动场次"6个类目，对应的理论分值分别为2分、2分、1.5分、1.5分、1.5分和1.5分，共计10分。由于后四项指标各地市均已按要求达标，所以给出相同的满分分值，下面着重解释说明一下前两项指标的给分情况。

目前，河南省已有三批国家级公共文化服务体系示范区和示范项目，涵盖了3个省辖市、6个市县区，其中3个示范区分别是郑州市（第一批）、洛阳市（第二批）、济源市（第三批），6个示范项目分别是邓州市"文化茶馆"、周口市"一元剧场"、信阳市平桥区"农村公共图书馆一体化建设"、漯河市"幸福漯河健康舞"、平顶山市"文化客厅"公益课堂、安阳市政府—高校—社区"321"公共文化共建项目。与国家级公共文化服务体系示范区和示范项目的创建工作几乎同步，2014～2016年河南省公共文化服务体系示范区和示范项目创建单位也先后公布了四批，郑州市、开封市、林州市、新郑市、洛阳市老城区、西峡县、民权县、淮滨县、西平县、洛阳市瀍河区、荥阳市、鹤壁市鹤山区、方城县、濮阳县、汤阴县等示范区在助推本地补齐文化建设短板方面起着显著作用，开封市"欢乐周末"、信阳市"豫南民间舞蹈广场化"、鹤壁市"淇水亲子故事乐园"、安阳市"'321'公共文化共建"、获嘉县"同盟大讲堂"、平顶山市"文化客厅"、平顶山市"茉莉芬芳"鹰城名家讲读音乐会、鹤壁市"淇水百花苑"文化共建项目、信阳市浉河区网格化一站式社区文化建设、焦作市"百姓文化超市"、郑州市二七区田园二七文化志愿者服务、汝州市"互联网＋乡土文化"项目、郑州市"天中讲坛"、三门峡市陕州区地坑院民俗文化园、开封市"回族文化微展馆"、鹤壁市山城区"十百千群众文化提升工程"、安阳文化大舞台、原阳县文化惠民信息平台等示范项目在统筹社会力量积极参与公共文化服务体系建设中发挥着重要的带动作用。此外，财政部2018年2月公布的《第四批政府和社会资本合作示范项目名单》，河南省共有 27 个项目列入国家支持计划，其中文化类项目 6 个，分别是河南省郑州市登封市市民文化中心（一期）PPP 项目（二级行业属于文化场馆）、河南省洛阳市新安县千唐志斋博物馆新馆建设项目（二级行业属于文化场馆）、河南省平顶山市宝丰县三间房景区项目（二级行业属于文化旅游）、河南省平顶山市宝丰县香山古镇旅游综合体项目（二级行业属于文化旅游）、河南省平顶山市汝州市汝瓷电子商务产业园建设项目（二级行业属于文化场馆）、河南省许昌市文化艺术中心 PPP 项目（二级行业属于文化场馆），也可看出各地市在争取国家财政资金支持方面所做出的努力。这部分类目主要根据各地市现有国家级和省级公共文化服务体系示范区和示范项目的基本建设状况，参照财政部《第四批政府和社会资本合作示范项目名单》，给出相应的实际分值。

3. 公共文化资金投入

不断加大对公共文化服务的资金投入，是持续提升公民综合文化素质、保障普通公民享受公共文化福利的重要举措。二级指标"公共文化资金投入"下设"人均文化事业费""文化事业费占本地财政支出的比重""人均公共文化资金投入""公共文化资金投入占本地财政支出的比重"四个类目，对应的理论分值分别是 3 分、2 分、3 分和 2 分，共计 10 分。上述四项指标见表 6，大致能看出全省各地对文化建设的重视程度和当地文化事业发展的基本状况。

从表 6 可以看出，全省"人均文化事业费"排名前五位的省辖市分别是漯河、济源、洛阳、三门峡、郑州；"文化事业费占本地财政支出的比重"排名前五位的省辖市分别是漯河、济源、洛阳、濮阳、焦作和三门峡，其中焦作和三门峡以 0.38% 的占比并列第五名；在"人均公共文化资金投入"方面，排名前五位的省辖市分别是济源 161.64 元、洛阳 140.91 元、郑州 130.26 元、平顶山 127.40 元、三门峡 118.50 元；在"公共文化资金投入占本地财政支出的比重"方面，绝大部分地市的占比都在 1% 以上，其中排名前五位的省辖市分别是平顶山 2.01%、济源 1.82%、洛阳 1.75%、濮阳 1.42%、安阳 1.40%、焦作 1.40%，其中安阳和焦作并列第五位。此外，从文化和旅游部与河南省文化厅的有关统计数据来看，2017年河南省文化事业费为25.15亿元，人均文化事业费为26.31元，居全国第31位，尽管比上年增加了2.94元，但是与61.57元的全国人均文化事业费（比上年增加5.83元）相比[①]，无论是平均值还是增长基数都有很大差距，仍需持续加大资金投入。

表6　2017年河南18个省辖市公共文化资金投入情况统计

省辖市	常住人口（万）	人均文化事业费（元）	文化事业费占本地财政支出的比重（%）	人均公共文化资金投入（元）	公共文化资金投入占本地财政支出的比重（%）
郑　州	988	34.95	0.23	130.26	0.85
开　封	455	19.22	0.26	83.96	1.14
洛　阳	682	38.66	0.48	140.91	1.75
平顶山	500	22.83	0.36	127.40	2.01
安　阳	513	14.78	0.29	86.16	1.40
鹤　壁	162	25.48	0.28	80.86	1.07
新　乡	577	17.36	0.27	73.83	1.16
焦　作	356	25.50	0.38	94.38	1.40
濮　阳	364	28.22	0.39	101.37	1.42
许　昌	441	18.65	0.29	87.76	1.35
漯　河	265	51.71	0.78	90.94	1.38
三门峡	227	35.80	0.38	118.50	1.27
南　阳	1005	15.33	0.26	62.19	1.07
商　丘	730	22.87	0.36	47.95	0.76
信　阳	645	15.26	0.22	60.62	0.88
周　口	876	14.08	0.24	64.73	1.10
驻马店	700	15.50	0.23	52.29	0.77
济　源	73	48.89	0.55	161.64	1.82

资料来源：根据《河南统计年鉴（2018）》整理。

4. 文化遗产保护利用指标解析

河南是文化资源大省，各地市在文化遗产保护利用方面所取得的社会效益和经济效应，也是检验当地文化事业建设水平的重要标准。二级指标

---

① 参见《文化和旅游部发布2017年文化发展统计公报：全国人均文化事业费61.57元》，新华网，2018年6月1日，http://www.xinhuanet.com/ent/2018-06/01/c_1122920864.htm。

"文化遗产保护利用"主要包括物质文化遗产和非物质文化遗产两大类型，下设"世界文化遗产（处）""全国重点文物保护单位（处）""国家级非物质文化遗产项目（项）""国家历史文化名城中国民间文化艺术之乡、中国历史文化名镇（村）（个）""省级重点文物保护单位及省级非物质文化遗产（项）"五个类目，对应的理论分值分别是2分、1分、1分、1分和1分，共计6分。下面分别对各地市国家级和省级的文物保护单位与非遗项目加以统计，大致能反映出各地在文化遗产保护利用方面的基本状况（见表7）。

表7　2017年河南18个省辖市文物和非遗保护情况统计

省辖市	全国重点文物保护单位(处)	国家级非遗项目(项)	省级重点文物保护单位(个)	省级非遗项目(项)
郑　州	70	12	107	117
开　封	17	13	44	61
洛　阳	42	14	122	98
平顶山	25	5	60	18
安　阳	23	10	75	69
鹤　壁	9	8	23	38
新　乡	18	3	56	25
焦　作	26	31	104	112
濮　阳	5	13	29	75
许　昌	22	3	59	9
漯　河	6	0	36	8
三门峡	10	8	55	66
南　阳	20	18	85	60
商　丘	14	6	62	61
信　阳	11	4	97	26
周　口	13	10	52	46
驻马店	15	16	60	59
济　源	7	1	21	10

资料来源：根据《河南统计年鉴（2018）》整理。

5. 省级以上（含省级）奖项荣誉指标解析

二级指标"省级以上（含省级）奖项荣誉"下设两个类目，即"国家级奖项"和"省部级奖项",对应的理论分值分别是 5 分和 3 分,共计 8 分。评选奖项荣誉是鼓励各地市积极开展文化建设工作最直接、最有效 的方法,也是通过努力可以实现的目标,因此,此项内容设置的分值相对 较重。下面以 2015～2017 年河南省入选的全国道德模范、河南省第十一 届精神文明建设"五个一工程"奖、河南省第六届道德模范入选人数、 2016～2017 年河南好人榜等统计数据为依据,简要分析各地市的相关情 况(见表 8)。

表 8 河南 18 个省辖市省级以上部分奖项荣誉情况统计

省辖市	全国道德模范	中国好人榜	河南省第十一届"五个一工程"奖	河南省第六届道德模范	河南好人榜
郑　州	3	8	4	3	27
开　封	2	6	2	2	11
洛　阳	1	2	2	1	11
平顶山	1	0	1	1	8
安　阳	1	1	1	1	13
鹤　壁	1	1	1	1	10
新　乡	1	8	2	0	9
焦　作	1	9	2	1	8
濮　阳	1	1	1	1	8
许　昌	1	9	2	1	10
漯　河	1	0	2	1	2
三门峡	1	0	1	1	9
南　阳	3	14	1	2	22
商　丘	2	3	2	2	15
信　阳	2	2	1	1	10
周　口	1	11	2	1	12
驻马店	2	10	4	0	13
济　源	1	0	1	1	6

资料来源:根据《河南统计年鉴(2018)》整理。

近年来,河南各地市开展了形式多样的精神文明创建活动,涌现出一大 批全国道德模范、中国好人及先进典型。下面以"中国好人榜"和"河南好人榜"为例简要加以分析。2008 年 5 月至 2017 年 12 月，河南省已有 838 人入选"中国好人榜"，其中 2017 年上榜 85 人，大大丰富了"中国好人"的精神内涵[①]，各地市崇德向善、见贤思齐的良好风尚更加深入人心。如 2017 年南阳、周口、驻马店、焦作、许昌分别上榜 14 人、11 人、10 人、9 人、9 人；邓州市的门金梅、索建敏、吴云秀、窦学钦分别入选 2017 年 1 月、2 月、3 月、5 月的"中国好人榜"[②]。再如焦作市 2018 年总人口只有 375.51 万人，常住人口 356.01 万人，但历年来入选"中国好人榜"的好人层出不穷，2009～2018 年先后入选 2 人、14 人、13 人、13 人、6 人、3 人、9 人、11 人、9 人、7 人，共计 87 人。[③] 而表 8 中的"河南好人榜"统计数据，则采用了 2016 年和 2017 年两个年份的汇总数据，郑州和南阳分别以 27 人和 22 人的入选人数排名前两位，在传递真善美、引领文明风方面展现出独特的精神风貌。

（二）河南省各市县文化产业竞争力分析

2013 年《河南省人民政府关于批转河南省文化产业"双十"工程实施方案的通知》下发以来，河南各地市在"培育壮大文化市场主体，提升文化产业集聚发展水平"等方面采取了很多实际举措，投入文化、体育和娱乐业的资金逐渐增长，还先后设立了数额不等的文化产业发展专项资金，也取得了一些显著成效。2018 年 12 月，河南省文化体制改革和发展工作领导小组命名了第三届（2018～2019 年）河南省重点文化企业和重点文化产业园区，其中包括郑州国际文化创意产业园、汝州市汝瓷电子商务产业园、鹿邑县曲仁里老子文化产业园等重点文化产业园区 6 家，河南日报报业集团有

---

① 《2017 年，河南 86 人登上"中国好人榜"》，《河南日报》2018 年 1 月 18 日，https：//www.henan.gov.cn/2018/01 - 18/385648.html。统计数字与公开报道数据不符，未知正误，姑且存疑。

② 《2017 年 5 月"中国好人榜"隆重发布 邓州窦学钦光荣入选》，"文明邓州"搜狐号，2017 年 6 月 8 日，http：//www.sohu.com/a/147192519_ 239247。

③ 焦作市 2009 年以来入选"中国好人榜"的统计数据参见焦作文明网，http：//jz.wenming.cn/zt/2012zghr/。

限公司、洛阳日报报业集团、河南瑞贝卡发制品有限公司等重点文化企业10家，对相关文化企业和文化产业园区的支持力度不断加大。①

指标体系中的一级指标"文化产业"下，设置了5个二级指标和26项三级指标，其中二级指标及相应分值分别是"资金投入"（10分）、"产业规模"（10分）、"文化消费"（8分）、"品牌培育"（6分）、"集聚发展"（6分）。

1. 资金投入指标解析

二级指标"资金投入"下设四个类目，即"市本级设立的文化产业发展专项资金""市本级文化产业发展专项资金占本地文化投资总额的比重""争取到位的国家和省级文化产业发展专项资金""其他投资"，对应的理论分值分别是3分、3分、2分和2分，共计10分。其中前两项类目属于稳定的政策性投入，具有可持续性。相比较而言，后两项类目不确定因素多一些，却能从一个侧面反映出各地市对发展文化产业所做出的积极努力。下面选取其中几个类目的统计数据加以说明（见表9）。

表9　2018年河南18个省辖市文化产业专项资金投入情况统计

省辖市	市本级设立的文化产业发展专项资金（万元）	市本级文化产业发展专项资金占本地文化投资总额的比重（%）	文化、体育与传媒业支出（亿元）	第一批省财政宣传文化资金（万元）
郑　州	20000	15.54	12.87	313.5
开　封	3000	7.85	3.82	79.5
洛　阳	1500	1.56	9.61	156
平顶山	1000	1.57	6.37	25
安　阳	1800	4.07	4.42	26
鹤　壁	1000	7.63	1.31	6
新　乡	—	0.47	4.26	55
焦　作	2000	5.95	3.36	6

① 《第三届（2018—2019年）河南省重点文化产业园区和重点文化企业拟命名单位公示》，南阳新闻网，2018年12月5日，http：//news.01ny.cn/2018/henanxinwen_1205/1055898.html。

续表

省辖市	市本级设立的文化产业发展专项资金（万元）	市本级文化产业发展专项资金占本地文化投资总额的比重(%)	文化、体育与传媒业支出（亿元）	第一批省财政宣传文化资金（万元）
濮 阳	—	0.54	3.69	—
许 昌	500	1.29	3.87	7.5
漯 河	600	2.49	2.41	23.5
三门峡	—	0.74	2.69	6
南 阳	—	0.32	6.25	56
商 丘	500	1.43	3.5	6
信 阳	350	0.90	3.91	5
周 口	—	0.35	5.67	5
驻马店	200	0.55	3.66	158.5
济 源	—	1.69	1.18	106

资料来源：根据《河南统计年鉴（2018）》整理。

从表9可以看出，全省各地市在文化产业发展专项资金投入方面参差不齐，郑州、开封、洛阳、安阳、焦作5个地市在文化产业发展方面持续投入资金较多。郑州在遥遥领先的基础上，又于2018年设立了3亿元的文化产业发展专项资金；开封2018年在文化、体育与传媒业方面的投入共计3.82亿元，其中设立的文化产业发展专项资金就达到3000万元；洛阳从2009年起就设立了每年1500万元的文化产业发展专项资金，已经持续了十年；安阳从2013年起设立了每年1800万元的文化产业发展专项资金，产业发展势头很猛；焦作在文化、体育与传媒业方面的投入共计3.36亿元，其中设立的文化产业发展专项资金达到2000万元，在打造文化旅游强市方面令人瞩目。此外，漯河出台了《漯河市促进旅游产业发展奖励暂行办法》，用于文化产业项目和平台建设等方面的贴息补助、资助、奖励等。在上表所列类目中，"市本级设立的文化产业发展专项资金"达到1000万元以上者得3分，500万~999万元者得2分，500万元以下及无数据者得1分；"市本级文化产业发展专项资金占本地文化投资总额的比重"取平均值为2分，按照各地市与平均值的比例计算得分，超过3分者取理论分值的最高值3分；"争取到位的国家和省级文化产业发展专项资金"采用的数据是"第一批省财政宣传文化资金",取平均值为 1 分,按照各地市与平均值的比例计算得分,超过 2 分值取理论分值的最高值 2 分;"其他投资"数据无法统计,均取平均值 2 分。

2. 产业规模指标解析

二级指标"产业规模"下设五个类目,即"文化产业增加值""文化产业增加值占当地 GDP 文化投资总额的比重""当地文化产业增加值占全省文化产业增加值的比重""文化制造业增加值与文化服务业增加值的比重""文化产品(服务)出口总额",对应的理论分值分别是 2 分、2 分、2 分、2 分和 2 分,共计 10 分。

2017 年河南省文化及相关产业增加值为 1341.8 亿元,比上年增长了 10.6%,占全省 GDP 的比重为 3.01%,在稳步推动经济发展过程中发挥了一定作用(见表 10)。但与全国文化及相关产业增加值(共计 34722 亿元)占 GDP 的比重为 4.2% 相比,河南文化产业发展的规模和速度仍有很大差距。全省 18 个省辖市中,规模以上文化及相关产业企业营业收入超过 200 亿元的只有郑州、许昌、洛阳、焦作、南阳、开封 6 市,其余 12 个地市均低于 200 亿元。

表 10　2015～2017 年河南省文化及相关产业增加值统计

年份	文化产业增加值（亿元）	分行业增加值（亿元）			分行业构成占比（%）			增加值占GDP比重（%）
		文化制造业	文化批发和零售业	文化服务业	文化制造业	文化批发和零售业	文化服务业	
2015	1111.87	588.47	128.71	394.70	52.90	11.60	35.50	3.00
2016	1212.80	608.62	157.23	446.95	50.20	13.00	36.90	3.00
2017	1314.80	584.67	166.81	590.32	43.57	12.43	43.99	3.01

资料来源:根据《河南统计年鉴(2018)》整理。

从相关数据统计来看,河南各地市文化产业发展的生力军仍是文化制造业,如漯河、濮阳、安阳、三门峡、许昌五个地市文化制造业与文化服务业的营业利润比值分别为 39.80、16.74、11.53、7.98 和 7.28,文化服务业仍有很大的提升空间(见表 11)。

表11　18个省辖市文化制造业与文化服务业情况

省辖市	文化制造业利润总额（万元）	文化制造业从业人员期末人数（人）	文化服务业利润总额（万元）	文化服务业从业人员期末人数（人）
郑　州	326518	22307	220620	54469
开　封	132858	18604	73973	6757
洛　阳	89573	17706	54042	24267
平顶山	82168	8753	45956	12840
安　阳	21084	3387	1829	1497
鹤　壁	7225	1741	17607	1257
新　乡	29344	8917	8706	4101
焦　作	129107	25243	23360	4785
濮　阳	204380	12485	12207	2391
许　昌	358772	62023	49280	6887
漯　河	97117	15352	2440	479
三门峡	29328	1545	3676	1797
南　阳	91680	25412	24417	7247
商　丘	78829	16064	69436	14721
信　阳	62127	16836	55467	10598
周　口	97956	16600	66680	6244
驻马店	56266	14220	52820	6106
济　源	1593	419	5738	1296

资料来源：根据《河南统计年鉴（2018）》整理。

3. 文化消费指标解析

二级指标"文化消费"下设四个类目，即"城镇家庭人均教育文化娱乐消费支出""城镇家庭人均教育文化娱乐消费支出占城镇居民家庭人均消费支出的比重""农村家庭人均教文娱消费支出""农村家庭人均教文娱消费支出占农村居民家庭人均生活消费支出的比重"，对应的理论分值分别是2分、2分、2分和2分，共计8分。

2017年以来，河南省在推进国家文化消费试点城市建设方面开展了一系列活动。一是给郑州和洛阳分别拨付了2500万元、2000万元的专项经费，用于文化消费试点建设工作，大力推动郑州和洛阳成为国家文化消费试点城市；二是连续两年在洛阳举办了河洛文化大集，并围绕如何扩大文化消费新模式等主题进行深度探讨。① 与前两年相比，2017年河南大部分地市文化消费指标都有小幅攀升，说明人们的文化消费观念也在随着时代的发展而悄然改变（见表12）。

表12　18个省辖市城乡居民家庭文化消费情况统计

省辖市	城镇家庭人均教文娱消费支出（元）	城镇居民家庭人均消费支出（元）	城镇家庭教文娱消费所占比重（%）	农村家庭人均教文娱消费支出（元）	农村居民家庭人均消费支出（元）	农村家庭教文娱消费所占比重（%）
郑　州	2780	24973	11.13	1405	14849	9.46
开　封	2345	21709	10.80	1027	8671	11.84
洛　阳	2947	23551	12.51	945	10356	9.13
平顶山	2057	18880	10.90	517	6883	7.51
安　阳	1732	16604	10.43	759	9000	8.43
鹤　壁	1890	16948	11.15	953	10397	9.17
新　乡	2151	19986	10.76	904	8656	10.44
焦　作	2362	21385	11.05	1060	12196	8.69
濮　阳	1816	18033	10.07	940	8138	11.55
许　昌	2110	18238	11.57	946	9571	9.88
漯　河	2236	20726	10.79	639	7854	8.14
三门峡	2182	20413	10.69	1103	9652	11.43
南　阳	2469	20742	11.90	526	9040	5.82
商　丘	1548	16847	9.19	769	7420	10.36
信　阳	1444	17614	8.20	879	8972	9.80
周　口	1610	17214	9.35	453	7169	6.32
驻马店	1814	19476	9.31	882	8704	10.13
济　源	3606	22198	16.24	830	11637	7.13

资料来源：根据《河南统计年鉴（2018）》整理。

4. 品牌培育指标解析

二级指标"品牌培育"下设五个类目，即"全国文化企业30强""中国印刷、出版、传媒、影视、演艺、网络、动漫百强企业""省级以上知名

---

① 参见《2017年省文化厅工作总结》，河南省文化和旅游厅网站，2018年1月25日，http://gov.hawh.cn/content/201801/25/content_411053.html。

文化品牌""省级重点文化企业""上市文化企业"，对应的理论分值分别是2分、1分、1分、1分、1分，共计6分。

2015年以来，河南文化产业一直保持着12%的增长速度，文化产业发展方兴未艾。截至2017年底，河南文化产业在规模和质量上都有很大提升，全省规模以上文化及相关产业企业共有3000多家，其数量高居中部六省之首。在国家级、省级和市县级文化产业园区、文化产业基地建设方面稳步前进，目前全省已有1个国家级文化产业示范园区、12个文化产业基地、9个省级文化产业示范园区、104个文化产业基地。中原出版传媒集团是河南省唯一的上市文化企业集团，2017年5月11日再次入围第九届"文化企业30强"名单，并连续进入"全国出版行业10强"（含文化央企及民企）和"全国服务业企业500强"等，2017年集团资产总额达到142.72亿元，实现营业收入142.75亿元；2018年集团资产总额达到152.73亿元，实现营业收入209.51亿元，集团的行业传播力、竞争力、影响力持续提升。[1]

5. 集聚发展指标解析

二级指标"集聚发展"下设四个类目，即"国家级文化产业示范园区和示范基地、国家级文化与科技融合示范基地""省级重点文化产业园区""省级文化产业示范园区（示范基地、重点项目）""省级以上（含省级）优秀（重点）文化出口企业（基地）"，对应的理论分值分别是2分、2分、1分、1分，共计6分。下面以"省级重点文化产业园区"和"省级以上优秀文化出口企业"为例加以简要分析。

各个地市文化产业的投入与产出基本成正比。近五年，河南文化产业集聚发展的进度与速度喜人，得益于《河南省文化产业"双十"工程实施方案》的持续实施。2018年12月，河南省文化体制改革和发展工作领导小组办公室公布了第三届"河南省重点文化产业园区和重点文化企业拟命名名单"，其中包括郑州国际文化创意产业园、开封宋都古城文化产业园、许昌

---

[1] 参见《再铸中原文化新辉煌——河南文化事业改革开放40年回眸》，《河南日报》2018年12月21日。

钧瓷文化创意产业园、汝州市汝瓷电子商务产业园、镇平县（石佛寺镇）玉文化产业园、鹿邑县曲仁里老子文化产业园等六个重点文化产业园区，河南日报报业集团有限公司、河南有线电视网络集团有限公司、中原出版传媒投资控股集团有限公司、郑州华强文化科技有限公司、郑州报业集团、开封清明上河园股份有限公司、兰考县成源乐器音板有限公司、洛阳日报报业集团、河南省杂技集团有限公司、河南瑞贝卡发制品有限公司十个重点文化企业。[①] 截至2017年11月，河南省累计已有30家企业和10个项目入选"国家文化出口重点企业和重点项目"，其中中原出版传媒投资控股集团有限公司、河南约克动漫影视股份有限公司、河南省山河柳编文化产业有限公司等3家文化企业和（河南省杂技集团）北美训演基地布兰森大剧院项目展销会、比什凯克中原文化交流中心项目、520集《我是发明家》大型原创系列动画电视剧等3个文化项目分别入选"2017～2018年度国家文化出口重点企业和重点项目"[②]。此外，从各地市在文化、体育和娱乐业固定资产投资方面的统计数据，也可以从一个侧面反映出各地产业集聚发展的大致状况（见表13）。

表13　2017年河南省18地市文化、体育和娱乐业固定资产投资情况

省辖市	文体娱乐业固定资产投资（亿元）	全行业固定资产投资情况（亿元）	人均文体娱业固定资产投资（元）	文体娱业占全行业固定资产投资比重（%）
郑　州	119.31	7635.49	120.76	1.56
开　封	38.82	1692.99	85.32	2.29
洛　阳	78.80	4600.39	115.54	1.71
平顶山	19.52	1965.14	39.04	0.99
安　阳	30.14	2305.21	58.75	1.31

---

① 参见《第三届（2018～2019年）河南省重点文化产业园区和重点文化企业拟命名单位公示》，南阳新闻网，2018年12月5日，http://news.01ny.cn/2018/henanxinwen_1205/1055898.html。

② 《2017～2018年度国家文化出口重点企业和重点项目名单公示》，《河南日报》2017年11月23日。

续表

省辖市	文体娱乐业固定资产投资(亿元)	全行业固定资产投资情况(亿元)	人均文体娱业固定资产投资(元)	文体娱业占全行业固定资产投资比重(%)
鹤壁	22.29	908.98	137.59	2.45
新乡	16.52	2240.94	28.63	0.74
焦作	19.51	2475.05	54.80	0.79
濮阳	37.94	1722.55	104.23	2.20
许昌	40.71	2558.83	92.31	1.59
漯河	3.12	1201.99	11.77	0.26
三门峡	24.00	1985.83	105.73	1.21
南阳	34.26	3800.06	34.09	0.90
商丘	11.00	2279.35	15.07	0.48
信阳	81.49	2473.11	126.34	3.30
周口	36.74	2124.69	41.94	1.73
驻马店	15.73	1956.52	22.47	0.80
济源	27.51	569.82	376.85	4.83

资料来源:根据《河南统计年鉴(2018)》整理。

(三)河南省各市县文化人才队伍建设情况分析

一级指标"人才队伍建设"下,设置了"资金投入"和"杰出人才" 2个二级指标,每个二级指标下面又设置有2项三级指标,其中三级指标及相应分值分别是"文化系统年人均培训经费"(2.5分)、"文化人才专项奖励资金、引进专项资金"(2.5分)、"国家级宣传文化系统'四个一批'人才、文化名家工程人选、非物质文化遗产传承人"(2.5分)、"省级宣传文化系统'四个一批'人才、文化名家工程人选、非物质文化遗产传承人"(2.5分),并结合实际数据统计分别给出相应分值。以非物质文化遗产传承人为例,2017年河南省积极投入非遗建设资金,着力构建非遗法律政策体系,共争取非遗专项资金3700多万元。截至2018年5月,全省共有国家级非物质文化遗产代表性项目代表性传承人127人,省级非遗传承人达到832人。①

---

① 《河南新增43位国家级非遗代表性传承人》,《河南日报》2018年5月17日。

（四）专家综合评判情况分析

本报告仍然延续了以往主客观指标相结合的方法，设置了主观指标"专家综合评判"一项，共计10分。该类项邀请省内相关领域的文化专家，结合日常了解、实地调研和问卷调查等形式，综合考察各地市在文化建设方面的总体情况，通过背对背多次打分，最后以加权后的平均值作为参考依据。

三 2017~2018年河南省区域文化竞争评价

根据18个省辖市在文化事业、文化产业、人才队伍建设等方面40多个三级指标的统计数据，能够大致呈现2017~2018年河南文化建设的基本面貌，从中寻求制约河南文化建设的主客观因素，并根据统计结果进行查缺补漏，有针对性地提出相应的改进措施，以期为推动优秀中原文化创造性转化、创新性发展，助力中原更加出彩提供理论支撑和现实遵循。

（一）河南省各地市文化事业得分统计及排名

从表14可以看出，2017~2018年河南省18个省辖市文化事业的分值较2015年略有下降，原因在于能够搜集到的指标数据更加完整具体，像以往那样由于数据缺失而不得不取平均值的情况大大减少。其中郑州和洛阳分别以32.81分和29.35分稳居前两名，南阳、安阳和焦作分别位居第3、第4、第5名，安阳从原来的第10名又跃居第4名，三门峡和信阳分别从原来的第4和第5名退居第17名和第15名，濮阳则从原来的第12名退居第18名。从图1大致能看出当地政府在文化事业建设方面的重视与投入情况。

表14 2017~2018年河南省18个省辖市文化事业竞争力排名

排名	省辖市	得分	排名	省辖市	得分
1	郑 州	32.81	4	安 阳	25.78
2	洛 阳	29.35	5	焦 作	24.93
3	南 阳	28.26	6	平顶山	24.81

续表

排名	省辖市	得分	排名	省辖市	得分
7	周　口	24.42	13	商　丘	21.88
8	济　源	24.31	14	新　乡	21.87
9	漯　河	23.58	15	信　阳	21.79
10	开　封	22.58	16	鹤　壁	21.67
11	许　昌	22.40	17	三门峡	21.49
12	驻马店	22.38	18	濮　阳	21.01

注：满分40分。

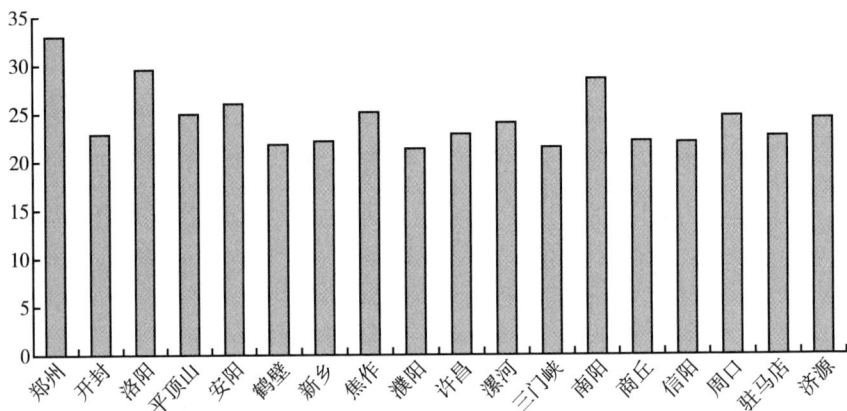

图1　2017～2018年河南省18地市文化事业排名情况

（二）河南省各地市文化产业得分统计及排名

从表15的分数统计及排名情况来看，郑州、开封和洛阳分别以37.09分、28.97分、27.61分的成绩位居前三；平顶山、焦作、许昌三个省辖市紧随其后，发展步伐比较均衡；平顶山、驻马店、鹤壁、周口分别由原来的第7名、第15名、第16名、第18名跃升至第4名、第8名、第9名、第13名；新乡、三门峡则从原来的第8名、第9名后移至第15名、第18名，有升有降之间可以看出各地文化产业发展的不平衡和不稳定趋势。各地市近两年来文化产业发展的基本态势见图2。

表15　2017～2018年河南省18个省辖市文化产业竞争力排名

排名	省辖市	得分	排名	省辖市	得分
1	郑　州	37.09	10	商　丘	18.06
2	开　封	28.97	11	安　阳	17.56
3	洛　阳	27.61	12	济　源	17.40
4	平顶山	22.88	13	周　口	17.18
5	焦　作	20.84	14	信　阳	16.78
6	许　昌	20.31	15	新　乡	16.21
7	南　阳	19.24	16	濮　阳	15.59
8	驻马店	19.16	17	漯　河	14.46
9	鹤　壁	18.82	18	三门峡	14.38

注：满分40分。

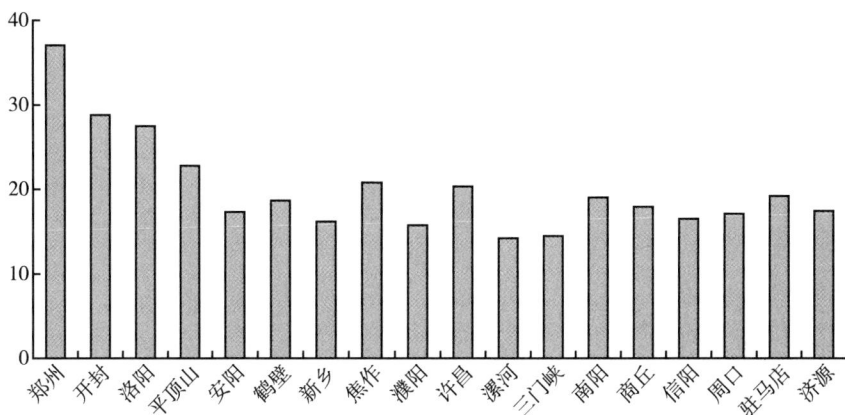

图2　2017～2018年河南省18地市文化产业排名情况

（三）河南省各地市文化人才队伍建设得分统计及排名

2017年以来，从北京、上海、广州、深圳，到武汉、长沙、西安、成都等，全国各地"抢人"的热潮此起彼伏。在这样的背景下，河南各地也不甘示弱，在人才培养、人才引进、人才管理等方面有了很大提升，尤其是国家中心城市郑州和河南省副中心城市洛阳先后出台了人才新政，郑州市更是把引进学历型人才的门槛放宽至中专学历。但由于施行人才新政的实际效果需要一定时间才能凸显，各地市在人才队伍建设方面的排名次序与2017年相比变化不大，表现出相对稳定的发展趋势。其中郑州以9.5分名列榜首，焦作以8.98分排名第二位，南阳、开封、洛阳、濮阳、许昌、周口6个地市得分比较接近，分列第3名至第6名（见表16），表明这些地市都认识到人在区域文化竞争力中发挥核心创新因素的作用（见图3）。

表16　2017～2018年河南省18个省辖市人才队伍建设得分统计及排名

排名	省辖市	得分	排名	省辖市	得分
1	郑　州	9.50	10	新　乡	5.69
2	焦　作	8.98	11	鹤　壁	5.44
3	南　阳	6.68	12	商　丘	5.37
4	开　封	6.67	13	信　阳	5.34
5	洛　阳	6.57	14	驻马店	5.30
6	濮　阳	6.52	15	平顶山	5.16
7	许　昌	6.18	16	安　阳	4.99
8	周　口	6.05	17	漯　河	4.71
9	三门峡	5.72	18	济　源	4.71

注：满分10分。

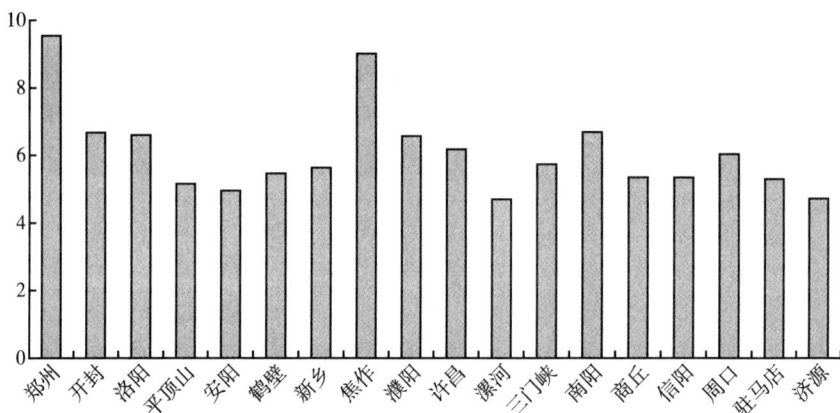

图3　2017～2018年河南省18地市人才队伍建设排名情况

（四）河南省18个省辖市文化竞争力综合得分及排名

一座城市的文化竞争力往往并不是一成不变的，而是一个动态的发展过程。2017～2018年，郑州、洛阳、开封、焦作、南阳、平顶山六个地市分别以88.40分、72.03分、66.72分、63.25分、61.68分和60.35分的成绩位居18个省辖市的前6名。其中郑州再次以4个单项和综合得分均为第一的强大实力高居榜首，在河南文化建设事业中发挥着引领作用；开封和焦作、平顶山和许昌与前年相比则相互交换了位次；安阳、鹤壁、济源、商丘分别由原来综合排名的第11名、第16名、第17名、第18名，先后上升至第8名、第12名、第10名、第13名，三门峡、信阳、濮阳则由原来的第7名、第9名、第10名退至第18名、第16名、第15名；除南阳和新乡的位次没有变化外，其他16个地市都有一定位移（见表17和图4）。

表17　2017～2018年河南省18个省辖市文化竞争力综合得分及排名

省辖市	客观指标			专家综合评判	总计	综合排名
	文化事业	文化产业	人才队伍建设			
郑　州	32.81	37.09	9.50	9.0	88.40	1
开　封	22.58	28.97	6.67	8.5	66.72	3
洛　阳	29.35	27.61	6.57	8.5	72.03	2
平顶山	24.81	22.88	5.16	7.5	60.35	6
安　阳	25.78	17.56	4.99	7.0	55.33	8
鹤　壁	21.67	18.82	5.44	6.5	52.43	12
新　乡	21.87	16.21	5.69	7.0	50.77	14
焦　作	24.93	20.84	8.98	8.5	63.25	4
濮　阳	21.01	15.59	6.52	7.5	50.62	15
许　昌	22.40	20.31	6.18	8.0	56.89	7
漯　河	23.58	14.46	4.71	6.5	49.25	17
三门峡	21.49	14.38	5.72	7.0	48.59	18
南　阳	28.26	19.24	6.68	7.5	61.68	5
商　丘	21.88	18.06	5.37	6.5	51.81	13
信　阳	21.79	16.78	5.34	6.5	50.41	16
周　口	24.42	17.18	6.05	7.0	54.65	9
驻马店	22.38	19.16	5.30	6.5	53.34	11
济　源	24.31	17.40	4.71	7.0	53.42	10

注：满分10分。

与国内先进省市相比，河南的文化产业尽管已经连续三年突破了千亿元大关，但是在促进经济结构转型升级方面发挥的作用还相对不足，文化产业从业者占城市工作人口的比重、文化产业增加值占全省 GDP 的比重都有较大差距。从表17中的综合数据可以看出，影响各地市持续发展的主客观因

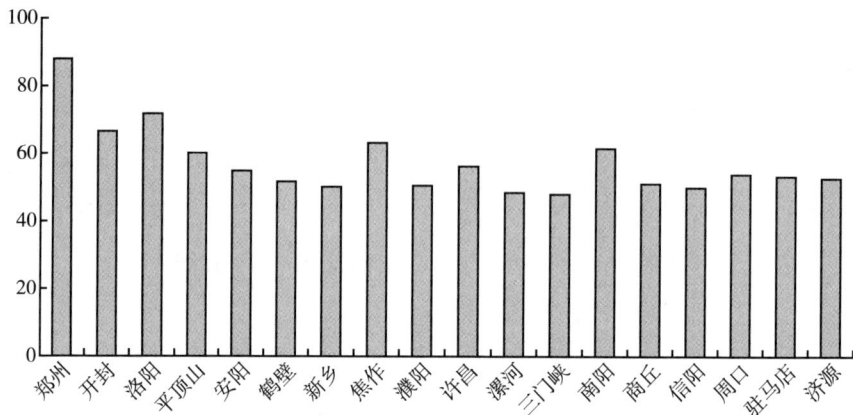

图4　2017～2018年河南省18地市文化竞争力综合排名情况

素仍然不同程度地存在，甚至产生了新的问题，河南文化建设任重道远，亟须奋起直追。

四　持续提升河南省区域文化竞争力的对策建议

为了进一步贯彻落实习近平总书记关于"推动中华优秀传统文化创造性转化、创新性发展"的指示精神，促进河南历史文化资源的有效转化，持续提升河南省区域文化的影响力、竞争力，必须把国家政策的有力支持和人民群众的现实需求紧密结合起来，持续加大综合投入，打造出良好的营商环境，吸引更多人才热爱河南、扎根河南、建设河南，用扎实有力的文化建设助推中原更加出彩。

（一）打造良好营商环境，展现区域文化吸引力

一个城市的营商环境最能直观地体现当地的综合竞争力。无数典型案例表明，凡是生产总值不断提高、外地投资者纷至沓来的城市，一定是营商环境比较优良的地方。2018年8月，《求是》杂志旗下的中国小康网和《小康》杂志组织并启动了"中国营商环境满意度大调查"评价体系，对全国

各区县的营商环境进行了深度调查，并首次发布"2018中国营商环境百强区县排行榜"，河南只有新密、荥阳和新郑3个县区入选，分别位列第32名、第79名和第89名。这次"中国营商环境满意度大调查"活动，旨在优化区县营商环境，推动县域经济发展壮大，进而推动区县"放管服"改革向纵深发展。河南入选的3个县区均属于郑州下辖县区，特别是已有全国综合竞争力百强县（市）、全国工业百强县（市）、全国县域经济百强县（市）、全国新型城镇化质量百强县（市）之称的新密市，近年来倾力打造的以文化产业、全域旅游为代表的新密现代服务业表现出强劲的发展势头，吸引了郑州银基集团、香港路劲集团、河南美景旅游地产集团等国内知名企业前来投资，目前共有91个在建和新建的文化旅游项目，总投资额达到963亿元，一批超百亿元的文化产业园区正在有序推进，生动地阐释了打造营商环境的重要作用。①

（二）持续加大综合投入，增强区域文化硬实力

从长久来看，投入与产出基本上是呈正比的。人民群众的现实需求和国家政策的有力支持，为社会力量参与公共文化建设提供了前所未有的机遇，但政府及相关部门在鼓励民间社会力量参与河南文化建设、推动中原更加出彩的进程中，还需要在拓展产业发展空间、提供知识产权保障、推动文化与金融的深度合作、加大文化产业与其他行业产业的深度融合等方面持续发力。要想增强区域文化硬实力，必须持续加大政策和资金投入力度，不断创新体制机制，积极探索创新投融资模式和绿色发展激励约束机制，在政府主导下合理引入社会力量，尽可能打通资金筹措渠道，多措并举鼓励民间力量参与公共文化建设，引导河南文化事业、文化产业齐头并进，进而实现社会效益和经济效益的双丰收。只有坚持理论与实践相结合，事业与产业相结合，政府部门与社会力量相结合，做好提升公共文化服务水平、丰富文化产

---

① 《河南这仨地儿入选"2018中国营商环境百强区县"都在郑州》，《河南日报》2018年8月23日。

品内涵、培育和引进文化高端人才等方面的工作，以文化助推经济社会高质量发展的美好前景才会实现。

（三）培养创意人才队伍，提升区域文化软实力

在深入实施文化建设工程时，人才的价值最不容忽视。由于深受中原地区传统文化禀赋、伦理道德、精神特质、文化认同等方面的影响，河南各地的文化建设呈现传承有余、创新不足的总体趋势，也存在一些发展的困境。一些城市的文化发展定位还不准确，文化产业在规模和效益等方面还处于刚刚起步阶段，急需大量的专业人才队伍和高端创意人才队伍。各地政府及相关部门必须不断加大对文化、教育、医疗、体育等领域创意人才的引进力度，把为优秀人才和优秀创新创业团队开通并完善"绿色通道"作为一项持久工作和重要任务来抓，有针对性地培养高素质人才队伍，最大限度地激发释放文化创意产业人才价值。同时，还要在住房、入学、就业、就医等方面加大政策服务保障力度，不断完善就业环境和提升配套服务，推动文化产业产学研等的深入有效交流互动，最大限度释放文化创意活力，推动文化建设提质增速。只有这样，"唯有牡丹真国色，花开时节动京城"的社会效果才能得到凸显。

（四）搭建文化交流平台，助推中原更加出彩

近年来，河南各地为推进文化建设，搭建了不同层次、不同形式、不同风格的文化传播交流平台，也产生了显而易见的社会效果。如郑州市以建设国家中心城市为契机，积极响应"一带一路"建设和河南华夏文明传承创新区建设，先后培育出黄帝文化论坛、嵩山论坛等一大批知名文化品牌，在海内外大力推广普及黄帝文化、根亲文化、中原功夫文化等，促进多个领域的文化交流和开放合作，一年一度的黄帝文化论坛和嵩山论坛已经成为展示河南对外开放形象的亮丽名片，为河南乃至中原经济区的转型发展提供了强大的思想动力。洛阳市倾力打造的中国洛阳牡丹文化节已经成功举办了36届，以"一朵花"带火"一座城"，以"让洛阳走向世界，让世界了解洛

阳"的胸怀推动洛阳对外开放的大门越开越大，成为弘扬优秀文化、促进多产融合、建设美丽城市、幸福广大群众的纽带和平台。开封市则致力于传统文化资源的开发保护利用，以"互联网＋"为手段，以宋都古城国家文化产业园区为载体，已经成功举办了35届中国开封菊花文化节和9届中国（开封）清明文化节，是全省"两创"工作的典型。鹤壁市自2014年起举办了四届中原（鹤壁）文博会，共吸引省内外参展商4100多家，直接交易额达10.2亿元，参展人数达246万余人次，成为展示中原文化形象、助推河南文化高地建设的崭新文化品牌，受到了省委省政府领导和社会各界的一致好评。但总体来说，河南各地目前的文化传播交流平台还不能完全适应新时代新形势新要求，在规模、层次、内容、质量、形式等方面亟须进一步完善提升，必须千方百计提高文化产业发展质量。如同样是文化博览会，深圳文博会已经成功举办了14届，2018年设置了67个分会场，主展馆有2308家政府组团、企业和机构参展，邀请了全国各省份及港澳台地区前来参展；有来自42个国家和地区的海外参展机构130个；来自美国、英国、法国等全球101个国家和地区的约2.1万名海外展商前来参会、参展和采购，在全球范围内都有一定影响。再如与河南比邻而居的山东文博会也已经举办至第7届，2018年还开通了英、日、韩文版官方网站。这些省份或城市改革开放的视野更宽，创新发展的举措更细，都值得河南各界学习借鉴。河南各地市需要继续搭建文化传播交流平台，为中原更加出彩提供坚实的物质基础。

参考文献

《中共河南省委关于制定〈河南省国民经济和社会发展第十三个五年规划〉的建议》，《河南日报》2016年1月4日。

《2017年文化发展统计公报》，文化和旅游部网站，2018年5月31日，http：//zwgk. mct. gov. cn/auto255/201805/t20180531_ 833078. html。

《春潮涌中原　出彩新时代——改革开放四十年河南发展辉煌成就》，中国统计出版社，2018。

《2017 年河南省国民经济和社会发展统计公报》，河南省统计网，2018 年 2 月 28 日，http：//www. ha. stats. gov. cn/sitesources/hntj/page_ pc/bwtt/article84bf775582cc46f58f 8f582c0ff3766f. html。

《河南统计年鉴（2018）》，中国统计出版社，2018。

《河南宣传》（2017 年合订本），内部资料。

《关于印发郑州市"十三五"文化事业产业发展规划的通知》，郑州市政务服务网，2017 年 3 月 20 日，http：//public. zhengzhou. gov. cn/02JC/394884. jhtml。

河南省社会科学院课题组：《2015 年河南省区域文化竞争力分析评价报告》，社会科学文献出版社，2017。

文化事业篇

Public Cultural Undertakings

B.3

2018年河南省公共文化服务
体系建设报告

宋丽萍 *

摘　要：　2018年，河南省着力完善基层设施网络、实施文化惠民工程、提升公共文化服务效能、推进贫困地区扶贫扶志工作，基层公共文化服务体系建设成效明显。但仍存在投入偏低、公共文化设施总体建设水平不高、公共文化服务效能不足等问题。因此，要全面完成村级综合性文化服务中心建设任务，进一步加大公共文化机构免费开放力度，继续深入开展群众性文化活动，持续提升公共文化服务效能，完善公共文化服务体系建设各项保障措施，开展绩效考核，推动基层公共文化建设和旅游公共服务融合发展。

---

* 宋丽萍，河南省文化和旅游厅党组书记、副厅长。

关键词： 公共文化服务体系　扶贫　公共文化建设

2015 年，中办、国办印发的《关于加快构建现代公共文化服务体系的意见》和河南省实施意见均明确提出，到 2020 年，基本建成覆盖城乡、便捷高效，保基本、促公平的现代公共文化服务体系。为实现这一目标，最核心的要求是持续推进公共文化服务均等化，加快推进基层公共文化服务体系建设，切实增强基层群众的文化获得感。

2018 年，全省公共文化建设坚持"以人民为中心"的工作方针，以基层为重点，紧盯目标任务，持续推进基层公共文化服务体系建设，下大功夫抓好扶贫扶志工作，为 2020 年全面完成公共文化服务体系建设任务打下了良好的基础。

一　河南公共文化服务体系建设工作

（一）完善基层设施网络，持续推进基层综合性文化服务中心建设

截至 2017 年底，全省省、市、县、乡四级共建成公共图书馆 158 个、文化馆 205 个、博物馆（纪念馆）334 个、美术馆 7 个、乡镇综合文化站 2398 个，基本实现了四级公共文化服务设施全覆盖。2018 年，根据省政府办公厅印发的《河南省推进基层综合性文化服务中心建设实施方案》相关要求，重点推进村级综合性文化服务中心建设。6 月下旬，省公共文化服务协调领导小组在洛阳市召开全省文化扶贫暨公共文化服务体系建设工作推进会。会议对全省文化扶贫和村级综合性文化服务中心建设工作进行了明确和部署，原省文化厅和各省辖市、直管县（市）签订了建设目标责任书；11 月上旬，省公共文化服务协调领导小组再次在安阳市召开全省基层公共文化建设暨扶贫扶志工作推进会，会议全面总结了洛阳会议

以来全省基层公共文化建设尤其是村级综合性文化服务中心建设工作取得的新进展。在省协调领导小组的推动下，各地党委、政府高度重视公共文化服务建设工作，把基层综合性文化服务中心建设摆上重要议事日程，加快推进，取得了明显成效。

一是重视程度显著提高。各地组织召开专题会议传达洛阳推进会精神，对基层综合性文化中心建设有关文件组织再学习，对任务进行再安排。开封、新乡等市委宣传部主要领导带头组织专项调研，制定政策措施。各市、县公共文化服务体系建设协调领导小组充分发挥职能作用，加强组织协调，自加压力，主动担当，切实增强了责任感紧迫感。二是推进机制逐步完善。各地在工作实践中，建立分包负责机制，层层传导压力。商丘市文广新局从局领导到机关中层，明确责任分工，强化责任担当，及早组织调研并向市委、市政府做好汇报，该市830个贫困村在6月底按照"七个一"标准全部完成建设任务。建立工作督导机制，平顶山信阳济源等地组织多支指导组深入一线开展指导工作。建立投入保障机制。各地集中调度相关资金，采取以奖代补、优先配备文化设备等方式，调动各级投入的积极性，保障了建设资金。三是建设进度明显加快。全省村级综合性文化服务中心建成率由2017年底的52%左右提高到2018年底的85.31%。据各地上报的统计数据，洛阳、濮阳、安阳、焦作四市建成率达到100%；郑州、漯河、三门峡、新乡四市建成率达到95%。其他地方建成率也有很大提高。有的地方还增设了冲水厕所、照明设施、电子屏等。四是服务管理更加规范。卢氏县在基层综合性文化服务中心建设中，统一制作标牌，公示服务内容和开放时间，方便群众监督和参与；方城县、叶县、固始县经常性开展文化下乡活动，每村每年都能看到两场以上的文艺演出。各地利用文化广场、图书室、活动室、健身场所积极开展各类群众文化活动。据统计，2018年，全省村（社区）综合性文化服务中心组织开展各类文化活动近50万场次，在丰富群众性文化生活、活跃乡村文化氛围、弘扬优秀传统文化方面发挥了重要作用。

（二）实施文化惠民工程，不断满足基层群众的美好生活需要

党的十九大报告指出，我国社会主要矛盾已经转变为人民群众日益增长的美好生活需要和不平衡不充分的发展之间的矛盾，并明确提出要深入实施文化惠民工程，丰富群众性文化生活。2018年，河南省以"宣传十九大，文化进万家"为主题，开展了多项群众文化活动。一是做好"戏曲进乡村"工作。近年来，河南省在文化惠民品牌项目"舞台艺术送农民"工作的基础上，以基层文化馆站为阵地，调动国有专业、民间业余戏曲队伍力量，开展丰富的"戏曲进乡村"活动，走出了一条"送""种"结合、"育""融"并重的戏曲惠民模式，为打通公共文化服务"最后一公里"进行了积极探索，形成可学习、可借鉴、可推广的河南经验。2018年，三级财政共投入3540.4万元，全省共安排演出3098场。在省级惠民演出活动的示范引领下，部分省辖市和部分县（区）也参照省里的做法，主动出资购买更多的文艺演出服务送给人民群众，如郑州市、许昌市、洛阳市、三门峡市、舞钢市、渑池县、新郑市、永城市等地，均根据当地实际购买院团演出服务，使活动覆盖本市（县）大部分行政村。2018年10月，中宣部、文化和旅游部在河南省新郑市召开了戏曲进乡村工作交流会，对河南省在戏曲进乡村工作中涌现的好做法表示高度认可。二是开展2018年"群星耀中原"河南省群众文化系列活动。2018年"群星耀中原"活动由"优秀群众文艺作品展演活动""群众文化进村入户活动""小戏小品、音乐舞蹈大赛"三项活动组成，从3月持续到10月，通过各县（市、区）自下而上开展展演、汇演活动。9月，分别在周口市、鹤壁市开展了小戏小品和音乐舞蹈大赛决赛，产生了一等奖作品28个，二等奖作品29个，三等奖作品15个，优秀奖106个，发现和推出了一批优秀群众文艺作品和表演人才，推动了全省群众文艺作品的创作、提高和普及。三是开展了2018年"春满中原"活动。农历春节期间，近一个月时间内，组织全省各级各地公共文化服务机构共开展了5000多项文化服务活动，为全省群众提供全方位、多层次、方便参与的文化服务。四是开展

了 2018 年"百城万场"系列广场群众文化活动。将"百城万场"活动向基层延伸，各省辖市、县（市、区）级文化广场每月开展活动不少于 4 次，乡镇（街道）每月广场文化开展活动不少于 2 次，全省共计开展活动 20000 余场。五是组织开展了多项主题群众文化活动。为庆祝改革开放 40 周年，组织开展了"出彩河南人"第四届全省优秀群众文艺精品展演活动，并根据文化和旅游部要求，举办了河南省第二届广场舞展演，并选派优秀广场舞表演队伍赴京参加全国优秀广场舞展演活动。10 月，全省在首届"中国农民丰收节"开展了形式多样的文化活动。

（三）推进重点工作任务，着力提升公共文化服务效能

一是做好公共文化服务体系示范区、示范项目创建工作。国家级示范区（项目）创建方面，济源市、平顶山市、安阳市顺利通过第三批示范区（项目）创建验收，许昌市、鹤壁市、焦作市获得第四批示范区（项目）创建资格。省级创建方面，在巩固第一批、第二批创建成果的同时，对第三批、第四批 12 个省级示范区和 12 个省级示范项目创建单位进行督导验收，为全省公共文化服务体系建设树立了新的标杆，对提升区域内公共文化服务体系建设水平和服务效能起到了显著的推动作用。二是做好基层文化创先工作。开展了第八批省级文化先进县（市、区）评审命名工作。实地检查并命名了 14 个文化先进县（市、区）。根据国家安排，推荐评审出 9 个国家级"民间文化艺术之乡"。三是加强对基层公共文化服务效能的督导检查。根据国家统一部署，在全省开展了乡镇综合文化站专项治理工作，治理周期为 2018 年 10 月至 2020 年底，全省各地按照要求制定了详细的工作方案，并梳理出 114 个重点治理单位，推动部分乡镇综合文化站"不开门、不见人、没经费、活动少"等突出问题得到有效解决，建立乡镇综合文化站服务效能建设长效机制，增强基层人民群众对公共文化服务的满意度和获得感。四是创新公共文化机构运行机制。2018 年，完成了全省 26 个县级图书馆、文化馆总分馆制建设试点任务，制定了县级图书馆、文化馆总分馆制基本标准，2019 年将依照标准，在全省符合条件的地区全

面推行。根据文化和旅游部要求，做好市级以上公共文化机构法人治理结构改革试点工作。

（四）推进扶贫扶志工作，重点推动贫困地区公共文化建设

2018年，全省贫困地区村级综合性文化服务中心建设已完成99%，在设施建设任务基本完成的基础上，着力丰富贫困地区公共文化供给形式，提升群众文化服务满意度。一是加大贫困地区公共文化产品供给力度。近年来，全省各级文化部门陆续创作了一批反映扶贫脱贫生动事迹的文艺作品。如《焦裕禄》《村官李天成》《史来贺》《春满太行》《燕振昌》《槐花湾》《红旗渠》《重渡沟》《尧山情》等。在2018年9月举行的全省小戏小品大赛中，又推出了7部反映脱贫攻坚题材的小戏小品。利用各级公共文化机构，及时将这些戏曲和小戏小品送到基层、种到农村，丰富了贫困地区群众的精神文化生活。2018年，在贫困地区开展各类品牌性群众文化活动10000多场，实现了贫困村群众文化活动全覆盖。二是组织开展"三千"文化扶贫专项行动。2018年，开展了以"文艺院团千戏送千村""文化工作者千人进千村""民营文化企业千企帮千村"为主要内容的"三千"文化扶贫专项行动。为省派驻第一书记的225个村每村送2场演出；为每个贫困县全年安排演出不低于20场，各级文艺院团向全省贫困村送戏1100多场。在全省文化系统选派1000余名"三区"文化人才和各类文化志愿者，对口联系1000多个贫困村。除此之外，市、县级文化行政部门从所属的文化馆、图书馆或剧团选派一批文化志愿者，每人帮扶1个贫困村，为群众提供各类文化服务，帮助贫困人口尽早脱贫。动员广大民营文化企业响应党和国家号召，以签约结对、村企共建为主要形式，组织民营文化企业定点帮扶1000个以上贫困村，加快脱贫进程。截至2018年，共有1075家企业对口帮扶了1094个村。三是开展"乡村音乐厅"文化志愿者活动。2016年开始，河南省启动了针对贫困地区农村开展的"乡村音乐厅"活动，组织全省1.3万名立志于农村戏曲音乐服务的文化志愿者，组成1000个文化扶贫扶志团队（小组），分赴全省各

个贫困乡村（社区）开办面向基层群众的"乡村音乐厅"，截至2018年，已建成"乡村音乐厅"156个。通过定期送戏曲欣赏、音乐教育等文化服务活动，提升贫困地区基层群众和留守儿童的艺术素质，把融汇着社会主义核心价值观的"乡村音乐厅"办到群众家门口，增强基层群众脱贫攻坚的内生发展动力。

二 现代公共文化服务体系建设存在问题

近年来，河南省基层公共文化服务体系建设成效明显，各地对加快推进现代公共文化服务体系建设认识到位、措施得力，但影响和制约现代公共文化体系建设的问题仍然存在，主要表现在以下三个方面。

（一）投入力度仍需加大

近年来，河南省不断加大公共文化建设投入力度，近三年来人均文化事业费平均增幅达到10%。但投入总量偏低、人均文化事业费更低的现状没有得到根本改观。2015～2017年人均文化事业费分别为21.73元、23.37元和26.31元，2018年虽然有了较大提升，但人均文化事业费和文化事业费占财政支出在全国仍均处于较低水平。要实现2020年前全省基本建成覆盖城乡、便捷高效，保基本、促公平的现代公共文化服务体系的目标，还需进一步加大文化投入力度。

（二）公共文化设施总体建设水平不高

城乡公共文化服务设施网络建设还存在空白点，个别省辖市和县（市、区）还没有建成达标图书馆、文化馆等公共文化基础设施；已建成地区也存在文化设施相对落后的问题，基本公共文化服务供给不足。特别是广大农村地区，截至2018年，村级综合性文化服务中心建成率达到85%左右，但是达标率只有66%左右，仍有大约1/3的设施需要进一步提升和完善。个别县（市、区）在公共文化机构免费开放资金配套资金、基层综合性文化服务中心运行资金等方面存在政策落实不到位的现象。村级综合性文化服务中心经费和人员要求在一些地方还没有得到落实，影响了基层公共文化机构的正常开放。

（三）公共文化服务效能有待提升

基层公共数字文化服务能力不足，数字服务资源有限，数字化手段服务不够丰富；流动服务的车辆、器材配备不齐全，流动服务能力有待提升；公共文化服务社会化程度不够，社会力量参与公共文化服务渠道不畅；各地优秀传统文化资源发掘不够，优秀文化资源转化为特色公共文化服务的能力和水平有待提升，公共文化服务、产品供给与群众实际需求还未能及时、有效衔接。

三　2019年公共文化服务体系建设工作重点

当前，距2020年全省基本成现代公共文化服务体系只有一年的时间。2019年工作中，要坚持以习近平新时代中国特色社会主义思想为指导，深入贯彻落实党的十九大精神，牢固树立以人民为中心的发展思想，紧紧围绕人民群众日益增长的优质文化需要和不平衡不充分的公共文化发展之间的矛盾，坚持全面提升、重点突破，加快推进现代公共文化服务体系建设。重点抓好以下几个方面工作。

一是全面完成村级综合性文化服务中心建设任务。在现有工作基础上，按照《河南省推进基层综合性文化服务中心建设实施方案》相关要求，继续加快推进村级综合性文化服务中心建设，促进公共文化服务城乡均等化。2019年，要消灭全省建设空白点，完成全部建设任务。同时，出台村级综合性文化服务中心管理办法，落实人员配备、经费保障等各项保障措施，充分发挥设施作用，避免"空心化"。

二是进一步加大公共文化机构免费开放力度。一方面，要加大对当前实行免费开放的博物馆、图书馆、美术馆、文化馆和乡镇文化站工作的监督检查力度，督促地方政府落实免费开放配套资金政策，推动服务效能提升；另一方面，要逐步将行业博物馆及有条件的民办博物馆纳入免费开放范围，推动科技馆、工人文化宫、妇女儿童活动中心以及青少年校外活动场所免费提供基本公共文化服务项目。

三是继续深入开展群众性文化活动。深入开展全省性品牌文化活动。结合全省"百城提质""乡村振兴""扶贫扶志行动"等中心工作相关要求，推动优秀公共文化资源下沉。在全省整合文化惠民品牌活动，推出惠及千万民众的"万场大戏免费看"民生工程。在贫困地区，要继续扎实开展文化扶贫"三千"行动，将各项文化服务送到群众家门口、种在群众心坎上，打通公共文化服务"最后一公里"，提升全省人民的文化获得感。

四是持续提升公共文化服务效能。创新公共文化管理运行机制，推进县级文化馆图书馆总分馆制建设、公共文化机构法人治理结构改革等重点任务。在全省打造以县（市、区）文化馆、图书馆为总馆，以乡（镇、街道）、村（社区）基层综合性文化服务中心为分馆和基层服务点的总分馆体系。2018 年完成 26 个单位试点任务，2019 年将在全省有条件的县（市、区）全面建设。同时，在市级以上公共文化机构，稳步推进公共文化机构法人治理结构改革工作。在数字文化服务方面，整合文化信息资源共享工程、数字图书馆工程、电子阅览室计划等数字文化资源，逐步开展"互联网＋公共文化服务"，充分利用现代信息技术和传播手段，打造集服务资源、服务内容、服务对象、服务评价为一体的"公共文化云"数字平台。推动公共文化服务社会化，加大政府向社会力量购买公共文化服务力度，培育和规范文化类社会组织，引导扶持群众自办文化，大力推进文化志愿服务，鼓励、吸引更多的社会力量投身公共文化建设。建立"菜单式"服务机制，在各级各类公共文化机构逐步建立群众需求征询机制、群众参与决策机制、按需配送机制、反馈评价机制等服务机制。把原来由公共文化机构"送菜式"变为群众"点菜式"服务。

五是完善公共文化服务体系建设各项保障措施。在法治保障方面，《公共文化服务保障法》《图书馆法》两部法律已在全国全面实施，2018年，河南省启动了配套条例的起草工作，目前正在各地进行充分调研，2019年，要完成河南省公共文化服务保障条例的调研和起草工作，推动尽快出台。同时，尽快启动《图书馆法》地方配套条例的起草工作。在组织保障方面，落实县级政府对公共文化服务体系建设的主体责任，充分发挥各级协调机制作用，强化区域内公共文化建设的组织领导保障，统筹推进基层综合性文化服务中心建设、文化馆图书馆总分馆制建设、公共文化机构法人治理改革等各项改革发展工作，推动各项文化惠民活动和群众性文化活动扎实开展。在资金保障方面，督促各级政府按照相关政策提供财政保障；完善、落实社会资本参与公共文化建设的各项优惠政策，多措并举，强化公共文化建设资金保障。

六是开展绩效考核。2018年7月，省政府办公厅印发了《河南省现代公共文化服务体系建设绩效考核办法（试行）》。自2019年开始，将按照这一办法对各省辖市、直管县（市）人民政府公共文化建设进行绩效考核。通过网上填报、现场考核和第三方评估三个环节，对各级政府公共文化建设工作情况进行打分、排名，并按照"奖优罚劣"的原则加强考核结果运用，以此强化对省委、省政府出台的关于公共文化服务体系建设各项文件、制度的检查督导，确保各项政策措施落到实处。

七是推动基层公共文化建设和旅游公共服务融合发展。2018年底，河南省文化和旅游厅挂牌成立，"以文促旅，以旅彰文"成为下一步河南省文化和旅游厅推动文化建设和旅游工作融合发展的基本思路。河南将在基层公共文化服务体系建设中，深入挖掘当地的文化资源和旅游资源，统筹基层公共文化和旅游公共服务设施建设，拓宽基层公共文化服务覆盖面，提升服务实效性和便利性，推动基层公共文化服务体系建设和旅游业深度融合。

公共文化服务体系建设的重点和难点都在基层，基层公共文化服务体系建设事关党和政府的各项文化政策能否落地，事关全省亿万群众的文化满意度和美好生活获得感。全省各级公共文化单位要认真学习贯彻习近平新时代中国特色社会主义思想，全面贯彻党的十九大精神和《公共文化服务保障法》，从人民群众美好生活需要出发，把基层公共文化服务体系建设作为一项民心、民生工程来抓好落实，加快推进。在2020年前，坚决完成好全省现代公共文化服务体系建设各项重点任务，使基层群众共享文化发展成果，为全面建成小康社会打下坚实的文化基础。

B.4
2018年河南省新闻业发展报告

田　丹[*]

摘　要： 2018年，河南省新闻业整体稳步前进，从业环境不断改善，相关扶持政策陆续出台；媒体转型与深度融合发展在全省范围铺展开来，媒介经营管理成效显著；以河南日报报业集团为代表的新闻媒体媒介影响力逐渐扩大。河南省"两会"、改革开放40年、高质量发展、讲好河南故事等重要新闻议题得到着重体现，新闻宣传报道亮点纷呈。新闻业自身的年度发展特点逐渐明晰，社会化媒体传播者数量激增，新闻内容呈现方式向"视频化、移动化"方向发展，舆论反转事件多发。为进一步推进全省新闻业发展，河南省应加强对社会化媒体平台的监管，加大县级融媒体中心建设力度，加快探索人工智能与新闻业深度融合，全力推动河南新闻业发展迈进新的历史阶段。

关键词： 新闻业　社会化媒体　县级融媒体中心

　　2018年是全面贯彻党的十九大精神的开局之年，也是改革开放进入新时代的重要年份。习近平总书记在全国宣传思想工作会议上指出，宣传思想战线已经进入守正创新的重要阶段，应自觉承担起举旗帜、聚民心、育新人、兴文化、展形象的使命任务，推动宣传思想工作不断强起来。在这

---

* 田丹，河南省社会科学院文学研究所研究实习员，主要从事新媒体研究。

一目标的指引下，河南省宣传思想文化战线持续深入贯彻落实习近平新时代中国特色社会主义思想，新闻业蓬勃发展，新闻宣传报道亮点纷呈，在全省范围营造出团结奋进的主流舆论态势，为中原更加出彩贡献了强大的精神力量。

一 河南新闻事业发展现状分析

目前河南新闻业进入较快发展阶段，几大报业集团积极转变发展模式，多元产业收入占比不断提高；新闻机构努力掌握媒介变革技术，媒体融合成效明显；新闻作品、新闻人在国内重要新闻奖项上获得认可，新闻媒体的媒介影响力逐渐扩大，新闻业整体发展势头良好。

（一）新闻从业环境改善

新闻业的发展历来颇受党和政府的重视，习近平总书记曾多次就新闻舆论工作的开展发表重要讲话，党的十九大明确提出"提高新闻舆论传播力、引导力、影响力公信力"的要求。2018 年国内陆续出台了一系列新闻传播行业有关的政策，实施促进相关领域发展的措施，新闻业发展的政策环境得到改善。国家新闻出版广电总局发布《广播电视台融合媒体互动技术平台白皮书》，指导全国广播电视台开展融合媒体互动平台建设工作，在此文件的指引下全国多个省份在政策、资金方面对媒体融合发展给予倾斜。河南省政府出台的《河南省"十三五"信息化发展规划》中将网络文化建设工程作为"十三五"时期一项重要工程推进，以"百家网站建设"为抓手打造网络文化传播主阵地。信息技术方面，河南省借助国家大数据（河南）综合实验区建设，着力布局大数据产业，相继印发《河南省大数据产业发展三年行动计划（2018—2020 年）》《河南省促进大数据产业发展若干政策》等文件，设立 100 亿元规模的信息产业发展基金培育高新技术产业。此外，河南省广播电视局 2018 年共举办 5 期出版专业技术人员继续教育培训班，累计培训出版专业人才约 1200 人次。整体来看，河南省新闻业发展所需的政策、资金、人才等要素正处于不断强化的过程中，按照目前的趋势看河南省新闻业从业环境将会朝着越来越有利的方向发展。

（二）媒体转型与融合发展全面铺开

随着以河南日报报业集团为代表的传统媒体转型升级步伐加快，河南省主流媒体传播矩阵不断扩军，数字化内容生产力、传播力明显提升。河南日报自主研发的融媒体中心持续发力，优化升级3.0版本融媒软件为集团旗下2000多名采编人员提供信息实时共享，促进了报业集团新闻生产在报纸、网站、两微一端等多个平台的深度融合。2017年依靠"中央厨房"，报业集团与18个省辖市党报签署"共同行动"计划，全省19家党报深入联合报道脱贫攻坚行动取得了良好的传播效果。在加强基层宣传思想工作方面，河南省把县级融媒体中心建设作为重要抓手全力推进，其中项城市"一中心八平台"的融媒体中心在中宣部县级融媒体中心现场会进行推广，引起了较大关注。项城市融媒体中心整合全市电视台、电台、报刊、官方微信公众号、微博、App客户端、70家网站和40余个微信公众号进行统一管理、运营，打造出全覆盖、功能完备的新媒体网络。县级融媒体中心建设打通了媒体融合的"最后一公里"，刺激了河南省媒体体系的发展活力，项城市广播电视台2017年营收达2600多万元即为很好的示例。

（三）媒介影响力逐步提升

以河南日报报业集团为代表的媒体豫军凭借扎实的业务能力和新颖的管理经营理念闯出一条具有中原特色的生存之道，河南省新闻媒体在社会上的影响力正不断扩大。2018年河南日报报业集团表现颇为抢眼，在国内新闻行业重要奖项上均有所斩获。在中国报业协会成立30周年大会上，河南日报报业集团拿下"报业融合发展创新奖"，被评为"中国报业融合发展创新单位"；在第十一届中国传媒经营大会发布的2017~2018年中国传媒经营百强榜上，《河南日报》排名第四位，比上一届上升一位，《河南日报》在百强榜排名中连续两届实现位次提升；在中国报业发展40年峰会上，河南日报报业集团被评为"改革开放四十年·报业经营管理先进单位"。其他方面，由《河南日报》记者采写的消息《诺奖得主尤努斯精准扶贫到河南》荣获第二十八届中国新闻奖国际传播二等奖，消息《炎黄的祖先不是来自非洲》、微电影《旗》分别荣获文字消息三等奖、融媒短视频三等奖；河南广播电视台高级编辑顾海红荣获第十五届长江韬奋奖·韬奋系列奖项；河南电视台制作的《我是河南人河南再出发》《兰考之变》《我愿意》被中国全媒体年会评为全国优秀公益电视节目成就奖，主持人庞晓戈、关枫荣获公益主持人类优秀主持人奖。这些有代表性的新闻机构、新闻作品、新闻从业者是推动河南新闻业发展壮大的关键性力量，是河南媒体实力与影响力的缩影，通过梳理 2018 年河南主要媒体主要奖项获奖情况，可以看出河南省新闻媒体的社会认可度正在逐渐提升，其媒介影响力也处于不断扩大的阶段。

二　河南新闻宣传报道亮点纷呈

2018 年是新闻宣传工作重大议题较为密集的一年。河南"两会"为全年工作划定重点，纪念改革开放 40 周年为全面深化改革树立信心，"以党的建设高质量推动经济发展高质量"为全省经济工作指明路径，讲好河南故事是构建河南形象的重要手段。以上这些重要新闻议题构成了 2018 年河南新闻宣传报道的重点。

（一）精心组织河南"两会"宣传报道

河南省"两会"召开期间，全省新闻媒体聚焦两会精心组织宣传报道，推出了一批有影响力、有科技含量的新闻作品。2018 年河南省"两会"期间，以《河南日报》《郑州日报》为中心的党报相继推出"两会"特刊，在重要版面持续推出浓墨重彩的大篇幅报道引发关注。新媒体方面，河南广播电视台大象融媒在河南"两会"时期的报道完美诠释了新媒体"全、快、新"的特点。全，有两个层面的含义，一方面指"两会"新闻内容的全面网罗，另一方面指媒体报道形式的全面覆盖。映象网推出的《幸福18问》从深化改革、教育、脱贫攻坚、环境、医疗、乡村振兴、精神文化等多个侧面凸显河南民生领域发生的新变化；《东方今报》推出"幸福是奋斗出来的"特别策划，选取生活中的鲜活事例激励读者为中原更加出彩继续奋斗；河南经济广播在"两会"前夕通过街采、热线、微博微信投票等方式收集群众关心的话题，将之传递给人大代表、政协委员并顺势推出"新时代新生活"的两会专栏。快，主要是新媒体实时传播的特点。映象网在网站首页直播"两会"开幕大会，与今日头条客户端实行联动，直播在线观看人数在500万人次以上；猛犸新闻客户端推出"猛犸微视频"向受众介绍新当选的省人大代表、省政协委员，同时在猛犸新闻秒拍号、梨视频平台进行发布，点播量和点赞数量较为可观。新，主要是新闻作品呈现方式新颖。映象网结合大热游戏《旅行青蛙》推出H5作品《旅行青蛙豫游记》，通过这种极具趣味性的方式展示政府工作报告的关键词，受到广泛好评；大河报客户端化用微信小程序"跳一跳"的形式推出"跳一跳，读报告"的有奖互动游戏，每跳一个方块便可"解锁"政府报告中一个关键信息，跳过10个方块便有现金红包送出，活动上线半个小时内1万元奖金就被30万网友瓜分完毕。河南省"两会"系列报道取得了良好的传播效果，截至2018年1月29日，仅河南日报报业集团报道的省"两会"信息全网阅读量达1.56亿次。

（二）策划改革开放40周年系列报道

改革开放以来河南省社会经济发展情况面貌一新。2018年是中国改革开放40周年，也是河南全面深化改革开放的发力之年。全省新闻媒体针对改革开放40周年这个重大议题积极谋划，持续推出纪念改革开放40周年系列大型报道。《大河报》在全国"两会"召开期间推出"致敬40年"系列重磅策划，共推出以自贸区建设、创业、农民工、教育、医疗、旅游为主题的6期专栏，着力介绍河南省改革开放出彩点。《河南日报》在"壮阔东方潮，奋进新时代"总题下，开设"光影40年""改革开放现在时""改革开放在基层"等子栏目，组织采编人员深入基层、蹲点脱贫攻坚第一线，推出"乡镇篇""村庄篇""学校篇"系列报道。《河南日报》于12月3~13日在第二版连续推出"出彩之路——庆祝改革开放40周年"大型系列述评，完美勾画出河南从国家粮食生产核心区到中原经济区再到航空港经济综合实验区的发展之路。这一系列述评不仅有深度而且有力度，一经推出迅速被100多家网站及客户端转发，在全网范围内阅读量达到2000多万次。《郑州日报》推出致敬改革开放40周年特刊《四十年家国》，以气势恢宏的40个版面编织出郑州成为"连接世界枢纽""内陆开放高地""国家中心城市"的多彩画卷。河南广播电视台联合《东方今报》、猛犸新闻启动"改革开放40年中原更出彩——全国融媒体看河南"活动，来自全国20多个省份的融媒体记者通过实地采访推出了一批反映河南历史、文化、生态、扶贫等方面的报道，在全国范围内真实、形象地反映出河南改革开放的生动实践和伟大成果。

（三）重点推出"高质量发展"专题报道

2018年6月，中共河南省第十届委员会第六次全体会议召开，大会上提出要深入践行新发展理念，以党的建设高质量推动经济发展高质量。省委十届六次全会为今后一段时期河南经济发展指明了路径，是全省上下开展实际工作的指路牌。为使省委十届六次全会精神在全省范围得到深入的贯彻落实，河南电视台组成近30人的全媒体采访团奔赴许昌市进行实地调研，在《河南新闻联播》播出五集系列专题报道《高质量发展的"许昌实践"》，以创新、绿色、共享、民营经济、党建为主题揭示许昌市在推进高质量发展过程中的典型做法，为全省各地市的发展提供样本。党的十九大后，习近平总书记首次地市考察选择了徐州市，并对徐州转型发展的成绩给予充分肯定。徐州发展的实践与省委十届六次全会"经济发展高质量"理念异曲同工，徐州与河南多个地市有较多相同之处，鉴于此河南广电组成融媒体记者队伍赶赴徐州搜集新闻素材，推出五集系列专题片《他山之石·徐州转型发展启示录》，每集用8分钟的时长详细解析徐州市产业转型、生态巨变的"成功密码"，在全省上下引起强烈反响。徐州电视台制作播出《"追兵"，就是"标兵"》的述评新闻与之相呼应，在新闻业形成了良好的传播效果。此外，广电全媒体为推动中原更加出彩创作出"牢记总书记嘱托让中原更加出彩""实干才能出真彩""干部要有三股劲""高质量发展要有高标杆""高质量党建要有高标准"五篇述评，以总书记调研指导河南工作时的重要讲话精神为统领，从争做出彩河南人、焦裕禄三股劲儿、新发展理念、党建高质量概括中原更加出彩的主体力量、指导理念和实现路径。河南新闻媒体推出的这一系列酣畅淋漓的专题报道，使"党的建设高质量推动经济发展高质量"作为河南省经济发展转型现实抓手作用在全省范围形成共识，为"中原更加出彩"营造出火热的社会氛围。

（四）着力布局"讲好南故事"

2018 年河南省新闻媒体全力配合省委、省政府重点工作，精心组织对外宣传报道创新传播载体，着力布局"讲好河南故事、传播好河南声音"。2018 年 4 月 13 日，外交部举行了题为"新时代的中国：与世界携手让河南出彩"的全球推介活动。河南日报客户端联合报纸实时推送此次推介会的重磅稿件并制作推出 H5 动感长卷，将河南山水、悠久历史融于屏幕之间，一经面世短时间内阅读量突破 6000 万人次。嵩山论坛 2018 年会邀请25 家海外华文媒体参加主旨为"兴文化、展形象、加快河南国际传播能力建设"的海外华文媒体论坛，并就河南国际传播体系构建与省内主流媒体举行圆桌对话。郑州、开封、安阳等地新闻媒体围绕黄帝故里拜祖大典、清明文化节、中国国际汉字大会等具有重大影响力的节会活动，大密度、多角度报道河南历史文化与发展成绩，使河南在海内外的影响力有了明显提高。

三　河南新闻业发展的特点

经过媒体融合发展的探索实践，河南省新闻业整体进入稳步发展的阶段，互联网用户突破 1 亿，依靠社会化媒体的传播者数量增多。与媒介技术发展相适应，新闻内容呈现方式朝着"视频化、移动化"方向发展。2018年河南省出现了3起在全国范围影响较大的舆论反转事件，在社交媒体上产生了非常不好的社会影响。

（一）社会化媒体传播者激增

根据2018年6月《中国新闻事业发展报告（2017年）》公布的数据，截至2017年底，全国大概有23万名持证记者，其中报纸记者8.4万人，电台、电视台和新闻电影制片厂记者13万人，新闻网站记者人数较2016年增长30.5%。河南省新闻业从业人数概况与全国情况相似，官方认证的采访权仍是牢牢掌握在主流媒体（包括报纸及网站）手中，商业网站、自媒体只能通过转载、编辑传统媒体的新闻报道来播发新闻。虽然丧失了新闻传播中重要的一环，但是这丝毫没有影响自媒体传播者增长的速度。截至2018年4月，河南省电话用户、互联网用户双双破1亿，手机网民占比达97.5%。河南省网民平均每天上网时长为4.2小时，高出全国人均每天上网时长。随着人数众多的网民在互联网耗费时间的增加，河南省内利用社会化媒体进行消息扩散的传播者数量激增。以政务微博的发展为例，截至2018年6月，在新浪微博平台认证的政务机构微博数为137677个，河南省共开通了10563个政务微博，在省份排名中居首位。利用社会化媒体进行传播的公众账号，其中有一部分已经获得互联网新闻信息服务许可，包括"大河网""印象网""河南卫视"等在内的161个公众账号获得河南省互联网信息办公室许可认证，能够在互联网上开展新闻信息服务。政务微博、微信公众号、头条号等在新闻信息传播、正面宣传等方面拥有独特优势，而且聚集在社会化媒体后台的编辑团队已经成为传播队伍的重要组成部分。

（二）内容呈现方式向"视频化、移动化"方向发展

Wi-Fi、智能手机的日常化应用使受众不再满足于文字、图片报道，尤其是抖音、快手等短视频类应用的崛起，更是加速新闻报道向"视频化、

移动化"方向发展。技术的发展降低视频新闻、移动阅读的门槛,短视频传播成为融媒体作品的主力军,以河南日报报业集团为龙头的河南媒体方阵不断推陈出新,用高水准、趣味性、互动性强的新闻作品展示新闻行业与时俱进、创新性发展的勇气和决心。近年来,河南省新闻机构在媒体融合领域探索的步伐一直从未停歇,VR 报道、H5 新闻、短视频直播等多种形式的新闻报道时有出现,尤其是在一些重大事件、重要主题的报道策划中,视频化、移动化传播已经成为内容呈现重要方式,上文中提到的《旅行青蛙豫游记》"跳一跳读报告"即为很好的例证。新闻媒体内容传播方式的改变,催生一批更具吸引力的融媒体产品,用户的新闻体验、参与感正在不断提升。继"两会"期间推出《中国一分钟》后,人民日报社新媒体中心在国庆节期间推出《中国一分钟·地方篇》微视频,全方位呈现祖国壮美山河与改革成就。《河南一分钟》《这里是河南》于 2018 年 10 月 9 日在人民日报微信公众号上推送,河南新媒体平台第一时间转发,一个小时内全网平台阅读量超过 10 万。除去省内媒体平台、微博大 V 构成的融媒体传播矩阵,广东、北京、山东、江苏、浙江等地的网友积极参与互动,留言、点赞、转发等行为助推形成了三次传播高峰。

(三)舆论反转事件多发

舆论反转事件指那些社会热点事件中发展初期和后期舆情表达不一致甚至走向完全相反的新闻事件,在此过程中"吃瓜群众"的意见数次游走于不同的舆论旋涡,主流舆论多次朝不同方向倾斜。此类反转新闻中,情感化的表达比新闻事实、真相更能影响受众的观点,尤其是网络舆论酝酿周期短,舆情具有燃点低、烈度大、扩散快的特点,一旦有不同的声音被媒体爆出来就能迅速形成反转。2018 年河南省共爆出 3 件迅速反转的热点舆情事件,王凤雅事件、高考答题卡调包事件、堂姐顶替上大学事件,分别由微信公众号"有槽"(现已更名)、"波动财经"和河南电视台都市频道率先爆出。王凤雅事件被指责诈捐、高考答题卡调包事关每位考生利益、冒名顶替上大学牵扯到社会公平正义,每一件都稳、准、狠地踩到受众的痛点。事后证明，王凤雅家属将所筹款项基本悉数用于小凤雅治疗，不存在诈捐一说；河南省招生办多次比对答题卡，通报不存在人为掉包试卷和答题卡现象；长葛市教体局核证黄风玲（新闻中"堂姐"）冒用黄海霞学籍属实，但考试成绩为黄风玲本人考试取得，对黄风玲做停职处理。三件热点舆情事件中，"有槽"已更名，其所属地区已不可查询，"波动财经"在清博指数的分类里标明是郑州地区政务公众号，都市频道是河南广电旗下第一地面频道。通过以上简单分析发现，新媒体也好传统媒体也罢，新闻作品中新闻与信息、事实与观点被混为一谈，尤其是在特定议题上，情绪和成见主导新闻作品，事实和真相总是在事件发展后续中缓缓跟上，网络主流舆论几经反转，在新闻舆论场中形成负面影响。

四　河南推进新闻业发展的建议

新闻业是推动社会进步的重要力量，繁荣发展的新闻业是"中原更加出彩"的见证者。河南省新闻业要实现"弯道超车"，步入实力与影响力兼具的"一级方阵"，必须结合自身发展特点加强对社会化媒体平台的监管，按照党和国家的部署加大县级融媒体中心建设力度，加快探索人工智能和新闻业的深度融合，全面构建起河南的新闻宣传体系。

（一）加强对社会化媒体平台的监管

加强对社会化媒体平台的监管，这是由社会化媒体巨大的用户群和影响力决定的。微信公众号、微博账号、抖音账号等几乎是无门槛准入，其向公众推送的内容好坏参半，一旦出现上文中的不全面或不真实的报道，造成的影响往往会偏离理性的轨道。加强对社会化媒体平台的监管，一方面是对传播者的行为加以约束，另一方面也是出于对新闻作品版权保护的考虑。目前，国家出台了一系列互联网法律法规，地方网信办应该加大对违法违规行为查处的力度。2018年11月，河南省互联网信息办公室报请上级部门获准后，联合腾讯微信对"新闻热点直播"等13家微信公众号做出"永久关闭"处置，对"波动财经"等28家微信公众号做出"暂停更新30日"处置①。可以看到政府部门对社会化媒体平台的监管正在不断加强，以永久封号、暂时封号的形式对社会化传播者的传播行为进行约束。加强对社会化媒体平台的监管，也是保护新闻作品版权的需要。自媒体平台鱼龙混杂，重新编辑多个新闻报道充当个人作品的现象时有发生。"洗稿"行为严格地讲也是一种侵权，尤其是伴随着知识付费的兴起，很大一部分内容在付费墙背后是一般读者难以接触到的，如果对这些新闻进行二次编辑、组合排列重新推送，受众是难以发现的。加强对社会化媒体平台的监管，就是充分利用大数据平台，对社会化媒体账号发布的内容进行监管，最大限度地保障新闻作品的版权和原创性，从而组建高质量的社会化媒体传播者队伍。

（二）加大县级融媒体中心建设的力度

2018年11月，中央全面深化改革委员会第五次会议审议通过《关于加强县级融媒体中心建设的意见》；2019年1月，中共中央宣传部和国家广播电视总局联合发布《县级融媒体中心建设规范》《县级融媒体中心省级技术平台规范要求》。中央短时间内多次提及的"县级融媒体中心"被认为是新时代媒体融合的风口，也是基层单位巩固壮大主流思想舆论的"排头兵"。河南省于2018年6月开始在全省范围部署新时代文明实践中心、县级融媒体中心、志愿服务中心、"百姓文化云"数字化服务平台、手机报建设，截至目前，安阳市与大河网合作共建县级融媒体中心，郑州市16个县（市）区、开发区与郑州报业集团签订框架协议并全部完成挂牌仪式。综观整体，河南省"三中心两平台"工作开展不平衡，重点不够突出。"三中心两平台"工作应把"县级融媒体中心"建设作为重要突破口来抓，这是转变基层传播格局的一次重大机遇，再加上项城市县级融

---

① 《河南"新闻热点直播"等41家违规微信公众号被依法处置》，中央网信办网站，2018年11月3日，http://www.cac.gov.cn/2018-11/03/c_1123654874.htm。

媒体中心建设已有成功实例，可以说在此方面河南省具有全面铺开的优良基础。加大县级融媒体中心建设力度，并不是说其他的地市都应照搬项城市的发展模式，而是说应努力汲取其融媒体创新发展的先进理念，结合自身的发展实际，将新媒体的传播优势与县级广播电视发展相融合，探索精细化、立体化、高质量的传播模式，把"信息服务超市"建起来，打通新闻宣传服务的"最后一公里"。

（三）加快探索人工智能与新闻业的深度融合

新闻业的媒体融合已经发展到深度融合层面，新闻业的生产流程、用户体验、经营管理模式都在被人工智能重塑。举例来说，《华盛顿邮报》的 Heliograf、《人民日报》"小融""小端"、新华社"快笔小新"、今日头条"张小明"等都是目前比较成熟的自动化写作系统，能够在重大突发事件中快速生成信息并完成推送，在新闻消息、数据新闻等方面人工智能拥有更大的优势。河南省目前比较成功的是河南日报报业集团的"中央厨房"模式，每逢河南"两会"、全国"两会"，"中央厨房"运作的新闻作品经常令人耳目一新。为了推动全省新闻业的发展迈上新的台阶，"中央厨房"的运作模式日常化与"地市厨房"落地两个问题值得注意。新闻业不仅只有重大事件报道，更多时候是日常新闻事件报道，在日常化报道中如何实现人工智能与新闻报道的深度融入，从而推动"中央厨房"日常化而不是沦为"节庆厨房"，仍需要业界同人继续探索。借着县级融媒体中心建设的契机，加快地市级的"中央厨房"模式落地，将会有利于全省媒体传播体系的重新构建，从这个层面考虑，人工智能与新闻业的深度融合势在必行。

参考文献

张志安、李霭莹：《2017 年中国新闻业年度发展报告》，《新闻界》2018 年第 1 期。

霍婕、陈昌凤：《人工智能与媒体融合：技术驱动新闻创新》，《中国记者》2018 年第 7 期。

《中国新闻事业发展报告（2017 年）》，新华网，2018 年 6 月 19 日，http：// www. xinhuanet. com/zgjx/2018 – 06/19/c_ 137258556. htm，2018 – 06. 19。

崔保国主编《传媒蓝皮书：中国传媒产业发展报告（2018）》，社会科学文献出版社，2018。

B.5
河南省"以文化城"工程研究报告

郭 艳*

摘 要: 河南"以文化城"工程启动以来,取得了一些较为显著的成效:公共文化基础设施提质升级,群众文化活动更加丰富,城市文化特色日益凸显,文化产业进一步发展,精神文明建设加强。但是在推进过程中还应当警惕以下倾向:城市文化发展规划缺乏科学性,城市建设破坏文脉,重硬件轻软件。今后,应当强化顶层设计,准确定位城市文化品牌;坚持创新理念,发展文化创意产业;兼顾保护与开发,延续城市文脉;培育城市精神,构建城市共同价值体系。

关键词: 以文化城 文化产业 精神文明建设

2016 年起河南启动"百城提质"工程,出台了《中共河南省委河南省人民政府关于推进百城建设提质工程的意见》。2017 年 3 月,制定了《2017年河南省百城建设提质工程实施方案》,提出推动第一批 45 个市县启动实施百城建设提质工程。2017 年 8 月,河南省省长陈润儿在商丘召开的全省百城建设提质工程工作推进会上指出,要做好以水"润"城、以绿"荫"城、以文"化"城、以业"兴"城四篇文章。"以文化城"作为百城提质工程的重要内容,成为改变当前一些城市建设中重"硬件"轻"软件"问题的重要举措,取得了显著成效。

---

* 郭艳,河南省社会科学院文献信息中心副研究员,研究方向为文艺学。

一 河南"以文化城"工程取得的成效

（一）公共文化基础设施提质升级

随着河南"以文化城"工程的推进，公共文化基础设施建设工作得到不断加强。荥阳近年来在公共文化基础设施建设上加大投入力度，相继建成多功能的市文博中心（包括被评为国家一级馆的荥阳市图书馆和荥阳市文化馆、博物馆、科技馆、非遗展馆与多功能会务中心），广电大楼，美术馆（该美术馆为河南省第二家县级美术馆）及特色文化展馆 8 个、乡镇固定舞台 13 个、村（社区）综合文化服务中心 288 个。设立索河文化站、毛寨、刘村等 12 个图书分馆，方便农村群众阅读。全市 15 个乡镇综合文化站实现升级改造，集多功能厅、图书室、培训教室、共享工程活动室等于一体。2018 年，建成投用 24 小时智能图书馆 3 个，打破传统借阅模式，读者可以自助实现办证、借阅、续借等操作。2018 年，荥阳市图书馆全年外借图书 23 万余册次，开通了微信图书馆和移动图书馆 App，用户达 3000 余名。开封不断强化公共文化基础设施建设，已建成的 10 个文化馆、5 个公共图书馆、74 个乡镇综合文化站及 744 个行政村（社区）综合性文化服务中心，在全市经济社会发展中发挥了重要作用，公共文化服务网络覆盖市、县（区）、乡镇（街道）、村（社区）四级。开封建成图书馆、博物馆、文化馆、规划馆、美术馆五馆新馆和开封书城，使全市公共文化服务体系建设水平进一步提升。商丘不断提高公共文化服务能力和水平，初步形成公共文化服务体系，目前全市有 9 个博物馆、9 个文化馆、8 个公共图书馆、3866 个农家书屋、139 个注册的艺术表演团体、204 个农村公益电影放映队，全市 165 个乡（镇）全部建有综合文化站，截至 2018 年 3 月底，已建成村级综合性文化服务中心 1013 个。

（二）文化活动更加丰富

河南"以文化城"工程不仅注重文化载体的硬件建设，更注重文化内容的建设。全省各地各类文化活动蓬勃开展。荥阳2018年完成"戏曲进校园""舞台艺术送农民"等演出380余场次,放映3456场次公益电影,创排了《大孝柳迎春》《清风亭上》两部古装剧,累计受益群众、学生达60万余人次。春节、元宵节期间,举办"我们的中国梦"——春满索城春节广场文化活动暨第九届民间文艺大赛,"全市300余支文艺队伍6000余人参与盘鼓、广场舞、秧歌、狮舞、龙舞、戏曲等比赛。开展'迎新春义撰春联'、'大美荥阳'书画摄影展、非遗项目汇演、元宵节猜灯谜等系列文化活动,历时28天,受益群众达35万人次。各乡镇开展了'村级锣鼓队联赛''乡村戏曲大赛''民间书画展''乡村广场舞大赛'等主题文化活动30余次,15万余群众受益"。① 开封深入推进文化惠民活动,推出"欢乐周末""文化进乡村、进社区、进校园、进工厂、进军营活动"等一系列惠民举措。周口着力打造"周末公益剧场"演出活动、"周口人讲周口故事"系列文化宣讲活动品牌。现在"周末公益剧场"已经成为周口持续时间最长、参演人数最多、节目最多元化的基层群众文化品牌,被中宣部确定为"全国宣传思想文化工作创新案例"在全国推广。截至2018年,"'周末公益剧场'在剧场演出近500多场,基层演出100多场,辐射观众460余万人次,演出节目1100多个,参演人数近5万人次"。②

(三)城市文化特色日益突显

文化作为城市的软实力,越来越受到重视。河南"以文化城"工程坚持把历史文化元素融入城市规划建设,涌现了一批有特色的城市文化品牌。开封在推进"以文化城"工程中突出宋文化特色,编制完成《宋都古城保

---

① 《坚持"以文化城"战略,夯实公共文化服务基础,共享文化发展成果》在线访谈实录,荥阳市人民政府网站,2018年11月21日,http://www.xingyang.gov.cn/front/onlinechat/chat?chatid=9ec753f8f6bd4e4eb7915ee6ee6c2ce2。

② 《文化满城 以文化城》,新周口报道网站,2018年8月3日,http://www.hnsjbzkb.com/Item/Show.asp?m=1&d=6986。

护与修缮规划》。按照修旧如旧和"小式建筑，限高15米，灰色基调，宋式仿古"的原则，对历史街区（历史风貌区）进行改造提升，对历史建筑进行合理修缮，使复兴坊、双龙巷、宋都御街、书店街、明伦街、马道街等老街旧巷重新焕发风采，"分9期对古城墙及周边绿地、水系、道路等进行综合整治提升，实施了大梁路等'6+6'示范街街景整治工程"，① 改造了铁佛寺街、鼓楼里等老旧街区和背街小巷。商丘范围内至少叠压着8座古城，拥有现在国内保存最为完好的500年明清归德古城，因此，在"以文化城"工程中特别注重古城保护，修复建设了城郭、城墙、城湖及城隍庙、闹龙街、中山南北大街、文庙、胃儿胡同、府衙、察院、93条街巷和归德驿馆、"八大家七大户"等21项工程，打造城墙、城郭、城湖"三位一体"的古城池历史风貌。禹州在推进"以文化城"工程中突出夏禹文化、钧瓷文化和中医药文化三大特色，利用市区主要街道和出入口及广场、公园、游园等公共设施，设置具有文化内涵的城市符号，规划建设一批以"夏都钧都药都"文化为主题的公园、商业街、文化广场等。围绕夏禹文化，对禹王锁蛟井、城隍庙、禹王庙、文庙、聂政台、古钧台、长春观、天宁寺等古建筑进行了修复或重建，规划建设具茨山国家级森林公园和大禹治水遗址公园。围绕钧瓷文化，对钧官窑路实施仿宋风格改造工程；对神垕古镇进行保护开发，使古庙宇、古街道、古民居得到了修葺完善，古镇风貌尽可能得到原汁原味地重现。围绕中医药文化，谋划建设总投资200亿元的华夏药都健康小镇。

（四）文化产业进一步发展

开封在"以文化城"工程的实施过程中，不断探索文化产业发展新模式，实现"文商旅"融合发展。通过古城保护开发，开发出七盛角、开封文化客厅、启封故园等旅游项目。作为河南省唯一的国家级文化产业示范园

---

① 《百城提质再加力，古城开封更出彩！》，搜狐网，2018年6月13日，http：//m.sohu.com/a/235579600_476635。

区——开封宋都古城文化产业园区近年来在统筹使用文化资源方面走出了一条成功之路。"2017年4月，在全国文化产业工作会议上，国家文化部对开封宋都古城文化产业园区的发展予以高度评价，并将文化产业发展'开封模式'归纳为'有顶层设计、有发展思路、有工作机制、有服务平台、有资金项目、有人才支撑'。"① 商丘不断推动文化产业发展，艺术表演、工艺品加工、艺术作品生产已经成为全市重要的特色文化产业，带动了18个特色文化专业村的近10万人从业。"据统计，文化产业增加值58.93亿元，比上年增加12.17亿元，增长26.04%，增速居全省第一位，文化产品经营性收入成为农村经济增长的新亮点。"② 培育了商丘日报报业集团、商丘演艺集团、商丘市新农村数字电影院线公司、商丘市宋城影剧院有限公司、民权县王公庄画虎村文化传播有限公司、商丘古城旅游发展有限公司、夏邑红火工艺集团、宁陵县中亚白蜡杆工艺品股份有限公司、宁陵县刘腾龙笔庄有限公司、商丘市天沐湖游乐服务公司等骨干重点文化企业。王公庄画虎专业村涌现出多名各级美协会员，其中国家级会员2名、省级会员48名、市县级会员200多名，同时培养出56名专业绘画经纪人。该村注册了"中国画虎第一村、王公庄画虎村、民权虎"等商标，成立文化传播公司。"该村辐射带动周边地区4万余人的绘画群体，每年约有8万幅画作销往国内外，年产值2500多万元。夏邑火店宫灯村的工艺品种类繁多、规格齐全，目前，从事宫灯、旗穗、排须、工艺品等特色文化产业的中小企业有8000余户，其中，投入50万元以上的工艺品企业有2000余户，机械设备1万余台，从业人员有3万余人（其中贫困户1100余户、3500余人），人均年纯收入9000元，仅从事工艺品产业人均年收入增加3000余元，形成了以火店、班集等12个村为中心的特色文化产业基地。2017年，火店镇国内生产总值12.6亿元，其中文化产业产值达8亿元，仅此一项全镇人均年纯收入增加3500元

---

① 《开封宋都古城文化产业园区概况》，开封宋都古城文化产业园区网站，2017年7月26日，http：//www.songdu.gov.cn/index.php/detailsc/id/1.html。

② 《走进商丘文化专业村，看看他们的"知名品牌"》，澎湃新闻网，2018年7月23日，https：//www.thepaper.cn/newsDetail_forward_2287433。

以上，占全镇人均年纯收入的60%。"① 作为河南省唯一铅笔生产出口企业的夏邑县神工笔业有限公司着力打造"孔祖神笔"品牌，固定资产达2400余万元，销售收入有2000多万元，直接自营出口创汇120万美元，拥有河南省"重质守信单位""出口创汇基地"等称号。"宁陵县'刘腾龙笔庄'日产572支毛笔，年销售700万元，年利润173万元。"②

（五）精神文明建设加强

河南"以文化城"工程重视人文精神对市民道德素质和文明程度的涵养。商丘坚持用社会主义核心价值观来引领城市建设，先进人物层出不穷，形成"商丘好人"群体现象。目前，商丘各行各业已涌现"12600多名'商丘好人'，其中被中央、省级媒体报道的有800多人，入选'中国好人榜'候选人的有117人，荣登'中国好人榜'的有22人，全国、全省道德模范或获得道德模范提名奖的有7人。"③ 商丘市水上义务救援队自2008年成立以来已有十年，"共参加救援444次，挽救62人，打捞溺水者遗体313具，打捞群众财产价值770多万元。"④ 商丘市义工联成立于2006年，截至2017年8月"已发展会员5000余人，参与公益活动总人数20多万人（次），累计捐款捐物500多万元。"⑤ 商丘市环保协会"于2016年12月成立，如今已发展到4000多人，其中有党员270多人，真正形成了'党员带头干，影响一大片'为环保事业尽力、为慈善事业尽心的浓厚氛围"。⑥ 开

---

① 《走进商丘文化专业村，看看他们的"知名品牌"》，搜狐网，2018年7月23日，https：//www.sohu.com/a/242897259_100229419。
② 《走进商丘文化专业村，看看他们的"知名品牌"》，搜狐网，2018年7月23日，https：//www.sohu.com/a/242897259_100229419。
③ 《"商丘好人"不断涌现 善行义举温暖全城》，中国文明网，2017年3月31日，http：//www.wenming.cn/sbhr_pd/ywjj/201703/t20170331_4155582.shtml。
④ 《商丘市水上义务救援队 9年挽救62人打捞313具遗体》，腾讯网，2017年12月19日，http：//henan.qq.com/a/20171219/004668.htm。
⑤ 《从"商丘好人"到"商丘人好"——探析"商丘好人"品牌打造的演进》，中国文明网，2017年8月21日，http：//www.wenming.cn/sbhr_pd/dcyj/201708/t20170821_4392608.shtml。
⑥ 《从"商丘好人"到"商丘人好"——探析"商丘好人"品牌打造的演进》，中国文明网，2017年8月21日，http：//www.wenming.cn/sbhr_pd/dcyj/201708/t20170821_4392608.shtml。

封坚持把社会主义核心价值观教育与家庭教育、学校教育、社会教育紧密结合，深入开展"践行价值观、共创文明城""市民素质高一分，城市形象美十分"等主题活动。加大公益广告宣传力度，在社区、公交站点、公园宣传"道德模范"的事迹，沿街店铺的电子屏上滚动播放社会主义核心价值观内容。评选身边好人、道德模范、最美人物等先进典型，入选全国、全省道德模范的有5人，荣登中国好人榜的有36人。"开展志愿服务，全市注册志愿者27.1万人。市民文明素质明显提高、城市整体文明程度大幅提升。"① 2017年，新乡、驻马店、巩义、长垣、永城、西峡等6个市县入选第五届全国文明城市，郑州、洛阳、许昌、濮阳、济源蝉联全国文明城市称号。截至2017年11月，"河南省全国文明城市达11个，有47个市县入选省级文明城市、32个市县入选省级提名城市，省级提名城市以上创建覆盖面达80%以上。河南省共有199个村镇入选全国文明村镇，339个村镇入选省级文明村镇，县级以上文明乡镇比例达到62.5%，提前完成了中央文明委'2020年前达到50%'的创建目标。"②

二　河南"以文化城"工程应当警惕的倾向

虽然河南"以文化城"工程取得了不小的成绩，但是在推进过程中还是存在一些问题的，有一些不良的苗头应当警惕。

（一）城市文化发展规划缺乏科学性

在河南"以文化城"工程推进过程中，少数地方的文化发展规划缺乏权威性和严肃性，随意性强。规划作为一个城市发展的"总开关"，具有极其重要的地位。为了维护城市文化规划的严肃性和连续性，城市的全部文化

---

① 《开封：以文明城市创建为载体　提升城市文化内涵》，开封文明网，2018年10月29日，http://hnkf.wenming.cn/wmbb/201810/t20181029_5516483.shtml。

② 《河南省精神文明建设工作综述：与文明同行》，河南省人民政府网站，2017年11月20日，https://www.henan.gov.cn/2017/11-20/382642.html。

建设包括公共文化基础设施、社区街道、城市广场、景观绿化等都应该被纳入城市规划，一旦一个城市的总体文化规划经过充分论证确定后，就不能随领导的更替而改变。河南"以文化城"工程一定要警惕一换领导就变规划的倾向。随意改变规划往往会带来资源的极大浪费，影响城市文化建设的速度和质量。规划随意性的现象之所以出现，与规划编制过程群众参与度低有一定关系。这种随意性削弱了文化规划的权威性和约束力，降低了民众对规划的信任度。另外，部分城市的文化规划缺乏可操作性，只编制了城市文化发展的总体规划（功能分区），对具体建设缺乏相应的措施和政策，可操作性不强，从而造成城市文化建设混乱的现象。

（二）城市建设破坏文化文脉

现在一些城镇热衷新城建设，大拆大建、模式粗放，将老城区、老建筑一律推倒重建，取而代之的是气派的高楼大厦、宽阔马路和城市广场，破坏了一些具有保留价值的建筑、设施、古木等。同时，在文化建设过程中，热衷兴建大图书馆、大剧场等现代文化设施。其实每个城市都有自己的自然历史文化禀赋，城市形象不仅体现在这些现代化的建筑上，更体现在历史积淀和文化传承下来的城市文脉上。城市文脉是一座城市在长期的发展建设中形成的历史的、文化的、地域的氛围和环境，是一种历史文化记忆。"重新城、轻老城""拆真古迹、建假古董"的城镇建设只会让城市文脉发生断裂，从而丧失文化根基；而照搬照抄的城镇建设则会使城市丧失自己的特色，出现"千城一面"的现象。河南"以文化城"工程一定要警惕这种低水平低层次的城市更新，避免城市文脉受到破坏和人为割裂。

（三）重硬件轻软件

城市文化包括城市物质文化、城市制度文化、城市风俗文化和城市精神文化。河南"以文化城"工程除了需要硬件设施，更需要文化对市民精神的滋养。在实践中，有些城市过多地关注场馆建设及城市地标的打造，热衷搞"形象工程"，忽视了文化内涵的提升和人文精神的培育。而一个城市是否具有人文关怀的精神、环境和氛围才是衡量城市建设水平高低的重要标准。一些基层公共文化服务机构人才队伍老化、人员流失严重,人才的缺乏导致提供的公共文化服务质量不高。同时,由于现在公共文化产品的供给基本还是采取政府主导的模式,群众文化需求反馈机制尚未建立起来,不同地区的文化场馆配备的资源基本都一样,这种无差别的资源配备也会导致文化供给的无效,所以许多基层的公共文化设施建好后利用率较低。在城市精神的塑造过程中,一些地方采取投放城市宣传广告、开展文明创建活动等单一的方式,而没有将城市精神潜移默化地融入市民生活,从而制约了城市文化对人的道德教育功能。

三 关于河南"以文化城"工程的对策建议

(一)强化顶层设计,准确定位城市文化品牌

在"以文化城"过程中,顶层设计十分重要。对城市文化建设来说,合理地进行规划可以促进城市发展,提升城市软实力,为传播先进文化、创造健康的生活提供精神产品。因此,河南"以文化城"工程应当加强对城市文化发展规划的研究,把文化内涵贯穿城市发展规划和具体建设的全过程。一是深入研究城市历史文化,挖掘每个城市特有的历史文化资源,对城市文化发展进行准确定位。二是根据不同城市之间文化竞争的优势劣势,整合省域内的文化资源,实现全省城市文化的协同发展。三是以文化规划带动社会综合治理,通过以文化人从而推动政治、经济、社会、文化、生态环境的协调发展。发挥文化对城市竞争力和相关产业的带动和提升作用,构建文化产业链、文化产业集聚区、旅游综合体等体系。把文化观念融入城市的规划设计,打造特色城市形象和文化品牌,增强城市和地区的文化自信与凝聚力。四是文化规划要坚持以人为本的原则,引导居民积极参与公共文化事务,鼓励市民参与规划编制、讨论、执行和监督等的全过程,积极开展文化进社区活动。

（二）坚持创新理念，发展文化创意产业

创意城市在今天的城市竞争中更能抢占先机，文化创意产业作为繁荣社会主义文化、满足群众多样文化需求的重要途径对城市的发展越来越重要。河南"以文化城"工程必须坚持创新发展思维，通过发展文化创意产业实现城市经济结构转型升级，进而打造创意城市，实现城市更新。推进文化创意产业集聚发展，强化完善城市社会文化功能。一是根据城市的资源优势对文化创意园区进行科学规划布局与定位，综合评估城市的区位条件、建筑特色、基础设施、人才队伍和文化消费等综合因素，发展文化装备产业、演艺产业、创意设计产业、动漫游戏产业等特色产业，对文创园区要有精准定位，不能一窝蜂地重复建设。二是产业园区要实行专业化的运营，在市场调研、产业分析、建筑设计、文化创意、房地产中介和物业服务等各个环节上都要让专业机构参与进来。

（三）兼顾保护与开发，延续城市文脉

河南"以文化城"工程必须坚持可持续开发的理念，既重视新城建设，又注重老城保护。历史文化遗产具有不可再生性，因此，在"百城提质"的过程中必须贯彻落实《历史文化名城名镇名村保护条例》等法规，对历史文化街区进行严格的保护开发，建立有效保护历史文化风貌区和优秀历史建筑的制度。在严格保护古城空间形态、保持和延续其传统格局和历史风貌的前提下，根据群众需求和时代变化合理地改善历史文化名城的城市功能。在新城建设中，城市景观设计要注意从当地文化资源中提炼出凸显文化特色的经典元素和标志符号，融入新的城市空间，如城市出入口、城市主干路、大型广场、滨水带等。城市建设规划要把图书馆、博物馆、展览馆、科技馆、游泳馆、体育场等公共文化体育设施纳入进来，新建居民小区在规划建设住宅区时要同步规划建设配套的文化体育设施。在"以文化城"的过程中，通过生态修复、文化修补，推进城市实现有机更新。

（四）培育城市精神，构建城市共同价值体系

城市文化建设不仅需要场馆等硬件设施，也需要文化产品及文化服务等软性内容，更需要城市人文精神的支撑。河南"以文化城"工程也是"以文化人"工程，文化对市民文明素质的提升是"以文化城"的根本目的。今后，河南"以文化城"工程应当精确提炼出凸显城市意志品格与文化特色的城市精神，作为市民的精神价值体现与共同追求，形成城市文化建设的核心。通过培育塑造新时期的城市精神，打造城市文化形象，为河南的城市建设提供强有力的精神支柱。

B.6

河南省非物质文化遗产保护工作报告

刘春晓 *

摘　要： 近年来，河南省非物质文化遗产保护工作发展态势良好，取得了明显成效，如工作机构逐步健全、积极推进立法进程等，但也存在非物质文化遗产后继乏人、过度开发、创新能力弱、面临消亡等不容忽视的问题。针对这些问题，河南省非物质文化遗产保护工作坚持以《中华人民共和国非物质文化遗产法》和《河南省非物质文化遗产保护条例》为准则，坚持"保护为主、抢救第一、合理利用、传承发展"的指导方针，坚定不移地抓好基础性工作，切实保障非遗项目得到有效保护，逐步形成河南非遗保护的成功模式。

关键词： 非物质文化遗产　文化资源　人才培养　精准扶贫

河南省地处中原，是中华民族和华夏文明的重要发祥地，文化底蕴丰厚，文化遗产丰富多彩，是全国非物质文化遗产（以下简称"非遗"）资源大省。近年来，在文化和旅游部，河南省委、省政府的正确领导和社会各界的大力支持下，河南省也结合自身实际开展非遗保护工作，逐步探索出自己的工作模式，保护工作呈现良好的发展态势，取得了明显成效。

---

* 刘春晓，河南省文化和旅游厅非遗处处长。

一 河南省非物质文化遗产资源状况

截至 2018 年底，河南省有人类非物质文化遗产代表作名录项目 2 个（二十四节气和罗山皮影），国家级非物质文化遗产代表性项目 113 个、代表性传承人 127 名，省级非物质文化遗产代表性项目 728 个、代表性传承人 832 名，市级非物质文化遗产代表性项目 2762 个、代表性传承人 3445 名，县级非物质文化遗产代表性项目 9272 个、代表性传承人 9600 名。

现有国家级非物质文化遗产生产性保护示范基地 5 个：禹州市星航钧窑有限公司、禹州市杨志钧窑有限公司、洛阳九朝文物复制品有限公司、开封市素华宋绣工艺有限公司、汝州市朱文立汝瓷艺术有限公司。国家级非物质文化遗产保护研究基地 2 个：河南省苗家钧瓷有限公司、河南省文化艺术研究院。省文化厅命名河南省文化生态保护实验区 8 个：洛阳河洛文化生态保护实验区、登封少林文化生态保护实验区、滑县木板年画生态保护试验区、浚县民俗文化生态保护实验区、温县太极文化生态保护实验区、宝丰说唱文化生态保护实验区、陕县地坑院文化生态保护实验区、濮阳戏剧文化生态保护实验区。还有河南省非物质文化遗产研究基地 33 个，河南省非物质文化遗产社会传承基地 25 个，河南省非物质文化遗产生产性保护示范基地 30 个，河南省非物质文化遗产展示传习示范馆（所）80 个。

河南省非物质文化遗产资源有以下几个特点。一是价值较高。许多项目，如民间文学中的神话传说等，流传久远，带有华夏民族早期文化特征，对于中华民族文化的传承具有广泛的影响和重要价值。二是内容丰富。经过普查，全省有价值的非物质文化遗产线索达 22 万多条。三是分布广泛。全省各个市、县，甚至每个村庄都有相当数量的非物质文化遗产项目和代表性传承人。尤其是在一些保护相对完好的历史文化名镇（村）等地，非遗项目相对集中。四是跨地域分布项目较多。如豫剧在全省几乎各个市、县都有存在，一些民间传说、传统技艺、民俗类项目在不同地区流布，并具有较大的共性。五是影响较大。如新郑黄帝故里拜祖大典、马街书会、浚县正月古庙会、伏羲太昊陵祭典、洛阳牡丹花会等传统节会在全国都具有较大影响。河南省的一些项目如少林功夫、太极拳、木版年画、传统戏曲等，已经成为国内外文化交流的重点项目。河南省每年出国境文化交流项目有 100 多个，其中大部分为非遗项目。太极拳、少林功夫、豫剧、河南坠子、马街书会，钧瓷、汝瓷、唐三彩烧制技艺、朱仙镇、滑县木版年画等在全国乃至世界范围内都有较高的知名度和影响力。

二 河南省非物质文化遗产保护工作概况

面对河南省非物质文化遗产现状，近几年，河南省文化和旅游厅坚持坚定不移地抓好基础性工作，切实保障非遗项目得到有效保护，形成了河南非遗保护的模式，非遗工作实现较大突破。

（一）工作机构逐步健全

2009 年 6 月，原河南省文化厅成立非物质文化遗产处，2011 年 6 月，成立了独立建制的河南省非物质文化遗产保护中心。目前，全省 18 个省辖市、10 个省直管县（市、区）均已成立非物质文化遗产保护中心，初步形成了较为健全的保护工作网络，为非物质文化遗产保护工作奠定了基础。

（二）积极推进河南立法进程

非物质文化遗产内涵的丰富性，以及它体现的民族性、独特性、多样性，决定了保护方式也是多样的。立法保护是根本性的保护，只有健全法律法规，才能从各个层面给宝贵的文化遗产以切实保护。中国的非遗保护立法工作始于 1998 年，历经十余年的立法历程，2011 年 2 月 25 日，中华人民共和国第十一届全国人民代表大会常务委员会第十九次会议通过《中华人民共和国非物质文化遗产法》（以下简称《非遗法》），2011 年 6 月 1 日，经全国人大常委会审议通过，《非遗法》正式颁布施行。《非遗法》的颁布实施，是我国文化领域的重要事项，不仅丰富了我国法律体系的内容，在文化建设立法中也具有里程碑的意义，标志着中国的非物质文化遗产保护已进入依法保护阶段。

2010 年，河南省着手起草《河南省非物质文化遗产保护条例》（以下简称《条例》），2013 年 9 月 26 日，省第十二届人大常委会第四次会议审议并通过《条例》，并于 2014 年 1 月 1 日颁布实施。为宣传贯彻《条例》精神，原河南省文化厅于 2013 年 12 月联合省人大下发通知，在全省进行动员部署。《条例》正式施行后，在大河网、中原网、映象网等省内知名主流媒体进行宣传普及。

《条例》共分 6 章 50 条，对非物质文化遗产保护法律名称、保护内容、方针原则、保障措施、工作规范、法律责任等，做出明确规定。明确了非物质文化遗产保护经费、机构建设、政府对代表性传承人和代表性项目的支持、非物质文化遗产代表性项目保护单位的权利义务等问题，细化了非物质文化遗产代表性传承人认定条件，强调了加强非物质文化遗产生产资源管理、鼓励和支持社会参与非物质文化遗产保护的问题。《条例》正式实施后，河南省非物质文化遗产保护工作步入依法保护的新阶段。

在此框架下，《河南省省级非物质文化遗产申报评定实施意见》《河南省省级非物质文化遗产代表性传承人认定管理办法》《河南省文化生态保护实验区申报暂行办法》《河南省非物质文化遗产保护专项资金管理办法》《河南省非物质文化遗产 2016—2020 年培训工作规划》等相继出台，并不断完善。

（三）非遗分类保护工作有序推进

根据非物质文化遗产自身传承、衍变的规律，中国逐渐探索出非物质文化遗产保护的多种方式，如抢救性保护、生产性保护、整体性保护、立法保护等，在实践中产生了很好的效果。2012年以来，河南省也积极探索不同类别和特点的非遗保护模式，开展了一系列抢救保护工作。

在抢救性保护方面，启动实施了"河南省非物质文化遗产全面记录工程"，运用现代信息技术手段对非物质文化遗产项目及传承人进行全面的拍摄、记录，形成档案和建立数据库，创造性地提出针对不同的项目特点，以项目工程为带动，推动河南省非遗保护的工作模式。2012年12月开始，相继实施"河南省稀有剧种抢救工程""河南省传统美术抢救保护工程""河南省传统技艺抢救保护工程"，每项工程制定"六个一"的目标，集全省之力，攥紧拳头，形成合力，取得了较大成效。

"河南省稀有剧种抢救工程"实施两年，共复排传统剧目420余部，收集整理剧目剧本1890多部，曲谱1557部，字数近千万字，征集稀有剧种乐器、服饰、道具及相关实物达5800多件。编辑出版相关稀有剧种专著和资料汇编几十部。该工程不仅是河南省传统戏剧保护的重要工作，也为本省非遗分类保护探索出了一条有效途径。

"河南省传统美术抢救保护工程"于2015年、2016年实施。共整理纸质档案资料2448份，数据库资料14.3GB，拍摄代表性项目250项，实地采访记录306名代表性传承人。组织编写的"河南传统美术"系列丛书，分为"美"篇、"术"篇、"人"篇共三册，从作品图录、传承技艺、传承人口述三方面全面反映河南省传统美术优秀成果。各地文化部门也编辑出版了相关专著和资料汇编达115部，共收集传统美术相关实物、作品、工具达26824件，建立传统美术专题展示馆68个，传习所10个。全省共举办各类培训班929班次，培训24907人次，培训对象涉及传统美术管理人员、代表性传承人、社会传承对象等。

"河南省传统技艺抢救保护工程"，实施期为2017～2019年，目前已经完成59个项目的拍摄制作和71名传承人的口述史采访工作，拍摄图片4312张，录音时长4972分钟，录制视频3120.6GB。整理全省进入四级名录的传统技艺类非物质文化遗产代表性项目、代表性传承人档案2345份，全部完成了建档工作。

在整体性保护方面,将非物质文化遗产从单个的项目保护提升到与其依存的环境进行整体性保护,以设立文化生态保护区的方式推动非遗的整体性保护,是中国非遗保护实践的又一重要创举。河南省积极开展整体性保护工作,启动实施河南省文化生态保护区创建工作,已命名八个河南省文化生态保护实验区。"说唱文化(宝丰)生态保护实验区"被原文化部公布为国家级文化生态保护实验区,实现了河南省零的突破。目前,保护区建设的各项具体工作也在如火如荼地展开。

在生产性保护方面,对有一定传承基础和生产规模,有发展前景的项目积极开展生产性保护工作,命名省级生产性保护示范基地 30 个,并每两年召开一次生产性保护示范基地研讨会,推动其创造性转化、创新性发展。2018 年 5 月原河南省文化厅联合原省工业和信息化委、省财政厅,参照原文化部、工业和信息化部、财政部联合制定的《中国传统工艺振兴计划》,结合河南实际,起草了《河南省传统工艺振兴计划》和任务分解,征求了省直 27 个部门意见,由省政府办公厅转发各地实施。经统计,河南省共有传统工艺类省级以上非物质文化遗产代表性项目 276 项(其中传统美术 93 项,传统技艺 131 项,传统医药 52 项)。其中有 16 个项目入选文化和旅游部、工业和信息化部发布的第一批国家传统工艺振兴目录,49 个项目入选有河南省文化和旅游厅、工业和信息化厅、财政厅公布的首批河南省传统工艺振兴目录。为推进振兴计划的落实,建立了省级传统工艺振兴计划联络员制度,组织了传统工艺振兴传承人培训班,河南省非物质文化遗产(传统技艺类)保护和传承培训班分别于 2018 年 7 月、8 月举办,共培训管理干部和传承人 150 人。

2016 年,河南省开始实施国家级、省级非物质文化遗产代表性传承人抢救性记录工程。河南省拍摄的《郭泰运·朱仙镇木版年画》《沈少三·撂石锁》《李成杰·中药炮制技术(四大怀药种植与炮制)》3 个项目入选国家非物质文化遗产代表性传承人抢救性记录工程优秀项目,其中《沈少三·撂石锁》在"年华易老 技艺永存——国家级非物质文化遗产代表性传承人抢救性记录工作成果展映月"活动中被评为观众最喜爱影片。

（四）非遗名录体系建设日臻完善

2005 年，文化部部署了中国大规模的非物质文化遗产全面普查工作，到 2009 年底，普查工作基本完成。在普查的基础上，2006~2014 年，国务院先后批准公布了四批 1372 项国家级非物质文化遗产名录项目。通过制定评定标准并经过科学认定，建立起国家级和省、市、县级非物质文化遗产名录体系及四级保护制度，在此基础上，建立了代表性传承人保护制度。在国家的统一部署和安排下，2007 年河南省在全省组织开展了第一次非物质文化遗产普查工作，2009 年底，基本完成田野调查与资料整理工作，普查各类线索 180 余万条（其中基本立项 22 万余条），共整理文字资料 30 多亿字、照片 10 万多张、录音 3800 多小时、录像 4300 多小时。在此基础上，也逐步建立起国家、省、市、县四级代表性项目名录保护体系和代表性传承人名录保护体系。制订传承人培训计划，分批对传承人进行轮训，扶持、指导传承人开展传习活动。河南省还出台一系列配套政策，使非遗四级名录体系逐步完善。积极推动人类非物质文化遗产代表作申报工作，2016 年由河南省参与的"二十四节气"项目成功入选人类非物质文化遗产代表作名录。

（五）培育非遗保护社会氛围

加强宣传是提高全民保护意识的重要措施。抢救和保护非物质文化遗产是全社会共同参与的大事，这项工作应该成为全民的共识和自觉行动。2005 年 12 月 22 日，国务院下发的《关于加强文化遗产保护的通知》做出决定，从 2006 年起，每年 6 月的第二个星期六为我国的"文化遗产日"。各地文化部门利用"文化遗产日"和春节等民俗节庆日，大力开展非物质文化遗产展览、展演、论坛、讲座等宣传展示活动，得到越来越多群众的参与。河南省持续开展"红红火火过大年"非遗展演展示活动，中国（淮阳）非遗展演活动已举办九届，中国（宝丰）非遗曲艺展演活动已举办六届，老子生日拜典·非遗（传统戏剧）展演活动也已举办三届，目前已形成品牌效应，产生较大影响，也惠及了更多民众。2017年首次开展的"晋冀鲁豫传统戏剧展演活动"，拓宽了非遗展示展演工作领域。每年组织举办的"文化遗产日"主题活动内容丰富、形式多样取得良好效果。2016年在新疆哈密建立河南陶瓷精品馆，68件陶瓷精品永久留驻哈密。持续开展非遗进社区、进校园活动，受到学校和社会各界一致好评。加强对外交流工作，组织河南省非遗项目到港澳台地区和国外开展非遗展示展演、讲学等活动，产生广泛的社会影响。

"中原古韵——中国（淮阳）非物质文化遗产展演"活动已成为全国非物质文化遗产展演交流的窗口和平台，举办九年来，淮阳展演活动共邀请联合国人类非物质文化遗产代表作名录项目7个，国家级非物质文化遗产项目186个，省市县级非物质文化遗产项目190个，20多个省份497支队伍展演，参演人数达1万余人，观看群众达4600余万人次，展演规模不断扩大，展演内容不断丰富，节目层次和活动组织水平不断提高。

2018年举办的"第二届晋冀鲁豫传统戏剧展演活动"于9月在安阳市举行，9天时间共18场剧目精彩上演，剧目辐射河南、山西、河北、山东四省国家级非遗传统戏剧类项目。据统计，共有3万余人次前往现场观看，多家报刊、电视、广播、网络等媒体对活动进行了全面报道，湖北、浙江、江苏、河南、山东等九家网络直播媒体，对全国的戏迷朋友进行现场网络直播，受益群众达960.46万人次，让广大观众一次次感受到传统戏剧艺术的独特艺术魅力。展演期间，还举办了"晋冀鲁豫传统戏剧保护工作座谈会"和河南省稀有剧种抢救工程图片展。

2018年"文化和自然遗产日"期间，全省各地以"多彩非遗，美好生活"为主题开展了丰富多彩的活动，共举办各类非遗宣传展示活动600余场，参与人数500万余人次，全面展示了近年来河南省非物质文化遗产保护的重要成果，丰富了人民群众的精神文化生活，提高了人民群众对非遗保护工作的参与感、获得感，在全省营造了良好的非遗保护社会氛围。

郑州主场活动"匠·心——河南省传统工艺保护传承成果展"和非遗

的生命力——2018河南省"非遗传承人+"对话活动，重点展示河南省传统工艺的当下面貌，从传统工艺精品的回顾到现代创新、创意工艺品的情景化、生活化呈现，让观众全方位、多维度地认识传统工艺的文化价值、艺术价值和实用价值，激发观众的文化自觉，促进传统工艺更好地走入现代生活。中央广播电视总台、中国新闻社、《中国文化报》、《河南日报》、河南电视台、《大河报》等40余家主流媒体进行了宣传报道，快手等直播平台进行了现场直播，20天时间，现场参观人数达14万余人次。

积极参加非遗对外文化交流活动。近几年，河南省的一些非遗项目已经成为国内外文化交流的重要内容，太极拳、少林功夫、豫剧、木版年画、钧瓷、汝瓷、唐三彩、汴绣、剪纸、泥塑等在全国乃至世界范围都有很高的知名度和影响力。2018年，众多非遗项目参加了欧洲、南非、日本及我国香港等文化交流活动，取得了良好效果。

2018年，圆满完成河南全球推介活动外交部非遗展示任务。精心遴选确定了剪纸等4个动态展示项目和唐三彩等9个静态展示项目参加活动，采取动静结合的展示手法，让全球500多名使节嘉宾从多个角度体验、感知河南传统文化的独特魅力，讲好河南故事。

（六）人才培训工作走向制度化

制定《河南省非物质文化遗产2016—2020年培训规划》，重点抓好三支队伍建设。一是专业工作者队伍，二是传承人群队伍，三是社会力量队伍。五年来，省级以上代表性传承人、保护单位负责同志、省市管理、业务干部全部轮训一遍。从2016年始启动实施《中国非遗传承人群研修研习培训计划》，2016~2017年依托河南轻工业学院举办7期手工艺传承人群培训班，共计培训传承人423名。2018年河南省有两所学校（郑州职业艺术学院、南阳艺术学校）进入国家试点培训高校序列，三个院校共举办7期传统工艺和传统戏剧培训班，有230人参加培训。同时，组织河南省传承人参加文化和旅游部组织的中国非物质文化遗产传承人群研修研习培训班，参训人员普遍反映增长了知识、开阔了眼界。2018年举办了第三届河南省非物质文化遗产保护工作专家委员会研讨班，有关高校、协会、文化单位专家学者共同研讨非物质文化遗产保护的现状、问题及对策。

（七）建立非遗理论体系

理论指导是确保非遗生命力的重要措施，由中国政府主导的非物质文化遗产保护事业起步较晚，但发展非常快，在实践中也积累了许多成功经验，亟须用理论给予总结和指导，来提升非遗保护工作的科学性和规范性。为加强深化理论研究工作，原河南省文化厅依托高校、科研院所等机构命名了33个非遗研究基地，建立了每两年召开一次基地理论研讨会、开展一次非遗课题立项和结项工作制度，六年来有近百项非遗课题结项，并结集出版。组织编印出版一大批非遗方面的图书，完成了《河南省传统村落文化遗产保护的调查与思考》等多项研究成果。

（八）稳步推进基础设施建设工作

展示馆、传习所等基础设施是非物质文化遗产保护、传承、展示、宣传的重要平台。河南省结合实际研究制定了《河南省非物质文化遗产展示传习示范馆管理办法》，2018年在原来命名的河南省省级非物质文化遗产展示馆传习所的基础上，又命名了首批80个河南省非物质文化遗产展示示范馆所。河南省有10个项目入围国家级非遗保护利用设施建设项目。

（九）助力精准扶贫

非物质文化遗产尤其是传统工艺具有带动贫困地区群众就近就业、居家就业的独特优势，是助力精准扶贫的重要抓手。河南省始终把非遗工作融入党和政府工作大局，把非遗工作与精准扶贫相结合，积极探索非遗扶贫的新路子，在助力精准扶贫中发挥作用，一是在非遗资金中向贫困县项目倾斜；二是帮助非遗项目和传承人振兴传统工艺，带动更多人就业；三是开展展示展演活动，丰富贫困地区群众的精神生活，带动群众脱贫致富，培养非物质文化遗产传承人和爱好者。

三　非物质文化遗产发展过程中存在的问题

河南省非物质文化遗产保护工作发展态势良好，取得了明显成效，但也存在一些不容忽视的问题。

一是非遗面临客观上的挑战。随着现代社会生产生活方式的改变，工业化、城镇化的推进，特别是古村落的"消失"，传统文化"基因"的保护与传承失去了根基，一些具有历史、文化价值的珍贵实物与资料遭到毁弃或流失，客观上加速了非物质文化遗产项目的消亡。

二是一些非物质文化遗产项目后继乏人，现有传承人年岁偏大，年轻人因收入偏低、掌握技艺时间长等原因对传承非物质文化遗产热情不高，存在收徒难、传承难的困难。

三是存在随意滥用、过度开发非物质文化遗产现象。一些地方为追求经济利益，忽视遗产价值、轻视社区文化传统，在开发过程中，随意改变人文生态环境，导致遗产遭到损失和破坏，使其失去了原本所蕴含的文化理念，使一些传统文化"变了味""走了样"。

四是随着人类生活方式的改变，大众生活品质和审美观念提升，不少传统工艺产品与现代生活结合不紧，与当代审美融合不够，创新能力较弱，无法满足大众需求，特别是下一代的文化需要。比如，传统美术和传统技艺类项目，可以说是参与面最广、流通性最强的非遗门类。但是，目前相当一部分传统手工艺者设计创新能力不足，市场上缺少有民族特色的知名品牌，行业整体实力和市场竞争力不足。

四　非遗保护的主要任务和方向

目前，非遗保护工作面临非常好的历史机遇和发展环境，一是以习近平同志为核心的党中央对文化遗产保护工作的高度重视，习近平总书记发表了一系列重要讲话精神，党中央和国务院下发了《关于实施中华优秀传统文化传承发展工程的意见》是河南做好非遗保护工作的根本指针；二是老百姓对美好生活的需求是河南做好非遗保护工作的目标；三是社会大众对非遗保护工作的高度关注是河南做好非遗保护工作的动力。今后，非遗保护工作要以习近平新时代中国特色社会主义思想为指导，以《非遗法》和河南省非遗《条例》为准则，坚持科学的保护理念，遵循非物质文化遗产传承、衍变规律，制定全面、科学、长远的保护规划，采取有效措施，开展非物质文化遗产保护工作。

（一）坚定不移地抓好基础工作

扎实的基础工作是做好非遗保护的前提和条件。非遗工作目前仍处于打基础阶段，组织体系、法规体系、工作体系、队伍体系等尚未完全形成。在这种情况下，还要坚定不移地将基础工作建设作为保护传承的中心任务抓紧抓好。继续做好非遗深度普查、加强四级名录体系建设、理论建设、队伍建设、非遗基础设施建设和配套法规制度建设等，为整个工作奠定坚实基础。

继续加强四级名录体系建设，对非物质文化遗产进行深度普查。加强四级名录体系项目档案建设，对代表性项目和代表性传承人按照类别建立纸质档案和数字化档案。建立非遗项目保护单位和代表性传承人退出机制。

要继续推进代表性传承人抢救性记录工程，运用数字多媒体等现代信息技术，全面、真实、系统地记录传承人掌握的非物质文化遗产丰富知识和精湛技艺，根据传承人年龄、身体状况，区分轻重缓急，有序开展传承人抢救性记录工作。

（二）坚定不移地抓好队伍建设

非遗保护传承工作的关键在人，要加强非遗保护队伍建设，大规模地实施培训计划，继续抓好专业队伍、传承人队伍和社会力量等三支队伍建设。重点对管理干部、业务人员、代表性传承人和传承人群等对象进行培训，通过培训等手段，培养一批熟悉法律法规、遵守工作规范、精通非遗业务的管理干部和业务人员，培养一批传承技艺精湛、责任感荣誉感强的代表性传承人。鼓励社会各界组织开展有针对性的培训。比如对传统美术和传统技艺类项目传承人群培训，要针对传承人综合文化修养、设计创新能力、市场竞争力不足的现象，指导培训传承人如何破解传统工艺提升、发展的瓶颈，如何在秉承传统、不失其本的基础上，引入现代创意设计，提高传统工艺产品的当代审美价值和实用程度，指导他们用"互联网＋"的新业态来推广、消费产品，利用非遗元素研发衍生产品，提高传承人群收入，使非遗项目能够融入现代生活，更好地生存下去，提升非物质文化遗产保护传承工作者的生活水平。

（三）坚定不移地抓好阵地建设

除了推进社会各界建立专题性展馆和传习所以外，积极推动各地建设当地各级综合性场馆，没有条件单独建馆的，可以依托现有博物馆、综合文化中心、文化馆（站）等建立非遗馆。同时，积极引导社会资本投入非遗馆建设，努力实现每个市县都有非遗展示传承的综合性展馆和专题展馆等平台。

（四）坚定不移地抓好宣传传播工作

利用传统节庆日等节点对非物质文化遗产进行展示展演是宣传、传播非遗的重要手段，要创新方式方法，提高非遗展示展演水平，不断扩大活动的影响力，为广大民众享受非遗保护成果、参与保护传承创造机会和平台。以每年春节、端午、中秋等重要传统节日和"文化遗产日"为重点，举办并打造一批底蕴深厚、特色鲜明的活动，淮阳太昊伏羲祭奠、马街书会、浚县庙会等非遗展演活动在社会上影响越来越广泛，已经形成品牌效应。积极推进非遗进校园、进课堂、进教材。通过纸质媒体、电视台、电台等传统媒体和互联网、微信平台等新媒体，加大非物质文化遗产的宣传力度。

（五）充分调动社会力量参与非遗保护

善于发挥社会机构和各种民间力量的作用，逐步推进保护工作社会化。鼓励社会资金投入非遗生产性保护企业，兴建、运营非遗场馆，举办非遗活动，也鼓励企业捐助。要加强国际交流合作，实施"走出去"战略，使河南省优秀的非物质文化遗产走出国门，宣传我国的优秀传统文化，讲好"中国故事"，提升中国文化影响力。

（六）继续做好实践探索和理论研究工作

要善于探索非遗保护工作的新思路、新途径。河南省非物质文化遗产具有类别多、数量众、分布广的特点，有针对性地做好保护传承工作，需要我们不断创造出新的工作方法和工作经验，需要我们在认真总结现有工作经验和实践的基础上，研究不同类别非遗保护工作的特点，研究适合不同领域的保护传承方法，比如，在非遗分类保护方面，要研究如何合理编制整体性保护规划，如何有效实施抢救性保护计划，如何扶持生产性保护示范项目等；在代表性传承人履职方面，要研究如何实施动态管理和退出机制，让传承人更好地承担责任、履行义务；在非遗理论成果方面，要研究如何加强非遗理论研究工作，在理论的指导下提升工作层次和水平；在非遗保护工作的社会化方面，要研究如何建立一个以国家保护为主、动员全社会广泛参与的非遗保护新体制、新机制；等等。

B.7
河南省加强文物保护利用改革研究报告

张玉霞*

摘　要： 河南省围绕建设华夏历史文化传承创新区、打造全国重要文化高地的目标，坚持让文物"活"起来的要求，深入推进文物领域"放管服"改革，全面健全完善法律法规，建立文物保护长效机制，创新保护利用方式方法，拓展文物价值传播渠道，走出了一条符合河南省情、具有河南特色的文物保护利用之路。在现有工作基础上，还应加强工作谋划、找准工作重点、完善工作体系，将文物工作更深入地融入经济社会发展大局，为让中原更加出彩做出更大贡献。

关键词： 文物保护　文物利用　文物价值

党中央、国务院历来高度重视文物事业。党的十八大以来，以习近平同志为核心的党中央就文化遗产的保护、利用、改革等工作做出了系列部署，提出了明确要求，为河南省做好新时代文物工作指明了方向、提供了遵循。习近平总书记一直非常关心文物事业，多次做出重要批示指示，强调"切实加大文物保护力度，推进文物合理适度利用，使文物保护成果更多惠及人民群众"。河南省各级党委、政府坚持以习近平新时代中国特色社会主义思想为指导，深入学习贯彻落实习近平总书记重要批示指示精神和中央、河南省委决策部署，把做好文物保护利用工作作为义不容辞的职责，切实提高政

---

* 张玉霞，河南省社会科学院历史与考古所副研究员，主要研究方向为考古学。

治站位，不断深化改革创新，真正把责任严起来、让文物"活"起来，努力探索契合省情、独具特色的文物保护利用之路。

一 河南省文物保护利用改革基本情况

（一）深入推进文物领域"放管服"改革，全面健全完善法律法规，不断强化文物工作的法治保障

1. 持续深化行政审批体制改革，加快推进简政放权

河南省文物行政管理部门始终坚持依法行政，不断加大依法行政工作力度。落实法定职责，认真做好承接国家文物局下放的审批事项工作，同时对行政许可和行政处罚等事项进行全面梳理，编制行政权力事项清单，现有行政许可事项18项，行政处罚22项，行政检查4项，行政确认1项，其他职权事项3项。完善行政审批流程，完成省文物局涉投资类行政审批项目在线审批系统的开发建设，与河南省投资项目在线审批监管平台网上申报系统顺利对接，与河南省政务外网并联，实现所有行政审批事项的网上办理和在线监测，做到法无授权不可为。积极推进简政放权，将8项管理权限委托河南自贸区行使，出台政策支持河南自贸区建设。不断规范行政监管，提升依法管理能力，河南省郑州合广置业有限公司擅自破坏古文化遗址案案卷荣获2016年度全国文物行政处罚案卷十佳案卷。

2. 及时制定出台相关法律法规政策意见，确保各项工作有法可依

河南省政府制定《华夏历史文明传承创新区建设方案》《关于进一步加强文物工作的实施意见》《河南省文物事业发展"十三五"规划》，河南省人大审议通过《濮阳市戚城遗址保护管理条例》《商丘古城保护管理条例》《安阳市城市园林绿化条例（草案）》《安阳市林州红旗渠保护条例》《信阳市传统村落保护条例》等地方立法项目。制定《河南省基层文物收藏单位文物库房管理规范》，配合完成《河南省矿产资源总体规划》《河南省空间

规划》《古建筑开放导则（征求意见稿）》等相关文件的编制工作。郑州、开封、安阳、焦作、许昌、漯河、三门峡、商丘、周口等省辖市政府出台了关于进一步加强文物工作的地方政策性文件。《洛阳市全市域文物保护与利用总体规划》《许昌市区文物保护利用规划》《固始县中心城区文物保护总体规划》编制出台，统筹城市区域文物事业发展。

3. 实施考古调查勘探发掘前置改革，有效促进文物保护与经济发展双赢

郑州市政府颁布《郑州市政府关于国有土地开发建设中考古调查勘探发掘前置改革的通知》，制定《郑州市招标拍卖挂牌出让国有土地使用权考古调查勘探发掘工作的实施方案》，许昌市出台《关于在全市国有建设用地使用权出让（划拨）前开展考古工作的实施意见》，建立国有土地开发建设考古工作前置机制，即对拟开发的国有建设用地，由市级政府的土地储备机构在招拍挂之前，提出申请进行调查、勘探，同时不断探索并完善国有建设用地考古调查、勘探、发掘前置改革工作联席会议制度，明确分工，各相关部门合力推进。在考古工作完成以后，再进行招拍挂，以净地进入市场，改变以往在土地出让后再进行考古工作的方式，从而降低企业因考古工作而带来的项目延迟、投资加大等风险，实现了文物保护与经济发展的双赢。

（二）探索建立长效保护机制，构筑全方位无死角的文物保护体系，真正把文物安全作为文物事业发展的底线、红线和生命线

1. 出台加强文物安全工作实施意见，筑牢全省文物安全防线

严格落实《国务院办公厅关于进一步加强文物安全工作的实施意见》，制定了《河南省人民政府办公厅关于进一步加强文物安全工作的实施意见》，完善文物保护法规体系，强化队伍、健全机制、夯实责任，明确文物安全工作要坚持党政同责、一岗双责，要坚持齐抓共管、失职追责，持续深化、健全文物保护的责任体系，落实政府主体责任、部门监管责任、管理使用者直接责任和责任落实机制，加大打击力度，强化督察问责，建立健全文物案件侦办指引、举报奖励机制、安全防范机制、协作配合机制，形成全社会积极参与的文物安全保护体系，坚决筑牢全省文物安全防线。建立约谈机

制，根据需要随时约谈管理使用单位负责人和安全管理人，确保全省各级各类文博单位安全。

2. 坚持专项行动和常态监管相结合，持续开展文物安全防范和保护治理行动

扎扎实实落实文物安全保护责任，先后组织开展文物安全状况大排查、文物法人违法案件专项整治、文物保护单位防火防雷防偷盗"三防"工程等专项治理行动。文物法人违法专项整治重点督查"引岳入安"工程破坏全国重点文物保护单位安阳市固岸墓地等 12 个行政违法案件，刑事立案调查 9 名犯罪嫌疑人，纪检监察机关对 13 名党员干部进行了责任追究。召开长城保护利用会，开展长城执法专项督察回头看自查，推进相关保护管理工作。省文物行政管理部门联合省公安厅、省旅游局在全省范围内开展为期两个月的文物建筑旅游景区消防安全专项治理行动，与省工商局联合开展文物流通市场专项整顿行动。省文物行政管理部门与郑州海关联合印发打击文物走私、保护文物安全倡议书。省文物行政管理部门还组织开展世界文化遗产巡查工作、全国重点文物保护单位文物保护项目检查工作以及全省文物系统电气火灾综合治理、安全生产大检查、汛期文物防灾减灾等工作，组织编制袁林安防、鄂城寺消防等文物安全设施工程方案。及时组织鉴定机构开展文物司法鉴定，为司法机关有效打击各类文物犯罪提供了有力证据。

3. 推进科技支撑建设，积极探索保护传承科技手段

积极组织可移动文物预防性保护及修复项目申报工作，7 个项目通过国家批准，19 个项目获得经费 4000 万元。持续推进可移动文物保护修复项目，开展全省白蚁病害调查及防治工作，开展全省青铜器保护状况调查，命名第三批河南省文物局重点科研基地。继续参与中华文明探源工程、指南针计划等国家重大科技专项。加强文物科技保护对外合作，与联合国教科文组织联合开展了龙门石窟保护修复工程，同时围绕潮湿环境下土遗址保护、东亚古代冶铁技术、金属制文物保护等方面，与"一带一路"沿线各国深化合作、共同研究，形成一批具有重要价值的研究成果。河南省文物局与法国驻华大使馆文化教育合作处签署了《建筑遗产维修领

域的中法联合行动合作意向书》，在洛阳市老城区选定一处传统民居作为合作项目的实施地，推动以低碳和尊重地方技艺的方式对建筑遗产进行维修。国家文物局批准设立城市考古与保护国家文物局重点科研基地。"干缩变形木质文物润胀复原关键技术研究"获国家文物局"十二五"文物保护科技和技术创新二等奖。

4. 转变工作理念，强化工作基础和保障

根据新时代的新形势和新要求，全省文物系统积极转变文物保护工作理念，逐步实现"两个转变"，即由抢救性保护向抢救性与预防性保护并重转变，由注重文物本体保护向文物本体与周边环境整体保护并重转变。完善机构设置，省、市、县三级成立了文物保护管理委员会，洛阳成立二里头遗址博物馆筹建处，开封配合新馆建设以政府购买服务的形式增加工作人员42名，漯河成立市博物馆，汝州成立文物局，滑县成立副处级大运河遗址保护示范区管理委员会和副科级滑县文物保护中心。宝丰县设立每年500万元文物保护专项资金，为省级以上文物保护单位设立文物管理所。加强文物保护管理队伍建设，组织开展全省文物行政执法与案例监管、文物勘探报告编制、文物收藏单位藏品保管员、纸质文物保护修复、青铜器文物修复、文物建筑白蚁防治、文物勘探技术员、依申请行政权力事项在线办理等培训班。赴英国牛津大学举办城市考古与文物科技保护及修复专业培训班。洛阳市建立市、县、乡、村、文物保护员五级保护体系，并在一些地区发动群众建立业余组织，与文物部门工作有效衔接和无缝对接，实现了文物的保护和监管时空全覆盖。开展文物领域表彰奖励，对全省文物安全责任目标完成单位、优秀文物保护员进行表彰。积极推进"金鼎工程"，努力在全省培养科技保护、职业技能、复合管理等文物保护利用方面的领军专业人才。完善文物保护投入机制，制定河南省考古勘探经费预算编制规范（试行），争取省财政文物保护专项资金支持洛阳副中心城市建设，做好城乡规划、国土空间规划、历史文化名城名镇名村保护等工作，大力支持百城提质县级博物馆建设和文物保护项目的实施。叶县财政拨付100万元，设立文物保护基金。

（三）创新保护利用方式方法，拓展文物价值传播渠道，大力推动中原文化中原文物"活"起来

1. 加强具有突出价值遗产的保护，打造中原历史文明标识

建设大遗址公园，着力推进世界文化遗产和具有重要突出价值遗址的保护和展示，打造具有中原历史文化标识性的文化产品，以此带动广阔大地上的文化遗产"活"起来。目前全省有安阳殷墟、隋唐洛阳城、汉魏洛阳城、新郑郑韩故城等4处国家考古遗址公园，郑州商城、三杨庄遗址、偃师商城、城阳城址、郑州大河村遗址、舞阳贾湖遗址、三门峡庙底沟遗址、渑池仰韶村遗址、偃师二里头遗址等9处大遗址成功立项。印发《关于公布第一批省级历史文化街区的通知》，公布第一批15个省级历史文化街区。编制建设大运河文化带实施方案、规划方案，建设以运河文化保护、传承、利用为指引，以运河水工遗存、附属设施和相关遗存为基础，以运河物质遗产和非物质遗产为主要对象，以运河文化产业和文化事业为主要载体的带状功能区域，保护、传承、利用好大运河文化遗产。二里头遗址博物馆奠基开工，统筹实施二里头遗址宫殿建设基址等保护展示工程，全面展现二里头文化的丰富内涵，培育洛阳片区大遗址保护工程新亮点。实施中原文明探源等重点工程，黎阳仓遗址对外免费开放，开展红旗渠申遗工作和万里茶道申遗工作，努力打造全国重要文化高地。联合制定《大别山革命文物保护利用工作"十三五"行动计划》，完成专项调查，编制保护规划纲要。对全省长征文物资源进行系统梳理和综合评估，登记不可移动文物，公布文物保护单位，制定长征文化线路，遴选出红二十五军长征出发地何家冲、红二十五军鏖战独树镇纪念地为长征文化线路河南段示范项目。

2. 坚持传承与创新同时发力，打造助发展、惠民生、促开放的文物保护利用河南经验

近年来，河南全省上下积极探索文物保护利用新理论新思路新模式，形成了一批好的经验和做法。如郑州市规划实施75项"生态保遗"工程，将生态绿化与遗址文化内涵展示相结合，通过建设遗址生态文化公园让古遗址

"活"起来。公园以遗址文化内涵为展示特色,通过连片建设地上绿树葱茏、地下气象万千的遗址生态文化公园,促进土遗址文化内涵展示与休闲空间拓展、生态环境改善、城市文脉延续相结合,实现文物资源密集地区土遗址片区化、集群化、生态化保护的文物保护系统工程,创造了生态保遗的郑州模式。洛阳在大遗址保护展示工作中,创新保护理念,探索文化遗产保护利用与城市发展特色结合,通过现代技术手段努力让文物活起来,既实现了考古遗址的有效保护,又使保护成果融入当地文化产业和旅游发展,实现了考古遗址有效保护与区域经济发展和谐共赢,为大遗址永续保护和经济社会协同发展探索出有效的解决途径。如洛阳明堂天堂遗址采用保护棚思路,创新展示方式,不打桩、不开挖,采用新型独立基础,整个保护建筑浮在遗址之上,使明堂遗址本体以及周边夯土台基得以有效保护,还体现了可逆、可识别的原则。借力科技手段,丰富展陈内容,提升土遗址的观瞻效果和吸引力。遗址公园建成后,组建管理公司,主动拓宽营销策略和渠道,借力各种媒介,加大宣传推介力度,知名度、美誉度显著上升。

3. 不断丰富宣传展示形式,推动文化遗产走近群众

推进"互联网＋文物"工作,河南省文博产业三维数字化服务平台,中国乐器文物研究、复原体验与数字化教育传播工程,《惊奇博物馆》系列动漫开发,互联网＋"一带一路"文明展示项目,河洛文化与龙门石窟艺术虚拟现实科技展示等5个项目成功入选"互联网＋中华文明"示范项目。"互联网＋龙门"行动计划荣获第14届联合国世界旅游组织大会"公共政策和管理创新"奖。积极参与、配合做好国家宝藏等热播节目,展示河南博物院三件镇院之宝,取得良好社会效果。甲骨文项目顺利通过联合国教科文组织评审,成功入选世界记忆名录。统筹协调博物馆建设,规划中原地区博物馆体系,首次推出总分馆模式,开展免费开放博物馆绩效考核,进一步推动非国有博物馆发展,成立河南省博物馆联盟、汉文化区域联盟,组织开展主题展览,激发博物馆活力,推动馆藏文物活起来。开展大城故事——走近河南考古系列活动,坚持举办河南省五大考古新发现评选活动、河南考古新发现公众报告会。郑国车马坑景区三号坑考古发掘工作全过程向公众开

放，在河南尚属首次。用好传统媒体和新兴媒体，省文物考古研究院的微信公众号"河南考古"生动活泼，成为宣传河南省文物遗产保护的新窗口，通过融合VR等技术提升传播实际效果。充分利用文化和自然遗产日、国际博物馆日等有利契机，广泛开展义务文物鉴定咨询、宣传纪念品发放、网上有奖竞答颁奖、华夏古乐公益专场赏析、历史教育系列活动、文化遗产志愿者行动、文物法律法规宣传、中原国学讲坛公益讲座、推出系列文创产品等特色活动，提供多样化多层次的文化产品与服务。

4. 加强对外交流合作，提升中原文化影响力

服务"一带一路"建设，在沙特阿拉伯国家博物馆举办"华夏瑰宝"展，在波兰举办"洛阳三彩艺术展"等展览，在立陶宛首都维尔纽斯国家美术馆举办丝路瑰宝展，在瑞典举办洛阳——丝绸之路上的世界大都会：唐代文明展。赴美国凤凰城举办中原古代音乐文物瑰宝——来自河南博物院的远古和声展，赴纽约大都会博物馆举办秦汉文明展，赴日本举办汉字三千年文物巡回展览，赴加拿大温哥华中华文化中心举办十二生肖迎新春展，等等。河南省文物考古研究院、洛阳市文物考古研究院与蒙古国乌兰巴托大学合作开展古代北方游牧民族文化研究考古项目。河南省文物考古研究院与有关科研单位联合组建肯尼亚考古队，探寻现代人的起源。举办天山下的来客——哈萨克民俗风情展，在新疆举办云霞霓裳——中原服饰绣品展，深化边疆与内地的文化交流。河南博物院中原古代音乐文物瑰宝展等赴天津、福建等地展出，安阳博物馆春从画里归——晋豫传统版画展在山西省民俗博物馆展出，翰墨丹青——新乡市博物馆馆藏书画精品展在福建省三明市博物馆展出，等等，中原文化源源不断"走出去"，彰显了中原文化的魅力，扩大了中原文明的影响力。

二 河南省文物工作存在的主要问题

总体上看，近年来河南省的文物事业取得较大成绩，但与党和国家的新要求、人民群众的新期待相比，还存在发展不平衡、不充分的问题。发展不平衡主要表现在省内各地区间文物事业发展的不平衡，各地文物保护投入不

平衡，各级各类文物保护状况不平衡，文物保护投入与产出不平衡，省级与基层文博管理机构力量的不平衡等。发展不充分主要表现在服务全省经济社会发展大局的能力水平不够充分，吸引社会力量参与的渠道和方式不够充分，文物保护成果给予人民群众的获得感、幸福感不够充分。同时，符合国情省情的文物保护利用之路需要深入探索，文物保护也是政绩的理念有待进一步深化落实，文物安全责任意识有待增强，文物领域现代治理能力和水平有待提升，让文物活起来的办法举措还需进一步拓展，基层文物单位保护力量亟待增强。

三 做好新时代河南文物工作的对策建议

（一）高标准高起点谋划

牢牢把握我国社会主要矛盾的新变化，牢牢把握人民群众对美好生活的新期待，始终把文物事业放在党和国家发展的视野中，坚持高起点、高标准谋划文物事业发展，围绕文化高地建设目标任务，系统挖掘、梳理、研究、整合本地区文物资源，有针对性地制定文物保护规划，编制文物事业发展规划，并加快编制本地区大遗址保护、重点文物维修、考古发掘研究、传统村落保护、博物馆发展等专项规划，认真谋划文化文物重大工作项目，确定今后一个时期将文物事业发展总体布局和具体任务，列入本地经济社会发展规划、党委政府重点工作、民生工程或城乡规划，确保文物保护事业持续健康发展。

（二）突出工作重点

紧紧围绕加快构筑全国重要的文化高地的目标任务，研究建立责权明确、运转高效的文物管理体系，提升文物事业治理能力现代化水平和文化遗产保护水平。加快中原地区博物馆体系建设，将其打造成为华夏文明核心区的重要展示平台和载体。编制文物保护利用全域规划，建立特色鲜明、覆盖广泛的文物保护体系，推进文物安全综合防范体系建设，全面有效保护各类文物。落实文物保护主体责任，构建反应灵敏、衔接顺畅的文物安全责任体系。持续加大打击力度，探索实施跨区域文物安全交叉检查、多部门联合检查等新举措，严惩各类违法行为，让有责必问、问责必严成为新常态，遏制文物违法事件频发的势头。建立结构合理、功能完善的文物传承体系，充分发挥文物在加快构建现代公共文化服务体系中的独特作用。建立传输便捷、手段多样的文物传播体系，传播中原文化的正能量。加快项目建设，结合本地区文物资源特点，谋划提出并组织实施大遗址保护展示、重点文物保护维修、传统村落保护、博物馆建设等重点项目，以项目带动文物工作水平整体提升。

（三）坚持与经济社会融合发展

充分认清保护文物对于优化城乡面貌、彰显地域魅力、促进经济社会发展的重要作用。做好文物的保护利用与研究阐释工作，让文物所蕴含的优秀中国传统文化思想在新时代焕发新光彩，使人民感受教育启迪、陶冶思想情操、充实精神世界。要把各类文物单位纳入全省公共文化服务体系范畴，创造条件向社会适度、有序开放。要让革命文物活起来，切实加强革命文物保护修缮，深入挖掘研究其所蕴含的价值内涵，通过各种途径和方式加以展示，以传承弘扬革命精神，巩固共同思想道德基础。紧紧围绕经济发展大局，主动融入、借势而上，在服务经济发展大局中树立行业形象和地位，实现文物事业与经济社会发展和谐共进，使文物保护利用工作成为促进河南全省经济社会发展的新动能。加强大遗址保护展示、考古遗址公园建设、重点文物保护单位开放利用，以及历史文化名城镇村、历史文化街区和传统村落保护，完善基础和服务设施，扩大对外开放的规模，彰显文物保护促进经济建设、美化城乡环境、保障改善民生、推动旅游发展、扩大区域影响的综合效益。

（四）要让社会各界广泛参与和支持

要构建社会各界广泛参与、支持文物事业的文物保护新体系，使文物保护工程与改善人民物质文化生活紧密结合，使各项文物保护利用项目成为民生工程、民心工程。如在完善文博单位公共文化服务功能时，逐步实现公立博物馆全部免费开放，改变陈展方式、内容、语言，使之接地气、通俗易懂、老少咸宜。在创新文物资源利用模式时，要借力"互联网＋新动能"，拓展"文物＋新思维"，支持各方力量利用文物资源开发文化创意产品，丰富文化供给，促进文化消费。在向全社会推广普及文博知识时，多出接地气、动人心的文物宣传精品力作，使文物工作不断融入群众的现代生活，丰富群众精神文化生活，让文物事业发展成果更多惠及群众。

（五）深化拓展部分已开展的工作

进一步强化法治的保障作用，完善文物保护领域相关地方立法，修订《河南省实施〈中华人民共和国文物保护法〉办法》，加强重点文物保护单位专项立法工作，进一步完善文物调查勘探、文物安全督察等各项规章制度，推动文物管理纳入法治化、制度化转道。持续推进文物保护利用规范化管理，完善各项工作标准，规范工作程序，把每一个文物保护项目都打造成为精品工程。继续深化"放管服"改革，优化审批流程，完善事中事后监管机制，提升管理服务水平，加快由办文物向管文物、由管行业向管社会、由重管理向管理服务并重转变。继续开展文物法人违法案件三年整治行动，始终保持对各类文物违法犯罪的高压态势。继续围绕"一带一路"，大力挖掘整合文物资源，巩固对外合作交流成果，拓宽对外交流渠道与形式，推动中原文化中原文物进一步走向世界。探索通过民办公助、政府购买服务、免费开放补贴、税费减免等方式，支持民办博物馆健康发展。加强对民间文物收藏保管、鉴定认定、修复修缮、展示利用、科研研究等指导服务，帮助其提高文物保护利用水平。系统梳理全省文物资源，结合已经完成的全国第三次不可移动文物普查、全国第一次可移动文物普查，建立完善文物资源总目录和数据资源库，实现文物资源动态管理，推进信息资源社会共享。推进馆藏文物资源整合利用，构建资源共享平台，扩大馆际展览合作。

B.8
"书香中原"工程建设与运营研究报告

陈勤娜*

摘　要： 近些年，党和国家对全民阅读工作日益重视。本文介绍了河南省委省政府围绕"书香中原、全民阅读、文明河南"主题，广泛开展主题阅读、"七进"等新时代各类全民阅读活动，加快建立新时代全民阅读推广服务体系，着力推动新时代各类群体的全民阅读。不过，"书香中原"工程建设与运营中，在组织管理、阅读推广、品牌打造、立法保障等方面还存在一些有待完善之处。建议建立长效机制，加强组织管理；结合工作实际，提高阅读实效；总结经验教训，打造阅读品牌；尽快出台相关法律条例。

关键词： 书香中原　全民阅读　品牌打造

一　"书香中原"全民阅读活动的背景历程

为实现中华民族的伟大复兴，党和国家对全民阅读工作日益重视，开展了形式多样的推进活动。2006 年，中宣部、中央文明办、新闻出版总署等11 个部门联合发起开展全民阅读活动的倡议。2012 年 11 月，"开展全民阅读活动"写入党的十八大报告，标志着全民阅读已经成为党中央的一项重要战略部署。2014 年，全民阅读首次写入国务院政府工作报告，上升为国

---

* 陈勤娜，河南省社会科学院文学研究所助理研究员，主要从事中国文学和文化学研究。

家战略。随后连续四年，全民阅读都被写入国务院政府工作报告。2017年，中共中央、国务院又发布《关于实施中华优秀传统文化传承发展工程的意见》，提出把中华优秀传统文化全方位融入国民教育，加大宣传教育力度等重要任务。2018年，教育部、国家语委又制定了《中华经典诵读工程实施方案》，组织实施中华经典诵读工程，希望通过开展经典诵读等文化实践活动，挖掘与诠释中华经典文化的内涵及现实意义，引导社会大众尤其是青少年更好地理解和传承中华传统文化。

河南省委、省政府以党的十九大精神和习近平新时代中国特色社会主义思想为指导，对文化建设越来越重视，在新时代下抓住历史机遇，积极跟进国家文化发展理念，围绕文化强省建设、文明河南建设、华夏历史文明传承创新区建设、打造全国重要的文化高地等方面出台了一系列文化政策措施。阅读在提升国民素质、推动经济社会可持续发展、满足人们对美好生活的需求中发挥着愈加重要的作用，"书香中原"已经成为河南省全民阅读的响亮品牌、书香社会的亮丽名片。12年来，全省紧紧围绕"书香中原、全民阅读、文明河南"主题，组织开展了形式多样、内容丰富的阅读活动。通过中华优秀传统文化经典诵读、读书讲座、读书征文、知识竞赛、主题出版物的展示展销、好书荐读、"七进"等活动，"书香中原"全民阅读活动取得了很大成效，培育巩固全省全民阅读活动品牌，不断提升群众参与度，加快建立新时代全民阅读推广服务体系，着力推动新时代各类群体的全民阅读。目前，全民爱读书、读好书、善读书的氛围日渐浓厚，基本形成了读书为荣、崇尚知识、倡导文明的良好风尚。

二 "书香中原"工程建设与运营现状

（一）广泛开展新时代各类全民阅读活动

在中国特色社会主义新时代，党和国家领导人积极倡导和推动读书学习,把全民阅读提升到国家战略的高度。习近平总书记提出"把读书学习当成一种生活态度、一种工作责任、一种精神追求";李克强总理连续三年在政府工作报告中"倡导全民阅读"。为贯彻党中央国务院关于倡导和开展全民阅读的战略部署,河南省委省政府深入推广全民阅读活动,2016年在省政府工作报告明确提出建设"书香中原"。河南省新闻出版广电局根据国家新闻出版广电总局的相关通知精神,制定了开展全民阅读活动的工作方案,加强宣传推广活动,组织领导有力,安排部署到位,广泛开展新时代各类全民阅读活动,取得了良好的社会效益。

首先,重视开展"书香中原"全民阅读系列活动。每年在4月23日"世界读书日"、9月28日"孔子诞辰日"、"六一"国际儿童节、国庆节及其他重要节庆期间开展内容丰富的全民阅读活动,组织各类读书节、读书日(周、月、季)等重大活动。打造"书香中原"全民阅读系列品牌活动,积极宣传和共同推进绿城读书节、书香开封、书香洛阳、书香南阳、书香鹰城、沙澧大讲堂、信阳经典名篇朗诵会等全省全民阅读活动品牌,发挥品牌引领作用,不断提高群众参与度,在全社会营造浓郁的书香氛围,培养全社会自觉阅读、主动阅读、崇尚阅读的良好习惯和社会风尚,推进中原文化传承创新,传播社会主义核心价值观。结合郑州图书交易会等地方书展、书市等各类行业展会,采取人民群众喜闻乐见的评书荐书、论坛讲座、名家签售等形式,将之打造成为连接写书人、出书人、读书人、评书人的全民阅读盛会。

其次,广泛开展主题阅读活动。每年的全民阅读活动,都围绕党和国家领导人讲话精神,以中国特色社会主义核心价值观主题,除了每年的"世界读书日"、国际儿童节、国庆节等节庆外,还结合当年重大纪念和重要节点开展活动。如2015年纪念中国人民抗日战争暨世界反法西斯战争胜利70周年等重要纪念活动,2016年倡导和开展全民阅读十周年活动,2017年喜迎党的十九大胜利召开,2018年改革开放40周年等。各地通过开展经典诵读、主题演讲、知识竞赛、读书征文等形式多样、内容丰富的主题读书活动,激发群众阅读热情,传播正能量,弘扬主旋律。

再次，大力开展全民阅读宣传活动。重视省级媒体和地方媒体、传统媒体和新兴媒体等各类媒体的重要作用，形成强大的宣传合力，营造全民阅读的良好氛围。充分发挥各类媒体的特点，利用电视台、广播电台、报刊、互联网、微博、微信公众号和手机客户端，通过新闻报道、专题专栏、公益广告等方式，向广大读者宣传优秀出版物、普及阅读知识、培养阅读习惯。鼓励和支持各类媒体把重心放在基层一线，组织各类媒体深入街道社区、乡镇农村，抓取全民阅读的先进典型和感人事例，通过各类形式的宣传报道，把鲜活读书故事、先进读书人物传递给广大读者。充分对读书在改变命运、陶冶情操、成就人生等起关键作用的感人故事进行正面宣传，发挥鼓舞激励人的作用，使全民阅读理念如春风化雨般感染影响人们，充分展现书香魅力。

最后，深入开展全民阅读"七进"活动。全省大力推动全民阅读进农村、进社区、进家庭、进学校、进机关、进企业、进军营的"七进"活动，使阅读活动更加深入基层、深入群众。建立并完善表彰推介机制，开展"书香之村""书香社区""书香之家""书香学校""书香机关""书香企业"等表彰推荐活动，让阅读活动真正深入基层，普及群众，展示基层群众读书风采，丰富群众精神食粮，发挥典型榜样引领示范作用。充分利用农家书屋、社区书屋、公共图书馆、职工书屋等全民阅读设施，开展多种形式的阅读活动。保障重点群体基本需求，着力保障未成年人、农村留守儿童、进城务工人员以及残障人士等重点群体的阅读需求。积极组织专家学者和志愿人员深入基层、深入群众讲授辅导、引导阅读。通过文化讲座、诵读演讲、捐赠助读、读书征文、作家见面会、作者签售、阅读沙龙、读书论坛等多种形式，激发群众的读书热情。为满足基层群众的阅读需求，深入开展基层图书流动供应服务，推动全民阅读在基层广泛开展，打通服务全民阅读"最后一公里"。着力推动全民阅读进校园，邀请曹文轩、郁雨君、米吉卡、史小诺等知名作家深入获嘉、西平、嵩县等地，通过校园巡回展览、书法展示、学生面对面交流等形式，助力全民阅读活动深入校园开展。

（二）加快建立新时代全民阅读推广服务体系

首先，加大优秀出版物的推介力度。紧扣时代主题为读者推介好书，倡导主流阅读趋势。围绕读书日活动的开展，进一步满足全省广大人民群众的阅读需求，在"世界读书日"前后，精心策划"党的十九大精神""改革开放四十周年""金色童年书香成长""中国好书"等开展主题图书展，将社会热点图书集中呈现，方便广大群众发现好书、选购好书、读到好书，做好宣传社会主义核心价值观、弘扬社会正能量的出版物推荐工作。完善面向不同读者群体的优秀出版物推介宣传机制，满足不同年龄阶段、不同层次读者的阅读需求，向不同群体读者分门别类进行推荐，如向全国青少年推荐优秀少儿报刊、优秀网络文学原创作品等。开展豫版图书评选推介活动，在微博、微信公众号和手机客户端等新媒体平台上，邀请著名作家和出版人录制书评节目播出，打造名家推介好书阅读品版。开展专题展销，举办书评比赛，提高优秀出版物的社会影响力。

其次，完善全民阅读设施服务体系。近年来，随着河南省委省政府对文化建设的重视，公共文化服务体系的逐步完善，全民阅读设施服务体系也加快建设和完善。一批公共图书馆、青少年宫、农家书屋、乡镇村街道社区等基层文化服务中心、阅读数字触摸屏得以建成使用，形成覆盖城乡、实用便利、服务高效的全民阅读设施，在郑州、洛阳、焦作、许昌等地打造"15分钟阅读文化圈"。有些地市如内黄县还开展了"共享书屋"志愿服务活动，动员各文明单位干部职工捐献图书，倡导"共享书屋"理念。大力支持实体书店的发展，推出实体书店进校园三年行动计划。推进公共数字化阅读平台建设，在车站、商场、医院、学校等人流密集的地点新增一批全民阅读数字触摸屏，并且不断维护更新。2018年4月23日，覆盖省市县的数字公共文化服务平台"百姓文化云"正式上线，全省2200多个公共文化场馆的文化资源和1000多个文化社团的演出活动都能通过"百姓文化云"一手掌握。"百姓文化云"由省委宣传部、省文联、省文化厅等单位牵头，中原出版传媒集团承建。平台整合了全省文化场馆、文化活动、文化下乡、文化社团、文化旅游等资源，让群众更方便、快捷地共知共享。此外，河南省少年儿童图书馆移动图书馆"童悦e站"已开通试用近一年，并于2018年4月21日正式上线。移动图书馆通过手机、iPad等移动终端设备，将为读者提供自助查询、资源阅览、活动预告、社交分享等线上服务。

再次，推动全省首部关于全民阅读法规的出台。在国家高度重视全民阅读立法工作、大力推动全民阅读立法、颁布实施《公共文化服务保障法》《公共图书馆法》等法律法规的大背景下，借鉴江苏、辽宁、湖北、深圳等地已经出台的关于全民阅读的地方性法规，结合全省实际，在2016年和2017年多层次专题调研的基础上，省人大常委会积极推进全省全民阅读立法工作。2018年5月，河南省新闻出版广电局向省人大提交了字斟句酌的全民阅读立法报告，6~8月对《关于促进全民阅读的决定（草案）》反复进行修改完善，2018年9月"2018华夏阅读论坛"暨全民阅读立法城乡共进研讨会在濮阳市图书馆新馆隆重召开，探讨全民阅读立法等问题，有效推动全省全面阅读立法工作向前发展。

最后，加强全民阅读的指导和服务。全民阅读设施的管理单位，根据全民阅读设施的功能，向公众提供阅读指导等服务，改善阅读服务条件，提高服务水平。如洛阳西工区的上阳宫城市书房，为更好地满足读者的需求，还把开放时间由原来的上午9时至晚上9时，延长到早上8时到晚上12时。洛阳市着力提高城市书房本身的布置，通过建筑造型设计、室内装饰提高读者的阅读享受。洛阳"河洛书苑"城市书房还致力于打造智能书屋，统一配置自助设备，统一配备自助办证机、自助借还机、电子书下载机等智能设备，24小时为读者提供借阅服务；统一配置图书资源，所有城市书房图书集中采购，定期流转，满足群众多样化阅读需求；统一培训工作人员，各城市区以政府购买服务方式增加管理人员，面向社会招募志愿者，市图书馆统一开展专业化管理培训；统一服务标准，统一编目，分类上架，实现自助办证、通借通还、一处办证、多处借阅，通借通还；统一配置便民服务设施，所有城市书房均配备空调、饮水机、急救箱、老花镜、雨伞等便民设施，为群众提供更贴心的服务。加强与高等院校、科研单位的合作，鼓励专家、博士进行阅读推广理论和推广方法，使城市书房更好运转起来，提高阅读使用率。

（三）着力推动新时代各类群体的全民阅读

首先，重点推动少年儿童阅读。一是着重开展亲子阅读。各类媒体积极倡导家长做读书好学的表率，与孩子共享读书乐趣，以亲子阅读这种最浪漫的教养方式陪伴孩子阅读与成长，让阅读引领优良家风。开展大众喜闻乐见的亲子阅读活动，通过推荐优秀读物、开展阅读指导、展示阅读推广等方式传递科学家庭教育理念。如河南省少儿图书馆 2015 年以来推出的"阅读·陪伴"亲子系列活动，每逢周末，许多家长都会陪着孩子来到这里阅读、绘画。二是着重开展校园阅读。鼓励学校完善阅读设施、开设阅读课程、开展阅读指导、开展丰富多彩的读书活动，让阅读成为师生的日常生活方式。河南省教育厅还开展中小学"书香校园、书香班级"的评选活动，2018 年 12 月通过各地推荐、专家评审、网上公示等环节，认定 54 所学校河南省中小学"书香校园"，76 个班级为河南省中小学"书香班级"。希望通过表彰活动，能充分发挥典型示范作用，进一步加强全省中小学校园文化建设，倡导读书学习的文明风尚，推动广大师生养成爱读书、读好书的良好习惯。三是开展阶梯阅读。扩大"书香童年"阅读工程试点范围，加强对少儿阅读规律的研究和运用，借鉴国外分级阅读的科学方法，研究不同年龄、不同性别少年儿童的阅读能力和特点，以及少年儿童的阅读心理和阅读规律，为不同年龄段的少年儿童提供科学的阅读计划和相应的少儿读物，满足各个年龄段少年儿童的阅读需求，探索儿童阶梯阅读体系，提高我国少年儿童的整体阅读水平。

其次，大力倡导党政干部阅读。读书学习对每一位公民来说都是一种积极健康的生活方式，党员干部更是应该自觉读书、读好书、善读书，把读书学习当成一种生活态度和精神追求，在阅读学习方面对大众起到示范引领作用。2018 年各大新华书店推出的党员干部读书推荐书目得到广泛好评，这份针对党员干部定制的书单来自中央党校、《求是》、军事科学院、地方党校等一线专家，内容包含五个方面，一是改革开放40周年系列，二是通俗理论读物，三是基层实务指导系列，四是党员干部素养类，五是主题文学。使读书学习成为加强党性修养、坚定理想信念、提升精神境界的一个重要途径。

最后，切实保障困难群体阅读。完善文化帮扶机制，重点保障农村留守儿童、贫困家庭儿童、城市流动儿童等特殊儿童群体的基本阅读需求，组织优惠售书和捐书助读活动。如鹤壁市积极组织开展爱心图书捐赠活动，组织机关干部、文明单位和志愿者，向农村学校、农村综合性文化服务中心、社区图书室捐赠图书，向贫困村、贫困户、贫困学生捐赠图书和学习用品。全省各地新华书店主要网点在"4·23世界读书日"和各大节庆期间组织全省国有、民营发行单位和出版单位联合开展优秀图书展销和优惠售书活动，延长营业时间，方便读者购书。各级新闻出版行政部门和出版、发行单位积极开展"送书下乡"、元旦春节期间文化惠民等活动，开展重点向农村留守儿童、进城务工人员子弟、残障人士等特殊群体捐赠图书活动，满足了他们的基本阅读需求。会同残联开展文化助残读书活动，向残疾人提供盲文出版物、有声读物等阅读资源、设施与服务。

三　"书香中原"工程建设与运营存在的问题

近几年来，河南省委省政府围绕"全民阅读　书香中原"主题，建设完善全民阅读设施，组织开展了丰富多彩的全民阅读活动，在全省营造了良好的读书氛围，促进全社会形成读书为荣、崇尚知识、倡导文明的良好风尚。但同时应该看到，全省"书香中原"工程的建设与运营还存在一些问题，有待在以后的工作中进一步解决。

第一，组织领导和统筹协调有待进一步完善。全民阅读对于提高国民素质、增强文化自信具有重要意义，是丰富人民群众精神文化生活的重要方式。全民阅读活动的组织管理牵涉教育、文化、民政、妇联、共青团、工会等诸多部门，组织协调工作有待进一步完善。全省对全民阅读活动的研究、指导、调查、监测还有待加强，对全民阅读现状和变化的调查与监测滞后，对不同年龄、不同群体、不同性别人群的阅读心理和阅读规律的研究有待加强，对少年儿童阅读能力测试、分级阅读等科学方法还需要进一步探索。

第二，阅读推广有待进一步加强。全民阅读是我国构建公共文化服务体系的重要部署，是增强民族"文化自信"和提高国民素质的重要举措，也是全省建设全国重要文化高地、培育和弘扬社会主义核心价值观和加强精神文明建设的重要途径，全民阅读的重要性有待强调，全省阅读推广有待进一步加强。有数据表明，全省国民综合阅读率一直低于全国国民综合阅读率，与全国平均水平存在差距。尤其是农村居民阅读情况较城镇居民还有一定差距，农村人口比较分散，基础设施比较薄弱。青年是阅读的主力，但农村青年大多外出谋生，导致农村整体阅读程度和城市之间有较大差距。

第三，阅读品牌有待进一步打造。2016年，国家新闻出版广电总局制定《全民阅读"十三五"时期发展规划》要求动员各方力量，加强品牌建设，到2020年，所有省（自治区、直辖市）、计划单列市、地级市都有品牌活动，80%以上的县（区）有品牌活动，河南省目前距离这一目标还有一定差距。品牌是产品的识别标志，全民阅读是一个大产品的概念，本身是抽象的概念，让人们不知道如何参与。把阅读以地域、人群、学科等为维度打造成一个个阅读品牌，就会更加具体，一个个鲜明的品牌名称就会让群众一看就明白哪个阅读品牌活动的主要内容是什么，适合什么样的人群，进而有选择地参与某一个或多个阅读品牌活动。目前全省全民阅读品牌的数量不够多，品牌特色尚不够突出，阅读品牌的影响力有待进一步提高。

第四，全民阅读活动亟待立法保障。随着全民阅读活动的深入开展，全民阅读公共资源不充足、不均衡，缺乏统一规划、组织保障和经费支持不足等一些问题也随之凸显，迫切需要以立法的形式加以解决和保障。在目前党和国家对全民阅读工作日益重视、国家层面的立法工作稳步推进的情况下，又有江苏、湖北、深圳、吉林等地相继出台的地方性全民阅读法规提供参考，全省的全民阅读活动亟待立法保障。

四 推动"书香中原"工程建设与运营的对策建议

（一）建立长效机制，加强组织管理

全民阅读是一项国家文化战略，按照《全民阅读"十三五"时期发展规划》要求，要各级加强全民阅读工作的组织领导和统筹协调，建立相关部门共同参与的协商推进机制，形成合力，共同承担全民阅读工作的职责。加强全民阅读法制建设，制订发布《全民阅读促进条例》，鼓励和推动地方开展全民阅读立法工作。"建立书香社会指标体系，定期评估和发布。鼓励将全民阅读指数纳入社会发展指标体系，纳入创建文明城市指标体系，将工作情况纳入目标管理和考核体系。"尽快出台本地的全民阅读地方性法规，建立书香社会指标体系，将全民阅读工作情况纳入目标管理和考核体系，逐步形成行之有效的长效机制，确保全省全民阅读制度化、常态化。

（二）结合工作实际，提高阅读实效

将全民阅读工作与省委省政府重点工作相结合，推进新时代社会主义文化建设，更好地满足人民群众对文化的需求和美好生活的向往。积极发挥社会名人、文化名家的阅读引领作用，与高等院校和研究所合作，建立阅读推广人才队伍，提高阅读推广人的服务水平和推广能力，培育一批具有广泛影响力的阅读推广机构。结合社会公共文化服务体系建设，完善全民阅读设施，提高服务水平，供给高质量的文化产品，使全民阅读活动取得更高实效。

（三）总结经验教训，打造阅读品牌

阅读品牌有助于提升全民阅读的影响力，随着参与人数的增多、人与人之间的口口相传，再加上媒体的宣传，阅读品牌的影响力就会越来越大，就

会吸引越来越多的人参与各种品牌阅读活动。总结经验教训，打造具有影响力的全民阅读品牌，让更多的人养成爱读书、读好书的习惯。推广全民阅读，建设书香中原，需要各地切实树立品牌意识，把全民阅读当作一项产业来经营，创造更多有特色、接地气、受欢迎的阅读品牌。加快建设"书香中原"阅读品牌，充分利用各种书展、书市、文博会培育巩固全省全民阅读品牌，推动全民阅读工作向纵深发展，在全省营造出"爱读书，读好书，善读书"的浓厚氛围。

（四）关注重点群体，加大资金投入

着重关注党员干部、农村群众、少年儿童等特定群体的阅读，突出党员干部在全民阅读中的引领作用。加大对农民群众阅读的支持力度，积极完善农村阅读设施的建设，打造城乡一体的公共阅读体系。培养农村的阅读推广队伍，提高农村书屋管理者的服务水平，加深对阅读推广活动的理解和重视。通过学校老师、回乡的大学生，将课外班和阅读结合起来，把技能学习和阅读学习相结合。加强对困难群体的帮扶，结合"精准扶贫"，加强对阅读活动的帮助，着重保障社会困难群体的阅读权利，注重利用科技手段缩小阅读的"贫富鸿沟"。政府加大资金投入，继续实施并扩大"书香中国 e 阅读"工程的覆盖范围，为城市流动人群提供更多更好的优质免费电子书刊。

文化产业篇

Cultural Industry

B.9
2017年河南省文化产业发展报告

李贵峰　　孔令惠*

摘　要： 2017年，在河南省委、省政府的正确领导下，全省紧紧围绕党的十九大提出的文化工作战略目标和任务，进一步提高文化产业整体实力和竞争力，呈现较为全面的发展格局。本文从全社会文化产业增加值、规模以上文化及相关产业企业稳步发展等方面，阐述了河南省文化及相关产业取得的显著成效，以及在推动国民经济持续健康发展、促进社会文明和进步等方面发挥的重要作用，指出河南文化产业发展过程中存在文化制造业发展有所减缓、文化核心领域龙头企业规模偏小等问题，从培育打造文化领军企业、优化产业结构等角度指出发展文化产业的措施。

关键词： 文化产业　文化建设　文化品牌

---

* 李贵峰，河南省统计局社会科技统计处（文化产业处）处长；孔令惠，河南省统计局社会科技统计处（文化产业处）副处长。

2017年，在省委、省政府的正确领导下，全省紧紧围绕党的十九大提出的文化工作战略目标和任务，认真落实省委十次党代会提出的"加快构筑全国重要的文化高地"建设目标，不断加大文化产业培育发展力度，努力提高文化产业整体实力和竞争力，取得了显著成效。

一 全社会文化产业增加值实现较快增长

根据国家统计局核算反馈数据，2017年河南省文化及相关产业增加值为1341.80亿元，比上年增加129.0亿元，增长10.6%，比2016年增速提高了1.5个百分点，占全省GDP的比重为3.01%。增加值在中部六省中比上年提高了一个位次，首次居第一位。2017年文化及相关产业增加值保持了较快增长，在加快新动能培育转换、推动经济高质量发展过程中发挥了积极作用。

按产业分，2017年河南省文化制造业增加值为584.67亿元，比上年下降3.9%，占文化及相关产业增加值的比重为43.6%；文化批零业增加值为166.81亿元，增长6.1%，占比为12.4%；文化服务业增加值为590.32亿元，增长32.1%，占比为44.0%。文化服务业增加值的总量首次超过文化制造业，呈现较高速度的增长（见表1）。

表1 2017年河南省文化及相关产业增加值情况

单位：亿元，%

产业类别	增加值	增速	占比
文化制造业	584.67	-3.9	43.6
文化批零业	166.81	6.1	12.4
文化服务业	590.32	32.1	44.0
全省	1341.80	10.6	100.0

资料来源：《河南统计年鉴（2018）》，第709页。

2017年按照新修订的《文化及相关产业分类（2018）》标准，对行业类别结构进行了调整，由原来的十大类改成了九大类，分别由文化核心领域（新闻信息服务、内容创作生产、创意设计服务、文化传播渠道、文化投资运营、文化娱乐休闲服务）六大类和文化相关领域（文化辅助生产和中介服务、文化装备生产、文化消费终端生产）三大类组成。

按文化及相关产业新行业类别分，2017年文化核心领域创造的增加值为798.71亿元，与上年相比增长了11.1%，增速超过全省文化及相关产业增加值平均水平，所占比重为59.5%；同时，文化相关领域创造的增加值为543.09亿元，比上年增长9.9%，占比为40.5%（见表2）。

按文化及相关产业九大类分，文化辅助生产和中介服务、内容创作生产增加值最高，分别为370.68亿元和323.09亿元，上述两大类增加值占全省总量的51.7%，是全省文化及相关产业中坚力量。文化娱乐休闲服务、创意设计服务、文化消费终端生产、文化传播渠道四大类增加值均超过百亿元，分别为168.13亿元、129.16亿元、121.82亿元、120.63亿元。新闻信息服务、文化装备生产、文化投资运营三个大类实力较弱，增加值分别为57.04亿元、50.58亿元、0.65亿元，三个大类合计仅占全省总量的8.1%。

表2　2017年河南省按行业分文化及相关产业增加值

单位：亿元，%

按活动性质	增加值	增速	占比
文化核心领域	798.71	11.1	59.5
新闻信息服务	57.04		4.3
内容创作生产	323.09		24.1
创意设计服务	129.16		9.6
文化传播渠道	120.63		9.0
文化投资运营	0.65		0.0
文化娱乐休闲服务	168.13		12.5
文化相关领域	543.09	9.9	40.5
文化辅助生产和中介服务	370.68		27.6
文化装备生产	50.58		3.8
文化消费终端生产	121.82		9.1

资料来源：根据《河南统计年鉴（2018）》整理。

二 规模以上文化及相关产业企业稳步发展

（一）企业单位规模进一步扩大，产业结构进一步优化

2017年全省规模以上文化及相关产业企业3424家，比上年增加216家，增长6.7%，群体规模进一步扩大。其中文化制造业企业974家，文化批零业企业736家，文化服务业企业1714家，分别比上年增长 -5.8%、1.2%和18.5%；三者占比分别为28.4%、21.5%和50.1%，文化服务业企业单位数占比首次过半，占比较上年提高了5.0个百分点，文化核心企业地位进一步增强。

2017年，按文化及相关产业九大类分，文化核心领域作用进一步凸显，优势产业稳步发展。全省从事文化核心领域的规模以上企业达到2351家，增长9.3%，占全部规模以上文化及相关产业企业的68.7%，比上年提高了1.6个百分点；其中内容创作生产、创意设计服务、文化传播渠道、文化娱乐休闲服务、新闻信息服务、文化投资运营分别占19.2%、18.1%、14.7%、14.2%、2.2%和0.2%。从事文化相关领域的规模以上企业1073家，增长1.5%，占比为31.3%，回落了1.6个百分点；其中文化辅助生产和中介服务、文化消费终端生产、文化装备生产占比分别为16.2%、11.9%和3.3%。文化核心领域企业占比的提高，说明了文化产业结构正在进一步优化，文化产业发展质量在进一步提高。

（二）从业人员稳定增长，核心领域从业人员占比提高

按产业类型分，2017年全省规模以上文化及相关产业企业从业人员49.70万人，比上年增长2.3%，有效提供了更多的工作岗位。其中文化制造业企业从业人员28.76万人，文化批零业企业4.17万人，文化服务业企业16.77万人，分别比上年增长 -6.0%、5.2%、19.8%；以文化制造业吸纳就业人员最多，占比达到57.9%，文化批零业和文化服务业从业人员占

比分别为8.4%和33.7%，分别比上年提高了0.2个和4.9个百分点。

按文化及相关产业九大类分，全年从事文化核心领域的规模以上企业从业人员达到29.95万人，增长12.6%，比上年提高了2.5个百分点，占全部规模以上文化及相关产业企业的60.3%，比上年提高了5.6个百分点；其中内容创作生产、文化娱乐休闲服务、创意设计服务、新闻信息服务、文化传播渠道、文化投资运营从业人员分别占27.9%、9.6%、8.9%、4.5%、9.2%和0.1%。从事文化相关领域的从业人员为19.75万人，比上年减少10.2%，占比为39.7%，比上年回落了5.6个百分点，其中文化辅助生产和中介服务、文化消费终端生产、文化装备生产从业人员占比分别为28.2%、7.4%和4.1%。

（三）资产结构进一步优化，核心领域资产实力明显增强

按产业类型分，2017年全省规模以上文化及相关产业企业拥有资产3330.07亿元，比上年增长2.2%，其中文化制造业企业资产为1508.48亿元，文化批零业企业219.98亿元，文化服务业企业1601.61亿元，文化制造业和文化批零业分别比上年减少9.4%和15.4%，文化服务业比上年增长20.0%；三者占比分别为45.3%、6.6%和48.1%，文化制造业和文化批零业占比分别比上年下降5.8个和1.4个百分点，文化服务业占比提高了7.1个百分点；文化服务业的资产规模和占比首次超过文化制造业，文化服务业资产规模的进一步扩大，说明了其行业实力的显著增强。

按文化及相关产业九大类分，全年从事文化核心领域的规模以上企业资产达到2243.35亿元，增长8.1%，占全部规模以上文化及相关产业企业的67.4%，比上年提高了3.7个百分点；其中内容创作生产、文化娱乐休闲服务、创意设计服务、新闻信息服务、文化传播渠道、文化投资运营分别占24.4%、18.7%、9.8%、5.2%、9.1%和0.2%。从事文化相关领域的企业资产为1086.72亿元，减少8.2%，占比为32.6%，比上年回落了3.7个百分点，其中文化辅助生产和中介服务、文化消费终端生产、文化装备生产占比分别为25.6%、3.8%和3.2%。

（四）营业收入平稳增长，核心领域营业收入占比首次过半

按产业类型分，2017 年全省规模以上文化及相关产业企业实现营业收入 3617.17 亿元，比上年增长 1.0%，实现平稳增长；其中文化制造业企业营业收入 2574.87 亿元，文化服务业企业 606.76 亿元，文化批零业企业 435.54 亿元，文化制造业和文化批零业企业营业收入分别比上年减少 2.9% 和 10.0%，文化服务业比上年增长 36.5%，实现了较高速度增长；三者占比分别为 71.2%、12.0% 和 16.8%，文化制造业和文化批零业占比分别回落了 2.9 个和 1.5 个百分点，文化服务业占比提高了 4.4 个百分点，文化服务业占比的提高，进一步凸显了行业结构的优化，为进一步做强做大文化核心产业，以核心产业带动相关产业发展起到了积极的促进作用。

按文化及相关产业九大类分，全年从事文化核心领域的规模以上企业营业收入达到 1856.14 亿元，增长 12.0%，占全部规模以上文化及相关产业企业营业收入的 51.3%，比上年提高了 5.0 个百分点，文化核心领域的营业收入占比也是首次过半；其中内容创作生产、创意设计服务、文化传播渠道、文化娱乐休闲服务、新闻信息服务、文化投资运营分别占全部企业的 31.3%、7.3%、7.1%、3.4%、2.1% 和 0.1%。从事文化相关领域的企业营业收入为 1761.03 亿元，减少 8.4%，占比为 48.7%，比上年回落了 5.0 个百分点，其中文化辅助生产和中介服务、文化消费终端生产、文化装备生产分别占全部企业的 32.5%、9.6% 和 6.6%。

（五）经济效益稳步提升，核心领域企业盈利能力明显改善

按产业类型分，2017 年全省规模以上文化及相关产业企业实现利润 296.61 亿元，比上年增长 3.1%，实现了经济效益和社会效益的同步推进。其中文化制造业企业实现利润 189.59 亿元，文化批零业企业 28.19 亿元，文化服务业企业 78.83 亿元，文化制造业、文化批零业企业利润总额分别比上年减少 4.5% 和 8.6%，文化服务业利润总额比上年增长

35.3%；三者占比分别为63.9%、9.5%和26.6%，文化制造业和文化批零业占比分别回落了5.1个和1.2个百分点，文化服务业占比提高了6.4个百分点。

按文化及相关产业九大类分，全年从事文化核心领域的规模以上企业实现利润总额达到158.69亿元，增长7.1%，占全部规模以上文化及相关产业企业53.5%，比上年提高了2.0个百分点；其中内容创作生产、创意设计服务、文化娱乐休闲服务、新闻信息服务、文化传播渠道、文化投资运营分别占全部企业的28.4%、10.8%、8.4%、1.1%、4.8%和0.04%。从事文化相关领域规模以上企业实现利润137.92亿元，减少1.2%，占比为46.5%，比上年回落了2.0个百分点；其中文化辅助生产和中介服务、文化消费终端生产、文化装备生产占比分别为29.4%、8.9%和8.2%（见表3和见表4）。

表3　2017年河南省规模以上文化产业企业基本情况

指标名称	法人单位数（家）	从业人员期末人数（人）	资产总计（亿元）	营业收入（亿元）	利润总额（亿元）
全省	3424	497030	3330.07	3617.17	296.61
按产业类型分组					
文化制造业	974	287614	1508.48	2574.87	189.59
文化批零业	736	41677	219.98	435.54	28.19
文化服务业	1714	167739	1601.61	606.76	78.83
各产业占比(%)					
文化制造业	28.4	57.9	45.3	71.2	63.9
文化批零业	21.5	8.4	6.6	12.0	9.5
文化服务业	50.1	33.7	48.1	16.8	26.6
各产业增长速度(%)					
全省	6.7	2.3	2.2	1.0	3.1
文化制造业	-5.8	-6.0	-9.4	-2.9	-4.5
文化批零业	1.2	5.2	-15.4	-10.0	-8.6
文化服务业	18.5	19.8	20.0	36.5	35.3

资料来源：《河南统计年鉴（2018）》，第711页。

表4　2017年河南省分行业规模以上文化产业企业主要指标

项目	法人单位数（家）	从业人员期末人数（人）	资产总计（万元）	营业收入（万元）	利润总额（万元）
文化核心领域	2351	299491	22433539.7	18561398.6	1586909.8
新闻信息服务	76	22346	1735748.6	763384	33362.7
内容创作生产	658	138685	8125900.2	11326803.5	841490.6
创意设计服务	621	44278	3262522.2	2657456.9	319690.3
文化传播渠道	503	45840	3015343.3	2550554	141520.4
文化投资运营	6	611	62081.8	19561.7	1214.6
文化娱乐休闲服务	487	47731	6231943.6	1243638.5	249631.2
文化相关领域	1073	197539	10867171.2	17610301.6	1379181.5
文化辅助生产和中介服务	553	140036	8518499.4	11755187.9	872214.4
文化装备生产	112	20616	1081657	2371395.3	242172
文化消费终端生产	408	36887	1267014.8	3483718.4	264795.1
占比(%)					
文化核心领域	68.7	60.3	67.4	51.3	53.5
文化相关领域	31.3	39.7	32.6	48.7	46.5
增速(%)					
文化核心领域	9.3	12.6	8.1	12.0	7.1
文化相关领域	1.5	−10.2	−8.2	−8.4	−1.2

说明：表中"占比""增速"均通过计算得出。

资料来源：《河南统计年鉴（2018）》，第710页。

（六）地区文化产业稳步发展，中原城市群地区实力较强

2017年，河南各地市非常重视文化产业建设发展，纷纷结合当地实际出台了一些推动文化产业快速发展的政策和措施，努力营造出有利于文化产业发展的良好环境，各地区的文化产业有了不同程度的发展。

1.全省12个省辖市规模以上文化产业企业数过百

2017年全省各省辖市规模以上文化产业单位达200家以上的有郑州市、许昌市、南阳市、洛阳市、商丘市、开封市、信阳市7市，平顶山市、驻马店市、周口市、焦作市、新乡市5市均超过百家，全省共有12个地区单位

数过百家，比上年多了1个市，单位数合计占全省规模以上企业的90.1%，占比提高了2.4个百分点，其中增长速度较快的是周口市、商丘市、信阳市、安阳市、三门峡市5个地区，增幅超过20%。省直管县兰考县、汝州市、鹿邑县的单位数位居前三，均超过60家。

2. 全省14个省辖市规模以上文化产业企业从业人员过万

2017年全省各省辖市规模以上文化及相关产业企业从业人员超过三万人的有郑州市、许昌市、洛阳市、南阳市、商丘市、焦作市、开封市7市，信阳市、周口市、平顶山市、驻马店市、漯河市、濮阳市、新乡市7市均超过万人，共有14个地区从业人员过万，合计占规模以上文化及相关产业企业从业人员的97.0%。从业人员增幅超过20%的有周口市、信阳市、济源市、商丘市、平顶山市、鹤壁市、三门峡市7个地区。省直管县鹿邑县、固始县、兰考县、永城市从业人员均超过5000人。

3. 全省10个省辖市规模以上文化产业企业资产过百亿元

2017年全省各省辖市规模以上文化及相关产业企业资产总计均超过10亿元，超过200亿元的有郑州市、洛阳市、许昌市、平顶山市、南阳市5市，焦作市、开封市、漯河市、新乡市、驻马店市5市均超百亿元，共有10个地区资产超百亿元，合计占全省的85.8%。其中资产总计增速超过20%的有周口市、洛阳市、三门峡市、鹤壁市4个地区。兰考县、巩义市、汝州市、鹿邑县、永城市、固始县、滑县7个省直管县的资产规模均超过10亿元。

4. 14个省辖市营业收入超过百亿元

2017年全省各省辖市规模以上文化及相关产业企业营业收入超过200亿元的是郑州市、许昌市、洛阳市、焦作市、南阳市、开封市6市，濮阳市、商丘市、平顶山市、周口市、漯河市、信阳市、驻马店市、新乡市8市营业收入均超百亿元，共有14个地区营业收入过百亿元，比上年多了2个地区，合计占全省规模以上文化产业企业营业收入的97.0%。其中平顶山市、三门峡市、周口市、济源市、商丘市、洛阳市等6市增速均超过20%。省直管县巩义市、汝州市、兰考县、永城市、固始县、鹿邑县的营业收入均超过20亿元（见表5）。

表5　2017年河南省分地区规模以上文化及相关产业企业主要指标

市（县）	法人单位数（家）	从业人员期末人数（人）	资产总计（万元）	营业收入（万元）	利润总额（万元）
总计	3424	497030	33300710.9	36171700.2	2966091.3
省辖市					
郑州市	556	80910	8819852.0	6894228.4	581057.0
开封市	263	30466	1534394.6	2168791.0	286874.0
洛阳市	318	45433	4255154.5	3163519.3	156766.6
平顶山市	195	24019	3242502.4	1635879.7	135233.1
安阳市	46	5600	387430.9	418272.6	24751.0
鹤壁市	30	3426	178371.8	219889.1	25678.3
新乡市	100	14260	1023345.6	1028400.9	39810.7
焦作市	107	30817	1971058.1	2581452.5	154686.1
濮阳市	88	15686	920048.3	1951021.0	220764.6
许昌市	351	71206	3271894.9	6129954.1	419317.5
漯河市	75	16562	1351303.2	1385668.2	105829.5
三门峡市	70	3967	484184.5	371506.1	34041.7
南阳市	344	39564	2077707.6	2523993.1	157909.3
商丘市	266	38271	753938.5	1826015.0	199137.0
信阳市	250	29150	887351.3	1218195.6	128700.3
周口市	155	24077	982156.1	1498600.2	169320.3
驻马店市	179	21801	1013021.4	1064687.9	117618.8
济源市	31	1815	146995.2	91625.5	8595.5
省直管县					
巩义市	31	4257	238093.4	770705.8	41848.8
兰考县	67	6456	391250.9	419758.1	54606.0
汝州市	67	3974	191868.1	607481.2	32052.9
滑县	14	1957	106789.6	173317.6	5037.9
长垣县	24	1021	48429.0	33892.6	2697.9
邓州市	12	2126	97500.0	117754.1	3634.8
永城市	47	5366	143082.1	266510.7	32886.1
固始县	35	7880	115851.2	244985.6	18527.8
鹿邑县	64	9869	153785.3	236482.7	21792.6
新蔡县	40	1127	25777.5	76718.4	10034.3

资料来源：《河南统计年鉴（2018）》，第712页。

三 河南文化产业发展过程中存在的问题

河南文化产业虽然具备了一定的发展基础，形成了较为完整的产业体系，但是发展中仍存在一些问题需引起高度关注。

（一）受宏观经济发展影响，文化制造业、文化批零业发展有所减缓

受国际、国内宏观经济发展环境影响，2017 年，规模以上文化制造业的企业个数、从业人员、资产总计、营业收入、利润总额等指标与上年相比都有所减少，分别降低 5.8%、6.0%、9.4%、2.9% 和 4.5%，占比分别下降了 3.8 个、5.1 个、5.8 个、2.9 个和 5.1 个百分点。文化批零业的资产总计、营业收入、利润总额等指标与上年相比也有所减少，分别降低 15.4%、10.0% 和 8.6%，占比分别下降了 1.4 个、1.5 个和 1.2 个百分点。这两个行业增速下降直接影响了文化及相关产业全年的增长。

（二）文化核心领域龙头企业规模偏小，引领作用不显著

2017 年，全省规模以上文化及相关产业企业营业收入超过亿元的企业为 688 家，实现营业收入 2942.82 亿元，分别占全省规模以上文化及相关产业企业的 20.1% 和 81.4%；但过亿元的文化及相关产业企业主要集中在文化制造业，占比达到 77.0%，文化批零业和文化服务业占比分别为 11.1% 和 11.9%，也就是说，真正的文化核心领域的企业规模和实力还有待进一步增强。

（三）大部分行业实力太弱，影响带动作用有限

2017 年，按照文化产业九大类分，全年规模以上企业营业收入超过千亿元的行业仅有 2 个，是内容创作生产、文化辅助生产和中介服务，分别为 1132.68 亿元和 1175.52 亿元；其余 7 个行业营业收入均低于 350 亿元，行业规模相对偏小，对文化及相关产业影响带动作用有限。

（四）地区发展不平衡，亟须巩固加强

全省 18 个省辖市中，只有郑州、许昌、洛阳、焦作、南阳、开封 6 市规模以上文化及相关产业企业营业收入超过 200 亿元，其余 12 个市均低于 200 亿元，仍有 4 个市少于百亿元，实力普遍较弱，需要巩固加强。

四　大力发展文化产业的相关措施

文化产业的发展不仅需要规模的扩张以及产业总量的增加，而且需要质量的提高和效益的提升。因此，各级政府和文化主管部门要紧紧抓住新时代的历史机遇，采取一系列强有力政策和措施，为文化产业发展创造更加有利的条件，发展壮大文化产业，建设更符合河南特色的文化产业高地。

（一）培育打造文化领军企业，增强核心竞争力

各地区、各行业都要积极培育一批产业优势突出、核心竞争力强的文化产业龙头企业，使之成为文化产业发展的主导力量。要加大对文化产业单位的支持和引导，引进高端研发、管理人才，便于企业做大做强。

（二）优化文化产业结构，推进新兴文化业态发展

一要继续深化供给侧结构性改革，重点关注文化产业核心领域，不断优化文化产业发展结构，特别要重点支持文化服务业的发展壮大，以核心产业发展引领带动相关产业发展。二要注重推动优秀传统文化的创造性转化创新性发展，积极开启新兴业态企业发展，加强文化与科技的深度融合，运用大数据、云计算等新技术为新兴文化业态企业服务，支持发展文化创意、数字出版、网络视听、智慧广电、动漫游戏等新兴文化产业。三要不断创新文化产业发展理念，将培育新兴文化产业和改造传统文化产业紧密结合起来，既要积极探索"文化＋"产业发展的若干新模式，又要注意引导传统文化产

业转型升级，通过建设有特色的文化产业体系主动应对瞬息万变的市场竞争。四要进一步增强文化自信，始终遵循把社会效益放在首位的发展原则，稳步推进文化产业示范基地建设，培育扶持发展新型文化业态，力争实现文化产业社会效益和经济效益相统一。

（三）加强政策资金引导支持，推动区域协调发展

河南是中华民族的发祥地，文化资源十分丰厚，产业发展潜力大。各地区、各行业要高度重视文化产业发展，分析本地区、本行业文化及相关产业发展现状，从地区分布、行业构成、龙头企业、新兴产业等角度，明确发展优势和劣势，制定具体的文化产业发展规划，采取强有力的措施，稳定传统产业，培育龙头企业，支持新兴产业，培植新增单位，形成多方面新的增长点，加强引导和支持，增强内生发展动力，推进文化产业健康快速发展。

B.10
河南省文化产业"双十"工程调研报告

毕朝杰*

摘　要：　实施文化产业"双十"工程，是河南省增强文化产业整体实力和核心竞争力的重要举措。2013年以来，河南组织开展了三届"双十"工程评选认定活动，在促进产业积聚发展、人力科技资源整合、创新成果产业化等方面显示出巨大潜力。但由于河南省文化产业发展基数较低，能够支撑起文化产业发展的文化企业数量、规模及从业人员等相对较少，重点园区和企业在发展过程中还存在文化产业链不够完整、集聚带动作用不够明显、文化经济政策落实不够具体等问题，亟须完善文化产业园区集聚功能、推动文化与科技的深度融合、提升政府服务能力和水平等，使河南文化产业"双十"工程真正成为河南省文化企业茁壮成长的孵化器和骨干文化企业壮大发展的助推器。

关键词：　"双十"工程　文化产业链　人力资源

实施文化产业"双十"工程，即培育和扶持10个重点文化产业园区、10个重点文化企业，是河南省培育壮大文化市场主体、提升文化产业集聚发展水平、增强文化产业整体实力和核心竞争力的重要举措，也是推动文化产业朝着集聚化、规模化、专业化发展的有效载体。2013年以来，河南省

---

* 毕朝杰，中共河南省委宣传部文改办科长。

已组织开展了三届"双十"工程评选认定工作,打造出一批具有一定规模效益的重点文化产业园区和重点文化企业。

一 河南省文化产业"双十"工程实施现状及特点

2013年6月,河南省政府印发了《河南省文化产业"双十"工程实施方案》,拉开了大力支持文化产业发展的序幕。该方案决定,拟从全省选出10个重点文化产业园和10个重点文化企业进行培育和扶持,到2020年能够形成一批在全国有影响力的重点文化企业和文化产业园区,其中有2~3个文化企业入选全国文化企业30强,力争使全省文化产业法人单位增加值占全省生产总值的比重达到5%左右。同年10月,河南省文化体制改革和发展工作领导小组办公室正式启动了首届河南省重点文化产业园区和重点文化企业评选认定工作。2014年、2016年、2018年,河南省政府分别公布了三届河南省重点文化产业园区和重点文化企业名单。目前,河南省拥有重点文化产业园区6个,即郑州国际文化创意产业园、开封宋都古城文化产业园、镇平县(石佛寺镇)玉文化产业园、汝州市汝瓷电子商务产业园、许昌钧瓷文化创意产业园、鹿邑县曲仁里老子文化产业园;拥有河南省重点文化企业10个,即河南日报报业集团有限公司、中原出版传媒投资控股集团有限公司、郑州华强文化科技有限公司、河南有线电视网络集团有限公司、郑州报业集团、开封清明上河园股份有限公司、兰考县成源乐器音板有限公司、洛阳日报报业集团、河南省杂技集团有限公司、河南瑞贝卡发制品有限公司。这些园区和企业涉及国有、民营企业,涵盖了文化创意、文化旅游、工艺品、期刊图书、民俗文化等众多文化产业领域,在促进产业积聚发展、人力科技资源整合、创新成果产业化等方面显示出巨大潜力,已经成为河南省文化企业茁壮成长的孵化器和骨干文化企业壮大发展的助推器。

(一)企业规模实力不断增强

近年来,各省重点文化企业不断优化产业结构,推动企业转型升级,持续保持健康快速发展势头，总体规模不断扩大。中原出版传媒集团 2017 年实现主营业务收入 83.56 亿元，实现净利润 6.27 亿元，集团净资产 89.82 亿元，连续两年入选"全国文化企业 30 强"，连续三年进入"全国服务业企业 500 强"，位列全国出版行业第一方阵。河南有线电视网络集团有限公司 2017 年有效用户达到 540 多万户，数字电视用数近 400 万户，模拟用户 140 万户，双向用户近百万户，宽带用户近 50 万户，手机电视 44 万户，数字化率 74.2%；营业收入 11.71 亿元；实现利润 5282 万元；净资产总额 15.91 亿元。郑州华强方特主题乐园 2017 年接待省内外游客 500 多万人次，营业收入近 8 亿元。河南瑞贝卡发制品股份有限公司是中国发制品龙头企业内唯一上市公司，产品畅销亚洲、北美、西欧、非洲的 40 多个国家以及国内 100 多个大中城市。2016 年营业收入 18.1 亿元，税前利润 2 亿元，总资产 42.6 亿元，净资产 23.3 亿元。2017 年营业收入 19.4 亿元，纳税 1.1 亿元。河南省杂技集团是全省最大的以杂技文化为主业的民营杂技集团，现有演职人员 1000 余人，专业排演馆 5 个，演职员规模及总资产等稳居全国杂技界第一位，主创剧目多次荣获国际国内杂技大奖。2017 年，河南杂技集团主营业务收入 5048 万元，净利润 1902 万元，资产总额 9.89 亿元。首批河南省文化和科技融合示范基地在"双十"工程的带动下，全省各地充分利用区位优势，通过整合文化资源、调整产业布局、优化产业结构建设了一批特色鲜明的文化产业园区，稳步提升了文化产业的层次和竞争力。

（二）园区集聚特征初步显现

全省各地的重点文化产业园区通过延长文化产业链条，完善文化服务功能，吸引更多的企业在文化产业园区周边集聚。开封宋都古城文化产业园是河南省唯一国家级文化产业示范园区，2017 年实现营业收入 142 亿元，利润总额 64 亿元，园区入驻企业 1400 多家。汝瓷电子商务产业园项目建设进展迅速，2017 年引进企业 20 家，园区入驻企业总数达 80 余家，并入选住建部第二批国家级特色小镇，2016 年营业收入 8.4 亿元，利润总额 8819 万元，固定资产投资完成 12 亿元，从业人员 3000 余人。许昌钧瓷文化创意产业园入驻孔家钧窑、大宋官窑、金鼎钧窑、坪山钧窑等钧瓷企业 40 家,文化企业占比 68.75%,从业人员 6000 余人,固定资产完成投资 10 亿元,2017 年营业收入 7.4 亿元,税前利润 1.1 亿元。镇平县(石佛寺镇)玉文化产业园拥有专业村 13 个,专业户 2.6 万户,从业人员 11.8 万人,各类企业达 1600多家,其中文化企业 1100 多家,被评为"国家级文化产业示范基地",2016年营业收入 9.4 亿元,利润总额 1.1 亿元,完成投资额 6 亿元。鹿邑县曲仁里老子文化产业园已有 40 多家企业入驻,年接待游客量 200 万人,2016 年营业收入 5 亿元,利润总额 1 亿元,总产值 72 亿元,从业人员达到 1.2 万人。

(三)产业创新能力日益凸显

河南省大力开展"文化 +"行动,促进文化与科技、旅游、农业、体育等融合发展,加大对文化资源的保护开发和利用,逐步形成了独具中原特色的文化产业体系。以郑州国际文化创意产业园为主体的文化科技融合产业集群逐步形成,园区已集聚了深圳方特旅游度假区、建业华谊电影小镇、海昌极地海洋公园等 50 余家特色鲜明、创新能力较强的文化科技企业和文化科技创新服务机构。2017 年完成固定资产投资 177.5 亿元,同比增长36.5%,旅游收入 24 亿元,同比增长 20%。清明上河园不断调整自身的产业结构,以科技手段加大对传统文化的挖掘,先后打造了大型水上实景剧《东京梦华》和大型水上灯光秀《大宋汴河灯影》,目前正在打造三期高科技动漫体验区项目,持续巩固提升景区品牌影响力,完成了从"名画"到"名园"的华丽蝶变。仅 2018 年,清明上河园景区年游客接待量 330 万人次,旅游综合收入 3.56 亿元,被业界称为"清明上河园"现象。河南省杂技集团是首批河南省文化和科技融合示范基地,该集团将传统杂技表演和科技相结合,打造的《水秀》《水秀—水灵寻》等大型杂技精品剧目,受到国内外观众的好评。

(四)企业运营模式趋于多元

河南省重点文化产业园区和重点文化企业在运营模式上,呈现各自的特点，形成了多元并发的趋势。如河南日报报业集团有限公司初步形成了媒体、投融资、户外广告、文化地产、酒店、教育、文化物流、印刷等8个产业板块，拥有各级经营单位100多家，综合实力稳居全国省级党报集团前列。2017年，集团实现营业收入19.58亿元，同比增长18%；利润1.97亿元，同比增长49%；资产总额达到70亿元，年均增幅17%。其中，多元产业占总收入的比重上升到70%。郑州报业集团以"宣传融媒体，发展多元化"为发展战略，重点布局金融科技、影视文创、教育养生、旅游地产四大产业板块，旗下公司40多家，多元化收入占比超过60%。2016年营业收入9亿元，税前利润1.1亿元，总资产25.1亿元，净资产1.2亿元。洛阳日报报业集团目前已建立了"纸媒方阵""网媒方阵""屏媒方阵"三位一体的媒体矩阵，形成了户外广告、文化旅游、物流电商、金融投资、地产开发、物业经营等百花齐放、多元经营的局面。2016年营业收入2.8亿元，总资产15.7亿元，净资产6.7亿元。河南省杂技集团打造国内首家以杂技文化为主题的特色文化产业园区——濮阳国际杂技文化产业园，改变了过去杂技仅靠演艺闯市场的老模式，不断拉长杂技产业链条，走出了一条杂技与旅游、餐饮、教育、体育等融合发展的新路子，打造新的经济增长点。同时结合国家提倡的文化出口"走出去"战略发展方向，顺势布局国际市场，2016年在美国设立分公司，成功收购布兰森大剧院，打造杂技文化美国训演基地，迈出了河南省杂技集团"走出去"、开拓海外市场的重要步伐。

（五）配套政策环境不断改善

近年来，河南省委、省政府高度重视、积极推进文化产业发展。特别是在党的十八大以来，省委、省政府立足河南省文化资源富集而经济发展相对滞后的实际，提出了建设华夏历史文明传承创新区的整体规划，得到了国务院和相关部委的充分肯定和支持。省里先后出台了《华夏历史文明传承创新区建设方案》《河南省文化高地建设规划》《河南省支持文化企业发展和经营性文化事业单位转企改制若干政策的通知》等产业引导扶持政策，并对财政、税收、投融资、资产管理、工商管理、经营政策、人员安置、土地扶持、收入分配和社会保障政策、鼓励社会力量参与文化建设等方方面面的扶持政策给予明确具体的规定，为全省文化产业发展提供了更为广阔的平台。设立河南省省级高成长服务业专项引导资金扶持文化产业项目资金，省财政每年拿出 6000 万元扶持文化产业项目。全省各市县也都出台了相应的配套政策和设立了文化产业发展专项资金，加大对文化产业的政策、资金上的扶持力度。

二 实施"双十"工程面临的机遇、挑战和存在问题

（一）面临的机遇

党的十八大将"文化产业成为国民经济支柱性产业"列入小康建设指标体系。华夏历史文明传承创新区建设得到国务院的充分肯定和支持。2016年，省十次党代会明确提出要加快构筑全国重要的文化高地，进一步鼓舞了全省各界建设文化大省的信心和决心，文化企业和战略投资者在文化产业政策叠加的大好形势下，投身文化建设的积极性更为高涨。全省各级党委、政府和职能部门形成了促进文化产业跨越发展的共识，并相应地出台了政策和措施，全省文化产业快速发展。统计数据显示，2017 年河南省文化及相关产业实现增加值 1341.8 亿元，比上年增加 129 亿元，增长 10.6%，占全省生产总值的比重为 3.01%，增加值总量位居中部六省第一位，文化产业呈加速发展状态。2017 年底全省生产总值 44988.16 亿元，人均 GDP 达到47130 元，全省经济迈入持续快速增长高位平台，居民对文化消费的需求不断增强。加之河南省文化产业起步较晚，产业总量偏小，发展空间较大等，为河南省实施"双十"工程、发展文化产业创造了前所未有的机遇。

（二）面临的挑战

当前，我国经济发展中仍然存在发展不平衡、不充分的矛盾，整个经济运行下行压力增大，不可避免地对部分文化行业带来不利的影响，开始出现

文化企业亏损增多、增速放缓、从业人数下降的现象。河南省文化产业发展基数较低，能够支撑起文化产业发展的文化企业数量、规模及从业人员等相对较少，文化产业园区多为在建和新建项目，服务企业的配套设施、服务能力还有待完善，经济效益并不明显。要在2020年完成"双十"工程目标，将文化产业发展为国民经济支柱性产业，必须加强政策引领和战略谋划，加强部门协作，提高服务水平和能力，不断提高河南省文化产业整体实力和竞争力。

（三）存在的问题

当前，河南"双十"工程中的重点园区和企业在发展过程中还存在一些突出问题，主要表现在以下三个方面。一是文化产业链不够完整。现有的"双十"工程园区和企业大多为单兵作战，没有清晰的产业上下游关联性，把文化产品的创作、生产、加工、销售等要素紧密联系在一起的产业链条还没有形成，难以形成规模经济。二是集聚带动作用不够明显。全省还缺乏大的龙头企业和知名文化品牌，"双十"工程单位的龙头引领作用不够突出，企业体量不够大，产业集聚水平有待提升。三是文化经济政策落实不够具体。全省在财政、金融、土地、市场准入、人才引进等方面还缺乏一套完整的、具体的、专门的、可操作性强的配套政策，细化落实各项政策措施方面还有待进一步加强。

三　推动"双十"工程提质增效的对策和建议

（一）完善文化产业园区集聚功能

1. 突出园区主题定位

加强对重点文化产业园区的指导和引导工作，必须立足本地区的资源优势和产业发展现状，在此基础上进行有针对性的市场调研和市场分析，确立适合本地比较优势的产业，重点培育特色主导产业，培育与众不同的核心竞争力，切实改变园区就是企业归堆的粗放发展状态。同时，必须坚持专业化、差异化、特色化的原则，注意突出各地市的独特优势和地域特色，对园区做到精准的定位，避免出现同质化建设和恶性竞争的情况。

2. 建立相对完整的产业链条

要坚持以市场为导向，以共同利益为纽带，以龙头企业为依托，尽量把文化产品的创作、生产、加工、销售通盘考虑在内，逐渐形成既相对独立，又有机结合的产业链条，并推动这一链条往更加宽广的领域拓展延伸。强化各园区企业的分工协作与规模，减少园区竞争内耗，促进园区可持续发展。

3. 强化园区服务功能

有关企业或部门要不断提升重点文化产业园区的服务功能，在基础设施配套方面加大投入力度，不断增强园区的发展能力和承载能力，为河南文化产业发展提供切实可行的功能载体和发展空间。文化产业园区的管理者要能够为文化产业从业人员提供较为便捷的居住条件、布局合理的创业区域、功能健全的配套设施，努力营造生态宜居的创业环境和生活环境，用产业园区集聚人气，用企业文化凝聚人心，进而形成积极向上、充满激情的文化氛围。

（二）推动文化与科技的深度融合

1. 尽快完善投融资平台，不断提升运作水平

一方面，要经常开展银企对接洽谈活动，积极引导和鼓励社会资本参与投资文化产业项目，想方设法拓宽文化企业融资渠道，支持文化产业园区投融资平台与金融机构、政策性担保机构合作，在如何破解发展资金瓶颈方面有所作为，不断提升投融资平台的运作水平。另一方面，还要有针对性地开展文化企业上市辅导专题培训，加快符合条件的重点文化企业上市步伐。

2. 推动多部门、多领域联动合作，促进文化与科技的深度融合发展

首先，要大力推动文化产业"双十"工程单位与科研单位、高等院校、行业协会等部门的交流合作，尽快突破制约文化产业发展的关键技术和其他因素，以科技创新推动文化产业快速发展。其次，要注重开发拥有自主知识

产权的文化产品，高标准培育具有核心竞争力的文化科技企业和企业集团，倾力打造一批特色鲜明、产业链完备的文化科技融合发展示范基地。

3. 积极开展校企合作，加快培养高素质文化人才进程

积极开展校企合作，注重理论与实践相结合，设立专项投入资金，在全省大中专院校创建一批文化产业技能人才培养基地，大力支持高校在文化产业"双十"工程单位设立实训基地。要以培养高素质文化产业管理人才和实用人才为重点，对文化产业"双十"工程单位高端经营管理人才和职业技术人员进行定期和不定期培训工作。如可以组织文化产业"双十"工程单位经营管理人员到文化产业发达地区考察学习，与当地的高管人员进行深度交流，还可以通过专题培训、学习考察等形式加大对文化企业负责人的培训力度，经常学习最新的发展理念和经营管理知识，从外地先进经验中汲取营养。还要充分发挥文化产业协会的作用，加强文化企业负责人的交流和合作。

（三）提升政府服务能力和水平

1. 配套落实各项文化产业政策

政府主管部门要对中央和省委省政府支持文化产业发展的政策落实情况进行督查调研，确保财政投入、税收优惠、社会融资、行业准入、改制改组等方面优惠政策落实到位。积极协调相关部门，研究制定包括财税、土地、规划、人才、文化产业项目立项及审批、文化单位转企改制、文化市场准入许可、文化产品出口鼓励等促进河南文化产业发展的产业政策，争取各项政策和资金向文化产业倾斜。

2. 加强考核督查力度

各级党委政府要把文化产业工作列入重要议事日程，列入"一把手"工程。建立文化产业发展绩效考核标准，对各地各部门在建立现代文化产业体系、谋划产业布局、推动文化科技创新、扩大文化消费及重点项目建设等方面的工作实绩和效果进行考核，指导和督促各级创新工作手段和管理方法，推动全省文化产业高质量发展。

3. 做好信息沟通和数据监测分析

建立全省文化产业发展联席会议制度，及时交流工作动态，谋划发展措施，形成工作合力。统计部门要细化分解文化产业发展经济指标，分季度对文化产业发展数据进行监测，及时准确地反映产业发展动态情况，针对实际情况进行必要的规范和引导。开展好文化产业各门类发展数据的统计分析，为企业发展和政府决策提供支撑和信息服务。

4. 完善文化产业服务平台

用好河南文化网，系统解读中央和全省的各项文化产业政策，及时反映各地工作动态，推广借鉴外地好的做法和经验，推介文化资源和产品。建设全省文化产业项目库，加大招商引资力度。组织重点文化企业和重点文化产业园区的企业参加深圳、北京、厦门等文博会，通过产品展示、销售、项目推介等方式，推动河南文化企业稳步持续地"走出去"。

B.11
2018年河南省电影业发展报告

梁 莉*

摘　要： 2018年河南省电影创作题材广泛、类型多样等发展情况，一批凸显正能量的电影作品获得社会广泛好评。全省电影票房稳步增长，整体发展形势好于全国平均水平。电影发行取得历史性突破，"国影纵横"票房超百亿元。电影研究迈入新阶段，电影专项资金管理更加科学规范，河南电影产业体系和市场体系正逐步建立健全。最后从严把意识形态关、严格电影审查等方面提出繁荣河南电影创作生产的对策和建议。

关键词： 电影创作　电影票房　电影发行

2018年，河南电影工作坚持以习近平新时代中国特色社会主义思想和党的十九大精神为指导，坚持正确导向，电影创作出现新亮点，电影市场蓬勃发展，电影发行实现历史性突破，全省电影事业产业发展进入新境界、跨入新阶段、呈现新气象，进入全面提升、产能优化的新阶段。

一　电影创作重在谋划，时代元素成为新亮点

创作优秀影片是电影工作的首要目标，也是促进产业发展的核心任务。

---

* 梁莉，河南省委宣传部电影管理处处长。

目前全省国有电影制片单位只有河南电影电视制作集团公司 1 家，民营电影制片单位近 300 家。党的十八大以来，截至 2018 年底，河南电影已备案近 800 部，已完成影片近 240 部，涌现出纪录片《永远的焦裕禄》《兴衰之鉴》，故事片《李学生》《叶问 2》《忠烈杨家将》《苏武牧羊》《老子出关》《自古英雄出少年之岳飞》《仁医胡佩兰》《一句顶一万句》《杨靖宇》《夺路而逃》《守灵》《我的朋友圈》等一批优秀电影作品，初步形成题材广泛、类型多样、品种丰富的创作生产格局。2018 年以来，河南电影创作生产围绕改革开放 40 周年、新中国成立 70 周年、全面建成小康社会、中国共产党成立 100 周年等重大时间节点，把提升质量作为生命线，加强组织领导，强化创作引导，谋划重点选题，突出重中之重，跟踪实施推进，电影创作呈现欣欣向荣的新局面。

电影《李学生》掀起学习平凡英雄高潮。电影故事片《李学生》取材于河南商丘好人代表李学生生前英勇救人的真实事迹，由原河南省新闻出版广电局、商丘市委和市政府、商丘广播电视台等单位联合摄制。2005 年 2 月 20 日，在浙江温州打工的河南商丘人李学生面对飞驰而来的火车，舍身抢救两名儿童，献出了自己年仅 37 岁的宝贵生命。李学生的英雄事迹感动了温州、浙江，感动了商丘、河南，感动了全中国。2005 年 3 月 23 日，时任浙江省委书记、省人大常委会主任习近平做出重要批示："李学生的事迹感人至深！李学生是见义勇为的英雄。世间有造就伟业的英雄，有在平凡岗位上默默奉献的英雄，有在关键时刻挺身而出的英雄。李学生就是一个作为平凡之人而作出不平凡壮举的英雄。广大党员都要向李学生学习，做到平常时间能看得出来，关键时刻能冲得出来，危难时刻能豁得出来，始终保持共产党员的先进性。"习近平在《之江新语》的《人生本平等，职业无贵贱》一文中指出："过去我们在不同的历史时期推出过各行各业、各种类型的先进典型，但在数量极其庞大的农民工群体中却不曾推出过先进典型。李学生正是新时期农民工的好代表，他的事迹充分体现了中国农民的传统美德，体现了广大农民工的精神品质。"李学生是新时代农民工的典型代表，其行为体现出鲜明的时代元素，被浙江省授予"浙江青年五四奖章""见义勇为好青年""舍身救人勇士"等荣誉称号；河南省委、省政府向全省发出《关于开展向李学生学习活动的决定》，追认李学生为中共党员、革命烈士；李学生后来还被追授"全国见义勇为先进分子""全国杰出进城务工青年""全国五一劳动奖章""全国见义勇为道德模范"等荣誉称号。

电影《李学生》坚持艺术诠释习近平总书记的"英雄观"，遵循艺术规律，塑造出一个"平常时候看得出来，关键时刻站得出来，危急关头豁得出来"、可亲可敬可信的平民英雄形象，是一部感人至深、彰显正能量、弘扬新风尚的主旋律电影，可以说该片反映了一个平凡之人的英雄壮举，是一曲荡气回肠的生命赞歌，也是一部令人潸然泪下的鸿篇巨制，对于共同缅怀英雄事迹、培育和践行社会主义核心价值观、涵养河南人的精神境界、激励广大干部群众争做出彩河南人，具有重要意义和深远影响。

该片被评为 2018 年全省中原文艺精品工程重点项目，也引起了中宣部的高度关注。2018 年 7 月 16 日，原省新闻出版广电局、商丘市委和市政府联合原浙江省新闻出版广电局、温州市委和市政府，在英雄牺牲地浙江温州举行了电影故事片《李学生》首映式。7 月 17 日，《河南日报》在头版头条刊发长篇通讯《英雄并未走远》，对李学生的英雄事迹和电影首映式情况进行大篇幅宣传报道，引起了强烈的社会反响。7 月 19 日，河南省委副书记、省长、省文明委主任陈润儿对电影《李学生》有关工作予以批示肯定。8 月 3 日，《东方今报》连发 8 个版面予以报道。8 月 2 日，省委组织部、省委宣传部、省委政法委、省直机关工委、省委高校工委、省文明委、省总工会、团省委、省教育厅、省人社厅、原省新闻出版广电局共 11 家单位联合发文，要求机关单位、企事业单位、学校组织观看影片，全省 18 个省辖市参照省局做法，全部转发或印发组织观看电影《李学生》的通知，切实把做好电影《李学生》发行放映工作作为贯彻习近平总书记"英雄观"、弘扬平凡英雄崇高品质的实际行动，作为宣传推介河南好人、传播好人文化的有效渠道，作为倡导践行社会主义核心价值观、助推精神文明创建活动的实际举措，扎实做好影片宣传、排片和观影服务工作。影片于 8 月 28 日至 11 月

28 日在全国公映，观影收入 2000 万元，观众达到 60 万余人次，再掀学习平凡英雄李学生的高潮。电影《李学生》入围 2018 年加拿大金枫叶国际电影节院线类电影奖，李学生扮演者宋禹获得最佳男演员奖，影片受到了国际电影界的充分肯定。

紧扣重大时间节点，规划重点影片。河南围绕改革开放 40 周年谋划的重点影片有故事片《我们的四十年》、纪录片《大国粮仓》、纪录片《见证峥嵘四十年——重走路易艾黎河南之路》3 部；围绕新中国成立 70 周年谋划的重点影片有纪录片《中欧班列》、纪录片《中国蓝盔在行动》、故事片《新红旗渠》、故事片《扁担魂》4 部；围绕全面建成小康社会谋划的重点影片有故事片《驻村书记》《花开飘香》《西河恋歌》《大喜盈门》《百年德化》以及系列故事片《90 后四侠》6 部，力争通过 2~3 年时间，集中推出一批主旋律、正能量、小成本、大情怀的精品力作。

二 电影票房稳步增长，电影市场持续繁荣

近年来，坚持政府推动和市场运作相结合，采取多种措施和手段，积极引导、鼓励各类资本投资建设商业影院，电影宣传阵地不断巩固扩大，以管理科学、覆盖广泛、层次多样为基本特征的现代电影市场体系初步形成。2018 年全省电影票房 22.08 亿元，同比增长 16.13%；2018 年全国票房 565.78 亿元，同比增长 7.91%。2018 年全省票房位居全国第九，增幅高于全国平均水平 8.22 个百分点，整体发展形势好于全国平均水平（以上票房数据均不含手续费）。目前，全国 48 条电影院线中，在河南省内落地的就有 26 条电影院线，正常经营的影院有 488 家、银幕 2879 块、座位 356538 个，2018 年新增影院 72 家、银幕 530 块、座位 63653 个。目前全省拥有巨幕放映设备的影厅有 30 家，拥有激光光源放映设备的影厅有 389 家，影院使用杜比全景声、4D、沉浸声、临镜音、多维声等先进技术设备的影厅有 119 家。

一是进一步加大《电影产业促进法》的宣传，组织相关从业人员继续

学习，全省各影院都签订不偷漏瞒报票房自律承诺书，提高从业人员遵法守法意识。二是举办全省电影市场监管执法培训班。2018年4月24～25日，原省新闻出版广电局在郑州召开了全省电影市场管理工作暨电影市场监管执法培训会议，邀请国家电影专资管理办公室副主任李东、众大合联市场咨询（北京）有限公司常务副总焦东升、北京市文化执法总队舒敏，对各省辖市、省直管县（市）电影行政管理人员、文化市场综合执法业务骨干进行执法实战实务培训，进一步提高全省电影监管执法部门的业务能力和素质，为推动河南电影市场进一步繁荣发展，促进河南电影事业产业再上新台阶，为全省打造全国重要文化高地，奠定了坚实的基础。三是开展打击偷逃瞒报票房专项整治行动。省新闻出版广电局专门印发了《打击偷逃瞒报电影票房专项治理实施方案》，从2018年4月1日到2018年12月31日，在全省开展打击偷逃瞒报票房专项行动。自全省打击偷逃瞒报票房专项治理开展以来，各省辖市、省直管县（市）电影主管部门高度重视，围绕专项治理采取了监管执法培训、组织所辖影院负责人集中教育宣传、进行专项执法检查、收集涉案线索、推进案件查办等多项措施，专项治理行动取得了初步成效，切实规范了当地电影市场的经营秩序。据了解，河南省是全国电影行业管理中第一家开展打击偷逃瞒报电影票房专项治理行动的省份，也是第一家举行电影市场监管执法培训会议的省份。四是完成点播影院初步调研。《点播影院、点播院线管理暂行规定》于2018年3月30日开始实施。管理规定要求点播影院的放映设备、放映质量和计费系统符合国务院电影主管部门规定的技术规范，国务院电影主管部门建立全国点播影院经营管理信息系统和影片著作权授权信息公示查询系统。原河南省新闻出版广电局对全省类似点播影院形态的影院数量、分布等基本情况进行了摸底统计，形成了初步专题调研报告。目前，《点播影院、点播院线管理暂行规定》要求的技术规范和具体实施细则、配套措施正待出台，届时将研究制定全省具体实施方案，上下联动开展市场大调研，联合消防部门进行排查检查，组织规范运作业务培训，确保全省点播影院、点播院线管理开好头、起好步。

三 电影发行重视资源整合，揭开 中国电影发行市场新版图

河南奥斯卡院线充分发挥自身优势，与江苏幸福蓝海院线、浙江时代院线、珠江影业传媒股份有限公司、峨影集团四川省电影公司五大国有电影公司联合，于2018年6月8日在北京牵头成立了国影纵横电影发行有限公司。经董事会投票选举，河南文化影视集团董事长刘健担任公司首任董事长。由五大国有电影公司战略整合而成的"国影纵横"，聚合了华东、华中、西南、华南、西北各地的票仓资源，共拥有2000多家影院，1万余块银幕，掌控区域市场份额占全国票房份额的20%，属于名副其实的强强联合。

"国影纵横"由河南奥斯卡电影院线牵头成立，为中国电影市场的加速前进注入新活力，同时揭开了中国电影发行市场新版图。为响应党中央关于"不断建立健全文化市场体系，鼓励各类市场主体公平竞争、优胜劣汰，促进文化资源在全国范围内流动"的号召，"国影纵横"不仅为片方提供全方位多维度的特色宣发策略及增值服务，还将在电影出品、发行网络、影院终端、营销渠道等多领域开展深度合作，锁定优质片源，强大终端资源，推动产业链升级，争取在影片投资、宣传、制作等多个环节实现各方利益最大化，为中国电影强国梦谱写新篇章。"国影纵横"五条国有电影院线2018年创造了113亿元票房，实现了河南电影发行的历史性突破。

四 电影专资管理更加规范，项目评审效果良好

根据《河南省国家电影事业发展专项资金管理办法》《河南省国家电影事业发展专项资金项目管理办法》规定，按照七大项目申报范围和有关政策要求，省电影专资办认真组织项目评审，本着切实发挥电影专资引导

激励作用的基本原则，在合法合规的前提下，采取突出重点、兼顾一般的基本方法，以项目评审结果为基本依据，2017～2018年两年共奖励资助项目219项，经费近1.1亿元。河南省级电影专资项目资助有以下几个特点。一是导向作用强，紧跟中央专资使用范围调整的风向，加大影院建设和设备更新改造资助力度。二是覆盖范围广，资助项目占整体评审项目数量的70%以上，占整体申报项目数量的50%以上，做到应补尽补，兼顾了影片制作、发行、放映等方方面面的积极性。三是重点比较突出。对引进行业新技术，主旋律、正能量的重点影片和市场前景看好的优秀影片资助额度大，引导鼓励产业创新，对符合条件的县级广播电视台影视综合体项目、票房倍增计划项目予以倾斜。

五 依法行政能力逐渐加强，协调服务水平不断提高

加大简政放权、放管结合、优化服务力度，提高政务服务效率，营造良好的创业创新环境，是相关部门依法行政能力逐渐加强的重要体现。近年来，河南制定并出台了《省财政厅、省发展改革委、省国土资源厅、省住房城乡建设厅、人行郑州中心支行、省国税局、省地税局、省新闻出版广电局关于支持电影业发展经济政策通知》，修改并重新印发了《河南省电影院申请影院编码及加盟院线备案程序的通知》，要求市级电影主管部门严格把关，认真核对相关资料、证件特别强调了消防许可证审核无误。对各种违法违规行为依法严肃处理，警钟长鸣。各项业务办理牢固树立服务理念，服务对象满意度不断提升。

协调指导学界业界工作，记录、总结、反思河南近年的电影发展，支持由河南视界文化传媒公司、郑州大学文化产业研究中心发起举办《河南省电影发展蓝皮书（2018）》研讨会暨河南电影产业发展研讨会，召开大规模的电影发展研讨会，这些工作在河南是第一次。与会专家共同剖析当下河南电影所面临的新问题、新趋势，探讨破解之道，探索河南电影的未来发展路径，统一了思想，鼓舞了士气。《河南电影发展蓝皮书2018》的编撰从文

化、学术等角度对十八大以来河南电影行业发展进行综述，就如何实现今后两三年内产生有一定影响力的影片、如何改变河南电影产业现存的不足提出对策建议，具有地方文化志的意义。更重要的是，通过蓝皮书的编撰，打造河南影视产业聚合平台，深度挖掘文化精髓，发展壮大文化产业，成为河南电影发展的联动策划平台。

六　以出精品力作为创作导向，进一步繁荣河南电影创作生产

今后一个时期，河南电影工作要坚持深入落实习近平总书记在文艺工作座谈会上的重要讲话精神，坚定文化自信，牢牢掌握意识形态工作领导权，进一步严格电影审查把关，进一步繁荣电影创作生产，把出精品拍大片、实现票房倍增计划作为中心任务，力争各项工作再上新台阶。

（一）严把意识形态关，严格电影审查

一是严把导向关，树"三讲"（讲品位、讲格调、讲责任），去"三俗"（抵制低俗、庸俗、媚俗）。坚持以人民为中心的创作导向，严格按照《电影产业促进法》禁止电影含有八项内容，遵循电影艺术创作规律，坚决反对电影创作过程中那些拜金主义、庸俗媚俗低俗、粗制滥造等不良现象。二是加强剧本备案和完成片审查管理，切实做到守土有责、守土负责、守土尽责。充分发挥新一届河南省电影审查委员会的作用，用好新调整充实的省电影审查专家库，电影审查做到覆盖面广、业务水平高，切实把握好重大历史题材、公安、民族、宗教等特殊敏感题材，文学、艺术、音乐、动漫、历史、制片、摄像、文艺评论等各艺术门类专家全都参与审查，切实把好政治政策导向关和专业艺术质量关。电影完成片审查实行三级审查制，即电影处、分管局领导、局长三级审查，电影处组织对电影完成片认真审查，对影响意识形态工作的备案材料和完成片坚决不予通过，确保意识形态文化安全，牢牢掌握电影管理工作主动权、领导权。三是加

强审查队伍管理。进一步提高政治站位，进一步增强政治敏锐性和政治鉴别力，严格规范执行《河南电影审查工作程序及要求》《河南电影审查工作职责与纪律》《河南省电影剧本和影片审查制度》，重点提倡扶持现实主义题材创作。组织审查专家认真学习行业法律、法规、政策制度等，提高电影审查人员的政治觉悟和维稳意识，把好关、把好度，筑牢意识形态底线，决不突破红线，确保电影导向不出问题，不出现杂音、噪音，帮忙不添乱。

（二）全力推动精品生产，强化现实主义创作

加强电影创作生产引导，一要突出重点，做好16部重点影片的跟进督导、服务协调工作。二是要加强现实题材创作，不断推出讴歌党、讴歌祖国、讴歌人民、讴歌英雄的精品力作。采取措施推进"深入生活、扎根人民"工作，策划多种主题和类型的采风活动。重点影片项目一律在策划创作之初就要下基层深入生活，并把深入生活情况作为申请扶持资金的重要参考。三是建立河南省电影精品生产的组织体系、实施体系、保障体系。以鼓励原创、提升质量为核心，坚持将政府引导、市场运作有机结合，遵循精品创作生产规律，开展创作研讨会，请名编剧、名导演、名制片人讲课，促使省内影视企业和国内外大家合作，并整合各类资源，抓好策划创意和宣传推介两端，对河南出品的电影进行票房分析和投入产出分析，以大思路、大手笔、大策划促成大制作、大成果、大效益。

（三）盯紧票房倍增计划，做大做强电影市场和电影产业

河南省电影放映市场正处在由铺量转向提质的发展节点上，目前存在两大问题。一是城市放映市场经营效益不高。影院建设与日常经营成本居高不下，影院设备更新快，投资压力大；影院本身经营效率不高；院线、影院经营同质化问题严重。二是县级城市影院发展后劲不足。县城居民消费人群的观影习惯、热度及电影消费的忠诚度和持续性都尚未成熟，县级城市影院的健康持续发展尚需时日。而全省电影票房要想在2020年达到30亿元，必须

持续抓好四个方面的工作。一是在全省影院分布上谋篇布局，综合考虑区域、人口、观影习惯三个基本因素，想方设法扩大影院数量，利用电影专资鼓励引导在全省产业集聚区和经济发达的乡镇建设影院，争取影院数量翻番，到2020年全省影院数量达到800家，鼓励引导市级影院投入巨幕、IMAX等先进技术，鼓励引导各级各类影院创新经营模式，开拓消费生态，提高观影体验，增加观影人次。二是影院经营与福彩、体彩相结合。观影群体与彩民群体在一定程度上有较大重叠，先期试点证明二者结合对票房增长有一定刺激作用。整体安排是由点到面、全方位铺开、掀起互动营销高潮，先从河南省自主品牌奥斯卡院线推开，再逐步推广到省内所有院线，以期拉动全省票房有较大增长。三是推动影视综合体建设。目前河南省很多市县级广播电视台演播大厅空间资源没有充分挖掘，有较大经营空间，应采取措施对具备客观条件的市县级广播电视台演播大厅和影院建设结合进行有效引导，和广播电视台观众人群亲密互动，以期扩大观影群体，促进票房增长，实现互利共赢，同时推动市县级广播电视传统媒体和新兴媒体融合发展。四是依法依规严厉打击偷漏瞒报票房。加大对县级影院和较小规模院线影院的管理力度，杜绝各种违规行为，为推动河南电影产业健康发展营造规范有序的市场环境。

（四）用足用好电影专资，进一步提高资金使用效率效益

严格执行河南省电影专资管理办法、项目管理办法、项目评审办法，加强省电影专资绩效管理，制定符合省电影专资特点的绩效管理制度和绩效指标体系，按照计划实施项目管理和监督，严格执行组织项目验收和绩效评价标准，奖优罚劣，确保资金使用实效。通过项目评审和绩效考核，进一步规范和加强省级电影专资管理，以电影专资的分配使用为突破口，撬动河南电影精品生产的系列改革，调动电影创作生产单位的积极性、主动性、创造性，促进河南电影繁荣兴盛。

2019年是电影管理工作划归省委宣传部的第一年，对于电影管理工作具有划时代的里程碑意义。电影管理工作站在新时代新的历史起点上，要提

高政治站位，增强守正创新的责任感和使命感，牢牢掌握意识形态工作领导权，严格电影审查把关，繁荣电影创作电影市场，突出重点，打牢基础，加强创新，电影管理工作由党委部门领导后体现出新变化新气象，为中原更加出彩提供了更强大的价值引导力、文化凝聚力、精神推动力，也必将为建设社会主义文化强国汇聚河南的磅礴力量，做出应有的贡献。

B.12
2018年中原出版传媒集团产业发展报告

王建新*

摘　要：　2018年中原出版传媒集团聚焦出版主业，实施精细管理，深化
　　　　　改革创新，强化党建统领，以"书比天大、责比山重"的出版
　　　　　责任担当和"出好书、济天下"的文化情怀，着力构建出版内
　　　　　容资源开发体系、教育综合服务体系、文化消费集成服务体
　　　　　系、主流文化传播阵地体系、文化产业战略投资体系，各项工
　　　　　作取得较大突破，保持了持续高质量发展态势。

关键词：　出版产业　中原出版传媒集团　文化产业

2018年，中原出版传媒集团及其控股的上市公司中原大地传媒股份有限公司，以习近平新时代中国特色社会主义思想和党的十九大精神为引领，深入学习贯彻河南省委十届六次全会暨省委工作会议精神，坚持正确出版导向，坚守舆论主阵地，秉承"书比天大、责比山重"的出版责任担当和"出好书、济天下"的文化情怀，全面深化文化体制改革，按照"上规模、调结构、促转型、强开放、树品牌"的总要求，围绕"做强主业、做大产业，关联跨界、内合外联，转型升级、融合发展"的总体思路，着力构建出版内容资源开发体系、教育综合服务体系、文化消费集成服务体系、主流文化传播阵地体系、文化产业战略投资体系等五大体系，全力推动集团"十三五"产业发展规划落地实施，全年发展呈现良好态势。

---

* 王建新，中原大地传媒股份有限公司出版与国际合作部项目主管。

一 坚持守正创新，产业发展稳步提升

2018 年，集团各项工作有效推进，出版、发行、物供等主营业务稳步提升，亮点纷呈；资源聚集、融合发展力度增强，综合效益得以显现；建设项目有了新突破，一些历史问题得到圆满解决，为集团今后发展提供了有效保障。截至 2017 年底，集团实现汇总营业收入 142.75 亿元，同时实现利润 6.65 亿元。2018 年前 10 个月，集团实现营业收入同比增长 44.27%，实现利润同比增长 10.85%，增速十分喜人；连续第三次获得"全国文化企业 30 强"和"全国服务业企业 500 强"称号，中原传媒荣膺"2018 中国文化企业品牌价值 50 强"，在社会效益和经济效益方面均实现了高质量发展。

（一）聚焦"三书"，提升"三力"，出版主业实现新突破

做好获奖书、畅销书和版贸书，是中原出版传媒集团落实中央精神，针对现实特点而制定的出版工作重点，以增强中原出版的竞争力、影响力、传播力。集团各出版单位坚持"内容为王"的出版理念，以出版资源聚集、开发为抓手，在做出品质、做出特色、打造精品力作上下功夫，取得了一系列喜人的成绩。

1. 弘扬时代主旋律，做好主题出版

集团制定并下发了《关于做好主题出版的指导意见》，规划了"重大理论问题出版""重大纪念活动出版"等 10 个重点出版方向，引导各有关出版单位围绕宣传贯彻习近平新时代中国特色社会主义思想和党的十九大精神、践行社会主义核心价值观、弘扬中华优秀传统文化、展现改革开放新成就等重大主题，结合自身资源，策划组织选题。河南人民出版社陆续推出《共和国日记》（60 卷），以宏大主题、文图并茂形式，分年逐日记载共和国 60 年历史，成为名副其实的"国书""国史"。与全国各地人民出版社共同承担的《中国改革开放全景录》，全景式地生动展现了我国改革开放 40 年所取得的辉煌成就，引起较大反响。河南文艺出版社策划的《中国创造

故事丛书》入选"2017年主题出版重点出版物"，在十九大前夕如期出版，其中《逐梦蓝天：C919大型客机纪事》一册入围2017年度"中国好书"。海燕出版社《花儿与歌声》入选全国精神文明建设"五个一"工程奖，使集团得以连续14届摘得这一荣誉，该书还与《梦与真：许渊冲自述》《中国三十大发明》共同荣获2017年度"中国好书"，填补了集团历史上在此奖项上的空缺。此外，《命脉》《中国红旗渠》等12种图书包揽河南省精神文明建设第十一届"五个一"工程奖，继续保持绝对领先地位。

2. 结合专业特色，打造精品出版物

集团各出版单位继续围绕"双十计划"和"双百精品"及"四个一"出版工程，集聚资源，进一步强化特色化、专业化、集约化的细分优势，"绘本中国""书法中国""文献中国""经典中国""生物中国""健康中国""'三农'中国"等产品线建设加速推进，市场占有率和影响力不断提升。河南科学技术出版社《全胸腔镜下支气管成形肺叶切除术》、河南电子音像出版社《马街书会》《黄帝史诗》等获第六届中国出版政府奖提名奖；中原农民出版社《中国乡土小说名作大系》、河南人民出版社《书学要义》、河南科学技术出版社《太平圣惠方校注》等5种图书、论文获第六届中华优秀出版物奖。《中国红色出版史料丛刊（1921～1949）》等8种图书获得2017年度国家出版基金资助，《共和国日记》（多媒体数据库光盘）等8种项目获得2018年度国家出版基金资助。《中国火车头》《共和国大科学家故事丛书》等7种项目被列为中原文艺精品创作出版工程。《中国共产党精神史》等10个项目于2018年增补入选国家"十三五"重点图书和音像电子出版物出版规划。大象出版社大型文献整理工程《全宋笔记》历时19年全部出版，在学界引起轰动；海燕出版社加大原创出版力度，《金羽毛绘本书系》《肖定丽经典童话系列》等图书不断推出新品种，形成了具有影响力的品牌。

3. 出版"走出去"工作取得较大突破

集团根据各社实际，下发了《关于做好出版"走出去"工作的指导意见》，筹备十大主流语言版权合作、武术出版物输出等专项计划，鼓励各出版单位积极策划相关选题，设立专门岗位，由专人负责版贸工作。2016年起，集团联合《出版人》杂志社，在北京国际图书博览会期间举行版权贸易座谈会，邀请海外出版机构版权代理人与集团各出版单位洽谈合作，成效显著。2018年，成功举办第五期、第六期"丝路书香"来华培训研修班活动，邀请斯里兰卡、孟加拉国、巴基斯坦、蒙古国等国家出版人来华，培训期间议定版权输出品种超过200种。河南文艺出版社《中国经典童话》获得2018年"经典中国国际出版工程"资助出版项目，大象出版社《图说丝绸之路》（英文、孟加拉文）、《中国古代火药火器史》（英文、俄文）四种获得2018年"丝路书香工程"重点翻译资助项目，国家层面版权输出资金资助取得良好成果。集团积极参与国家"一带一路"文化建设，在吉尔吉斯斯坦首都开设了中原文化交流中心，2017年底正式开放，提供图书产品、文化产品、设计空间和交流平台，深受当地欢迎。2018年9月，河南省副省长武国定一行率团访问吉尔吉斯斯坦时，参观了该中心，给予高度称赞。

4. 教育出版优势得到巩固

经过与省政府、省教育厅、省财政厅积极沟通协商和专家评审，集团公司被确定为河南省2018年秋至2021年春义务教育免费教科书"单一来源采购"供应商，保证了集团公司系统主业基本盘的持续稳定。集团教材中心全面加强教材售后服务工作，高标准完成了教材培训和教改研修培训任务。大象出版社、河南科学技术出版社等单位全力做好中小学教材、高职高专教材的编写和开发，扩大教材覆盖面，提高教材质量，有力服务了全省教育事业。中州古籍出版社、河南美术出版社、文心出版社等围绕国学诵读、书法教育、中原文化等专题，开展一系列活动，较好地带动了图书销售。

5. 融合出版项目扎实推进

国家新闻出版广电总局出版融合发展（郑州）重点实验室正式挂牌并进入实质性运营阶段，大象出版社ADP5"大象数字出版与教育融合服务平台2.0"已完成统一支付、统一大数据分析建设，聚合功能和应用集成能力不断提高；"天下农书"数字图书馆、职业教育教材全媒体出版工程、"书法中国"融媒体融合出版工程等多种项目入选2017年、2018年新闻出版改革发展项目库，并获中央及省级专项资金支持。值得欣喜的是，经过多年打磨，不少融合出版项目已探索出较为成熟的生产模式和盈利模式，形成了良性发展态势，对于推动纸质图书的影响与发行起到了积极作用。如大象出版社《小学〈科学〉虚拟教具学具》、海燕出版社《幼儿园多媒体互动课堂》等项目，已在省外多地推广使用，反响良好。在此基础上，集团进一步开展IP 项目孵化项目工作，加强优秀选题 IP 价值资源的开发运用，关联跨界，力图实现优势资源和特色产品线的产品多元化、服务多功能和价值最大化，从而推动出版主业的内涵式增长和外延式发展。

（二）稳固发行主阵地，书店转型升级成效显著

2018 年，集团在发行领域狠抓宣传文化主渠道、主阵地建设，重点工作取得了突破性进展，有效促进了集团业绩增长。

1. 发行主阵地、主渠道地位进一步强化

新华书店作为国有发行主渠道，是文化发展的主力军，在城乡人民精神文明生活中发挥着重要作用。2018 年，河南省新华书店系统党政理论读物发行总量位居全国第一方阵，圆满完成上级交办任务，为全省学习贯彻习近平新时代中国特色社会主义思想和党的十九大精神提供了有力保障。在教材教辅发运工作中，河南省店各级全力以赴，保障按时到书，为加快物流收发货工作步伐，还组建了"青年突击队"达 150 余人次，每晚工作近 3 个小时，完成卸货包件总量 3.5 万余件，克服种种困难，为教育安全护航。

2. 采取各项措施，促进转型升级

面对新形势和新需求，河南省新华书店发行集团努力优化与改造内部环境，更新品种与布局，营造温馨宽松的阅读空间，以新零售的面貌呈现在读者面前，取得良好效果。2018 年，文化综合体和复合式书店改扩建工作扎实推进，先后有 32 家市县店的卖场进入改扩建和新建项目库。以尚书房海汇中心店为代表的一批新型复合式书店盛装开放，成为文化新地标。校园书店和社区书店建设稳步实施，全省校园书店建设共实现签约 188 家，其中45 家已建成开业。卢氏一高店、遂平一高店等在拉动教辅销售、推动馆配

业务增长等方面取得了较好的经济效益。

在营销渠道上，集团书店系统发挥互联网平台优势，打通线上、线下、移动端等渠道，尤其着力于发掘城镇农村市场，解决现实痛点。旗下的云书网项目已运作多年，效果日益显现。2018年，集团加大工作力度，成立了全省新华书店转型升级发展工作指挥部，启动"月考核、月排名、月通报、月例会"机制，强化奖惩措施，进一步优化了云书网线上平台服务功能，效果显著。2018年上半年，云书网实现现金流入量1.49亿元，网站日均访问量达14800人次；产生的线上线下销售达3.77亿元，较上年同期增长72.9%，有11个地区半年销售总额超过1000万元，有的甚至突破2000万元。集团鼓励书店系统解放思想，转变观念，全面盘活新华书店、新华·百姓文化云、新华超市、新华快的等"四个新华"，利用国家政策和新时代人民生活需求，让文化服务"上网下乡"，取得突破性进展。目前，全省书店已形成以1个省级大中盘、128个市县级小中盘和128个产品特色馆、1万多个合伙人店、1650多个新华超市试点服务站为代表的服务网络。至2018年前9个月，已实现销售4.18亿元，同比增长160%；新华快的完成收发件614万件，同比增长142%，增长迅猛。电商物流已经成为发行集团的一项重要支柱性产业。

3. 公共文化服务工作取得新进展

河南省数字公共文化服务平台——百姓文化云由河南省新华书店承建，截至2018年上半年，项目已完成省、市、县三级运营架构搭建，123个市县分平台上线运营，平台共上线公共文化机构和场馆2283个、文化活动4732个、文化社团641个、非遗项目977个。平台与各地文化场馆、社团合作，开设了"老家河南""华夏文明""非遗传承"等多个板块，在传统文化、地方民俗、休闲娱乐方面活动连连，注册用户增长迅速，影响日益扩大。对于了解当地群众精神文化生活需求提供了大量翔实、准确的数据支持，正在成为最具权威性的河南公共文化服务平台。2018年6月11日，中央政治局委员、中央书记处书记、中宣部部长黄坤明和河南省委书记王国生到集团调研时，认真听取了"新华·百姓文化云"的工作汇报，给予高度赞赏，称其为老百姓的"掌声工程"。

（三）奋力开拓攻坚，经营工作取得新进展

2018 年，中原出版传媒集团围绕传统业务的转型升级、新业务的探索开拓和重点建设项目，强力开拓，取得了许多实质性突破。

1. 资源整合、融合发展有了新气象

2018 年初，全国唯一的省级"云印刷管理服务平台"在河南新华印刷集团正式开通运营。此平台有效整合了集团系统印刷活源和全省 117 家社会印制资源，在科学调配印刷活源、强化印制质量管控、推进印刷供给侧结构性改革方面发挥了积极作用，为做大做强印刷服务产业打下坚实基础。这一融合了线上线下的新型业务平台，将在今后发挥更大作用。

2. 集团综合效益有了新提升

集团下属的河南新华印刷集团、汇林印务强化环保意识，积极推广绿色印刷新技术新工艺，严格质量标准和要求，保证了教材教辅的时效性和印刷产品的高质量；河南新华物资集团克服原材料价格波动、环保加码等影响，通过招标议标确保中标价格处于全国同行低位，降低了全系统教材教辅用纸成本；汇林印务积极做好重点客户的开发，社会活源占比提升到85%，实现了收入和利润同比大幅增长；汇林纸业积极扩大营销，拓展系统外市场，持续提升经营效益；《中学生学习报》和《销售与市场》杂志社加大改革力度，优化内部机构配置，努力推动报刊主业提质增效；集团旗下的新华建国饭店强化运营管理，实施精准营销，客房和餐饮收入实现大幅增长。

3. 集团建设项目有了新推进

大象置业公司加强与政府有关部门的沟通协商，全力推进出版产业园区二、三期工程遗留问题处理并取得重要突破，收回福彩路 18 亩地块实际控制权；集团规划并启动了占地 900 余亩的中原数字出版产业园和数字印刷物流产业园建设，为今后发展奠定了新的基础。目前，这两个产业园区建设强力攻关、加快推进，其中中原数字印刷产业园设计方案修改、评

审、报批和土地挂牌出让手续办理已在规定时间内圆满完成；集团新华出版服务公司在全力做好服务保障的同时，积极主动承接二、三期工程使用前的内外环境建设和物业配套业务，有效提高了固定资产的管理水平和使用效益。

二 全面落实责任，完善导向和质量保障体系

全面落实党委意识形态工作责任制，不断完善出版物综合质量保障体系，是确保出版产业健康发展、可持续发展的制度保障，也是出版管理工作的重中之重。集团公司始终坚持把内容建设放在第一位，既要管得住，确保不出导向和质量问题，又要管得好，着力提质增效，高质量发展。

（一）全面落实意识形态工作责任制

全面履行和落实意识形态工作责任制，建设有强大凝聚力和引领力的社会主义意识形态，做好做优主题出版，推动新时代中国特色社会主义思想深入人心，切实把社会效益放在首位，推出更多的精品力作，是党和国家赋予国有出版企业的历史使命。集团公司党委提高站位，凝聚共识，担负起意识形态工作的主体责任，成立意识形态工作责任制领导小组及其办公室，统一领导集团系统意识形态工作，确保正确的出版导向；各出版单位成立意识形态工作责任制领导小组，落实责任，守土负责。陆续出台一系列关于进一步加强意识形态工作责任制、网络意识形态工作责任制考核测评、信息系统平台内容发布管理、内容建设意识形态工作安全管控流程等文件，作为意识形态工作的制度、流程和规范保障。同时加强流程控制和监督检查，以意识形态工作的制度化、常态化确保出版产业的安全发展和高质量发展。

（二）设立三级编辑委员会

进入新时代后，党和国家对出版业有了更高的要求。按照中央精神，中

原出版传媒集团设立了集团、股份公司和各出版单位三级编辑委员会，从导向管理、内容生产、质量控制等方面，全面审核选题，确保出版发行阵地意识形态安全，从而提质增效，推出更多优秀出版物，促进出版产业高质量高水平发展。在每月的选题审报讨论会上，与会人员对上报选题认真审核，热烈讨论甚至激烈辩论，有效控制了平庸选题和超出专业出版范围的选题，2018年选题总量相比2017年下降了20%。

（三）出台并落实各项管理制度

面对出版新形势、新任务，中原出版传媒集团在认真调研基础上出台了《选题质量论证标准》《书稿质量论证标准》《关于重点书稿审读和印前审读的规定》等一系列管理制度，督促各单位业务人员加强对出版法律、规范的学习，并定期举行业务培训和编校知识大赛，检验学习成果。《选题质量论证标准》包括政治方向、社会效益与学术价值、经济效益、作者水平与书稿水平、编辑能力五个方面，每个方面又包括五个可量化指标，由选题论证小组依照标准对每个选题客观公正打分，编辑委员会审核决定是否上报；《书稿质量论证标准》包括政治方向和版权确认、作者及其专业水平、书稿专业价值、书稿出版价值、书稿成熟度等五个方面，每个方面又包括五个具有可操作性的评价指标，以确保书稿的政治方向、舆论导向、价值取向，确保书稿内容精到、形式新颖、表达科学、质量上乘。这两个标准将以前工作中的合理做法系统化、清晰化，涵盖了选题及书稿的各类情况，有利于编辑委员会进行评判，有利于质量把关与提升。《关于重点书稿审读和印前审读的规定》明确了重点书稿的审读人员、责任及流程，印前审读的强化有效杜绝了在出版导向上可能出现的漏洞。同时出台了《"512"年度重点出版物跟踪管理办法》，设立"百种重点项目库"，鼓励各出版单位根据自身专业分工、品牌特色及"十三五"规划，围绕获奖书、畅销书、版贸书，形成重点出版物的策划、储备、打造、营销推介的精品生产长效机制。集团对这些重点出版物进行监督和跟进，做到了有的放矢。

三 坚定深化改革，激发企业内生动力

（一）扩大对外开放步伐，合并重组内部机构

发展混合所有制经济，有利于增强国有经济活力、控制力、影响力，是深化国有企业改革的重要举措。集团全面落实中央和河南省国企改革有关精神和部署，坚持以产权多元、混合新设、国企混改为重点方向，有序推进产权混合所有制改革和股份制改革。至 2018 年，集团公司已成立了 10 家混合所有制企业。其中，最值得关注的是 2018 年 4 月与郑州中瑞实业集团合作成立的中阅和瑞实业有限公司。郑州中瑞实业集团位居全国民营企业 500 强、河南省内综合实力前十强，以大宗商品贸易、文旅地产、文化金融等一体化投融资为主。双方合作以来，营收迅速增长，当年即实现收入超 50 亿元，并开始实现盈利。此外，通过混合新设方式成立的河南省华数教育科技股份有限公司、河南象虹教育科技有限公司业务也稳步开展。下一步，集团要面向"大出版、大传媒、大文化、大教育"领域，更多参与，以实现文化产业快速成长、新兴产业有效布局。与此同时，按照"关联跨界，内合外联"的思路，根据公司发展的实际，集团撤销了集团公司总部焦作项目筹备工作组等多个分公司和子公司，将河南出版对外贸易有限公司并入河南新华物资集团有限公司，由北京汇林印务有限公司吸收合并北京汇林纸业有限公司。通过合并重组，集团资源得以进一步优化，活力日益显现。

（二）坚持问题导向，严格制度管理

集团坚持从问题出发，以制度推动改革。2018 年，集团出台了 40 多个重量级、含金量高、且"管全局、管根本、管长远"的重要规章制度，涵盖了纪检监察、审计管理、财务支出、房产租赁、招标采购、人事任免、业绩考核、请销假、员工福利等多个方面，企业治理体系和治理能力现代化水平得到有效提升。其中《关于领导干部能上能下的暂行办法》和《关于全

省新华书店年度经营业绩考核与薪酬管理办法》是在集团公司系统改革深化期、转型攻坚期和高质量发展推进阶段出台的两个重磅文件，具有十分重要的全局性、根本性、长远性意义。前者旨在通过在领导班子或领导干部存在严重问题的单位，实行全面研判、公开竞争、科学考察、集体决策等工作机制，实施领导干部全员或部分竞争上岗，重点解决领导干部能上不能下和干与不干、干多与干少、干好与干坏一个样的问题，以探索破解干部能上不能下"死结顽症、天下难事"的路径和方法，从而形成领导干部优者上、庸者下、劣者汰的用人导向，为集团公司产业高质量发展提供坚强的组织保障和动力机制。后者旨在建立健全激励约束机制，加快实现薪酬收入与经营业绩紧密联动的常态化调整，进而实现薪酬水平与产业发展、经营绩效相适应，解决全省新华书店系统整体薪酬水平过低、不同地区之间收入差距过大、薪酬收入与经营业绩关联弱化，以及干与不干、干多与干少、干好与干坏一个样和工资能增不能降的"工作难题"。通过让广大干部职工共享改革发展成果，激发各级书店内生动力和发展活力，提升工作主动性，逐步形成"业绩好—收入高—业绩更好—收入更高"的良性循环。办法的具体内容虽是针对新华书店系统的，但是其"业绩导向与战略推动相结合、工资总额与经济效益同向联动、薪酬分配与经营业绩和考核结果相结合"的精神实质，对全系统各单位都极具重要参考借鉴意义。

为防控生产经营中的各项风险，强化责任意识，集团设立了关键指标年度考核的特别触发机制处罚，集团公司、中原股份和发行集团层面都成立了风险防控办，对触碰"双效考核特别触发机制"，违反有关政治导向、信访稳定、安全生产和重点经营目标任务等"一票否决"关键指标的，坚决进行组织处理或经济处罚。坚持把握关键、突出重点，明底线、划红线、设禁线，号召各单位强化政治思维、问题思维、底线思维、有解思维，在矛盾面前不回避、困难面前想办法、措施举措出实招，取得明显效果。

（三）强力推进人事制度和机构改革

作为智力密集型的出版企业，人才对中原出版传媒集团来说尤为重要。2018 年，集团严格控制全系统人员入口，出台了集团公司历史上第一个系统性的用人管理文件，扭转了长期以来随意进人、无序用工、人员膨胀难以遏制的局面，把人力资源开发和人才队伍建设导入科学管理的轨道。集团公开向社会招聘人才，高薪聘用优秀人才，制定了《集团公司系统突出贡献奖和重要创新奖评选奖励暂行办法》，并对首批获奖团队和个人进行了"真金白银"的奖励。河南文艺出版社组建成立了"刘运来工作室"，充分发挥优秀设计师刘运来的品牌优势，在图书装帧、文创产品方面进行多层次开发。这是集团公司成立的第一个优秀人才驱动的"创新工作室"，是集团在人才机制和经营管理模式上的创新，产生了强烈的示范效应。

2018 年，集团启动了中层正职轮岗工作，这是集团第一次大规模的中层干部轮岗交流，激发了干部队伍活力；同时，大规模调整、整合集团和上市公司本部职能部门，进一步明晰职责，全面提升履职效率。鉴于省书店系统人数众多，体量巨大，机构改革工作率先在书店系统完成，128 家市县新华书店的中层机构由 1128 个减少到 775 个，减少了 353 个；中层干部由 1820 人减少到 1019 人，减少了 801 人。这种壮士断腕的改革气魄在集团上下引起轰动，真正做到风清气正，其他部门的改革亦由此稳定展开。

四 全面从严治党，完善企业治理和监督体系

习近平总书记指出，坚持党的领导，加强党的建设，是我国国有企业的光荣传统，是国有企业的"根"和"魂"。新时代，我们要做优做强做大国有企业，必须毫不动摇坚持和完善党的领导，毫不动摇把党建设得更加坚强有力。为此，中原出版传媒集团实行了"两个派驻、一巡一审"全覆盖，努力打造"四梁八柱"的全面治理体系和监督网络体系，将权力关进制度的牢笼，建立并完善权力运行监督制度，坚持以案促改，切实推动全面从严治党向纵深发展、向基层延伸。

（一）坚持监察工作全覆盖

进入新时代后，随着国家监察体制改革的进一步深化，一个集中统一、权威高效的中国特色国家监察体制逐步建立。按照中央精神和上级要求，中原出版传媒集团设立了各级监察小组，开展系列巡察，做到了监察工作无死角、全覆盖。

1. 开展纪检监察监督工作的全覆盖

中原出版传媒集团在系统内部成立 24 个综合派驻纪检监察组，从市县党政机关和省属重点国有企业引进了 4 名纪检监察专业干部，又招聘了多名专业人才，实现了对集团公司系统 197 家单位的纪检监察综合派驻全覆盖。为实现监督日常化，杜绝漏洞，集团又在系统的每家子公司都设置并配备了 1 名兼职纪检监察委员和 1 名纪检监察工作联络员，发现问题及时汇报。

2. 开展财务监督工作的全覆盖

财务监督机制是确保国有企业持续健康发展的重要制度基础，一个对财务监督不力的企业，必然是内部管理混乱的单位。对此，中原出版传媒集团采取上收、下派、交流等方式，通过分级派驻、分级管理、明确授权、强化责任，按照企业单位出资人关系派驻财务主要负责人，由派出单位和派驻单位双重管理。实施以来，取得明显成效，对于防范与化解财务风险、经营风险和廉政风险，确保国有资产安全和保值增值，起到了重要作用。

3. 开展内部巡察监督的全覆盖

集团内部单位众多，2018 年，集团成立的巡察组达 25 个，以此分批开展了 4 轮内部巡察，充分发挥了巡察利剑作用，做到了全覆盖。巡察工作的重点是紧扣政治巡察定位，抓住重点人、重点事和重点问题，深入细致地开展各项调查，坚持反贪倡廉无禁区，零容忍，在前三轮巡察中，调研单位达 14 家，走访调查 247 人次，召开了各类员工代表座谈会 56 场次，发放的问卷调查达 450 份，个别谈话超过 1000 人次；调阅各单位文书档案和财务账册 8000 余册；在巡察中，发现了各类问题，下发整改通知书 80 份。巡察监督形成了高压态势，堵塞了制度疏漏，促进了企业良好发展。

4. 开展内部审计监督的全覆盖

为克服原有内部审计独立性弱、职能不健全、方法落后的缺点，切实加强党对审计工作的有效领导，中原出版传媒集团专门成立了党委审计工作领导小组，下设审计办公室，以此强化审计工作的顶层设计，以便统筹协调，通过常规审计、任期审计、离任审计、时段审计、专项审计、机动审计等形式，从而优化审计资源，进一步形成监督合力，防范风险，消除隐患，打造更加集中统一、全面覆盖、权威高效的审计监督体系。

（二）强化监督工作制度化

通过多次巡察、审计、日常监督，暴露了企业运营中的一系列问题。针对这些情况，集团决心进一步加强制度建设，加大教育警示力度，将巡察活动与日常监督相结合。集团制定了适用于全系统的《人才（员工）招聘管理暂行办法》《财务管理办法》《资产管理办法》《招投标管理办法》，抓住企业运营的人、财、物、招（招投标和采购）等重要领域，做到"制度管人、流程管事"，进一步提升了现代企业运营水平。通过制度建设，使监管深入人心，不致成为一阵风、一缕烟。集团力图将企业党建融入生产经营工作的各个方面，以全面从严治党换来政治生态的清朗有序，以严密监督保障企业生产经营工作开展，以实现党建工作与经营工作"双促双赢"、高质高效的局面。

2018 年，中原出版传媒集团以大刀阔斧的改革促进了各项工作的全面提升。2019 年，集团将进一步围绕推进党的建设、扩大改革开放、实施转型升级、强化高质高效、提升精细管理等方面，为使河南出版更加出彩，成为中原文化的引领者和全国具有巨大创新成长性的文化产业集团而不懈努力。

B.13
2018年河南会展业发展态势分析

徐春燕*

摘　要： 会展业作为新兴的高成长服务业发展迅速，已经成为河南最具竞争力的文化创意产业之一。2018年，在各级政府的重视推动和会展人的坚持努力下，河南会展业成绩喜人，市场化程度日益加深，行业标准体系逐渐建立、健全。在今后发展中，河南会展业要进一步优化产业布局，打造一批具有产业优势的行业龙头，促进会展企业集群发展，构建新型产业体系和经济增长点。

关键词： 会展业　文化创意　行业标准

　　会展业作为新兴的高成长服务业发展迅速，已经成为河南最具竞争力的文化创意产业之一。河南会展业起步较早，20世纪80年代我国改革开放的大门刚刚打开，拥有便利地缘优势和交通枢纽地位的郑州便很快成为全国供销系统展销会、煤炭订货会、农机展销会、糖酒会的主要举办地，为之后河南商业发展奠定了坚实基础。近40年来，河南会展业持续发展，不仅主要经济指标保持两位数增长，还有效带动了全省金融、物流、广告、旅游等相关产业的发展，对拉动区域经济发展起到了不可替代的作用。2018年是贯彻落实党的十九大精神的开局之年，也是河南多年来坚持改革开放、喜获丰收的一年，在各级政府的重视推动和会展人的坚持努力下，河南会展业又迎来了新的发展契机。

---

* 徐春燕，河南省社会科学院历史与考古研究所副研究员，主要从事中国史学、文化史研究。

一 2018年河南会展业发展状况

2018年河南会展业保持稳定增长，场馆建设有序推进，场次、规模和经济效益稳步提升，品牌影响力不断扩大，展会实力日渐壮大，中心城市会展经济稳步发展，县域会展经济日趋活跃。

1. 配套实施不断完善，会展环境逐渐优化，展馆面积迅速扩大

河南会展业持续发力，各市加大了对会展场馆和配套实施建设的投资力度。据统计，2016年全省共有大中型展览馆15个，2017年增加到17个，郑州、洛阳、三门峡、漯河、信阳、安阳等会展中心运营良好。其中郑州国际会展中心运营10年，成绩突出，2018年在中外会展项目合作洽谈会上荣获"金五星优秀会展奖"。目前，全省还有10个会展中心正在建设规划中。郑州绿地国际会展中心位于航空经济综合实验区，始建于2015年，占地面积2450亩，总投资100亿元，室内展览面积40万平方米，建成后将成为亚洲领先的现代化智能场馆。目前，室内展览面积18万平方米，室外展览面积6万平方米的第一期工程即将竣工，计划明年投入使用。新乡平原体育会展中心项目是该市将要建成的一座地标性建筑，总占地1136亩，建筑面积约8万平方米，总投资在8亿元左右。该工程正处于收尾阶段，主体建筑业已完成，外观装饰正在进行中。总面积15.1平方米的驻马店国际会展中心正在紧张施工中，该中心将依托本市丰富的农业资源，着力打造为以农产品交易为主的国际化贸易场所。许昌体育会展中心于2017年开工，2018年被列为许昌重点投资的190个项目之一。2018年6月，郑州华南城第二期项目集中开工，它的建成将为早日将华南城打造成为产城融合、宜居宜业的全国一流现代商贸新城，加快郑州国家中心城市建设做出贡献。开封国际会展中心于2018年正式开工，11月底中心钢结构已经封顶，其他配套工程还在陆续推进。此外，商丘、周口两市的国际会展中心尚处于招标状态，平顶山、南阳两市的会展中心建设也已提上日程。

2. 会展项目稳定增加，场次规模有序扩大，经济效益量价齐升

2016年，河南省内共举办各类展览会项目近900个，展览面积达700多万平方米，会展收入在850亿元以上，迈入会展业全国先进城市的行列。2017年，省内展览会项目增加到930个，展览面积达800万平方米，直接拉动经济效益超过900亿元。2018年，河南会展业继续保持良好增长态势，展览会项目和展览面积均有所提升，会展收入有望过千亿元大关。郑州市会展成绩璀璨夺目，2017年，全市共举办展览237个，展览面积258万平方米，全市专业展馆出租率均超过40%，展览业实现经济社会效益约300亿元。据国家贸促会发布的数据统计，2017年河南省举办经贸类展会数量在全国排名第七位，展览面积位于全国第八；郑州市举办经贸类展会数量在全国排名第五位，仅次于北、上、广、深，展览面积位于全国第六。此外，中国城市2017年会展业竞争力指数报告显示，郑州省会城市及地市的会展业竞争力指数在全国排名第二位，入选2017年中国最具竞争力会展城市。在随后进行的第十五届中国会展行业高峰论坛暨2018年中国会展之星年度盛典上，郑州又荣获2018年中国最佳目的地城市奖。① 如今会展业已经成为驱动郑州市快速发展的动力和对外开放的窗口，对有效提升郑州整体形象大有裨益。

3. 本地品牌逐步树立，品牌展会影响放大，文化软实力有效提升

近年来，河南省积极推进郑州会展名城建设，支持各地市打造具有产业优势的区域性品牌展会，鼓励开办具有地方特色的主题展会，在此背景下河南本地品牌陆续建立并且稳健发展，已经成为省内会展行业的主力军。以郑州市为例，2017年本地办展单位举办展览数量占全市展会总数的82%；17个3万平方米以上的展会中，本地展会达到14个。② 中国（郑州）国际磨料磨具磨削展览会、中国（郑州）国际糖酒食品交易会、洛阳机器人暨智能装备展览会、南阳玉文化博览会、河南民权制冷装备博览会、中原畜牧业交易博览会等已经发展成为具备一定产业基础和地域特色，在国内具有一定

---

① 孙静：《河南会展业：从商品交易到流量经济》，《河南日报》2018年11月28日。
② 王新昌：《2017年郑州举办展览237个 入选中国最具竞争力会展城市》，《大河报》2018年3月14日。

号召力的展会。而中国（河南）国际投资贸易洽谈会、郑州全国商品交易会、中国农产品加工业投资贸易洽谈会、中国（郑州）国际汽车后市场博览会、中国（漯河）食品博览会、三门峡中国特色商品博览交易会等品牌展会进一步做大做强，已经设置了国际站台，为河南利用"一带一路"区位优势，打造"一带一路"沿线地区重要投资贸易平台做出了贡献，受到了业内好评。

4. 地市会展优势凸显，辐射能力不断增强，县域会展经济活跃

除了省会郑州会展成绩突出，各地市也充分利用自己的资源优势，因地制宜，大力发展会展业，取得了良好的成绩。2017 年，三门峡国际文博城会展中心举办展览 30 场，承接各类会议 806 场，同比增长 83%；展览面积共计 15.19 万平方米，同比增长 15.8%；参会观众 158.73 万人次；会展业直接收入 286 万元，同比增长 23.8%，现场销售额突破 6.5 亿元，签订合同贸易额近 30 亿元，拉动餐饮、运输、住宿、旅游、物流等相关产业实现收入约 39 亿元，会展业对第三产业尤其是现代服务业的贡献度明显增强。此外，洛阳会展中心举办展览 68 场，会议 58 场，展览面积累计 42.6 万平方米。信阳百花国际会展中心举办展览 66 场，展览总面积达 21.6 万平方米；漯河市科教文化艺术中心举办展览 12 场，文体赛事活动 12 场，展览面积达 21 万平方米；安阳国际会展中心举办展览 18 场，展览面积共计约 15.26 万平方米。不少地市的品牌展会在国内外具有较强的号召力。如驻马店举行的中国农加工洽谈会是由农业农村部主办、唯一由地级市承办的 5A 级农业展会，截至 2018 年已经连续举办了 21 届，已成为我国农产品加工业区域经济合作交流的重要平台。信阳毛尖享誉世界，已经连续 9 年入选中国茶界十强榜单，品牌价值达到 63.52 亿元。信阳人充分利用这一产业优势，每年举办的茶文化节成为这座城市的金字招牌。以茶为媒，不但助推了信阳茶产业的进步，带动了城市商贸、旅游、信息、物流、科技等的发展，为信阳树立生态宜居的城市形象做出了卓越贡献。中心城市会展业的蓬勃发展也具有带动和辐射作用，近几年来河南县域城市因利乘便，会展活动日趋活跃，形式不拘一格，壮大县域会展，服务产业经

济的态势业已形成。永城面粉食品博览会自 2005 年开始举办，至今已经成功举办了 9 届，参展企业从 130 家增加到 2000 多家，协议合同资金从 7 亿元增加到 160 亿元，影响力逐年增大，为推动"中原大粮仓"升级为"中原大厨房"，加快河南食品加工产业发展做出了积极贡献，永城也因此被赞誉为中国的"面粉之城""食品之城"。2018 年 8 月 23 日，台前县第二届国际相框、影楼用品交易博览会隆重开幕，吸引了全国各地的客商前来参展。台前县的框艺加工业目前有从业人员 1.2 万余人，年产值达 10 亿元，占据全国 50% 以上的市场，是当地的新兴支柱产业，博览会的举办为台前县深化企业改革，促进产业升级提供了契机。民权县粮油生产发展迅速，年粮食产量保持在 86 万吨以上，油料作物产量保持 14 万吨以上，是全国油料百强县、全国粮食生产先进县、全国生态农业示范区国家级出口果蔬质量安全示范区。2018 年 10 月 16 日，民权举办了第二届中国好粮油产销对接博览会。本次博览会由河南省粮食局、河南省农业厅和商丘市人民政府主办，河南省粮食行业协会、河南省粮食经济学会、商丘市粮食局、商丘市农业局、民权县人民政府承办，来自全国 16 个省（自治区）、市的 696 家企业参展。博览会的举办对宣传中国粮油品质，推进粮食产业更好更快地发展具有积极意义。

二 会展业发展态势和特点

作为新兴的重要产业和区域经济发展引擎，会展业受到了河南各级政府的重视和支持，发展态势良好，不但会展经济稳步提升，市场化程度日益加深，行业标准体系也在逐渐建立和健全。

1. 坚持改革创新，会展业迎来新机遇

党的十八大报告提出，现代服务业已经成为中国经济战略结构的重要组成部分，作为现代服务业重要支柱的会展业迎来了新的历史机遇。2015 年 4 月 19 日，国务院出台了《关于进一步促进展览业改革发展的若干意见》，提出："积极推进展览业市场化进程。坚持专业化、国际化、品牌化、信息化方向，倡导低碳、环保、绿色理念，培育壮大市场主体，加快展览业转型升级，努力推动我国从展览业大国向展览业强国发展，更好地服务于国民经济和社会发展全局。"这是国务院首次对展览业的发展目标和任务进行论述，对行业发展影响深远。此后，会展业对城市影响和地区经济的作用日益受到河南各级城府的重视，并出台一系列规定和制度来为该行业健康发展保驾护航。郑州市率先于2016年8月18日颁布《郑州市人民政府关于加快国家区域性会展中心城市建设的意见》，全面系统地对会展业今后五年的总体要求、发展目标、工作任务和工作要求举行了具体部署。此后河南省人民政府办公厅颁布了《关于进一步促进展览业改革发展的实施意见》，提出"展览业是构建现代市场体系和开放型经济体系的重要平台，在我省经济社会发展中的作用日益凸显"，为今后河南会展业发展提供了政策参考。洛阳市在2018年5月9日出台的《洛阳市人民政府关于促进会展业转型发展的实施意见》文件中进一步指出："会展业作为现代服务业的重要组成部分，是扩大城市影响力、带动地区经济增长的重要引擎，是构建现代开放体系和文化传承体系的重要平台。""近年来，我市会展业经过培育发展，在促进经贸交流合作、推动产业转型升级、拉动经济社会发展方面发挥了积极作用。但总体而言，我市会展业发展水平还不够高，存在着专业品牌展会较少、市场主体实力较弱和场馆综合保障能力不强等问题。"因此要求"各级各部门要充分认识会展业对于促进我市经济发展、产业升级、城市转型的重要意义，加强组织领导，做好资源整合，为会展业发展营造优良环境，创造更好条件，提供更多支持，促进我市会展业的快速发展，使之成为我市新兴的重要产业和新的经济增长点"。在该意见指导下，洛阳专门成立了负责统筹协调全市会展工作的领导小组，逐步建立了会展政策网上公开、工作问题微信提醒、相关材料网上报送和会展资源群里共享等服务保障机制。此外，政府还积极完善会展专项资金申报、审核程序，严格落实展前立项审定、展中专业公司跟踪服务和展后领导小组集体评估等制度，使整个会展程序更加公开、公正、公平。

2.市场化进程加快，推动行业建立健全标准体系

《河南省人民政府办公厅关于进一步促进展览业改革发展的实施意见》从顶层设计上厘清了政府与市场在发展会展业方面的关系，"政府的主要工作是做好顶层设计，制定展览业的行业政策，同时促进和监管行业的健康发展；而市场主体要培育展览品牌，往市场化、专业化、国际化、品牌化、信息化方向发展"。党政机关陆续退出办展，会展市场化加速。其实近些年来，河南会展业不断改革创新，始终在坚持走市场化的路线。以郑州市为例，到2017年，市场化运营的展会项目占全市总数的98%，专业型展会占总量的98%，可见市场化程度已经很高。市场化运营在夯实行业基础的前提下也加剧了内部的激烈竞争，商户参展批发市场办展的意识逐年上升，但也有不少办展的公司被展会成交的高额数字吸引，从别的行业跨界过来，但中途铩羽而归。河南省会展业商会前会长王永国曾做过统计，河南省会展业商会从2004年成立到2017年的13年中，先后有47个副会长单位因为行业利润低而退出。"一个会展前期需要三四年的培育期，长的话甚至五六年。有很多在投入一两年后，撑不下来选择转行。"为保证会展业健康发展，河南省除了认真执行国家标准化技术委员会制定的行业标准和规范，还在2018年下半年开展了"诚信办展示范"活动，通过树立一批遵纪守法，诚实守信，管理规范的典型，来倡导各会展单位履行社会责任，自觉接受监督。2018年是会展行业的质量之年，会展业商会秘书处集中力量做好商会展装工程企业资质管理工作，把好设计施工质量关，确保行业健康持续发展。此外，会展业行会还积极探索建立信用档案和违法违规单位信息披露制度，推动行业间监管信息的公开和共享，实行信用分类监管，切实推动会展业的信息体系建设。河南省还积极借鉴省外先进发达地区会展行业"展会评估"经验，推进河南会展行业展会等级评估体系建设。由河南省会展业商会牵头，组织相关部门组成会展评估机构，规范行业市场，树立展会形象，培育品牌展会，重点扶持一些具有优势的项目，帮助其做大做强。根据评估结果对年度在行业做出卓越贡献的展会、单位和个人进行一系列评选和奖励，如2018年评出的上年度行业"十佳品牌"为中国（郑州）国际汽车

后市场博览会、河南印刷包装机械展览会、中国中部（郑州）国际装备制造业博览会、信阳国际汽车展览会、中原畜牧业交易博览会、商讯广告全国绿色建材家居博览会、中国（漯河）食品博览会、中国农产品加工业投资贸易洽谈会、中国特色商品博览交易会。此外还有"十佳特色"展会、"十佳"品牌主场服务单位、"十佳"会展产业服务单位、"十佳"品牌运营单位等。

3. 产业增长稳健，展会品牌实力不断增强

中国会展业近年来增长稳健，根据商务部有关数据以及亚太会展研究评估中心定向城市数据，2017 年全国举办展览 11232 场，比 2016 年增加 8.9%；展出面积 14594 万平方米，比 2016 年增加 11.9%。与之相比，河南 2017 年举办各类展览会项目近 900 个，较 2016 年增长 12.5%；展览面积 800 多万平方米，较 2016 年增长 14.3%，就会展数量和展览面积这两项来说，其增长速度均高于全国。但是与会展业更为发达的直辖市和省份相比，河南会展业还有待进一步提高。就办展数量来说，2017 年全国规模以上展会超过 100 个的共有 9 个省份，总量为 2689 个，占全国展览会总量的 73%，其中上海 659 个，广东 534 个，北京 373 个，位居前三；山东、浙江、江苏，紧随其后，分列第四、五、六名；河南有 156 个，位居全国第七，其后是四川和辽宁。从排序来看，河南已然位居全国会展先进省份之列，但是从数量来看，与三甲差距还很大，上海是河南的近四倍，广东是三倍多，北京是两倍多。而就办展面积来看，上海和广东在 2000 万平方米以上；山东为 1082 万平方米；其他省市均超过 1000 万平方米，其中河南展会面积是 441 万平方米，展览面积在全国居第八位。从展馆面积全国占比看，广东占 15%，山东占 12%，上海占 9%，江苏占 8%，河南只占 1%。从这些数字的对比中不难看出河南会展业仍然任重而道远。2017 年 9 月，从全国展览业协会（UFI）巴黎总部传来喜讯：中国郑州国际工业装备展览会正式成为 UFI 认证的展会。这是河南首个获得 UFI 认证的展会，在河南会展业发展史上是一次零的突破。此前，河南各种会展数量虽然很多，但是具有国际影响力的品牌展会很少，能够获得国际展览协会认证的展会更是没有。品牌展会

离不开长期培育，培育需要各方面政策支持，《河南省人民政府办公厅关于进一步促进展览业改革发展的实施意见》提出"支持中国（河南）国际投资贸易洽谈会、郑州全国商品交易会、中国农产品加工业投资贸易洽谈会、中国（郑州）国际汽车后市场博览会、中国（漯河）食品博览会等品牌展会进一步做大做强。引导中国（郑州）国际磨料磨具磨削展览会、中国（郑州）国际糖酒食品交易会、洛阳机器人暨智能装备展览会、南阳玉文化博览会、河南民权制冷装备博览会、中原畜牧业交易博览会等一批具有产业基础和地域特色的展会提升服务水平，加强营销宣传，树立品牌形象。积极培育新能源电动汽车、餐饮、旅游、特色农业、电子商务、智能终端、中药材等专业展会。"明确指出要按照政府引导，市场化运作的原则从财政、税收和金融制度等方面给予会展企业帮助。目前河南市场化程度高、产业带动力强、具有较强影响力和竞争力的自主品牌展会非常缺乏，而且各地市发展很不均衡，郑州、洛阳品牌展会相对集中，积极推广运用国际质量标准体系，提升展览企业专业化、标准化、规范化服务水平，学习借鉴国际先进办展经验和理念，争取增加省内国家组织认证和展览业机构和展会数量，有助于河南会展企业在今后可持续发展中做大做强。

三 河南未来会展业展望

党的十九大报告明确提出"创新是引领发展的第一动力，是建设现代化经济体系的战略支撑"，河南会展业经过长期的创新发展，对经济的强大的拉动效应已经显现，今后河南会展业会进一步优化产业布局，通过市场的优胜劣汰，打造一批具有产业优势的地域性品牌行业龙头，并以展览会为契机，吸纳先进理念，优化发展环境，积极促进会展企业集群发展，构建新型产业体系和经济增长点。

1. 优化布局，全省会展产业齐发力

从2016年开始，郑州就开启了打造国家区域性会展中心城市的工作。按照《关于加快国家区域性会展中心城市建设意见》的既定目标，到2020

年，郑州市将基本建成结构优化、布局合理、功能完善、机制健全、服务优良，服务于郑州国家中心城市建设的会展业发展综合体系。航空港实验区国际大型展会将会是郑州未来优化产业布局的重心所在，该会展中心按照"全球视野、国际标准、中原特色、科技引领"的高标准打造，是全省会馆建设的标杆，同时是郑州会展业迈向国际化的重要一步。此外，"完善国际高端展会功能区，做好郑州国际会展中心的改造提升和中原国际博览中心的资源整合，加快推进嵩山论坛永久性会址、雁鸣湖国际会议会展小镇、龙湖国际会议中心等项目规划建设；布局产业会展多功能设施，结合各县（市、区）、开发区产业特点，谋划建设通航、文化创意、汽车博览、家居建材、农产品交易等主题展示中心，初步形成特色鲜明、布局合理、功能互补的会展场馆体系"等系列工作，不但能稳固郑州中部会展中心城市的地位，也会使郑州城市品位得到进一步提升。河南会展业发展不只需要郑州的努力，全省其他各辖市的共同发力才是关键。对此《河南省人民政府办公厅关于进一步促进展览业改革发展的实施意见》指出，围绕中原城市群建设，科学谋划河南省展览城市布局。积极推进郑州市国际会展名城建设，打造高端会展核心区。支持其他省辖市打造具有产业优势的区域性品牌展会，鼓励各地举办具有地方特色的主题展会。积极推进展馆管理运营机制创新，优化提升现有展馆设施功能，完善展馆管理措施，提高展馆使用效率，打造功能错位、特色鲜明、配套完备的展览业设施体系。"除郑州是会展核心区外，洛阳有旅游、装备制造的优势，发展旅游文化节、机器人博览会等；漯河、信阳、三门峡同样可以根据当地产业优势，发展特色展会。"随着河南经济文化水平的不断提升，会展业的发展将会与中原城市群建设相契合，会展的集群发展将会以郑州为核心，以洛阳为副中心，实现"一核、一副、四轴"（沿陇海、京广两条发展主轴，以及济南—郑州—重庆和太原—郑州—合肥两条发展轴，涵盖沿线城市协同发展）和"四核"（豫北、豫东、豫西、豫南诸市与周边毗邻省份所构成的示范区）的布局。

2.科学谋划，带动龙头展会企业转型升级

在科学谋划河南展览城市布局的过程中，龙头展会转型升级势在必行。

在《关于进一步促进展览业改革方向的实施意见中》明确指出："培育龙头展览企业。支持有实力的骨干企业通过收购、兼并、控股、参股、联合等形式组建具有国际竞争力的展览集团。整合现有展览企业和场馆资源，鼓励展览企业通过资本市场发展壮大，支持有条件的展览企业上市融资。大力引进国内外知名展览企业落户河南，支持本地企业与国际知名展览机构建立合作关系，提升管理水平，在会展服务各环节培育一批专业性强的骨干企业。"火车跑得快，全靠车头带。郑州会展业发展较快，已经跻身全国会展先进城市的行列，在未来推进会展国际名称的建设中，打造高端会展核心区和龙头展览企业将是工作的重中之重。其他地市随着具有产业优势的区域性品牌的开拓和具有特色的主体展会的开展，在产业基础日渐成熟的情况下龙头会展企业也将在竞争中脱颖而出。会展企业的转型升级将与会展业的发展相同步，与城市定位相匹配，为今后河南会展主动参与"一带一路"建设，进行多边、双边、区域经贸合作，到境外举办河南特色国际展会，以及参与国家文化"走出去"工程，扩大河南海外影响，推动会展业专业化和国际化发展具有积极意义。

3. 集群发展，企业和展会共同进步

会展产业集群是以会展活动为纽带，以区域内特定会展场馆为依托，以会展经营活动为目的，集合会展商为代表的各种间接或直接从事会展业及其相关服务的组织、机构或个人，以提供与会展相关服务为核心而形成的企业有机集聚群体。镇平县玉文化底蕴深厚，玉生产源远流长，近年来镇平县以打造"中华玉都"为目标，积极推进玉文化的产业转型升级，先后建设了国际玉城、天下玉源、玉雕大师创意园、中华玉文化博物馆、电商产业园、真玉天地电商孵化基地等项目，推动产业集群发展。2018年4月，镇平县首届玉器博览会隆重举行，这次博览会可以说是镇平县深入落实"玉＋互联网"营销战略的成果，为扩展和挖掘玉的营销渠道，宣传玉器产品，构建和完善玉器产业链条和生态圈环境做出了积极探索。这种产业集群式发展有助于凝聚大量为会展活动服务的相关企业和机构相互间形成专业化的分工与合作网络体系，也能够大大提高会展活动效率，获得规模经济与范围经济效应所带来的成本优势，促进产业组织结构的优化和资源配置效益的提升。河南历史底蕴厚重和产业资源丰富，推动品牌展会与文化旅游节会融合发展，不但能够增强产业链上下游企业之间的协同能力，也能够带动行业配套齐全、产业联动及时、信息传递高效的服务体系的建立。对集群企业而言，展览会是企业开展营销活动的重要平台，展览会所发挥的展示、交流和交易等功能能够向企业及时反馈市场信息，帮助企业调节生产、创新技术和整合资源，集群企业和展会之间的协同发展，深入合作有助于促进双方品质的提升，使终端客户能够积极参与到服务与价值的共创过程，促进品牌价值的提升，最终实现企业和展会的共赢。

文学艺术与传播篇

Literature, Arts and Communication

B.14
2018年河南文学艺术发展报告

席 格*

摘 要： 2018年，河南文学艺术虽整体处于缓冲调整的阶段，却也有
亮点呈现。中原风格的凸显与地域视野的局限并存，高原地
位的稳固与精品力作的缺少并存，梯队建设的优化与高端人
才的匮乏并存，成为河南文学艺术发展的显著特征。基于此，
本文提出河南应以习近平新时代中国特色社会主义思想为指
引，充分尊重文学艺术的发展规律，并采取文艺名家战略、
健全精品创作机制等有效措施有力推动河南文学艺术在新时
代的繁荣发展。

关键词： 河南文学 河南艺术 改革开放40年

---

* 席格，河南省社会科学院文学研究所副研究员，美学博士，主要从事美学和文化学研究。

2018年，河南文学艺术实现了持续稳步发展。"文艺豫军"不仅力量逐步壮大，而且影响力显著提升；文艺作品数量虽没有大幅增加，但作品的"中原"风格得到凸显；奖项方面受评奖间隔年限影响，重量级奖项数量不多。需要特别强调的是，河南文学艺术以2018年改革开放40周年为契机，一方面对改革开放40年河南文艺的发展进行总结回顾，另一方面围绕该主题组织了系列庆祝活动，成为一大亮点。但文学艺术肩负着为人民提供丰富精神食粮的重任，河南文学艺术必须深入贯彻落实习近平新时代中国特色社会主义思想，对中原优秀传统文化实现创造性转化、创新性发展，创作无愧于时代的精品力作，助力河南文化高地建设，满足人民对美好生活的新期待和精神需求。

一　2018年河南文学艺术总貌概览

河南作为文化大省，文学艺术门类齐全，文学、书法、绘画、戏剧、民间美术等传统艺术形式虽相对处于发展缓慢期，却依然呈现深厚的底蕴和发展潜力；电影、电视剧、摄影、新媒体艺术等现代艺术及新兴艺术形式也展现出可喜的发展势头。

（一）各种创作精彩纷呈

文学艺术的创作有自身的规律，无论是数量还是质量都难以保持持续增长或提升的态势。就2018年而言，中原作家群所展现出来的创作力依然是值得称道的。长篇小说方面，最为值得关注的作家是李洱和周大新。李洱在时隔13年后，终于推出了85万字的现象级作品《应物兄》，周大新则是以"拟纪实"的方式对当下老龄化问题给予了关注，推出了长篇小说《天黑得很慢》。省内作家中，乔叶修订重新再版了《我是真的热爱你》《结婚互助组》；王少华撰写的开封方言小说《王大昌》，八月天书写中原人性格的《中原狐》等值得关注。中短篇小说方面，主要新作有邵丽的《春暖花开》《我的婆婆》，乔叶的《四十三年简史》，李清源的《没有人死于心碎》，张运涛的《聪明记》和八月天的《非常约会》；作品集则有邵丽的《北地爱情》，乔叶的《像天堂在放小小的焰火》《在土耳其合唱》，南飞雁的《天蝎》。散文方面，有刘庆邦的长篇纪实散文《我就是我母亲》，冯杰讲述北中原精怪文化的《午夜异语》，简单的随笔集《落凫记》，以及河南省散文学会主办的梦情散文集《愿人生光芒万丈》等。诗歌方面，主要有邵丽的原创现代诗歌作品选集《我在你的路上：邵丽诗集》，整理出版的已故诗人、被誉为"中原诗歌的灵魂人物"马新朝的《马新朝诗选》，著名评论家耿占春的长诗《黄河传》，蓝蓝参加"首届雅典国际诗歌节"后创作的诗集《从缪斯山谷归来》，谷禾2013～2017年的诗歌力作结集《坐一辆拖拉机去耶路撒冷》等。报告文学方面，有张向持书写河南农村变革的《根基——西姜寨现象启示录》，欧阳华全景展现商丘市民权林场生态文明建设历程的《申甘播绿记》。网络文学创作方面，庚新的《热血三国之水龙吟》完本，转入《大唐不良人》的写作；柳下挥完成《弱水三千，我只取一个你》《六迹之贪狼》。文学评论研究方面，主要有孔会侠的《李佩甫评传》和赵富海的《南丁与文学豫军》。

艺术创作方面，河南落实国家关于繁荣发展舞台艺术创作、繁荣电影电视剧产业和艺术创作基金扶持等政策，以及河南省文艺精品创作工程等，呈现了从困境中突围的发展态势。以舞台艺术为例，2018年河南省曲剧艺术保护传承中心创排了现代曲剧《信仰》，该剧属于2018年度国家艺术基金舞台艺术创作资助项目；新乡市演艺有限责任公司创排了大型精准扶贫新编现代豫剧《老村里的新故事》；许昌桑派豫剧院以张文亚"割肝救母"真实事迹为依据创排了《撼天情》；郑州歌舞剧院创排的大型原创舞剧《精忠报国》也进行了试演。另外，话剧《兵团》、豫剧《苍生大医》、越调《吉鸿昌》、京剧《马蹄声碎》的剧本创作完成，豫剧《南水迢迢》《重上太行山》《大国工匠》和歌剧《银杏树下》等的剧本创作正在推进，扶贫题材豫剧《尧山情》《重渡沟》则在试演后进入了加工提高阶段。再如影视艺术方面，从量的角度来看，据统计，2018年1～9月，河南省影片剧本（梗概）备案111部，全国排名第八位；同时，河南省领取电影公映许可证的影片有

9 部，全国排名并列第八位。电视剧方面，截至 2018 年 10 月 20 日，河南省共受理电视剧题材备案 52 部 2189 集，其中已通过备案公示剧目 24 部 1078集；受理电视动画备案 8 部 1888 分钟。审查电视完成剧并核发《国产电视剧发行许可证》2 部 68 集；审查电视动画片并核发《国产电视动画片发行许可证》4 部 676 分钟。从代表性作品来看，由河南新闻出版广电局出品，以平凡英雄李学生为原型的电影《李学生》，上映后受到广泛热议与好评，产生了巨大的社会效益。电视剧方面，拍摄完成了发掘姓氏文化的电视剧《龙族的后裔》和反映农民工赴新疆摘棉花的电视剧《花开时节》；约克公司制作的电视动画片《我是发明家》《过山车手罗力》，被列入新闻出版广电总局 2018 年季度推荐播出优秀动画片剧目。

另外值得关注的是，在 2018 年 12 月 29 日公布的国家艺术基金 2019 年度资助项目立项名单中，河南中标多个项目。如在大型舞台剧和作品创作资助项目中有河南豫剧院的《鲁寨情深》和《马本斋》，河南省越调艺术保护传承中心的《吉鸿昌》，驻马店市演艺中心的豫剧《樊粹庭》，郑州歌舞剧院的民族舞剧《精忠报国》；小型剧（节）目和作品创作资助项目中有鹤壁市豫剧牛派艺术研究院的小戏曲《补墙》，安阳市崔派艺术研究院的小戏曲《脱贫名单》，河南歌舞演艺集团有限公司的河南坠子《杀庙》，河南豫剧院的歌曲《念奴娇·追思焦裕禄》；在传播交流推广资助项目中有河南豫剧院的《九品巡检——暴式昭》巡演，河南省美术家协会的《河南省美术优秀作品展》，郑州大学的《弘扬焦裕禄精神美术作品巡展》和《新时期河南书法四十年巡展》，洛阳师范学院的《洛阳三彩艺术作品巡展》等。这不仅充分展现了河南艺术繁荣发展的潜力，而且为 2019 年河南艺术的发展奠定了坚实基础。

（二）多元奖项彰显实力

河南文学艺术在 2018 年共获得六项全国性大奖：开封市文联主席甘桂芬发掘中原陶瓷文化的新故事作品《不为天子为良匠》，荣获第十三届中国民间文艺山花奖优秀民间文学作品奖；刺绣艺术大师苗炜历时四年完成的汴绣作品《美人记》（12 幅/套），则荣获第十三届中国民间文艺山花奖优秀民间工艺美术作品奖；杜涯的诗集《落日与朝霞》，荣获第七届鲁迅文学奖诗歌奖；自然摄影师高建设凭借《黄河》主题系列作品，荣获了第十二届中国摄影金像奖艺术摄影类大奖；河南艺术中心演展有限公司的动漫儿童剧《小马过河》荣获中国文化艺术政府奖第三届动漫奖；河南省舞蹈家协会与中国舞蹈家协会街舞委员会联合打造的当代舞《黄河》，荣获第十一届中国舞蹈"荷花奖"。另外，刘颜涛、郑超和秦朋在第六届中国书法兰亭奖评选中，从 1148 名竞争者中突围成为书法篆刻组入选作者。

值得赞许的是，中原作家在全国性的文学期刊奖项或作家奖项中也斩获颇丰：李佩甫的《平原客》和梁鸿的《梁光正的光》，在"第十四届《当代》长篇小说年度论坛暨第十九届《当代》文学拉力赛"评议中入围 2017年度五佳作品，梁鸿的《梁光正的光荣梦想》获得"年度长篇小说总冠军"，刘庆邦的《牛》则获得"年度中短篇小说总冠军"；刘庆邦的《陪护母亲日记》获得第十四届《十月》文学奖；邵丽获第四届"林斤澜篇短小说奖"之"优秀短篇小说作家奖"；侯发山在小小说金麻雀奖（2015～2017年）评奖中成为十位获奖作家之一；阿慧的《大地的云朵》在"2017《民族文学》年度奖"评选中荣获韩文版散文纪实类年度奖；赵克红的《回望故乡》荣获第八届冰心散文奖；毕祖金的《椰岛椰韵情》获"第五届中外诗歌散文邀请赛"一等奖和最佳散文奖；鱼禾凭借《界限》荣获 2018 年"弄潮杯"人民文学奖散文奖。另外，必须提及的是，电影《李学生》，入围 2018 年加拿大金枫叶国际电影节院线类电影奖，李学生扮演者宋禹获得最佳男演员奖。

在省内文学艺术奖项评选中，河南文学艺术奖在中断八年之后重新启动，将有力推动河南文学艺术的繁荣发展，创作出更多精品力作。2018 年12 月 25 日，河南省第六届文学艺术优秀成果奖评审结果正式发布。这次评奖涵盖范围广泛，共评出 80 项优秀作品奖和 10 个青年鼓励奖。如文学作品"乡童三部曲"、豫剧《焦裕禄》、曲艺《老军锅与炊事车》、广播剧《我的父老乡亲》、纪录片《永远的焦裕禄》、电视剧《大河儿女》、美术作品

《文化中国·大明》、书法作品《四体书文房百联》、摄影作品《无形双语》、音乐作品《小村人的婚礼》、舞蹈作品《二七·二七》、杂技《侠·义——蹦床技巧》、文艺评论作品《挥云斋荟要》、网络文艺作品《回家》、民间文学作品《中原神话通鉴》和青年鼓励奖南飞雁等。此外，新设的南丁文学奖评出了首届获奖作品，周大新的长篇新作《天黑得很慢》；《莽原》文学奖2017年获奖作品评出，胡军生的《套牢》、子兑的《择日宣判》、乔叶的《说多就没意思了》、李清源的《准提庵街的钉子户》、李立的《江湖再见》、董林的《画框中的远方》和杨东明的《讲给天国里的南丁》等河南作家作品获奖；"黄河戏剧奖"系列奖项评出，如贾廷聚、吴心平、荆桦和宋喜元荣获特别贡献奖。

（三）文化惠民与交流并重

文学艺术是人民的重要精神食粮，承载着人民对美好生活的新期待。该功能的落实充分体现在文学艺术在文化惠民工程中所发挥的主体性作用，在文化交流过程中所发挥的桥梁作用。就文学艺术对人民精神需求的满足来看，2018年河南文学艺术通过丰富多彩的活动，既达成了展现文学艺术成就、满足人民精神生活需求的目的，又实现了对社会审美风尚的引领、对中原优秀文化的传承创新。如"文学阅青春·书香满校园——河南作家巡讲进高校系列活动"，在河南大学、洛阳师范学院、信阳学院等多所高校展开，切实贯彻十九大精神，主动与青年学生沟通交流，发挥了文学的社会功能；举办了258场"戏曲进校园"活动，为传承传统艺术培养受众的同时，让学生切实感受到了戏剧艺术的魅力；举办"二十世纪杰出的现实主义画家——李伯安作品展""中原风——河南省789书法篆刻作品研究展""不忘初心，砥砺前行——'习近平用典'河南省书法篆刻作品展"等展览活动，为人民提供高质量的艺术作品展览、推动人民文化素养的提升和满足人民日益提升的精神文化需求。

文学艺术交流，是展现文学艺术发展成果的重要形式，也是进行文学艺术学习、提升文学艺术的重要途径。2018年，河南省委宣传部、河南省文化厅、河南省文联等组织开展了多种形式的交流活动。文学方面，有"杜甫故里诗词大会""书香中华，诗意端午，我们的节日"端午诗会（河南分会场）具体艺术成果展现的交流活动；有主动外出学习的采风活动，如2018年7月17日至21日，由乔叶担任团长的省内作家采风团，到陕西西安、延安等地开展了河南作家"一带一路"采风活动；还有会议研讨的深度交流，如乔叶、南飞雁、陈宏伟等9位作家在北京参加的第八届全国青年作家创作会议，以"新时代、新突破、新高峰"为主题的第三届中原作家群论坛等。戏剧方面，是以外出展演交流为主，如"欢乐春节——《梨园春》走进俄罗斯"（莫斯科和圣彼得堡），在北京组织的"唱响新时代——河南民营院团公益展演""2018清华大学校园戏曲艺术节——河南戏曲艺术周暨稀有剧种展演"等。绘画艺术方面，如在中国文艺家之家展览馆举办的"油画中原——十年回顾展"；也有持续举办的"中原画风·河南省优秀美术作品展"，该展览继在2016年在北京、太原和2017年在合肥、石家庄、成都设展之后，2018年7～9月再赴乌鲁木齐、银川、西宁、兰州等地展出，既实现了学习交流、文化采风，又有助于"创新中原画风，重塑中原画派"。

（四）人才建设稳中有进

建构合理的人才队伍，进而优化人才队伍，是文学艺术繁荣发展的根本所在。河南文学艺术之所以能够形成"高原"，关键就在于对文学艺术人才培养的重视。就2018年来看，培养形式主要有两种。一是通过举办培训班提升人才。文学方面，如2018年12月，第六届文学艺术优秀成果颁奖的同时，举行了"贯彻习近平总书记重要讲话精神推进河南文艺创作研修班开班仪式"。这将推动河南文学更好地书写时代精神，以文学的方式展现时代变革、社会进步。再如《奔流》文学在2018年多次组织作家学习交流，"2018年暑期作家研修班""奔流文学院启动仪式暨第七期作家研修班"等。戏剧方面，有整体性的"河南省戏剧高端人才（导演）培训班"，也有具有针对性的"豫剧陈派表演人才培养班"等。

通过项目带动培养人才。从国家艺术基金 2019 年人才培养资助项目可见，河南在艺术人才培养方面所取得的成就。获得三项艺术人才培养资助项目，有河南大学的《重大题材中国人物画创作人才培养》，郑州正合古琴研究所的《中州派古琴制作技艺传承人才培养》，郑州轻工业学院的《禹州钧瓷双创设计人才培养》。青年艺术创作人才资助项目 21 个，涉及多个艺术门类：话剧编剧项目有赵海龙；舞蹈、舞剧编导项目有许淋淋和邹艳；舞台艺术表演项目有豫剧方面的吕军帅、刘雯卉、朱旭光、张鹭名，曲剧方面的晋红娟；中国画创作项目有尚会平、刘立伟、李岩和薛峰；油画创作项目有梁烜彬；版画创作项目有郑小强；书法、篆刻创作项目有焦新帅；工艺美术创作项目有程安营、李娟、商亚敏、李磊磊、周博和高雅真。

（五）庆祝改革开放40周年活动丰富

"文艺是时代前进的号角，最能代表一个时代的风貌，最能引领一个时代的风气。"[①] 改革开放 40 年来，文学艺术在繁荣发展的同时充分展现了时代的历史性变革。为庆祝改革开放 40 周年，河南省文学艺术界在河南省委宣传部、河南省文化厅、河南省文联等的组织下，举办了形式多样、内容丰富的庆祝活动。文学方面，河南省报告文学学会在 2018 年 7 月 21 ~ 22 日举行了"纪念改革开放四十周年报告文学林州行暨河南省报告文学学会安阳分会授牌仪式"活动。戏剧艺术和舞台艺术方面，2018 年 6 月 21 日至 7 月13 日，河南省委宣传部、河南省文化厅联合主办了"庆祝改革开放 40 周年河南省优秀现实题材剧（节）目展演月"活动，上演了《焦裕禄》《常香玉》《程婴救孤》等 21 台优秀作品；2018 年 9 月 8 ~ 16 日，由河南歌舞演艺集团、宝丰县人民政府联合打造的、讲述马街书会历史变迁的河南方言剧《老街》，作为国家艺术基金资助项目参加了进京献礼改革开放 40 周年演出系列活动；2018 年 10 月 27 ~ 29 日，"庆祝改革开放四十年《唱彩中原》河

---

① 习近平：《在文艺工作座谈会上的讲话》，人民网，2014 年 10 月 15 日，http：//politics. people. com. cn/n/2015/1015/c1024 - 27698943. html。

南省第三届鼓曲唱曲展演"活动,在三门峡陕州地坑院景区举行,共有15个地市的30个鼓曲唱曲节目参与。舞蹈艺术方面,2018年7月6日,"出彩河南——庆祝改革开放40周年优秀舞蹈作品展演"活动在河南艺术中心大剧院举行,展演节目均为河南省第八届专业舞蹈大赛暨第四届河南舞蹈"洛神奖"评奖活动的获奖作品。摄影艺术方面,2018年10月22日,由2018年河南省扶持艺术发展专项资金资助的"改革开放40年摄影展"在河南省文联展厅开幕,80多位摄影家的100多幅摄影作品,从经济社会发展、农村城市变革、民生改善和生态文明等多个维度,直观、真实、生动地再现了河南改革开放40年的瞩目成就。书法艺术方面,2018年11月22日,"纪念改革开放40周年河南省书法作品展"在河南省文联开幕,以"习近平用典"为书写内容、书体齐全的近200件书法精品,通过风格多样、形式丰富的书法艺术赞扬改革开放40年的伟大成就。绘画艺术方面,有"中原画风·河南省优秀美术作品展",共展出国画、油画、雕塑等197件作品;11月28日,由马国强、杨杰等70多位书法家、画家参加的"庆祝改革开放四十周年'彩墨中原'——河南省首届美术、书法学术邀请展",在郑州升达艺术馆举办,展出的140多幅作品从多个视角呈现了河南改革开放的辉煌成就,再现了改革开放40年的伟大历史道路。

二 河南文学艺术发展的特征

经过改革开放40年的发展,河南文学艺术整体创作水平显著提升、艺术风格渐趋凸显、影响力明显增强。但就新时代背景下文学艺术所承载的责任和河南文化高地建设对文学艺术的要求来看,河南文学艺术在整体上所呈现的特征,可谓与问题并存,成为今后实现繁荣发展的突破口所在。

(一)中原风格的凸显与地域视野的局限并存

河南文学艺术深深地植根于中原大地,是在中原文化的滋养下得以发展繁荣的。为此，河南文学艺术创作，无论自觉与否，都被烙上了鲜明的中原文化印记。就小说创作来看，乡土题材之所以成为主要书写传统，根本原因在于数千年农耕文明在中原地区的积淀已经内化到中原作家的血液之中，所以乡土小说成为河南文学的重要构成，乡土写作成为文学豫军的重要书写方式。从李準、乔典运、张一弓等，到李佩甫、刘震云、阎连科、墨白、李洱、邵丽等，再到乔叶、梁鸿、蔚然、安庆、八月天等，所创作的作品无论是显在的还是内在的都具有乡土基质。再如豫剧，作为地方戏剧种，虽然有祥符调、豫东调、豫西调等唱腔差异，整体上具有的高亢有力、质朴无华、自然活泼等特征，均展现出中原文化的特点。基于豫剧得以蓬勃发展的河南戏曲艺术电影、电视文艺金牌栏目《梨园春》等，也延续了中原文化的鲜明特征。近年来，随着中原作家群、文艺豫军的进一步壮大与影响力提升，河南文学艺术的"中原风格"得到了凸显。但是必须看到，地域视角的中原文化在成就河南文学艺术"中原风格"的同时，也限制了河南文学艺术书写时代、书写生活、书写人之视野的宽度、剖析的深度、站位的高度。对此，何弘曾明确谈及，认为"文学进入新时代，创作逐渐多元化，中原作家群要站在更宏阔的背景下，走出地域的限制，从更高层面去审视把握我们曾经的经验"。①

（二）高原地位的稳固与精品力作的缺少并存

改革开放 40 年来，河南文学艺术的发展取得了令人瞩目的成就。仅就文学艺术的全国性奖项而言，从专业类的茅盾文学奖、鲁迅文学奖、书法兰亭奖、美术金彩奖、戏剧梅花奖、舞蹈荷花奖、民间文艺山花奖、杂技金菊奖、摄影金像奖、电视金鹰奖与飞天奖、电影华表奖、电视文艺星光奖，到中国文化艺术政府奖文华奖和精神文明建设"五个一工程奖"等，都有河南文学艺术的印迹。河南曾多次获得各个重量级大奖，甚至是多次持续获奖

---

① 《新时代中原作家群如何"刷屏"？听周大新、何弘畅聊文学那些事儿》，"大河网"百家号，2018 年 10 月 17 日，https：//baijiahao.baidu.com/s? id = 1614584126461345226&wfr = spider&for = pc。

或多个作品同一届获奖，如河南戏剧曾创造了文华大奖、国家舞台艺术精品工程"六连冠"的辉煌；在2014年第十三届中宣部精神文明建设"五个一工程奖"中，河南曾在电影、电视剧、戏剧、图书和歌曲等多个类别同时荣获了八个奖项。这些奖项充分体现了河南文学艺术的发展质量，也佐证了河南文学艺术的"高原"地位。但若从满足人民美好生活的精神需求，与北京、上海、浙江等省市的横向比较来看，河南文学艺术还有较大的提升空间。客观地说，就文学、戏剧、书法、绘画等河南文学艺术的强项来看，虽然有很多优秀的作品，但还难以成为"经典之作"，难以成为可以传世的"精品力作"。"精品之所以'精'，就在于其思想精深、艺术精湛、制作精良。"① 以这三个标准来衡量，河南文学艺术近年来所创作的作品，能够真正称为精品力作的很少。至于河南电影、电视剧、网络文学、新媒体艺术等，与"高峰"的差距更大。如河南影视最近几年可谓处于低谷阶段，在繁荣发展电影、电视剧政策的推动下，虽然在2018年呈现转机，而要打造出影视精品还要走很长的路。

（三）梯队建设的优化与高端人才的匮乏并存

河南文学艺术的人才队伍建设，因艺术门类的差异而状况迥然有别。文学、书法、绘画、戏剧等的人才梯队相对完整。如中原作家群的一线作家，无论是在数量还是在质量上在全国都位居前列。活跃在外的豫籍作家有周大新、阎连科、刘震云、刘庆邦、李洱、梁鸿等，在省内的有李佩甫、张宇、邵丽、乔叶、南飞雁、李清源等，年龄构成上可谓老中青结合，梯队十分完整。再如书画方面，既有马国强、杨杰、刘杰、谢冰毅、谢安钧等名家，又有陈文利、李尚昱、张军民等中青年才俊。相较之下，电影、电视剧、歌舞艺术、新媒体艺术等，却处于人才队伍不完善、领军人才严重匮乏的状态。以电影为例，从导演、编剧、演员到舞美、灯光等，在当下却处于青黄不

---

① 习近平：《在文艺工作座谈会上的讲话》，人民网，2014年10月15日，http://politics.people.com.cn/n/2015/1015/c1024-27698943.html。

接、人才严重不足的困境。河南电影之所以能够在戏曲艺术片方面取得辉煌成就，根本原因在于河南拥有众多著名的戏曲演员和经典剧本，拥有路振隆、朱赵伟等优秀的戏曲片导演。而影视编剧人才的匮乏，则是仰仗中原作家群的雄厚实力进行弥补，李準、李佩甫、阎连科、墨白、刘震云、孟宪明等著名作家都曾以编剧身份加盟河南电影电视剧的剧本创作。近年来，河南虽然强化了文学艺术人才梯队建设，并且有力推动了人才队伍结构的优化，但整体上来看高端人才、领军人物依然严重不足。特别是随着南丁、马新朝、二月河等老一辈文学艺术代表人物的离世，培养文艺大家已经成为河南文学艺术繁荣发展的重中之重。

三　推动河南文学艺术繁荣发展的建议

文学艺术的繁荣发展，是满足人民日益增长的美好生活需要的内在要求，也是提升文化软实力的内在基础。河南文学艺术要实现繁荣发展，从"高原"走向"高峰"，进而推动华夏历史文明传承创新区建设、促进河南文化高地建设、助力"出彩河南"，必须在深入学习贯彻党的十九大精神、习近平新时代中国特色社会主义思想等的基础上，依据新时代的要求和针对发展中的瓶颈深化改革。整体而言，依据文学艺术要创作发展的规律，繁荣发展河南文学艺术要注重做好以下三个方面的工作。

（一）实施文艺名家战略

习近平总书记在 2014 年 10 月 15 日文艺工作座谈会上的讲话中明确指出："繁荣文艺创作、推动文艺创新，必须有大批德艺双馨的文艺名家。要把文艺队伍建设摆在更加突出的重要位置，努力造就一批有影响的各领域文艺领军人物，建设一支宏大的文艺人才队伍。"[1] 文艺工作者要成长为领军人物、文

---

[1]　习近平：《在文艺工作座谈会上的讲话》，人民网，2014 年 10 月 15 日，http：//politics. people. com. cn/n/2015/1015/c1024 - 27698943. html。

艺名家,就自身而言要具有永无止境的艺术追求、一流的专业素养、高尚的道德品质和坚定的社会责任感;就外在环境而言,则是要提供出领军人物、出文艺名家的"土壤"。基于此,实施文艺名家战略,首先要构建畅通的提升机制,为文艺工作者的理论学习、专业培训、交流研讨、创作采风等提供支持,以提升创作的高度、广度与深度;其次要构建宽松的创作机制,在让文艺工作者能够潜心创作的同时,为其提供充分的资金支持、技术保障、后勤服务等;再次要构建切实的转化机制,为优秀文学艺术作品的出版发行、拍摄制作与播出、版权交易、舆论宣传等提供支持;最后要构建有效的评价机制,文学艺术人才的评价应尊重人才成长规律、文学艺术创作规律,以所创作的文艺作品的质量作为主要标准,不唯称号、职称、项目与奖项等外在因素,回到作品本身,进而评价文艺工作者。文艺领军人物、文艺名家的培养与出现,需要一个长期的过程。在该过程中,积极实施文艺名家战略,可以带动文艺工作者的成长、文艺人才队伍的优化,为繁荣发展文学艺术提供人才基础。

(二)健全精品创作机制

"创作无愧于时代的优秀作品",是习近平总书记在文艺工作座谈会上的讲话中向全国文艺界提出的要求与目标,并指出"优秀文艺作品反映着一个国家、一个民族的文化创造能力和水平"①。那么,如何才能促使文艺界创作出思想上精深、艺术上精湛和制作上精良的精品力作呢?结合河南文学艺术的发展现状,建议如下。第一,构建文艺创作深入生活机制。扎根人民、扎根生活,是文艺创作的根本与关键。只有深入现实生活、扎根人民群众,才能直面时代变革。河南文学艺术具有书写现实的传统,却对社会与时代的深刻变革应变不够。以文学为例,乡土书写固然成就了河南文学,随着农耕生产方式向工业生产方式、信息化生产方式的转化,如何书写新时代的农村、农民与农民工,如何书写城市,如何书写信息技术冲击下的社会等,

---

① 习近平:《在文艺工作座谈会上的讲话》,人民网,2014 年 10 月 15 日,http://politics.people.com.cn/n/2015/1015/c1024 - 27698943.html。

已经成为河南文学必须面对的主题。第二，构建文艺创新推动机制。创新是文学艺术发展繁荣的根本之道。而文学艺术的创新是多元的、全方位的，如艺术观念的创新、艺术主题的创新、艺术形式的创新、艺术风格的创新、创作方式的创新和艺术传播载体的创新等。创新精神可谓文学艺术的繁荣推动力。因此，推动文艺创新，必须构建文艺工作者创新精神培育机制，"要把创新精神贯穿文艺创作生产全过程，增强文艺原创能力。要坚持百花齐放、百家争鸣的方针，发扬学术民主、艺术民主，营造积极健康、宽松和谐的氛围，提倡不同观点和学派充分讨论，提倡体裁、题材、形式、手段充分发展，推动观念、内容、风格、流派切磋互鉴。"[1] 第三，构建文艺精品评价机制。文艺作品的评价主要三个维度：时间维度，让历史检验作品的质量，在时间推移过程中实现优胜劣汰；受众维度，让人民群众检验作品的质量，在文艺作品传播过程中实现优劣分离；批评维度，让理论家通过历史与美学的标准进行评价。显然，评价机制的建构是立足批评维度。对此，"要以马克思主义文艺理论为指导，继承创新中国古代文艺批评理论优秀遗产，批判借鉴现代西方文艺理论，打磨好批评这把'利器'，把好文艺批评的方向盘，运用历史的、人民的、艺术的、美学的观点评判和鉴赏作品，在艺术质量和水平上敢于实事求是，对各种不良文艺作品、现象、思潮敢于表明态度，在大是大非问题上敢于表明立场，倡导说真话、讲道理，营造开展文艺批评的良好氛围。"[2]

（三）落实文艺繁荣政策

为推动文学艺术的繁荣发展，近年来党和国家出台一系列方针、政策和法律，如《中共中央关于繁荣发展社会主义文艺的意见》《中华人民共和国电影产业促进法》《关于支持电视剧繁荣发展若干政策的通知》《关于支持戏曲传承发展的若干政策》《文化部"十三五"时期艺术创作规划》等。十

---

[1] 习近平：《在文艺工作座谈会上的讲话》，人民网，2014 年 10 月 15 日，http：// politics. people. com. cn/n/2015/1015/c1024 – 27698943. html。

[2] 习近平：《在文艺工作座谈会上的讲话》，人民网，2014 年 10 月 15 日，http：// politics. people. com. cn/n/2015/1015/c1024 – 27698943. html。

九大报告中"坚定文化自信，推动社会主义文化繁荣兴盛"部分，更是明确提出："满足人民过上美好生活的新期待，必须提供丰富的精神食粮。要深化文化体制改革，完善文化管理体制，加快构建把社会效益放在首位、社会效益和经济效益相统一的体制机制。"① 河南省委省政府根据党中央和国家的相关方针政策，也制定并出台了配套措施。同时，根据河南文化建设状况以及河南文学艺术发展现状，出台了《河南省"十三五"时期构筑全国重要文化高地规划纲要》，其中便包括"文艺繁荣工程"。要将繁荣发展文学艺术的方针、政策和法律落到实处，避免政策棚架现象，便需要构建文艺政策落实的监督机制、考评机制和相应措施的动态调整机制等。相信在强有力的体制机制改革和政策扶持的推动下，河南文学艺术会逐年迈上新台阶，日益繁荣。

① 《中国共产党第十九次全国代表大会文件汇编》，人民出版社，2017，第30页。

B.15
2018年河南小说发展态势分析

郭海荣*

摘　要： 2018年，随着打造中原文化高地建设的大力推进，河南小说创作持续发力、稳步前行。虽然省内长篇小说创作数量较少，但精品数量占比较高；中短篇小说保持一贯水准，引发较多关注。但2018年河南小说整体上存在创作数量下滑、青年小说创作人才储备不足、生活实践深入不够等问题。因此，本文提出在推动河南小说创作者把握时代风貌、深入生活、加强人才储备等方面采取有效措施，有力推动河南小说在新时代的繁荣发展。

关键词： 河南省　人才储备　小说创作

小说创作的发展繁荣，不仅是河南文学建设的重要内容，也是打造中原文化高地、让中原更加出彩的重要路径。2018年，河南小说创作持续稳步发展，新作力作持续推出，省内外各类奖项获奖众多，文学活动丰富多彩，这些都有力推动了河南文学文化的进一步发展。

一　河南小说发展现状

（一）新作力作持续推出

2018年，河南文艺工作者坚持以习近平总书记关于文艺创作的一系列

---

* 郭海荣，河南省社会科学院文学所助理研究员，研究方向为现当代文学。

讲话精神为指导，坚持以人民为中心的创作导向，创作出一大批优秀文学作品。长篇小说方面，李洱的《应物兄》是 2018 年最大的收获。耗时 13 年完成的鸿篇巨制《应物兄》首发于 2018 年《收获》长篇专号秋卷和冬卷，2018 年 12 月由人民文学出版社出版发行。这部小说借鉴了经史子集的叙事方式，将 30 多年来中国知识分子群体进行一个群体性勾画，通过济州大学"儒学研究院"这一倍藏深意的知识分子聚集地的筹建，绘出当代中国知识分子的人物图谱和精神轨迹。李洱"启动了对历史和知识的合理想象，并妥帖地渗入每个人物、每个叙事环节。于是我们难以忘怀的那么多的人物、知识、言谈、细节，都化为一个纷纭变化的时代的形象"，并最终"构成了一个浩瀚的时代星图"①。独特的结构设计、丰富的人物形象、出色的语言文字、深刻的人性思考，使这一部作品甫一出世即在文学界引发轰动，横扫多个文学奖项和榜单，先后荣获"2018 收获文学排行榜"长篇类第一名、中国小说学会长篇榜第二名等重量级文学奖项。作家路内将它视为 2018 年的压轴之作，著名作家金宇澄认为它是"升级版《围城》"，"外国人要了解最近 30 年的中国知识界，看这部小说就够了"②。毫无疑问，《应物兄》是 2018 年河南作家，乃至中国作家的高光作品。周大新的《天黑得很慢》也是 2018 年的重要收获。作品以"拟纪实"的方式，对当下的老年人生活给予了关注。它以万寿公园的七个黄昏为时间点，讲述不断失去、不断被剥夺的晚年生活。在中国文学中，以老龄化社会为题材的作品相对较少，而中国日益趋近的社会老龄化无疑是一个重要的社会现象，以之为题写就的小说无疑具有一定的探索意义。与省外河南籍作家相比，2018 年省内作家的长篇小说创作稍显平庸，河南本土重量级作家没有新作问世，尽管如此，也有数部优秀作品以慰读者。八月天是一位十分本分的作家，他的作品也是如此，《中原狐》描写的是贫寒的农家子弟宋书恩努力跳出农门，扎根城市的故

---

① 《印象记：与蚌对语的李洱（黄文娟）》，"收获"搜狐号，2018 年 9 月 10 日，http：//www.sohu.com/a/253106569_ 222496。
② 《李洱〈应物兄〉：升级版〈围城〉，一本"不可能读完的书"？》，澎湃新闻网，2018 年 12 月 26 日，https：//www.thepaper.cn/newsDetail_ forward_ 2776280。

事，故事题材比较传统，作者将笔墨放在这一"跳"中包含的底层的隐忍、挣扎、抗争与努力上面，探寻城市与乡村对立下的中原人与中原品格。开封作家王少华多年来致力于深挖开封文化特色，撰写过多部与开封有关的长篇小说，《王大昌》是他继"长河三部曲"之后，又一部对开封文化的深情之作。周口作家柳岩2018年的新作《夏姬传》是其春秋时期系列历史长篇小说"春秋名姝"中的第二部，作者以传记方式书写春秋时期四位传奇女性，对当下历史小说的写作进行了一些新的探索。

中短篇小说多年来一直是河南作家的主要阵地。这方面，邵丽当仁不让扛起大旗。虽然近两年邵丽新作数量并不算太多，但作品质量在达到一定高度后仍然呈现稳步上扬的态势。经过人生的历练，邵丽对人性的把握达到新的高度，文笔也有返璞归真之意，她的新作《春暖花开》《我的婆婆》对人性及人际关系的拿捏非常细腻准确，读来让人服帖。乔叶的《四十三年简史》延续了她一贯的风格，文字清新隽永，不徐不疾，读来如清泉流水，清澈温和，可称得上是一篇佳作。此外，李清源的《没有人死于心碎》、张运涛的《聪明记》和八月天的《非常约会》等作品也可称为年度佳作。2018年，河南省作家共出版中短篇小说集十余部，其中邵丽的中短篇小说集《北地爱情》，乔叶的中短篇小说集《像天堂在放小小的焰火》，中篇小说集《在土耳其合唱》，南飞雁的小说集《天蝎》和张运涛的小说集《我们生活的年代》是其中的佼佼者。据不完全统计，河南作家在省内主要文学刊物上发表中短篇小说作品40余篇，其中，在《人民文学》《收获》《十月》等重要文学期刊发表小说十余篇，还有多篇被《小说月报》《小说选刊》等刊物选载，其中近十篇获得各类文学奖项。

河南网络小说发展稳步发展。2018年河南网络小说创作也颇有亮点，擅长历史小说的庚新2018年在网站公开发表《热血三国之水龙吟》（已完结），这是一部网游定制作品，这部小说共30.63万字，在篇长普遍数百万甚至上千万字的网络小说中可以称为小短篇，这类作品通常不易给作者带来太大收益和点击，但凭借作者的高人气和小说的高质量，《热血三国之水龙吟》也取得不错的成绩。截至2018年12月30日，小说共有726.18万次阅文点击，

205.69 万票总推荐，33 周网站推荐，评分达 9.4 分。此外，2018 年新开作品《大唐不良人》成绩也不俗，截至 2019 年 1 月已更新 177 章，完成 55.34 万字，阅文总点击数 173.55 万次，会员周点击量 1.44 万次，总推荐 5.47 万票，周推荐 277 票，评分 8.9 分。擅长都市的河南籍网络作家柳下挥的大部头《逆鳞》于 2018 年初完本，这是他首次触碰玄幻类作品，就在纵横中文网获得总推荐 350.0 万票、总点击 5600.6 万次的好成绩。此外，本年度柳下挥还完结短篇小说《弱水三千，我只取一个你》《六迹之贪狼》两部，其中《六迹之贪狼》是"六迹"的分支，"六迹"这一大世界观由众多网络作家共同构建。作为最成功的网络小说作家之一，柳下挥 2018 年第二次入围网络作家富豪榜，他以 2600 万元的收入位居第八。随着资本介入的不断深入，网络小说写作开始出现一些新的变化，其实从庚新和柳下挥的写作可以看出网络小说写作的新模式，即接受网络游戏公司的内容定制，与他人合作共同完成一个全新网游世界的构建，这种内容相对规范化的定制在传统小说写作中较少出现，更遑论通过大规模合作公司化运营的合作写作方式。但是在资本深度介入的网络文学中，却可以以网络小说的大规模合作为网络游戏构建一个全新的游戏世界，构成新的文本合作形态。

（二）小说创作频频获奖

小说创作方面，2018 年阎连科风头强劲，小说《日熄》先后获美国《柯克斯书评》2018 年十佳翻译小说、美国《出版商周刊》2018 年度好书等奖，这也是 2018 年度唯一入围的华语类书籍。阎连科的《田湖的孩子》在"2018 收获文学排行榜"上位居非虚构类作品第二名。李洱的《应物兄》先后荣获"2018 收获文学排行榜"长篇榜首、中国小说学会长篇榜第二名。在"第十四届《当代》长篇小说年度论坛暨第十九届《当代》文学拉力赛"评议中，李佩甫的《平原客》和梁鸿的《梁光正的光》入选"2017 年度五佳作品"，河南作家作品占据两席一时成为美谈。梁鸿的《梁光正的光荣梦想》（单行本名为《梁正光的光》）和刘庆邦的《牛》分别荣获"年度长篇小说总冠军"和"年度中短篇小说总冠军"。刘庆邦的《陪护母亲日记》获得第十四届《十月》

文学奖；邵丽获第四届"林斤澜篇短小说奖"之"优秀短篇小说作家奖"。

省内文学艺术奖项评选中，河南文学艺术奖在中断八年之后重新启动。2018年12月25日，河南省第六届文学艺术优秀成果奖评审结果正式发布，孟宪明的儿童文学作品"乡童三部曲"、墨白的长篇小说《欲望》、王少华的长篇小说"长门三部曲"、李清源的中篇小说《苏让的救赎》、赵大河的中篇小说《灼心之爱》入选。南丁文学奖是为了纪念南丁先生对河南文学的贡献和文学创作方面的成就，推动新时代中原作家群创作繁荣而设立的一个地方性文学奖项，每年评选一次，每次评选一人，授予创作出该年度最佳作品的豫籍或在豫工作生活的作家，由于作品不受题材限制，因而竞争颇为激烈。2018年9月第一届南丁文学奖开评，梁鸿的《梁光正的光》、刘震云的《吃瓜时代的儿女们》、张鲜明的《寐语》、冯杰的《午夜异语》、刘庆邦的《我就是我母亲》、周大新的《天黑得很慢》、谷禾的《坐一辆拖拉机去耶路撒冷》、孔会侠的《李佩甫评传》、南飞雁的《天蝎》、赵富海的《南丁与文学豫军》等十部作品提名进入终评，最终周大新以关注老年生活为题材的小说《天黑得很慢》从十部候选作品中脱颖而出①。

小小说金麻雀奖于2003年由《小小说选刊》、《百花园》、《小小说出版》、郑州小小说学会联合创立，与一般以单篇作品为参评单元不同，小小说金麻雀奖以规定年度内创作发表的10篇作品为参评单元，对作家整体实力进行考评，是我国目前最具权威的小小说奖项。在小小说金麻雀奖（2015~2017年）的评选活动中，侯发山以《酒水》《回家》《捡来的家》《传家宝》《爷爷的抗战》《守灯》《朋友圈》《犯病》《大玩家》《警匪游戏》等十部作品为单元参评，以题材的丰富性、戏剧性，文字的质朴细腻，真诚的创作态度等顺利入围。

（三）文学活动丰富多彩

为深入贯彻习近平总书记关于文学文化的重要讲话精神，落实省委加快

---

① 《首届南丁文学奖揭晓　周大新获奖》，人民网，2018年9月30日，http：//culture. people. com. cn/n1/2018/0930/c1013 - 30323094. html。

构筑全国重要的文化高地的战略部署，河南文学界加强各类文学文化活动，积极扶持青年作家群体，为文学创作提供了有力保障。2018 年，河南文学界活动较为频繁，各类文学论坛、读书会等活动层出不穷，加强了作家与读者和社会的联系。2018 年 10 月 15 日，第三届中原作家群论坛在郑州举行，全国文学界的知名专家学者和豫籍作家代表围绕"新时代、新突破、新高峰"，把脉中原文学文化，为推动河南文学创作建言献策。中原作家论坛是由中国作协创研部、河南省文联主办，由河南省作协、河南省文学院承办的文学研讨活动，在总结回顾中原作家群的创作成绩和成功经验的同时，着重展现中原作家的时代精神风貌，旨在推进河南文学的再发展，已经举办的两次均产生积极的社会影响。

为响应"一带一路"倡议，感受丝丝绸之路的灿烂文化，同时助力河南文学发展，2018 年 7 月，河南作家"一带一路"采风活动正式启动，省内共有 20 余名作家参加，在陕西西安、延安等地的采风活动，让作家们更深刻地理解了前人的艰苦奋斗历程，为今后的文学创作扩展了素材。

河南文坛一向重视文学梯队建设，着力加强对青年人才的培养，积极推进文学青年人才的对外交流活动。2018 年 9 月乔叶与南飞雁、陈宏伟、吕东亮等八位青年作家一起赴京参加由中国作家协会、共青团中央联合举办的"第八次全国青年作家创作会议"，通过深入交流研讨，开阔青年作家的文学视野。为提升河南阅读风气，培养潜在文学力量，河南文坛加大与高校联系，开展"河南作家进高校"系列活动，2018 年 4 月这一活动在河南大学启动，预计将走进 20 余所高校与学子面对面交流，目前已经完成河南大学、信阳师范学院、洛阳理工大学等多所大学的交流活动，邵丽、乔叶、王剑冰、柳笛、扶桑等知名作家就文学与创作、文学与阅读、文学与梦想、写作技巧等多个方面传递自己对文学的认识和理解。

利用多个平台加大与读者的交流。中原风读书会先后开展了"故乡——在记忆里，在文字中""当你老了，爱还未老""谈谈诗歌中奔腾的黄河之水"等一系列读书交流会，与孙苏、王剑冰、周大新、耿占春等作家学者共谈文学。郑州松社书店几乎每周都有固定的书友交流会，其近半数为河南作家的作品的文化交流。此外，瓦库书屋、纸的时代书店、大河书局等诸多书店也都成为文学作品欣赏交流的重要场所，为河南文学文化交流提供了优质平台。

二 河南小说发展存在的主要问题

2018 年河南小说创作，虽然有一些不错的收获，但在长篇小说方面，省内作家年度成果较少，重量级作品缺乏；中短篇小说整体数量，与高峰时期相比也略有下降；小小说创作和出版，受新媒体影响更大。客观来讲，河南小说创作在 2018 年进入一个相对低谷，究其根本，应该存在以下几方面的不足。

（一）小说创作稍有欠缺

中国小说创作近年十分迅速。1998 年我国国内长篇小说出版总数 1000 部左右，到 2005 年达到 3000 余部，2017 年长篇小说出版总数首次超过 1 万部。数字的增长反映了我国相对繁荣的文艺创作现状。虽然近年来小说出版有相当一部分是网络小说的贡献，但传统精英小说写作也仍然占据较大空间，且优秀作品层出不穷。从 2018 年河南小说发表的情况来看，长篇小说的数量明显偏少，河南籍省外作家仍有数部优秀作品，省内优秀作家 2018 年在长篇小说方面的收获都出现了空缺，即使就河南省内已经发表的长篇小说来论，质量方面也不尽如人意。中短篇小说一向是河南小说创作的强项，2018 年虽然整体表现好于长篇，但仍然不足以体现河南作家的真正实力。网络小说方面，虽然庚新和柳下挥的新完结作品点击率不俗，但与他们巅峰时期的作品相比，仍存在较大差距，且读者评价也明显降低。其他网络作家年内更是缺乏爆款，与国内网络小说写作发表的火爆程度相比，2018 年河南网络小说可谓平淡。文学豫军的整体实力没有得到彰显，与河南快速发展的社会现状极不匹配，对打造文化高地的推动作用明显不足。

（二）文学人才储备不足

河南文学界多年来始终强化以群体的形式推介和打造中原作家群，以谋求更大的文学空间、更高的文学地位与更好的历史机遇。这一举措在近年来产生了较为良好的效果，成名作家获得更为广泛的认可，青年作家获得了更好的发展机遇。但综观整体，河南小说家队伍实力仍有待加强。在国内外有较强影响力的河南籍作家大多居住在省外，如刘震云、阎连科、周大新、梁鸿等。居住在河南省内的小说大家人数寥寥且年龄偏大，二月河的离世使这一问题更为凸显。中青年作家中，有不少作家在崭露头角之后不久即迁居外省，人才流失现象较为严重，如重量级作家李洱、新生代女作家计文君等，这无疑会给河南小说创作发展造成一定的损失。其次，网络小说的兴起及随之而来的丰厚回报，吸引了年青一代作家明显向网络小说写作方面聚集。河南严肃文学的小说写作者大多集中在40岁以上，40岁以下作家多从事网络小说写作，这一情形在全国其他省份也并不罕见，有部分省份作协在吸纳网络作家之前已无35岁以下作家，传统文学的人才储备面临困难。因而河南省需要出台一定的保障政策，加强年轻作家的挖掘、培养及稳定。

（三）生活实践深入不足

在中原文化的滋养和熏陶下，河南小说创作几乎无一例外被打上深深的中原文化印迹。数千年农耕文明在滋养中原儿女的同时深入他们的血脉，成为中原文明最重要的组成部分。河南作家在这样的文化中生长，自然也在笔下这样表达，因而乡土题材也就成为河南小说最重要的题材来源和表现内容，乡土小说自然发展成为河南小说的最主流。从李準、乔典运、张一弓、田中禾等老一辈作家，到李佩甫、刘震云、阎连科、墨白、李洱、邵丽等，再到乔叶、梁鸿、安庆、李清源等，其创作的外在表现和内在底色都有乡土文明的印迹。但乡土文明和中原文化在成就河南小说创作的同时限制了河南作家对时代的真实表达。众多作品并没有展现出对剧烈变化的中原大地的准确书写和关切，现代化建设冲击下的乡土社会、乡土与城市、乡土风情与习俗流变等由于其复杂性、丰富性难以被真正展现，仍有一些作家作品从历史中的乡土勾画当下生活，以致作品与时代存在很大的错位。此外，作家的视角被乡土过度吸引，忽略了城市化下新中原文化的时代变化。21世纪已经过去18年，文学也早已进入新的阶段，创作日益多元，如何站在时代的洪流中把握时代脉搏，把握新的生活实践内涵，在更为宽阔的背景下，以更高的站位、更宽的视野、更深的剖析来把握我们当下的生活经验，已经成为河南小说作者不得不思考的问题。

三　推动河南小说发展的对策建议

经过多年发展，河南小说整体创作水平明显提升、社会影响力不断扩大，但与文学应承担的时代责任及河南打造文化高地的要求相比，还有一定差距，只有处理好小说与时代的关系、小说与读者的关系、小说与媒介的关系，才能在今后的创作中生产出真正满足时代要求、满足读者要求的优秀作品。

（一）加强与时代的关系

"笔墨当随时代"。小说天然地承载着记录时代风貌的功能，不存在脱离时代的小说作品，时代主题的变化要求小说创作在面对生活时积极调整自己的创作姿态。如今的河南正处在快速发展时期，中原经济区建设、打造文化高地建设、城市化进程推进、新农村建设等诸多政策推进无不影响河南经济、社会、文化、生活方方面面，进而对此间的人民产生深刻影响。反映时代变化、反映时代变革中人的变化就成为摆在小说创作者面前的必然选项。所以河南小说家们应当自觉承担起新的历史使命，深刻理解当下正在进行的"一带一路"建设、中原经济区建设和打造中原文化高地建设，积极支持华夏历史文明传承创新区建设，推动河南小说创作持续繁荣发展，为中原更加出彩提供自己独特的文学力量。河南小说创作者还应以更为开阔的视野来打量中国乃至世界小说创作发展，以国际视野来谋划河南小说今后的发展。

（二）加强人才培养与储备

人才是文学发展的基础。要加强小说新人的培养，在尊重文学发展和人才培养客观规律的基础上，加大力度挖掘与培养，为河南小说未来发展提供充足的人才。加大对小说名家的关心和补贴，提升他们各方面的待遇，提供宽松的小说创作环境，避免此前"出名即走"的情形一再发生。

（三）加强与人民的联系

习近平总书记在文艺工作座谈会上的讲话中指出"人民是文艺创作的源头活水"，认为"艺术可以放飞想象的翅膀，但一定要脚踩坚实的大地。文艺创作方法有一百条、一千条，但最根本、最关键、最牢靠的办法是扎根人民、扎根生活"。① 河南小说家应当立足河南，关注并反映河南社会的现实热点。当前河南正处在快速发展的历史机遇期，社会各方面正在发生巨大变化，河南小说创作应扑下去，扎根人民、扎根生活，进入历史发展的洪流，捕捉人们的生活、情感、文化等方面的复杂发展变化，唯有如此，才能"坚持以人民为中心的创作导向，创作更多无愧于时代的优秀作品"，② 为中原更加出彩谱写华美篇章。

---

① 《（授权发布）习近平：在文艺工作座谈会上的讲话》，新华网，2015 年 10 月 14 日，http：//www. xinhuanet. com/politics/2015－10/14/c_ 1116825558. htm。
② 《（授权发布）习近平：在文艺工作座谈会上的讲话》，新华网，2015 年 10 月 14 日，http：//www. xinhuanet. com/politics/2015－10/14/c_ 1116825558. htm。

2018年河南诗歌散文发展报告

靳瑞霞*

摘　要： 2018年，河南诗歌散文发展良好。作品出版方面，大家新作佳构迭出；相关会议方面，分享交流更接地气；奖项斩获方面，省外省内屡获佳绩。在体裁的全方位发展、青年人才推介方面有不少亮点。但与此同时，诗歌散文发展中也存在人才队伍结构不完整等问题，值得总结与深思。正值改革开放40周年之际，河南诗歌散文界要对自身进行反思和改革，紧跟时代步伐，领会习近平总书记关于文艺的重要思想论述，坚持深入生活，必须扎根人民，找准文学发展的方向，定位写作坐标，在新时代中国特色社会主义的建设大潮中书写出中原的声音、中国的声音。

关键词： 河南文学　诗歌　散文　人才队伍

2018年对河南诗歌散文界来讲是平凡又不平凡的一年。创作出版方面，专业作家和业余作者一如既往，辛勤耕耘，默默发表，为河南文学尽一份力。同时，相关会议越来越接地气，积极向大众靠拢。各类分享会朗诵会反响良好。经过一两年的静水深流，2018年的诗歌与散文再次令河南文坛喷薄出激越的浪花，奏起又一段动人的乐章。8月，河南女诗人杜涯凭诗集《落日与朝霞》获得第七届鲁迅文学奖诗歌奖；12月，女作家鱼禾凭借

---

* 靳瑞霞，河南省社会科学院文学研究所助理研究员，研究方向为文艺学。

《界限》荣获 2018 年人民文学奖散文奖。青年作家陆续亮相，有渐成气候之势。

一 诗歌散文发展现状

（一）相关体裁创作繁荣依旧

2018 年的诗歌创作出版，河南作家诗人中的中坚力量持续发力。河南文联主席邵丽于 2018 年 8 月出版诗歌作品选集《我在你的路上：邵丽诗集》。该诗集文字隽永，诗性盎然，收录了《关于爱的另一种说法》《忐忑》《去年的春日》《涨潮的季节》等百余篇诗歌作品。知名女诗人蓝蓝创作出版了两部诗集《世界的渡口》和《从缪斯山谷归来》。《从缪斯山谷归来》是北岳文艺出版社筹划出版的"天星诗库·中国经典诗人自选诗"系列诗集之一。诗集包括四辑，分为两个主题，将古希腊与中国文化进行对比反思、重写，在结构上进行了大胆尝试，呈现开阔的视野、缤纷的想象和充沛的生命力。著名诗人谷禾出版诗集《坐一辆拖拉机去耶路撒冷》，引起不小的反响。该诗集是诗人 2013～2017 年所创作的诗歌力作的结集。他的诗总能触及属于我们这个时代富有现实感的"沉痛"之处。青年诗人海桑诗集《我的身体里早已落叶纷飞》、洛阳"90 后"女诗人安益阳诗集《尘河》出版。其他尚有扶桑、高金光、张鲜明、吴元成、温青等河南诗人，对社会与自然有良好的诗性感觉。另有《雁鸣金秋》诗歌卷以及纪念马新朝的《马新朝诗选》出版。另外，散文诗集也有不少面世。如范恪劼出版《花落又花开》、徐慧根的《透灵碑》、曹春玲的《时光摆渡人》、芷兰的《今夜有风》、余金鑫的《泥土书》、张绍金的《灌河源》、淮源小月的《花语摇梦》等。

散文方面也是中原作家中的中坚力量为河南散文站台。集诗性表达之大成的作家冯杰，于 2018 年初推出散文集《午夜异语》。有别于之前出版的《泥花散贴》《田园书》《说食画》《九片之瓦》等集子的灵动清雅，《午夜异语》共分四辑，讲述北中原的各路妖精鬼怪，煞是奇特，却极其奇妙地呈现北中原的地方性与民间智慧，为他写作版图上的"北中原"再次添砖加瓦。以故乡为原点，另一位河南知名诗人简单随笔集《落凫记》由南方出版社出版，该书共收录作者的168篇随笔，选取中原地域文化的一个切片，抒情兼有叙事和评论，不拘一格，展开思维触角，在精神层面上积极努力探索，为我们展现了一个正在消失的家园。另外，作家邵丽、张鲜明分别于2017年底推出的散文集《花间事》《寐语》也在河南文坛引发热议，在2018年分别召开了新书分享会和研讨会。《寐语》在想象力方面的狂放和文体上的探索令人惊叹。另有散文名家王剑冰主编的《2017年度散文诗》出版；中国作家协会会员、作家牛文丽散文集《勿忘我》出版；《2017年度信阳散文》由吉林大学出版社出版等。

（二）相关体裁会议更接地气

诗歌类的会议创新形式，更接地气。在传统的诗歌研讨会之外，河南诗歌界在探索普及诗歌的新途径。其中之一是针对新诗集的出版，与书店合作，举办相应的新书分享会和朗诵会，既扩大了自身知名度，也增加了大众对诗歌创作与欣赏的参与度。如12月24日下午，河南诗人王文平（笔名阿娉）在郑州大摩"纸的时代"书店举行新书诗集《花语》分享会。分享会以"聆听花语，倾诉半生的心事"为主题，不仅邀请了诗歌界专业作家、诗人、编辑等，也邀请了知名朗诵家、媒体，以及普通书友等，一起畅谈《花语》写作特征以及相关的文学议题。2018年3月16日晚，由年前的新书分享会延宕开来，王文平在郑州简牍书屋举办诗歌朗诵会——"我和春天有个约会"。朗诵会则将河南省演讲与口才学会朗诵专业委员会、郑州市演讲与口才协会和河南省诗歌学会联系在一起，吸引了众多诗歌爱好者和朗诵爱好者参与。诗歌与朗诵互为支撑，共同向大众开放，对诗歌的发展无疑是一个很好的促进。无独有偶，2018年11月22日，在郑州知名的松社书店，耿氏三兄弟之诗人耿占坤与翻译家耿晓谕、文化评论家耿占春解读耿占坤诗歌著作《黄河传》，讲述创作背后的故事。该书于2018年6月由河南人民出版社出版，是继著名诗人马新朝《幻河》之后，一部以黄河为主题的长篇诗歌力作。

与诗歌相类似，2018年5月31日，在郑州松社书店，张鲜明携出版不久的跨文体新著《寐语》，与省内外众多文友一起举办该书分享会，探讨梦境、文学与人生。9月1日，郑州松社书店，以怀念已逝中原诗坛领袖马新朝为主题，举行了《马新朝诗选》新书首发式暨读者分享会。分享会以外，散文相关会议还有笔会及年会的形式。2018年10月27日，2018第七届雁鸣湖金秋笔会在中牟举行。自2000年起，18年来，"雁鸣湖金秋笔会"已成功举办了七届，来自全国各地的知名作家、评论家、诗人等齐聚雁鸣湖畔，共襄文学盛会，并各展才情，妙笔生花，结成《雁鸣金秋》诗歌及散文卷，也算为当地文学发展鼓与呼。另外一种文学活动组织形式是年会。河南散文学会及河南散文诗学会每年都会召开相应的年会，进行年度创作总结与反思。2018年10月19日，河南省散文诗学会第八届年会在中原名镇首阳山召开。2018年是河南散文诗学会成立十周年。会长王幅明对十年来散文诗学会的工作做了回顾和梳理。学会团结和发展扩大省内散文诗作家，积极开展相关学术研讨和交流，多次组织文学采风、创作，并编辑出版了散文诗作品集若干部，举办散文诗朗诵会若干场，还积极参与多媒体平台创建，创办了学会网站、微信公众平台及杂志《中原散文诗》，为促进和繁荣河南省散文诗创作做出了贡献。

（三）相关文学奖项再创佳绩

如果将诗歌创作成绩的"丰欠"比作"大小年"的话，2018年无疑又是河南诗歌界的一个"大"年。2018年是第七届鲁迅文学奖评选揭晓之年。鲁迅文学奖是与老舍文学奖、茅盾文学奖及曹禺戏剧文学奖并称的中国四大文学奖项之一，是中国具有最高荣誉的文学奖之一。2018年8月，继河南著名诗人马新朝以其长篇抒情诗《幻河》获第三届鲁迅文学奖之后，河南女诗人杜涯凭诗集《落日与朝霞》收获第七届鲁迅文学奖诗歌奖。河南诗歌界再领殊荣。杜涯的诗歌注重与自然宇宙万物的交流，具备强烈的抒情性。评论家谢冕誉之："在大自然的律动中敏感到属于生命和时间的哀愁。"而豫籍女诗人蓝蓝更是一人多次获奖，获得包括华语传媒文学奖年度诗人奖、首届女性诗歌奖"杰出贡献奖"和河南省第六届文学艺术优秀成果奖三项大奖。2018 年 12 月，首届女性诗歌周颁发"诗歌奖"。"玉润四会——首届女性诗歌周"是由中国诗歌学会、北京大学中国诗歌研究院与中共四会市委宣传部共同主办的。豫籍著名女诗人蓝蓝与舒婷、傅天琳等同时获得"杰出贡献奖"。12 月，2018 年诗东西奖揭晓，河南知名诗人高春林与弗莱斯特·甘德（美国）共同获得诗东西诗歌奖。高春林的诗歌被评价为"在对文化来源的探究中，以明确的立场确立出自身所处的诗歌位置，从这一位置出发对当代生活做出强有力的辨析、拆解、深研、总结"。

本年度的河南散文也收获不少奖项。2018 年 1 月，2017 年《莽原》文学奖揭晓。河南作家杨东明《讲给天国里的南丁》获散文随笔奖。12 月 12 日晚，在浙江杭州，"弄潮杯"2018 年人民文学奖揭晓，河南女作家鱼禾凭借作品《界限》荣获散文奖。《界限》从作家自身的一己日常入手，探讨自我、个体与他人，乃至网络时代人与物之间的界限，逻辑森严，翻拣出生活中人们习焉不察的界域。12 月 22 日，第三届琦君散文奖在浙江温州颁奖。南阳籍诗人汪漫凭借其散文《海上手绘集》获得优秀作品奖。汪漫在 21 世纪以来倡导散文文体变革，在散文写作中反对平庸和遮蔽，追求卓越和独到，语言密致，视野宏阔。2018 年初，2017 年《民族文学》年度奖揭晓。周口作家阿慧（李智慧）的作品《大地的云朵》收获汉文版散文纪实类年度奖。另有南阳青年作家毕祖金以散文《椰岛椰韵情》荣获"第五届中外诗歌散文邀请赛"一等奖和最佳散文奖等。

另外，2018 年 12 月 25 日揭晓的河南文学艺术奖，共有 80 部文艺作品获奖，其中文学类占 15 部。文学类获奖作品中，散文与诗歌获奖比例较高。获奖诗集有蓝蓝《唱吧，悲伤》、温青《天堂云》、张鲜明《诗说中原》、萍子《中原颂——萍子朗诵诗集》四部。散文集有王剑冰《或咫尺，或天涯》、乔叶《走神》、冯杰《说食画》、琳子《草手镯》等四部。诗歌散文共八部获奖，占据整个名单的半壁江山，也体现出河南诗歌散文界的努力与成绩。

二 诗歌散文发展亮点与启示

（一）中原诗人梯队后继有人，诗歌再次获得鲁迅文学奖

2018 年 8 月，继河南著名诗人马新朝以其长篇抒情诗《幻河》获第三届鲁迅文学奖之后，河南女诗人杜涯凭诗集《落日与朝霞》收获第七届鲁迅文学奖诗歌奖。这无疑是 2018 年河南诗歌界最大的亮点。这与数十年来完整的河南诗人梯队建设分不开。河南虽然地处中原，远未在文学发展的前沿阵地，但河南文学方阵一直是一支不容忽视的队伍。其中，中原诗歌无论在诗人规模、名诗人数量、诗歌品质、诗歌群落等方面，都有可圈可点之处。河南诗人网做了 18 个地市以及包括"豫籍在外"和"豫籍诗魂"在内的 20 个中原诗歌版图，对各版图内的诗人情况进行了整理存档。河南诗歌网也以 18 个地市为单元，发表、记录和整理各地诗歌活动、诗人作品及获奖情况。从各地市中青年诗人群落再往前推一点，就会发现，其实诗人群体的培养早在大学甚至中学就开始了。据有关统计，河南高校文学社团约 80 多个，诗社占 2/3 以上，其中河南大学的羽帆诗社成立于 1983 年，至 2018 年已经 35 年之久。大量的学生诗人在校园里已经发表多首作品，为后来的诗人方阵打下良好的人才基础。2011 年，针对高校文学社团这一不容忽视的现象，河南大学成立了河南省高校文学社团联合会，对各社团进行相关活动组织和管理。河南诗人梯队正是这样从学生抓起，从娃娃开始，形成了连续不断的、遍布全省的、高质量的诗人储备。

以信阳诗歌方阵为例，信阳诗人有陈有才、鲁行、陈明弼、程光炜、陈峻峰、叶照青、刘高贵、杨炳麟、朱根亮、胡亚才、肖定丽、田君、扶桑、李庆华、温青、李胜志、赵家义、李浩、老英在野、陈树照、张绍金、杨治军、夏吉玲等近百十人之多。信阳诗人获得的奖项更是囊括了杜甫文学奖、河南省政府文艺奖、河南省五四文艺奖、华语传媒奖，以及《人民文学》、《星星》诗刊、《诗神》等国内重要期刊综合奖或单项奖。据不完全统计，

信阳诗人共出版诗集近百部。其中陈有才一人出版诗集约 26 部之多。大规模的诗人群体，频繁而不乏热烈的诗歌交流研讨，时常组织的诗会笔会朗诵会，经常参与各类诗歌大赛，都为诗歌的遍地开花酝酿了良好的生态环境。整个河南诗歌界都处在一个较为良好的"文学生态"中，不断充实的人才队伍，丰富多样的相关活动，积极开拓的新的平台。以整体氛围而论，小说在河南的发展也比不过诗歌。与之相比，散文的发展更是全面次之。河南的散文曾经也产生过全国性的名家，如周同宾、廖华歌等，但在人才递接上出现问题。中年散文名家目前有王剑冰、鱼禾、冯杰等。另外还有一些以小说或诗歌创作成名，偶尔来散文界"客串"一下的作家。真正的散文名家，尤其是青年名家，与老一辈和中年一代的连续性相比，出现交接滞后。也许，散文应该以诗歌为镜，在人才梯队上多下功夫。

（二）全民阅读推广和独立书店平台使诗歌散文更接地气

综观 2018 年的诗歌散文宣传普及工作，有两个亮点。一是紧跟全民阅读推广大潮，河南诗歌散文界积极参与其中。党的十九大报告提出"推动建设学习大国""加快建设学习型社会"，要想"满足人民过上美好生活的新期待，必须提供丰富的精神食粮"。丰富的精神食粮首推好的书籍。2018 年的《政府工作报告》再次提出"倡导全民阅读，建设学习型社会"，全民阅读至此已经连续五年被写入国家的《政府工作报告》，充分表明国家对阅读的重视。原国家新闻出版广电总局也连续四年下发通知，督促各省市开展全民阅读工作。这些精神和举措充分表明党和政府对持续推进全民阅读的高度重视。河南省文学界积极参与全民阅读推广，为好的书籍的推广起到了宣传普及作用。如作家张宇和青青就曾被授予"书香开封·全民阅读活动推广大使"称号。2018 年 12 月 31 日，郑州市举办"文化辞旧岁　书香迎新年"跨年阅读活动。河南知名作家程韬光、乔叶、南飞雁等参与其中，与知名电台主持人、朗诵家等一起，为广大市民营造了一个风雅别致书香盎然的跨年夜。在全面阅读推广中，多场次的诗歌朗诵会为全省民众提供了广阔而平实的"悦"读舞台和平台。诗歌和散文的平易性和情感性，是最适合阅读推广的书籍体裁。

二是有效利用实体书店平台。诗歌散文因天然具有声音的元素，非常适合朗读与背诵。与之相应，在诗歌散文的宣传普及中，朗诵会是一个很重要的形式。因此，在报纸、网络、电台等媒体之外，朗诵会的形式导引出一个重要的宣传普及平台——独立书店。郑州的独立书店大约有10家。与传统书店不同，开独立实体书店的人大部分属于跨界人才，既有公务员，也有媒体人，也有设计师等，他们并非来自传统的出版书业从业者。这种跨界身份为书店的非常规经营奠定了基础。而且这种基于新媒体、互联网的融合能力和开拓市场能力的跨界思维更容易出新。以文化路新通桥附近的松社书店为例，松社书店成立以来，不单单依靠勤奋和专业，还要加上自媒体的力量，赶上了自媒体宣传的末班车，借力全民阅读推广大潮，在良好的环境和政策下迅速成长，精心打造的特色产品"松社我来讲"，共做讲座400多场，接待现场读者6万余人次，为河南的阅读大氛围营造了良好环境，且对全民阅读品质有较大影响。独立书店的优良品质也吸引了优秀的作家们光顾和参与其中。河南作家的新书分享、交流等活动也多次在此举行。作家与读者大众，通过独立书店，获得一种现场感更好地相遇相知。另外值得注意的是，传统纸媒《河南日报》推出了一档"中原风"读书栏目，结合微信自媒体和实体书店的现场感，为传统纸媒的发展、河南诗歌散文的传播助力，都有值得借鉴之处。

三 诗歌散文发展问题与建议

（一）青年散文创作人才梯队建设需要加强

2018年9月20日，第八次全国青年作家创作会议在北京举行。来自全国各地的316名青年作家代表齐聚首都，深入文学内部交流研讨，探讨中国青年文学的使命与未来。其中，来自河南的九位作家、评论家赴京参会，包括任领队的省作协副主席、秘书长乔叶，南飞雁、吕东亮、陈宏伟、寇洵、李勇、小托夫、智啊威、度寒（网络作家）等。9 位河南作家中，乔叶、南飞雁、陈宏伟基本以小说创作为主。吕东亮、李勇是来自河南高校的文学研究人员，以小说理论评论为主。出生于 1994 年的李宇恒（笔名小托夫）和出生于 1991 年的智啊威，以小说创作为主。而甘海晶（笔名度寒）则以网络小说创作为主。寇洵（笔名西屿）是其中唯一的诗人。专门搞散文创作的青年代表空缺，这鲜明地反映出河南文学界人才梯队建设方面的特点：小说创作人才库存较为充裕，诗歌人才也后继有人，唯有散文创作队伍，存在小、散、弱等困境。长此以往，无疑对河南的散文创作发展大大不利。

无独有偶，近年来河南部分地市的青年创作形成一个小有规模的群体现象，活跃在全国各地。2018 年 2 月，河南省驻马店市委宣传部、市文联召开首次青年作家座谈会，邀请了胡红一、姜睁峥、郑在欢、王苏辛、杨正、江野、李俊伟和衣水等一众青年作家，其中编剧有之，小说家有之，诗人只有一个衣水。专门的散文作家空缺。其他诸如周口作家群、南阳作家群，情况类似。可见，河南省的散文创作在人才梯队建设上远远落后于小说和诗歌。其中有本身的体裁原因，也有对待散文创作观念上的偏颇，更有文学界散文组织和活动方面的原因。2018 年 5 月，河南省散文学会创作年会在中牟官渡镇渡桥村举行。年会上，河南文学评论大家孙荪和河南大学教授刘军分别就河南散文创作情况与问题做了总结和分析。河南散文界还是要针对问题，找出方向，扩大散文作家队伍，提升散文作品品质，才能在"出彩中原"建设中助力河南攀登文艺高峰。

（二）诗歌散文评论人才队伍需要充实

众所周知，文学评论和文学创作是文学繁荣发展的两翼，二者缺一不可。在河南，文学评论队伍本也是一支在国内文学界相当耀眼生辉的生力军，囊括了鲁枢元、王鸿生、耿占春、孙荪、何向阳、单占生、何弘、孙先科等一大批评论家。但是因种种原因，出走省外的评论家占一半甚至更多。如今，随着时间的流逝，当年的评论家们都已成老前辈，如孙荪先生，已经年近 80；年龄小一些的"60 后"也纷纷迈过了 50 岁门槛。他们虽然仍在年富力强之创作盛年，但对完整的文学评论人才队伍体系来讲，河南文学界的青年评论家们数量与质量略为滞后，尚未跟上前辈们的矫健步伐。2018年11月，河南首批文学评论家签约丛书座谈会举行。入选该丛书的首批评论家共15人，分别是何弘、鲁枢元、耿占春、孙先科、单占生、杨晓敏、张云鹏、吴圣刚、武新军、吕东亮、刘宏志、刘军、孔会侠、魏华莹、周艳丽。可以看出其中"60后"及以上年龄仍然占到一半以上，并且年青一代的几位批评家，清一色是以小说理论研究为主，只有河南大学的刘军兼及散文与诗歌研究。从以上可知，河南的青年文学评论人才队伍建设亟待加强，其中专门的或者更专业的诗歌与散文评论人才尤其需要充实与加强。

河南的诗歌发展从诗人数量、规模和作品质量来看，都是很不错的，但诗歌评论这一块是个短板，如果能有专业的眼光独到、笔力犀利的诗歌评论家们来激浊扬清，诗歌发展必然会更上一个台阶；散文的发展尚不如诗歌那么规整，因而更加需要相应的理论评论来做针对性的剖析，扬长避短，发掘和发挥中原散文的潜力和优势，尽早在全国打出"中原散文"的大旗，为河南文学河南文艺创作更好助力。那么我们可能需要有计划地为河南诗歌散文的发展做一些事情。第一，立项目。可以设计一些诗歌散文评论项目，给予经费保证，组织青年评论家来完成。第二，在出版文学评论著作方面，可以设置类似"基金会"的组织，作为常设经费保障。2018年的文学评论签约丛书，其实可以细化为小说评论、诗歌评论、散文评论等以体裁划分的三类，以使更多青年评论家可以参与其中，得到锻炼。第三，组织定期不定期的评论家培训班（2017年举办过）、专题研修班、读书班等，为青年评论家搭建学术交流的平台，提高文学评论的水平。第四，为青年评论家提供深入生活的机会，让他们能深入生活，深入人民，感受河南当下正在发生的变化，才可能理论联系实际，辨别作品的"长短"和优劣，才能写出贴近生活贴近人民心声的评论作品。

B.17
2018年河南戏曲研究报告

王　萌*

摘　要： 2018年以来，河南在加强戏曲人才培养、加大戏曲普及力度、推动河南戏曲"走出去"、进一步优化戏曲文化生态环境等方面取得显著成绩。不过，在河南戏曲持续稳步发展中，也存在人才队伍短板突出、现实题材剧目匮乏、表现形式缺乏多样性等问题。今后，应从加强人才队伍建设、推动戏曲改革创新、加大政府扶持力度等方面加以解决，才能使河南戏曲更好地适应新时代的发展需要，不断满足人民群众日益增长的精神文化需求。

关键词： 河南戏曲　人才培养　政策扶持

2018年以来，在习近平新时代中国特色社会主义思想的指导下，在河南省政府的大力领导和扶持下，河南在加强戏曲人才培养、加大戏曲普及力度、推动河南戏曲"走出去"、优化戏曲文化生态环境、传承和弘扬优秀戏曲传统文化、促进戏曲文化产业发展等方面取得显著成绩。这对河南加快构筑全国重要的文化高地建设、增强文化自信，起到了重要作用。

---

* 王萌，河南省社会科学院文学研究所副研究员，研究方向为中国现当代文学。

一 2018年河南戏曲发展现状

河南省在2018年做了大量富有成效的工作，使戏曲保持良好的发展态势，社会影响力不断提升。

（一）举办多种高规格的活动和赛事，加强人才培养

戏曲传承和发展的核心是人才，河南对人才的培养一直颇为重视，在宣传河南戏剧名家、表彰优秀人才、推动戏剧新人茁壮成长方面，做了大量卓有成效的工作。

1. 黄河戏剧奖评选系列活动

黄河戏剧奖是河南省最高专业戏剧奖项，每两年举办一次，旨在提高河南戏剧创作和演出水平，表彰成绩突出的优秀戏剧工作者，促进全省戏剧事业的繁荣发展。2月，第四届"黄河戏剧奖·特别贡献奖"在郑州揭晓，戏曲名家贾廷聚、吴心平，以及著名戏剧评论家荆桦、曲胡演奏艺术家宋喜元获此殊荣。

7月和9月，第五届黄河戏剧奖的理论评论奖和戏剧文学奖先后揭晓。穆海亮的《论戏曲批评的"非戏曲化"倾向》、楚惬的《当代语境下戏剧中的"乡愁"美学意蕴——以现代戏〈丹水情深〉为例》、张大新的《新世纪豫剧的传统定位与全球化视野》三篇文章荣获理论评论奖一等奖，安克慧的《大清净臣窦光鼐》、刘洪涛的《曹操扶汉》、许红的《八月桂花开》三部作品荣获戏剧文学奖一等奖。

10月，由河南省文联、河南省戏剧家协会、中共驻马店市委和驻马店市人民政府联合主办的"天中杯"第八届黄河戏剧节（省市级院团）在驻马店举行。黄河戏剧节也是黄河戏剧奖的子奖项之一，是河南全力打造的一项文化品牌，目前已经成为一个立足河南、面向全国的区域性戏剧赛事。在本届黄河戏剧节，共有来自河南、北京、上海、新疆四个省份的25台剧目参赛，涵盖了豫剧、京剧、曲剧、越调、淮剧、话剧等多个剧种。这些剧目

题材丰富，形式多样，在一定程度上展示了近两年来戏剧创作的良好态势。最终，曲剧《丹水颂》《信仰》《新版·白兔记》《龙情》，豫剧《皇家驿站》《灞陵桥》《七星剑》《戈壁母亲》《红梅记》，越调《诸葛亮·临危受命》等十部剧目荣获金奖，另外还评出各种单项奖 228 名。

在黄河戏剧节期间，还举办了以"现代戏创作的现状与思考"为主题的戏剧论坛和"河南省戏剧高端人才（导演）培训班"。戏剧论坛共有来自全国数十位专家学者参加，主要探讨如何发掘现代戏创作发展的新路径，以及如何使之实现创造性转化、创新性发展和科学化推介，从而进一步推进现代戏创作的繁荣发展。培训班则是从全省选取有潜力的 30 名青年导演，采取培训与观摩、理论与实践相结合的教学方式和研修方法，为戏剧新人提供良好的学习和交流平台。

2. "庆祝改革开放40周年河南省优秀现实题材剧（节）目展演月"活动

6 月 21 日至 7 月 13 日，河南省委宣传部、河南省文化厅联合主办了"庆祝改革开放 40 周年河南省优秀现实题材剧（节）目展演月"活动，旨在展示河南省改革开放 40 年以来的优秀舞台艺术成果，为众多戏剧演艺人员搭建一个展示交流的平台。在该活动中，共上演了 21 台在各个时期颇具代表性的优秀作品，既有《焦裕禄》《常香玉》《香魂女》《红旗渠》《倒霉大叔的婚事》等现实题材剧目，也有《程婴救孤》《老子》等历史题材剧目，涵盖了豫剧、曲剧、越调、话剧、京剧、音乐、四平调以及歌曲、民乐等多个地方戏剧种和舞台艺术形式，演出单位涉及 6 个省直院团、9 个市级院团及 4 个县（区）级院团。此次展演活动大获成功，充分体现了时代性和公益性的特点，获得各界好评。

3. 纪念陈素真100周年诞辰系列活动

2018 年是豫剧大师陈素真 100 周年诞辰，河南特地举办了"素韵·真声——纪念陈素真大师诞辰一百周年"系列活动，包括一场《梨园春》专题晚会、两场折子戏演出、三台陈派经典大戏，共有 14 个豫剧院团的 400多名演职员参加演出。除了河南省级院团的精彩表演之外，还有来自新疆、河北、陕西、山西、开封等地陈派弟子的集中展演。活动期间，还举办了"陈素真大师诞辰一百周年艺术展""豫剧陈派表演人才培养开班仪式""豫剧大师陈素真诞辰百年座谈会""陈素真纪念馆开馆仪式"等多项活动。

4."偃月古城杯"第十一届河南省戏曲红梅奖(县区级暨民营)大赛

为了给基层戏曲从业人员营造更好更大的发展空间,本次大赛首次将省市剧团、县区级暨民营院团演员分开比赛,共有来自全省18个地市、基层院团93人参加了演唱组和器乐组的比赛。此次大赛的成功举办,不仅展现了基层戏曲演(奏)员良好的艺术素质,显示出河南省基层戏曲事业蓬勃的发展活力,也为基层戏曲从业人员的培养开拓一条新路径。

除此之外,河南省还举办了多种形式、各具特色的戏曲活动,例如"跨越世纪的交响——豫剧现代戏《朝阳沟》创演60周年系列纪念活动"、"纪念人民艺术家申凤梅诞辰九十周年"系列活动、"纪念牛得草先生诞辰85周年系列活动"、"树业·建功——2018李(树建)派中华美德三部曲"全国巡演活动、《南水迢迢》剧本研讨会、"荃珍溢香问风华——豫剧名家汪荃珍师生戏曲艺术传承演唱会"、"唱响新时代——2018首届戏曲稀有剧种贺新春互联网公益晚会"、戏曲名家魏俊英收徒活动、"陈韵金声誉祥符——金丽丽贺新春(祥符调)折子戏"专场晚会等,在宣传戏曲名家、培养戏曲新人方面均发挥了积极作用。

在培养和锻炼中青年戏曲人才、大力宣传戏曲名家的同时,河南非常重视少儿戏曲教育的建设与发展,努力发掘和培养少年儿童戏曲人才,从源头上为戏曲的发展不断输送人才与观众。

在2018年,河南先后成功举办了第十四届河南省少儿戏曲小梅花大赛总决赛和第十五届河南省少儿戏曲小梅花大赛决赛。第十四届河南省少儿戏曲小梅花大赛总决赛共19位小梅花金奖选手参赛,经过激烈的角逐,最终王宇梦、高浩然、桑艺萌分获状元、榜眼和探花,"最佳人气奖"由殷硕言获得。而第十五届河南省少儿戏曲小梅花大赛决赛则共有来自全省18个地市的100多位选手参赛,涉及豫剧、曲剧、越调、京剧等多个剧种,充分展示了当下河南青少年戏曲演艺水平。

第十四届河南省少儿戏曲小梅花大赛总决赛产生的十强选手，以及第十五届河南省少儿戏曲小梅花大赛决赛的优异选手，代表河南参加了在浙江嵊州举办的第二十二届中国少儿戏曲小梅花荟萃活动。其中，魏硕、田宸子、桑艺萌、牛雨馨、王宇梦、张琬其等六名选手，凭借精湛的技艺和精彩的表演，获得金花奖，为河南省再添六朵"金花"。同时，魏硕、田宸子、桑艺萌、牛雨馨等四人还荣获十佳称号，河南省戏剧家协会获"优秀组织奖"。

此外，为了锻炼后备人才，河南省戏剧家协会、河南省音乐家协会和郑州市磴槽集团有限公司等单位还主办了"梅花初放——少儿戏曲优秀剧目展演"活动。磴槽艺校的小演员们共演出《花木兰》《朝阳沟》《红灯记》三部经典剧目和一台折子戏专场。展演活动结束后，30余位省内戏剧界的专家学者、艺术名家和有关领导还参加了专题研讨会，在肯定磴槽艺校现有成绩的同时，探讨如何更好地培养少儿戏曲人才。

（二）积极开展戏曲传承和保护工作，加大普及力度

河南采取多种形式，积极开展戏曲传承和保护工作，加大戏曲文化普及力度。

1. "戏曲进校园"活动

2018年，河南省委宣传部、河南省文化厅、河南省教育厅和河南省财政厅联合主办的"戏曲进校园"活动，共为省内高校安排258场优秀、经典的戏曲艺术作品演出，由河南豫剧院一团、河南豫剧院二团、河南豫剧院三团、河南豫剧院青年团、河南省曲剧艺术保护传承中心、河南省越调艺术保护传承中心、河南省京剧艺术中心等省直专业戏曲艺术表演团体参演。该活动主要是为了弘扬社会主义核心价值观，培养和增强青年学生对优秀传统文化的兴趣，丰富青年学生的校园生活。该活动为高校广大师生带来了高质量的精神文化享受，很好地普及了传统文化和戏曲文化的知识，受到社会各界的欢迎和好评。

戏曲在走进高校的同时，还不断走进中小学校园，如在郑州金水区的工

人第一新村小学、柳林镇第三小学、柳林镇第七小学，郑州二七区的工人南路小学、大学路第二小学，登封市第一高级中学，平顶山市第十六中学等举办的众多活动，让青少年儿童近距离感受戏曲文化和传统文化的博大精深和独特魅力，增强其对传统文化的认同感和自豪感，从而使之增强民族自信心、树立文化自信。

2. "文艺院团千戏送千村扶贫行动"

河南省依托文化惠民工程"舞台艺术送基层"活动，8月正式启动"文艺院团千戏送千村扶贫行动"，要求在2018年"舞台艺术送基层"文化惠民演出中，优先关注贫困县、村"舞台艺术送基层"的演出需求，为省派驻第一书记的225个村每村送2场演出；为每个贫困县全年安排演出不低于20场，全年向贫困县开展"舞台艺术送基层"活动不低于1000场①。此举既可以将宣传脱贫攻坚政策和典型事例的优秀作品送到脱贫攻坚的一线去，又可以在广大人民群众中普及戏曲文化知识，弘扬优秀传统文化，使戏曲文化生态环境进一步得到优化。

3. 开展"河南省戏曲之乡"评选命名活动

2017年10月，河南省开始启动"河南省戏曲之乡"评选活动的报名工作，对于评上"河南省戏曲之乡"的地区，将择优推荐评选中国戏曲之乡。2018年上半年申报工作完成后，河南省组织专家于7~9月，陆续完成对许昌市、巩义市、汝州市、驻马店经济开发区、开封市、封丘县、渑池县等参加评选地区的考察工作，并对这些地方的戏曲文化事业发展提出了宝贵的建议。

4. 开设剧种博物馆

开设剧种博物馆也是扩大戏曲知识普及范围的有效措施，比如开封市二夹弦戏曲博物馆的建成开馆，就对保护和传承传统文化起到了良好的促进作用，让更多的人认识和了解二夹弦。该馆于10月21日正式开馆，免费对外

---

① 《河南省文化厅开展"三千行动"助力脱贫攻坚》，河南政府网，2018年8月8日，https://www.henan.gov.cn/2018/08-08/686071.html。

开放。馆内不仅陈列二夹弦的各种相关介绍，今后还将不定期的举办二夹弦表演。馆里的体验室还备有丰富的二夹弦服装道具，让参观者可以试穿、化妆，零距离感受二夹弦的风采和魅力。二夹弦是开封地区流行的一种独具特色的地方戏，于2008年入选第二批国家级非物质文化遗产名录。

（三）打造全国高端交流平台，推动河南戏曲走出去

为使河南戏曲文化事业能够持续繁荣发展，必然需要打造全国高端的交流平台，推动河南戏曲"走出去"，使之能拥有更为广阔的发展空间。而"出彩河南——庆祝改革开放40周年中国豫剧优秀剧目北京展演月"活动，就是推动河南戏曲"走出去"的一项非常重要的举措。

该活动于8月2~27日在北京举行，由河南省委宣传部、河南省文化厅主办，河南豫剧院承办，共有来自河南、河北、新疆、安徽、湖北、陕西6省份的19个院团参加。在演出的24台剧目中，以改革开放以来创作的优秀现实题材剧为主，并有少量的传统经典剧目和新编历史剧，全面展示了豫剧的艺术水准和发展现状，受到各界的广泛关注和好评，演出平均上座率达到90%。值得一提的是，此次活动上有90岁高龄的老艺术家参与，下有"00后"演员担纲主演，显示出豫剧在传承发展上的勃勃生机。活动期间，主办方还邀请众多艺术家、艺术评论家以及有关院团团长、戏曲爱好者等前来观摩，并为部分新创剧目组织召开研讨会。此次展演月活动不仅是河南文艺界庆祝改革开放40周年的一项重要活动，也是对当下中国豫剧发展水平的一次全面展示和检阅，充分展现河南以及相关省市（地区）在豫剧创编、演出、人才培养等方面发展的新理念、新举措和新成果，使大豫剧的发展理念得以进一步树立，为社会主义文艺事业的繁荣做出了积极贡献。

在此次活动之前，7月4~14日，河南省还在北京成功举办了"唱响新时代——河南民营院团公益展演"活动。在该活动中，共有来自河南的8个民营剧团和上海的2个民营剧团相继亮相，演出了《程婴救孤》《穆桂英挂帅》《铡刀下的红梅》等经典剧目及折子戏专场，集中展示出河南省民营

院团的实力和魅力。这是河南民营院团历史上第一次组团进京大型展演活动，也是推动河南戏曲走向全国的又一次重大而有效的行动。

另外，河南还和清华大学联合主办了"2018清华大学校园戏曲艺术节——河南戏曲艺术周暨稀有剧种展演"活动，这是河南稀有剧种首次走进清华大学展演。该展演活动于11月在清华大学举行，参演剧目有四平调《小包公》、宛梆《铜台关》、太康道情《张廷秀私访》、越调《老子》、豫剧《北魏孝文帝》等，让更多的年轻观众从中了解了河南戏曲文化的博大精深，对稀有剧种的保护和推广具有重要意义。

二 河南戏曲发展存在的问题与不足

在取得一定成绩的同时，目前河南戏曲仍然存在一些亟待解决的问题，影响其今后的传承发展。

（一）人才队伍短板突出

在当下的河南戏曲界，人才队伍老化和主创人员力量不强是最为突出的问题。随着戏曲市场的萎缩和戏曲观众的减少，戏曲院团经济效益相对较差，很难招到和留住优秀人才，在岗人员年龄老化现象普遍。同时，戏曲学校也面临人才匮乏问题，大师级的老师、高素质的管理人才和技艺拔尖全面的艺术后备人才都较为缺乏。即便是学校培养出一些优秀的戏曲人才，毕业后到剧团继续从事戏曲事业的也相对较少，大多改行去影、视、歌等行业。而引进省外优秀戏曲人才，又缺乏相应的配套奖励机制，难以有效地推进。队伍老化、人才断层已经威胁到河南戏曲的后续发展。

与此同时，主创人员力量不强，在全国有一定影响力的编剧、导演、作曲等创作人员屈指可数，特别是编剧人才极为短缺，已经严重制约了河南省戏曲推陈出新的创作水平，必然影响戏曲观众的热情和关注度，从而导致戏曲创作与戏曲市场的恶性循环。

除此之外，戏剧评论员也严重缺乏，在河南戏曲的创编中，文艺评论的

"缺席""缺位"现象颇为明显，艺术生产与文艺评论没有能够形成良好的互动，不能为河南戏曲的传承发展提供必要的理论支撑。

（二）现实题材剧目匮乏

剧目的编创是戏曲发展的一大关键因素，目前河南戏曲依然以传统经典剧目和历史题材为主，现实题材剧目偏少，且多是反映20世纪的，反映当下现实生活和时代发展的剧目极为稀少，其中高水平的更是寥寥无几。这主要是因为当下一些主创人员缺乏为人民群众服务的热情，也不愿意去深入生活，只是想当然地进行创作。这种闭门造车的作品无疑缺乏生活气息，无法准确地把握时代脉搏，人物也都是符号化、概念化的产物，观众自然不会喜欢。而且，河南省的戏曲院团大多还没有形成深耕现实题材剧目创作的长期自觉，往往是出于参加国家和地方一些纪念活动和节庆活动的需要，进行献礼式的创作。这种创作活动一般目的性较强，创作周期较短，市场意识不足，消费群体当然也随之日益减少。这必然会导致现实题材剧目的创作和演出陷入恶性循环。

（三）表现形式缺乏多样性

戏曲在农耕社会诞生的背景与发展的特点，使其经过千锤百炼的表演程式虽然有些已经达到了精美绝伦的地步，但是大多无法承载当下现代生活的新内容，无法与时代同行。而且河南戏曲界的艺术手法储备相对薄弱，缺乏创造性的转化和创新性的发展，难以为戏曲的表演注入新鲜血液，故而造成河南传统剧目内容陈旧、表现形式缺乏变化，新编剧目虽然故事内容新颖，却常常在表现形式上有明显欠缺，既偏离了戏曲的艺术传统和美学原则，又不能很好地运用现代科技手段，无法满足当下观众的审美需求。

三 河南戏曲发展的对策与建议

针对河南戏曲目前存在的问题和不足，河南可以通过加强人才队伍建设、推进戏曲改革创新、加大政府扶持力度等方式，提高戏曲水平，提升市场占有率，才有可能实现河南戏曲文化事业的持续发展和繁荣。

（一）加强人才队伍建设

人才队伍建设的关键在于对人才的培养。河南首先要重视和加强对于表演人才的培养，继续巩固和增强以戏曲专业学校为主的戏曲教育体系，进一步完善从启蒙教育到大中专、本科、研究生层层递进的戏曲人才培养体系。同时，鼓励各级演出院团深度参与戏曲教学实践活动，支持其与戏曲学校合作，建立戏曲表演专业学生学习与实践一体化的教育基地。此外，还要鼓励戏曲名家、戏曲表演方面的非物质文化遗产传承人及优秀的民间艺人也参与戏曲教育教学。根据时代要求的变化，河南应该不断创新戏曲表演人才的培养模式，使之能够形成以中青年为骨干力量、涵盖老中青少各个年龄层次的优秀戏曲表演人才队伍梯队。

其次，河南也要高度重视对编剧、导演、作曲、舞美等主创人才的培养。对于主创人才的培养，应以本科和研究生教育为主，并定向扶持一批有潜力的在岗中青年主创人才，给予他们足够的创作实践空间。此外，河南还需要注意对戏剧评论员的培养，提升其戏曲理论知识水平，以推动河南戏曲的健康发展。

在培养人才的基础上，河南还应该拓宽人才引进渠道，结合院团和学校等的实际情况，出台相应的优惠政策，大力引进优秀戏曲专业人才，以充实和壮大河南戏曲人才的队伍。

（二）推进戏曲改革创新

为适应时代的快速发展和满足人民群众精神生活的需要，在传承和发展戏曲传统特色和艺术精髓的基础上，河南的戏曲艺术必须进行改革创新。

在表演内容上，河南戏曲要大胆创新，与时俱进，多创编一些能反映当下人民群众生活和情感的剧目和曲目，即便是历史题材也应该在内容和思想上符合当下观众的心理与审美，从而引发他们的情感共鸣，这样才能吸引观众。同时，在艺术形式上，河南戏曲也要不断探索革新，不仅要在"唱、念、做、打"上尽量与新时代新生活相结合，还可以考虑与影视、动画、网络游戏、微视频等形式相结合，探索普及与弘扬戏曲艺术的新途径新方式，以贴近当下观众的欣赏习惯和生活方式，使古老的戏曲艺术能不断焕发新的光彩。

（三）加大政府扶持力度

文艺事业的繁荣发展离不开政府的支持，对处在困难期的河南戏曲来说，尤其需要政府提供全方位的大力扶持，重点在两方面：一是加大对基层戏曲院团的扶持力度；二是加大对精品力作和领军人物的扶持力度。

基层戏曲院团在宣传党和政府的政策、繁荣广大基层人民群众文化生活等方面都发挥着重要作用，但是与省市级戏曲院团相比，各方面条件都相对较差，严重影响了其服务人民、服务社会的主动性和积极性。政府需要加大资金投入力度，改善基层院团的生存条件和工作环境。在购买演出场次时，政府也要向基层院团倾斜，为其创造良好的工作氛围和发展空间，以此激发基层院团的工作热情以及为人民服务的使命感和自豪感。

精品力作和领军人物是河南戏曲提升社会影响力、扩大市场占有率、更好地得以传承和发展的重要因素。在符合戏曲艺术发展规律的基础上，政府应该积极采取多种激励措施，鼓励创作精品力作、大力扶持领军人物，从而推进河南戏曲文艺事业走向繁荣。

B.18
郑州小小说文化传媒有限公司发展报告

任晓燕　马国兴＊

摘　要： 郑州小小说文化传媒有限公司转企改制后，把社会效益放在首位，积极探索转型、跨界发展，形成了期刊出版、图书编选、活动组织、网络教学等多渠道的经营模式，实现了社会效益和经济效益相统一。报告指出其发展过程中存在办公用地紧张、"说节"停办等问题，从政府协调、重启节会等角度提出郑州小小说文化传媒发展的建议。

关键词： 小小说传媒　《百花园》　《小小说选刊》　鲁迅文学奖

2012 年 11 月 8 日，郑州小小说文化传媒有限公司（以下简称"小小说传媒"）注册设立。小小说传媒是由郑州市人民政府出资、郑州市国资委履行出资人职责的国有独资企业，郑州市第二批文化产业示范基地，也是郑州市唯一由国家新闻出版广电总局批准设立的出版单位。

小小说传媒的前身是百花园杂志社，原来是自收自支、独立核算的事业单位，根据中央、河南省、郑州市的有关非时政类报刊出版单位体制改革的文件精神，2012 年转企改制。30 多年以来，小小说传媒以《百花园》《小小说选刊》为阵地，倡导、规范小小说文体，投身小小说事业，文学活动创意、文化产业理念长期位于全国同行业前列，为社会贡

＊ 任晓燕，郑州小小说文化传媒有限公司党支部书记、董事长，《百花园》《小小说选刊》总编辑；马国兴，郑州小小说文化传媒有限公司副总编辑、新媒体中心主任。

献了社会效益和经济效益。经过几代小小说人多年不懈努力，小小说已经成为郑州市乃至河南省的一张文化名片，郑州市也已经成为"中国小小说中心"。

中共十八大以来，在中共郑州市委宣传部、郑州市国资委、郑州市文联的领导支持下，小小说传媒完善组织机构，建立企业制度，巩固改革成果，加强经营工作。一方面，继续打造"郑州小小说"文化品牌，为广大读者提供既有精英文化品质又有大众文化市场的精神食粮，始终将社会效益放在首位。另一方面，通过期刊出版、图书出版、网络教学、数字化出版等多渠道的经营模式，拉长文化产业链条，来获取社会效益与经济效益的双丰收。

一 小小说传媒的发展情况

（一）守护初心，继续做精做强《百花园》《小小说选刊》的编辑出版工作

《百花园》创刊于1958年，是河南省的名牌文学刊物。1982年10月，《百花园》出版了第一个小小说专号，1990年1月改刊为小小说专业期刊。30多年来，《百花园》倡导与规范小小说文体，是海内外的标志性刊物，多次被评为"河南省社科期刊二十佳"及"河南省一级期刊"。

《小小说选刊》创刊于1985年，1995年改为半月刊，月发行量曾达64万册，是中国小小说的权威品牌，先后荣获由原国家新闻出版总署评选的"第二届百种全国重点社科期刊""中国期刊方阵双百期刊""第三届国家期刊奖百种重点期刊"等国家级奖项。

2010年，中国作家协会主席铁凝在中原作家群论坛上发表讲话，高度赞扬小小说传媒："新时期以来，河南文学的另一个亮点是以《百花园》《小小说选刊》为根据地形成的，以郑州为龙头的全国小小说创作中心，它以充满活力的文体倡导与创作事件，有力地带动了全国小小说的发展。"

中共十八大以来，小小说传媒保质保量完成了出版发行任务。截至2018年底，《百花园》已累计出版了593期，《小小说选刊》已累计出版了696期，总发行量逾亿册，影响了几代人。近年来，《百花园》和《小小说选刊》唱响主旋律，以专题形式刊发了"用小小说讲好中国故事""中国元素""创新小小说大展""全国廉政小小说大赛优秀作品选"等系列作品。同时，两刊还充分利用各自的优势，以多种形式推出名家，发掘新人，分别评选各年度优秀作品奖和原创作品奖，为发现和培养小小说梯次作家队伍做出了贡献。

（二）担当使命，成功举办第16届《小小说选刊》优秀作品奖颁奖典礼暨冯骥才《俗世奇人》研讨会

2017年7月12~13日，由中国作家协会创作研究部、中国小说学会、人民文学出版社、河南省作家协会、郑州市文学艺术界联合会、河南省文学院主办，小小说传媒、《百花园》、《小小说选刊》承办的第16届《小小说选刊》优秀作品奖颁奖典礼暨冯骥才《俗世奇人》研讨会在郑州举行。

中国作家协会副主席、著名作家陈建功，中国文学艺术界联合会原副主席、全国政治协商会议常委、国务院参事、著名作家冯骥才，中共中央宣传部出版局副局长刘建生，中共郑州市委员会常委、宣传部长张俊峰，中共河南省委员会宣传部副巡视员赵钢，河南省文学艺术界联合会党组书记王守国，郑州市国有资产监督管理委员会主任李秀山，郑州市文学艺术界联合会主席钟海涛等与会并发表了讲话。胡平、周绚隆、王干、肖惊鸿、李星、卢翎、邵丽、何弘、任晓燕等参加了研讨。来自全国各地的作家、评论家、编辑家共120余人与会。

开幕式上，张俊峰致欢迎辞。他说："以《百花园》《小小说选刊》为依托的小小说，已经成为郑州市乃至河南省对外文化交流的一张名片和中原现代文化的重要代表，郑州也成为海内外瞩目的'中国小小说中心'。"冯骥才先生是当代著名作家、书画家、文化学者，也是中国当代小小说发展重要的见证者和推动者，曾多次参加小小说重要活动。他创作的《俗世奇人》

在中国当代小小说创作中起到了非常重要的引领与示范作用，是小小说的经典和标杆。冯先生关于中国传统村落保护的论述也正在指导郑州的城乡规划，助推郑州建设国家中心城市。

这次活动有开幕式、颁奖典礼、《俗世奇人》研讨会、对话冯骥才、小小说新论坛、小小说传媒与中原网签约等主要内容。这是小小说传媒转企改制后，第一次承办的大型文学类节会活动，与此前历次小小说活动相比，本次活动规格较高、规模较大、影响深远。通过省内外各大媒体的宣传，进一步宣传巩固了郑州"中国小小说中心"的地位，进一步强化了"郑州小小说"的品牌优势。尤其是由小小说传媒承办冯骥才《俗世奇人》研讨会，得到了与会领导和专家一致赞赏，认为此举体现了郑州的远见与担当。

2018 年 8 月 11 日，四年一度的鲁迅文学奖在北京评选揭晓，《俗世奇人》荣获第七届鲁奖短篇小说奖。2010 年，小小说纳入鲁迅文学奖评选序列，八年后，终成正果。

事实证明，2007 年在郑州举办的冯骥才《俗世奇人》研讨会对小小说首获鲁迅文学奖起到了积极的推动作用。为纪念这一历史性事件，《小小说选刊》出版了"《俗世奇人》获第七届鲁迅文学奖"专号（2018 年第 18 期），《百花园》2018 年第 10 期刊发了特辑。

（三）迈向高峰，用小小说讲好中国故事，组织评选改革开放40周年最具影响力小小说

当代小小说发轫于 20 世纪 80 年代，经过近 40 年坚持不懈的努力，不仅出现了总发行逾亿册的核心刊物，成就了数以百计的经典性作品与代表性作家，还有遍及全国、数量庞大的作者与读者群体，以及随之派生的小小说笔会研讨、大赛征文、图书出版、自媒体热潮等，共同营造出一种令世人瞩目的大众文化现象。

为庆祝改革开放 40 周年、广泛而深入地展示 40 年来小小说取得的创作成就，2018 年下半年，《百花园》《小小说选刊》评选了"改革开放 40 周年最具影响力小小说"，推选出优秀作品 40 篇。这些作品，关注社会现实，

立足广大民众，用小小说的文学样式，讲好中国故事，张扬时代精神，在不同时期用不同艺术风格彰显了小小说文体的艺术魅力。

2018 年，冯骥才《俗世奇人》（足本）获得第七届鲁迅文学奖，为小小说文体赢得了鲁奖开评以来的破题首奖；改革开放 40 周年最具影响力小小说评选揭晓，40 篇优秀作品脱颖而出（见表 1），以小小说书写中国故事，弘扬时代精神，闪耀着经典之光。

这两个事件，被业界解读为小小说文体走向成熟的重要标志。历经风雨，终见彩虹。在小小说人近 40 年的共同努力下，小小说正在茁壮成长。为此，小小说传媒编辑出版了"改革开放 40 周年最具影响力小小说"特刊（《小小说选刊》2018 年第 23、24 期合刊），一册在手，经典尽享，值得阅读与珍藏。

表 1   "改革开放 40 周年最具影响力小小说"篇目

篇名	作者	原发报刊及时间（刊期）
《陈小手》	汪曾祺	《人民文学》1983 年第 9 期
《客厅里的爆炸》	白小易	《中国青年报》1985 年 5 月 3 日
《永远的门》	邵宝健	《三月》1986 年第 4 期
《手》	王蒙	《人民日报》1987 年 1 月 4 日
《立正》	许行	《作家》1987 年第 7 期
《老实人的虚伪》	沈祖连	《广西工人报》1987 年 12 月 23 日
《杭州路 10 号》	于德北	《小小说选刊》1988 年第 2 期
《走出沙漠》	沈宏	《天津文学》1988 年第 12 期
《奇遇》	莫言	《北方文学》1989 年第 10 期
《女匪》	孙方友	《百花园》1990 年第 4 期
《天上有一只鹰》	修祥明	《北方文学》1990 年第 5 期
《剃头阿六》	凌鼎年	《解放军报》1993 年 7 月 4 日
《红绣鞋》	王奎山	《百花园》1993 年第 9 期
《苏七块》	冯骥才	《收获》1994 年第 1 期
《莲池老人》	贾大山	《天津文学》1994 年第 5 期
《风铃》	刘国芳	《沧州日报》1995 年 7 月 29 日

篇名	作者	原发报刊及时间(刊期)
《高等教育》	司玉笙	《文汇报》1996 年 2 月 4 日
《端米》	刘黎莹	《百花园》1997 年第 1 期
《将军》	刘建超	《洛阳日报》1997 年 4 月 4 日
《教堂的钟声》	阿成	《长江文艺》1997 年第 9 期
《行走在岸上的鱼》	蔡楠	《沧州日报》1998 年 4 月 24 日
《冬天的葬礼》	侯德云	《东方文化周刊》1999 年第 19 期
《谁先看见村庄》	黄建国	《小说界》2001 年第 1 期
《头羊》	申平	《南方日报》2002 年 1 月 13 日
《仿佛》	滕刚	《微型小说选刊》2003 年第 1 期
《初恋》	邓洪卫	《百花园》2005 年第 2 期
《逍遥游》	聂鑫森	《山花》2005 年第 3 期
《讲究》	孙春平	《百花园》2005 年第 3 期
《黄羊泉》	谢志强	《文学港》2005 年第 6 期
《伊人寂寞》	陈毓	《芒种》2006 年第 1 期
《最后一颗子弹》	奚同发	《小说月刊》2006 年第 1 期
《青龙偃月刀》	韩少功	《佛山文艺》2006 年第 6 期
《洁癖》	张晓林	《百花园》2008 年第 2 期
《蒙面人》	罗伟章	《百花园》2008 年第 6 期
《大鱼》	安石榴	《小小说选刊》2009 年第 12 期
《幻想》	袁炳发	《大家》2012 年第 3 期
《麦垛》	芦芙荭	《小说月刊》2013 年第 5 期
《好大一棵树》	夏阳	《小小说选刊》2014 年第 20 期
《群山之巅》	何君华	《草原》2016 年第 10 期
《论王石头的重要性与非重要性》	非鱼	《海燕》2017 年第 5 期

（四）跨界发展，与蜻蜓 FM 河南战略合作，开辟全新传播模式

2016 年 11 月 9 日，在郑州人民广播电台演播厅，举办了星光小小说网络电台开播仪式。星光小小说网络电台是由小小说传媒与蜻蜓 FM 河南联手

打造的互联网类型化广播，以小小说为核心产品，在国内开创先河。这是传统媒体跨领域、跨行业、跨所有制的创造性举措，为郑州乃至河南打造了一个新平台，传播正能量，弘扬真善美。小小说传媒拥有大量优质版权，蜻蜓FM河南拥有强大的音频制作及传播能力，优势互补，在包括内容、平台、渠道、经营、管理等方面，开展立体合作，携手完成小小说作品由视觉到听觉的升级、转变，创造适合大众需求的文化产品，实现共赢。

在开播仪式上，中共郑州市委员会宣传部常务副部长徐西平发表讲话："小小说网络电台的设立，是传统媒体主动借助新媒体传播优势，适应分众化、差异化传播要求的具体举措。双方的合作也是郑州市加快构建舆论引导新格局，推动融合发展的有益尝试。希望在小小说网络电台的运营中，合作双方真正做到融合发展，生产文化精品，助推新的文学传播平台在郑州发展壮大，力争把郑州打造成为全国小小说文学的创作生产、传播营销的中心。"

（五）开掘资源，深化与出版社合作，推出精选本及丛书

30 多年来，小小说传媒共积累了数十万篇小小说，其中数百篇作品，或入选大、中、小学语文教材，或改编为电影、电视剧、晚会小品，或译介至海外。小小说传媒不断开掘丰富的作家作品资源，与国内各大出版社合作，进行图书的编选与出版。

2018 年 9 月 15 日，"《小小说精品系列》新书发布会"在中原图书大厦回声馆举行。发布会由人民文学出版社联合《小小说选刊》、星光小小说网络电台主办。中国作家协会书记处书记鲁敏、人民文学出版社资深编辑脚印、河南省作家协会副主席乔叶、河南省作家协会副主席墨白、河南省作家协会副主席鱼禾、河南大学中文系教授刘军、《小小说选刊》《百花园》总编辑任晓燕等与现场读者分享和互动。《小小说精品系列》由任晓燕主编、秦俑策划编辑，人民文学出版社出版，第一辑包括冯骥才的《俗世奇人》、孙方友的《老店铺传奇》、聂鑫森的《湘潭故事》、杨小凡的《药都人物》、张晓林的《夷门书家》、相裕亭的《盐河旧事》，共计六卷。这是中国当代

笔记体小小说主力阵容的第一次集体亮相。

此前，2017 年 1 月，任晓燕、秦俑、赵建宇选编的《2016 中国年度小小说》，由漓江出版社出版。该选本检阅了 2016 年小小说创作成绩，推选出 130 多篇兼具思想性和艺术性、有代表性和影响力的小小说。同月，马国兴、吕双喜主编的《小小说美文馆》丛书，由郑州大学出版社出版。

这些系列出版工程除经济效益之外，还有良好的社会效益，其中多种图书入选"河南省农家书屋补充更新出版物目录""河南省中小学图书馆（室）推荐书目"，推动了全民阅读工作规范化、常态化，提升了国民素质及社会文明程度，为建设书香社会做出了应有的贡献。

（六）传播书香，成功举办第十六届全国民间读书年会

2018 年 9 月 15 日，由郑州市文化广电新闻出版局主办，小小说传媒、小小说电台承办的第十六届全国民间读书年会在郑州嵩阳饭店开幕，来自全国各地的知名学者、主编、出版家、藏书家近百人出席。

开幕式由小小说传媒董事、副总编辑马国兴主持。郑州市文化广电新闻出版局局长宋建国致欢迎词，读书年会发起人蔡玉洗介绍了年会创办缘起及发展历程。《暨阳书缘》《纸阅读文库》先后举办首发式。中国阅读学研究会会长徐雁向小小说传媒授予"华夏书香地标"，小小说传媒董事长、总编辑任晓燕接受牌匾。

开幕式后，知名学者陈子善、王稼句分别主持了"民间读书媒体与出版""阅读中原：我阅历中的河南学人与豫版图书"主题研讨会，并确定哈尔滨为下一届读书年会举办地。主会场之外，本届读书年会还在河南省少年儿童图书馆、郑州松社书店、郑州我在书店等协办单位设立分会场，特邀与会代表周立民、曾纪鑫、王振良等，举办了"开卷物语""缘为书来""徐志摩和他的朋友们""《随想录》与新时期文学复苏""最是书香能致远"等多场讲座交流活动。本届读书年会，展示了郑州的良好形象，提升了郑州的文化内涵，推动了书香社会的建设，进一步促进了郑州的对外交流合作，扩大了郑州的社会影响力、知名度，助推了郑州国家中心城市建设。

（七）弘扬正气，积极承办一系列全国廉政小小说大赛

2016 年，由河南省纪委、河南省监察厅、河南省预防腐败局联合主办的"中原清风杯"全国反腐倡廉微型小说作品征集活动圆满结束。小小说传媒所属《百花园》编辑部、郑州小小说学会在此次活动中，深度参与作品的征集、评审、传播和评论工作。

2017 年 9 月，首届"绿城清风杯"全国廉政小小说大赛落下帷幕。此活动由中共郑州市纪委指导，郑州市文学艺术界联合会、郑州市文学艺术界联合会纪检组主办，小小说传媒、《百花园》、《小小说选刊》、郑州小小说学会承办。

以文化人，润物无声。小小说文体的自身特质，便于广大作者的参与，便于更广大读者的传播，还具有一定反映社会现实的时效性，贴近实际、贴近生活、贴近群众。用文学作品中的廉洁因子，催生反腐惩贪、扬善抑恶的清风正气，做到从思想上起底，保持廉政思想主流的新风尚。

这些活动推出了一系列文艺精品，培养了一批廉政文化创作新人，讴歌真善美，贬斥假恶丑，以小小说的形式诠释、弘扬和丰富廉政文化内涵，讲好中国廉政故事，展示时代廉政风貌，唱响反腐倡廉主旋律，引导社会舆论，形成良好精神文明氛围，在广大作者和读者中产生热评热议，为廉政文化建设增添了一抹亮色。2018 年 11 月，第二届"绿城清风杯"全国廉政小小说大赛正式启动。

（八）培养作家，积累丰富的作品资源

多年来，小小说传媒先后策划、举办、召开了近百次全国性的征文、笔会、评奖、研讨、函授等活动，投入数百万元，有效地组织、发现、扶持、培养、造就了遍布全国、成千上万的小小说作家，其中上百名小小说作家成为中国作家协会会员。

小小说传媒先后与海内外 1000 余位作家签约，通过版权交易优先获取了其作品版权，并策划、编选、出版了 100 余种丛书及精选本，盘活

了丰富的作品资源、作家资源，实现了规模化文化生产。小小说传媒旗下的郑州小小说创作函授辅导中心，兼具社会效益、经济效益，依托小小说传媒官网，近年实施网络化教学及不定期面授。截至 2018 年，共举办 14 期小小说高研班，累计招收学员 1000 余人，高研班学员发表作品累计 10000 多篇。

（九）搭建平台，先后发起成立全国小小说媒体联盟、河南文学期刊联盟

2016 年 11 月 9 日，在郑州人民广播电台演播厅，举办了全国小小说媒体联盟成立仪式。此联盟是联谊性文学交流合作平台，由《百花园》《小小说选刊》积极联系全国小小说报刊、电台、网络、自媒体发起成立，旨在推动小小说媒体的交流互动，建立编辑联系、资源共享、活动协作机制，共同面对并解决各种问题，促进小小说这个新兴文体的繁荣和发展。

参与联盟的 18 家小小说媒体表示，务必充分利用联盟这一平台，发挥媒体资源优势，加强文学阵地建设，为培养小小说作家、团结小小说报刊、推进小小说出版、繁荣小小说创作，进而建设书香社会、推进全民阅读贡献力量。

2018 年 11 月 28 日，在古都开封，河南文学期刊社长、主编首次齐聚一堂，举行了座谈会。座谈会上，《莽原》主编安琪，《散文选刊》主编葛一敏，《百花园》《小小说选刊》总编辑任晓燕，《小小说选刊》主编秦俑，《牡丹》杂志社社长杨晓红、主编王小朋，《躬耕》原主编宋云奇、主编李大旭，《大观》杂志社社长兼主编张晓林等，就期刊社深化改革及文学期刊的发展等问题进行了探讨。

座谈会达成了三点共识：一是强强联合、紧密合作，成立河南文学期刊联盟，进一步提升河南文学期刊的影响力、推动河南省文学事业的发展；二是为鼓励河南作家积极创作，设立联盟文学奖项，推选各年度优秀作品；三是为河南省的文学事业搭建服务平台，建立联盟微信公众平台，推介联盟成员活动、优秀作品等。此次座谈会是河南省文学期刊

积极探索、主动作为、深化改革的一项具体举措，也是以实际行动贯彻落实中央关于繁荣发展社会主义的文艺事业重要精神的一次有益尝试。

（十）探索转型，丰富完善小小说数据库，主办、承办系列文学活动

2014年，小小说传媒申报的"小小说数字化出版项目"，入选河南省文化产业扶持基金项目库。同年，小小说传媒被列为郑州市第二批文化产业示范基地。2015年底，小小说传媒开通官方微信公众平台。2016年2月，小小说传媒正式运营官网。从"线下"到"线上"，为小小说传媒发展插上腾飞的翅膀，开创一片新的天空。

与此同时，小小说传媒主办、承办了系列文学活动，探索文体与公司转型。2017年，小小说传媒先后主办、承办了嵩山饭店杯全国微小说大赛、首届"说王"小小说原创作品大赛、第三届"根亲中国"微电影大赛、"小小说媒体的创新与融合"研讨会、"牛人踏春·中原2017作家峰会暨新媒体创作"研讨会、东莞桥头第二届扬辉小小说奖、"仰韶杯"全国小小说写作大赛，改变思路、适应变化、创新载体，积极应对新媒体时代的挑战，探讨创作及自媒体运营之道。

二 存在的困难和问题

根据郑州市政府《关于百花园杂志社转企改制方案的批复》文件，在政策与财政扶持方面，"在今后的市文化基础设施建设中统筹安排解决其办公、发展必要的场所"。转企改制六年过去，小小说传媒仍在租用郑州市文联办公楼。小小说文化品牌的影响力受到一定制约，从一家市属文化公司的生存与发展角度来说仍有后顾之忧。比如，小小说传媒规划中的小小说原创基地、版权交易中心、小小说博物馆、微电影拍摄制作中心及小小说学院等文产项目，由于场地所限，目前尚无法落地。

该批复还指出："改制后，'中国郑州·小小说节'继续由市政府主办，

由郑州小小说文化传媒有限公司承办，由承办单位向市政府报批后，由市财政视规模核拨费用。"小小说传媒转企改制后，由于种种原因，"中国郑州·小小说节"未再举办。此前，2005 年、2007 年、2009 年、2011 年，由市政府主办、百花园杂志社承办的"中国郑州·小小说节"共举办四届，先后得到来自中宣部、国家新闻出版总署、中国作家协会等部门领导与专家的支持与参与，同时得到来自美国、加拿大、新加坡、马来西亚、印度尼西亚、西班牙等国家的海外华文作家的赞誉。在第一届"中国郑州·小小说节"上，著名作家王蒙先生说："小小说的明天一定会更美好。"第二届"中国郑州·小小说节"上，著名作家冯骥才先生说："小小说是当代文化名胜，小小说让郑州扬名。"

美籍华人学者穆爱莉女士认为，优秀小小说是中国重要的软实力，她将中国当代小小说引入美国高校日常教学，并先后翻译并出版了《喧闹的麻雀》《当代中国小小说双语读本》等小小说集，在第二届"中国郑州·小小说节"上，她说："小小说是传播中国文化的桥梁。"

三 对国有文化企业深化改革发展的建议

国家新闻出版广电总局 2016 年 12 月印发了《全民阅读"十三五"时期发展规划》，公布全民阅读工作的指导思想、基本原则和主要目标，"十三五"时期的重点任务、时间表、路线图等，以进一步推动全民阅读工作常态化、规范化，提升国民素质和社会文明程度，共同建设书香社会。

中共中央办公厅、国务院办公厅 2017 年 5 月印发了《国家"十三五"时期文化发展改革发展规划纲要》，明确指出"支持'专、精、特、新'中小微文化企业发展"，"将文化用地纳入城乡规划、土地利用总体规划，在国家土地政策许可范围内，优先保证重要公益性文化设施和文化产业设施、项目用地"。

中共郑州市委办公厅、郑州市人民政府办公厅于 2018 年 1 月 30 日联合发布《关于推动国有文化企业把社会效益放在首位、实现社会效益和经济效益相统一的实施意见》，该意见第一章第二条规定："本实施意见适用于我市提供精神产品、传播思想信息、担负文化传承使命的国有独资及国有控股文化企业，包括新闻信息服务类、内容创作生产类、传播渠道类、投资运营类和综合经营类等。"

小小说传媒认为，接下来的几年是产业转型、发展提速最关键的几年，小小说传媒将以《百花园》《小小说选刊》为依托，盘活现有作家作品资源，积极寻求各方合作，在图书出版、数字化出版、网络阅读、手机阅读、版权交易、音频视频等方面，探索出一种切实可行的文化产业全媒体发展的"中原模式"，争取早日建成郑州小小说的文化产业基地或产业园。为此，小小说传媒提出以下建议。

第一，请主管部门到小小说传媒做一次全面的调研，对小小说的产业化发展予以指导。

第二，请主管部门统筹协调，安排解决小小说传媒办公、发展必要的场所。在规划郑州市文学艺术中心等项目建设时，将小小说纳入其中，组合成中原文艺事业与产业完美拼图。与此同时，为小小说传媒寻求"文企联姻、互补多赢"的市场合作伙伴，把自身的文化产业创意资源优势发挥出来。

第三，事实证明，定期在郑州举办一个包括世界华文小小说作家参与的全国性重大文学活动，很有必要且势在必行。为深入打造"郑州小小说"文化品牌，落实小小说传媒改制方案，建议主管部门继续支持举办"中国郑州·小小说节"，让郑州市乃至河南省对外文化交流的一张名片和中原现代文化的重要代表更加闪亮。

第四，传统的平面媒体在网络和手机等新媒体的冲击下，可发展的空间日益狭小，小小说的数字化出版已经成为一种未来发展的必然趋势。小小说篇幅短小，是最合适数字化阅读的文体。小小说传媒在接下来的几年将陆续开发新的文化产业项目，建议主管部门继续关注小小说文化品牌的建设，加大对小小说传媒文化产业项目的扶持力度。

第五，为建设"文化郑州"的形象，巩固郑州的"中国小小小说中心"的地位，助力郑州国家中心城市建设，可统筹安排与其他传媒单位、企事业单位等联合打造中国小小说原创基地，建立报刊出版集团，不仅可以从事报刊业的出版、数字化出版、影视剧制作、对外文化出口的精短文化产品的译制出版，还可以联合成立出版社，建立郑州小小说创作函授网络学院，开展作家的网络教学与培养，成立当代文学艺术活动基地，举办各种展会与活动等，同时可建立小小说博览馆，打造郑州市地标性的文化景观。

小小说传媒将勇于任事，勤勉敬业，继续推出小小说作品、推举小小说作家、推广小小说文体，把社会效益放在首位，实现社会效益、经济效益相统一，文学事业、文化产业相统一，开拓创新，广集人才，拓展文化市场空间，建成文化产业实体，为中原文化建设繁荣昌盛添砖加瓦。

区 域 篇

Regional Reports

B.19
三门峡市文化建设的资源、
现状和发展对策

胡永杰*

摘　要：　三门峡市位于河南省西部，属古代中原地区，又为豫、陕、晋三
　　　　　省交会地，自古以来地理位置极为优越。这里是中华文化的发祥
　　　　　地和主要发展地之一，至今仍留存着极为丰富的历史文化遗产。
　　　　　近年来，三门峡市高度重视当地文化资源的保护、挖掘和利用，
　　　　　制定了较为成熟的中长期发展规划，文化建设事业取得了较大的
　　　　　成就。今后一段时期，三门峡市应进一步拓展思路，在文化品牌建
　　　　　设、发展路径选择、文化内涵培育等方面继续探索，实现社会效益
　　　　　和经济效益相统一，促进地方区域文化的繁荣发展。

* 胡永杰，河南省社会科学院文学研究所副研究员，文学博士，主要研究方向为魏晋南北朝与
隋唐五代文学。

关键词： 三门峡市 文化资源 文化建设 文化品牌

三门峡市位于河南省西部，下辖湖滨区、陕州区、渑池县、卢氏县、义马市、灵宝市。其地位于长安、洛阳两大古都之间，古属陕州、弘农郡，是古代中原核心区，又为豫、陕、晋交会地。由于地理上独特而重要的位置，这里从古到今，历史悠久、资源丰富、文化发达。21 世纪以来，三门峡市十分重视文化建设，大力挖掘当地文化资源，在文化效益和经济效益上都取得了可喜的成就。

一 三门峡市的文化资源状况

三门峡市文化资源颇为丰富，以历史文化资源为主、以民俗文化和红色文化资源为辅的文化资源分布较广，在当代文化建设和文化产业开发方面具有良好的物质基础。

（一）传统历史文化资源

三门峡市即古代的陕地，处于中华民族历史文化产生的核心区域，即以洛阳为核心的中原地区与以长安为中心的关中或秦陇地区共同构成的中华文化中心区。贯通东西的区位优势和丰富悠久的区域历史，造就了当地厚重多元的历史文化传统。

三门峡市所在的陕地是中华文明的重要发祥地之一，仰韶文化遗址和黄帝仙逝之地——鼎湖是其中两个具有代表性的文化遗址。位于渑池县仰韶村的仰韶文化遗址，是距今 7000～5000 年新石器晚期文化的代表，充分表明三门峡地区在中华文化起源发展进程中的重要地位。黄帝铸鼎升天之地——鼎湖位于灵宝市，最早记载于《史记·封禅书》。但据《史记》所载，今天并无法判断鼎湖的具体所在地，故而后世有在陕西省蓝田县和河南省灵宝市二说。"灵宝说"以《水经注》卷四所引《魏土地记》影响较大，相关记载是："宏农湖县，有轩辕黄帝登仙处。黄帝采首山之铜，铸鼎于荆山之下，有龙垂胡于鼎。黄帝登龙，从登者七十人，遂升于天，故名其地为鼎湖。荆山在冯翊，首山在蒲坂，与湖县相连。"灵宝市现存有一通《黄帝荆山铸鼎碑铭》，唐贞元十一年（795）由虢州刺史王颜撰文、华州刺史兼御史中丞袁滋籀书。这些文献和碑刻至少可以证明，三门峡市所属的灵宝市和中华民族的人文始祖黄帝有密切的关系，应是黄帝的重要活动地之一。

从西周至唐代，中原大地虽时有分合，但总体上是趋于统一的局势。在这一时期，长安和洛阳先后确立了中国政治文化两大中心的地位。陕地处于长安、洛阳之间，这也造成了关中和山东分界点、长安和洛阳连接带的重要位置，极大地促进了当地文化事业的发展繁荣和文化资源的产生留存。

灵宝界内的崤山和函谷关是关中和山东的分界点，也是东西军事相争的要地。春秋时期的秦晋崤之战等著名战役就发生在这里。西汉贾谊《过秦论》中曾指出："于是六国之士……尝以十倍之地，百万之众，叩关而攻秦。秦人开关延敌，九国之师，逡巡而不敢进。"由此可见其在中原东、西两地之间的政治军事战略地位。函谷关始建于春秋战国时期。传说老子曾西出函谷关，授关尹喜《道德经》，后化胡西域。汉武帝时，楼船将军杨仆的原籍为函谷关以东的新安县，因不愿被称为关外人，便捐家资，于汉元鼎三年（前114）在洛阳附近的新安县城东重修了一座函谷关，使自己成为关内人。这两个事件恰恰说明，函谷关不仅是一个地理意义上的象征性标志，还是一个具有文化象征意义的重要标志。

陕地作为长安和洛阳的连接地，其政治文化交通地位为历代统治者所重视。如西周时即派召公、周公分陕而治，可见其政治地位之重要。陕地在水陆交通上都是长安、洛阳两京的必经要道。黄河中的砥柱曾是水路交通的一个险阻，后来却获得中华民族精神象征之一的内涵；从汉至唐，这里是洛阳、长安两京之间的连接地，大量政治、文化人物奔走于此路，这里也成为文化的重要产生地，如杜甫的《石壕吏》《新安吏》《潼关吏》，张养浩的

《山坡羊·潼关怀古》等文学作品，都是在这条历史要道上产生的经典之作。

目前，三门峡市已有渑池新石器时代土仰韶村遗址、虢国墓地、灵宝北阳平遗址、三门峡庙底沟遗址、三门峡金代宝轮寺塔、义马北魏鸿庆寺石窟、渑池县新石器时代不召寨遗址、卢氏县城隍庙、陕县安国寺多出文化遗址被列为全国重点文物保护单位[1]，可见其历史文化遗产的丰富与厚重，以及在当前中国文化建设发展上的重要地位。

（二）姓氏文化资源

中国古代世家大族往往政治文化人才辈出，在中华文化发展构建过程中，发挥了重要而积极的作用，所以姓氏文化也是中华文化的一个重要构成部分。陕地地处长安、洛阳两个政治文化中心之间，属于中华文明产生发展的核心区，这里也是不少姓氏的发源地，并产生过一些在中国历史文化上具有重大影响的家族。据有关专家研究，虢、郭、焦、陕、关、上官等姓都起源于三门峡地区[2]。其中弘农杨氏和陕州上官氏是其中较为著名者。弘农杨氏自汉代至隋唐，一直人物辈出，在政治文化上地位举足轻重。汉代杨震曾被誉为"关西孔子"，其家族"四世三公"，隋代名臣杨素、唐代诗人杨炯也都属此族，可见其家族在文化上的地位之显赫。弘农即弘农郡，其地不限于今三门峡市所辖，但今灵宝市是弘农郡郡治主要所在地，杨氏与灵宝市显然有密不可分的关系。唐代名臣、著名文人上官仪、上官婉儿祖孙即是陕人（今陕州区），唐高宗至中宗时期在政治和文学上皆有极高的地位，上官仪诗歌开一代风气，世称"上官体"，影响尤为巨大。可以这样说，三门峡地区无论是在中华姓氏起源上，还是在当地家族人才对中国历史文化所做的贡献上，都具有不可忽视的地位。

---

① 参见河南文物网，http：//www.haww.gov.cn/。
② 参见徐龙欣主编《虢国故都三门峡》，河南科技出版社，2010。

（三）民俗文化资源

三门峡市处于豫陕晋三省交界地，三地文化在此交融滋长，孕育出了颇具地方特色的文化风俗。如陕原黄土原地貌中形成的地坑院民居，即是极具地方特色的生活习俗。地坑院，又称窑院，20世纪80年代之前，陕县（今陕州区）95%以上的民居为地坑院，达万座之多。^①今天这里依旧保存大量此类民居。再如当地流行千年的扬高戏，也是颇具特色的当地剧种，当年曾与秦腔、蒲剧相颉颃。扬高戏，俗称羊羔戏，又名秧歌戏、弦子戏，是原古陕州地区一种濒危的地方性传统剧种，因其行腔尾音高扬而得名，目前仅存于灵宝市大王乡南阳村和陕县大营镇峪里村两地。该剧种曲调起伏较大，调尾旋律上扬，多用"大跳"，因此得名；其旦角男扮，沿袭至今，生、旦、末、丑，同腔同调，不注重表演技巧，没有大段唱白，但注重剧情叙述，体现出古朴鲜明的地方气息。

此外，灵宝道情皮影戏、虢州砚、陕州澄泥砚等，也是历史悠久、延续至今的民间文化艺术。这些宝贵的民俗文化遗产，滋长于当地的生产生活习俗之中，也得益于其地悠久厚重的历史文化滋育，具有浓郁的地方色彩，体现出丰富的中华传统文化精神内涵。这些民俗风情既在当地具有广泛的群众基础，也对外地游客具有独特的吸引力。

（四）红色文化资源

三门峡市地处关中、山东的分界点，从古至今都是政治军事战略要地。中国共产党极为重视这里的战略地位。1932~1935年，红三军和中国工农红军第二十五军建立了包括三门峡市卢氏县等地在内的鄂豫陕革命根据地。1947年陈赓、谢富治挺进豫西，最终解放三门峡地区。抗日战争时期，中国共产党还在三门峡地区建立了渑池兵站，现渑池县城关镇东关小寨村尚存有其遗址。渑池兵站建于1938年，是由十八集团军总司令朱德、副总司令彭德怀签署文件，委派刘

---

① 参看徐龙欣主编《虢国故都三门峡》，河南科技出版社，2010。

向三建设的中共和军队公开机构，是向我党我军太行山总部、抗日前线及延安、华东、华北、苏北等地输送军需物资、护送干部和进步学生的重要基地和中转站，刘少奇、朱德、彭德怀、邓小平、杨尚昆、国际友人柯棣华等人先后在此停留，1963 年被河南省政府公布为省级文物保护单位。抗日战争时期，国民党军队也曾在此进行过灵宝抗战、石大山阻击战等重要战役，阻击了日本侵略军的西进，对保卫中国大西北起到了关键作用。

二　三门峡市文化建设的特点和成就

三门峡市文化资源丰富，地理位置和空间分布也颇为优越，其文化资源开发建设具有诸多优势。但由于其地处洛阳和西安两大文化高峰的夹缝中，从当前文化建设发展的形势来看，这在一定程度上又恰恰成为其劣势所在。

（一）区位交通优势不可忽视

三门峡市文化的孕育形成，离不开洛阳和西安两地的文化辐射。大体而言，其文化资源主要分布在三大区域。一是三门峡市和陕州区为主的区域，这里依临黄河，有中流砥柱和黄河水道，市内则为陕地地坑民居的集中地。二是市区以西的灵宝市周围，这里是古虢国所在地，是弘农杨氏的发源地和郡望地，也是崤山和函谷关所在地。三是市区以东的渑池县周围，是仰韶文化遗址最早发现地即仰韶村所在地，也是战国时秦赵会盟之地。这三个中心区域东西相连，形成一个横向狭长的文化地带，恰与长安、洛阳之间的交通要道重合。今天这里依旧是我国东西主要交通干线所经之地，陇海铁路、郑西高铁线路、连霍高速、310 国道等纵横区内，交通区位相当重要。三门峡市历史文化资源的地域分布特点，使它具有颇为便利的交通条件，对于三门峡文化资源的传播、开发、整合、应用等方面，起着不可忽视的作用。

（二）历史文化资源和山水自然环境相融相合

三门峡文化资源的另一个特点是，多数和山水自然景观相近或相融合。

三门峡市辖区北临黄河，南面秦岭余脉、熊耳山脉等山地，中间则以丘陵、黄土塬为主，这是其文化资源所处的主要自然环境。如崤山、函谷关本身就是因险要的山川环境而形成。三门峡市区黄河景区、湖泊湿地景区则因黄河而形成，其他文化遗迹如仰韶遗址、会盟台等距离黄河等山水景观等甚近。所以，这里的文化资源一般会伴随较好的山水自然环境，具有人文景观和自然景观相融相合的独特优势，是现代文化旅游消费的一大亮点，对于外地游客应具有更大的吸引力，因而非常适宜建成文化旅游景区。

（三）深受洛阳和西安两大文化重地的抑制与带动

三门峡市处于西安和华山、洛阳和嵩山两个文化景观重地之间。从文化资源比较的角度看，三者呈峰谷形关系，西安、洛阳为峰顶，三门峡为谷底。三门峡市辖地文化本身就是两者的辐射、衍生品，不具有文化核心内容的地位。从交通、旅游的角度看，该地在游人心目中的地位受到洛阳和西安的抑制，西安、洛阳是人们出行、出游的中心地、目的地，三门峡市则是途经地而非目的地。从这一形势看，三门峡市文化资源的开发建设处于一定的劣势，对外地游客的吸引力不够大，很难吸引大量游客长时间停留。但从长远的角度看，三门峡市毕竟处于两大文化旅游重心地之间，具有能够利用两地的吸引力和自身的地缘优势，获得其带动的可能。从这个意义上来看，发展劣势在合适的条件下也可以转化为发展优势。

（四）一批相对成熟的文化景区已经初见成效

三门峡市委、市政府非常重视文化建设，并依托当地丰富的文化旅游资源，大力做好营商环境建设，已经取得了很大的成就，在河南省诸地市中处于前列位置。目前，当地已经提出了今后一段时期的总体发展规划布局，形成了一批较为成熟的文化景区景点，并初步产生了一定的经济效益和社会效益。如函谷遗址已经得以恢复，并已建成为国家4A级文化旅游景区；虢国博物馆于2001开始对外开放，并建成了国家4A级文化景区、全国重点文物保护单位；黄帝铸鼎塬建设成为国家2A级文化景区；陕州地坑院已建成民俗文化旅游景区；仰韶文化遗址已建成仰韶文化博物馆等。

2012 年，三门峡市即启动了包括文化旅游在内的城市整体规划，经过专家论证、有关部门审批，2014 年正式出台《三门峡市城市总体规划(2013—2030)》[①]。该规划根据三门峡市文化景观资源的特色和分布特征，提出构建"一带一区三群四品牌"的市域旅游发展格局。"一带"即黄河风光旅游带，"一区"即卢氏生态旅游专区，"三群"即三门峡重点打造的三大旅游景观群，包括三门峡都市旅游景观群、函谷关历史文化旅游景观群、仰韶文化山水旅游景观群。"四品牌"则指三门峡旅游重点推出的四大品牌，包括黄河文化旅游品牌、自然山水旅游品牌、生态休闲旅游品牌、康体养生旅游品牌。其中三门峡都市旅游景观群拟重点培育的对象有黄河水上旅游、天井窑院民俗文化旅游、甘山森林旅游、天鹅湖生态旅游、温泉保健度假旅游和虢国博物馆文化旅游等，从中可以看出历史文化和民俗文化资源开发在当地文化建设中的重要位置。

三 进一步推进三门峡市文化建设的思考和建议

三门峡市文化资源丰富，地理位置和空间分布也颇为优越，已经取得了较大的成就，为当地的文化事业进一步发展奠定了良好的基础。但由于其处于洛阳和西安两大文化高峰的夹缝中，在文化建设方面也具有一定劣势。如何充分利用自身文化资源，化劣势为优势，尚需继续拓展思路，探寻道路，在以下几个方面加大建设力度。

（一）倾力打造本地文化品牌，加快三门峡文化建设步伐

三门峡市文化建设的关键在于打造属于自己的文化品牌，形成特色鲜明的本土文化名片，进而提升整个地区的影响力和吸引力。当地可以函谷关、陕州区地坑民居、渑池县仰韶遗址等条件较为成熟的文化景区为依托，根据

---

① 参见三门峡市人民政府网站，http：//www.smx.gov.cn/。

各景区的不同文化特点，因地制宜，创新思路，选择合适的路径加快建设步伐。

1. 以函谷关景区为依托，着力培育三门峡市历史文化遗址旅游品牌

函谷关是一个在地理意义和文化意义上都具有重要地位和独特魅力的文化标志。目前，函谷关已经建成文化旅游景区，开始发挥其文化影响。当地有关部门应在此基础上，以文化研究为抓手，与国内外历史文化研究界加强联系合作，通过支持学术研究、定期举办学术研讨会等方式，促进函谷关文化的探讨和发掘，争取使这里成为函谷关文化和关中、山东文化分野研究的基地或中心，进一步整合文化资源、挖掘文化内涵、扩大历史影响、寻求发展契机。这是一个发掘弘扬中华优秀传统文化的有效途径，国内有两个成功的案例可以借鉴：一是河南孟州韩愈故里文化建设，二是安徽马鞍山市中国诗城建设。孟州市是著名文学家韩愈的故里，多年来一直与中国韩愈研究会合作，是该研究会秘书处驻地，与国内和韩愈关系密切的广东潮州市、阳山县、江西宜春市等地联系紧密、共同合作，轮流承办中国韩愈研究会年会。这一做法既使中国韩愈研究会得以快速发展，也大大提升了孟州市等地的文化氛围和知名度，取得了相得益彰的良好效果。安徽马鞍山市则是唐代伟大浪漫主义诗人李白生前长期驻留和最终埋葬之地。该市从 20 世纪 80 年代就一直支持中国李白研究会的成立与发展，并成立了副县级事业单位"中国李白研究所"，专门负责李白研究的日常工作和会刊《中国李白研究》的编辑工作。在中国李白研究会的支持下，马鞍山市长期持续举办"李白诗歌艺术节"，这一做法大大促进了马鞍山市的文化建设，特别是诗歌文化的发展繁荣。2014 年，该市被中国诗歌学会授予"中国诗歌之城"称号，"中国诗城"已经成为马鞍山市一张重要的城市名片。

灵宝市作为崤山、函谷关所在地，也完全具备这样的条件和优势，可以借鉴孟州市和马鞍山市的做法，在函谷关文化研究上多动脑筋，多加支持，力争把函谷关打造成相关文化研究基地，把灵宝市打造成具有高度知名度和巨大魅力的文化名城，形成三门峡市乃至河南省的一张亮

丽名片。

2. 以陕州地坑院文化为载体，倾力打造三门峡市民俗文化旅游体验基地

三门峡市作为豫陕晋交会之地，其文化习俗融合三地而又颇具当地特色，其中陕州地坑民居即是代表。陕州地坑院民居目前已经建成旅游景点。当地可以此为基础，在文化品质及内涵上进一步努力，把特色饮食、民居文化、民俗表演等内容融入其中，并结合附近的黄河故道、天鹅湖景观，争取把当地建设成集文化体验、景观旅游为一体的综合性文化旅游地，进而为三门峡市打造出另一张颇有特色的文化名片。

3. 以渑池县仰韶文化遗址为基础，努力构建中华优秀传统文化教育基地

渑池县仰韶文化遗址是中国仰韶文化的最早发现地和中心地，是具有中华文明起源代表性意义的重要文化遗址。当前中国正处于大力传承弘扬中华优秀传统文化，构建当代具有自身特色的新的文化体系的重要时代和关键阶段，仰韶文化遗址正是中华优秀传统文化的最重要遗迹之一，有可能也应该成为中华优秀传统文化的教育、研究、考察基地。三门峡市委、市政府应当具有这样的文化建设理念，尽早着手展开理论研讨和实践探索，争取早日成为中华优秀传统文化教育基地，为整个河南文化建设乃至中国文化建设做出贡献。

（二）充分利用交通区位优势，做好"车上旅游观光"大文章

三门峡市的文化景点基本处于西安、洛阳文化带上，现在又是东西交通、旅游的最主要通道，陇海铁路、连霍高速公路、郑西高铁都经过此地，虽然不是旅客出行的目的地，却是人们的必经之地。其实这也是三门峡的一个优势条件。当地有关部门应当及早转变思路，变劣势为优势，变"必经"为"想停"，在"车上旅游观光"方面大做文章。

具体说来，可以在三个方面做出努力。一是文化景区向交通沿线延伸。比如函谷关、崤山景区距离铁路、公路很近，完全可以把景区向交通沿线延伸，使旅客在车行过程中就能欣赏到这样的文化景观，吸引旅客有下车观景的冲动。二是做好交通干线沿线的宣传设施建设。这方面可在渑池、三门

峡、灵宝等几个站点以及交通干线沿线的关键地点大量增加对当地文化景点的内容宣传、生动介绍或文化标识。三是大力完善交通沿线的综合服务设施。铁路、公路沿线其实是一个地区或城市的窗口，是大量旅客对一个城市、一个地区获得印象的重要渠道。但目前国内在这方面的做法普遍有所欠缺，交通沿线往往是较为破旧之地，大大影响了旅客对当地的观感，必须尽快提升当地的服务能力，增强城市的魅力和吸引力。三门峡地区东西狭长，具有较长的交通沿线区域，文化景点又多分布于这一区域。应充分重视这一现实条件，如能打造成交通文化风景长廊，将可能化劣势为优势，扩大宣传、弘扬当地文化的重要渠道，并能更大范围内提升当地本地的吸引力和影响力，进而进入良性发展轨道。

（三）有效利用三门峡地区的地缘优势，通过加强与周边文化景区联动发展实现共赢

三门峡市地处西安和洛阳之间，相对而言知名度较小，对游客的吸引程度较低，这是其不可避免的先天劣势。但是它交通便利，距离西安、华山、洛阳、嵩山等著名景点距离都很近，具有得天独厚的地缘优势。当地有关部门应当因地制宜，拓展思路，互通有无，通过加强与周边文化景区的联动发展，化劣势为优势，进而实现发展共赢。如灵宝的函谷关景区和陕西的华山景区毗邻而居，有关部门可在交通条件等方面做出规划，使三门峡地区与华山景区联系更加紧密，与潼关、黄河等文化景点加强联合，使其成为华山的延伸景区，从而使游访华山的游客在游览之余也能很便利地到此游览，如最终建成华山—函谷关大文化旅游景区，这既能满足游客的多样化消费需要，又能促进两个地区的文化建设，于河南、陕西是一件双赢互利之事，前景应该可观。再如三门峡市的黄河景区，可以考虑向东边的小浪底景区延伸，开辟出一条黄河水域长线游览考察线路，与古代洛阳—长安的水上交通干道相互呼应，又能增加沿岸壮美宏阔的自然景观，具有很高的文化价值。这一游览线路，不仅能丰富三门峡市文化旅游的内涵容量，也能更大程度地满足游客的旅游文化需求。又如渑池县的仰韶文化遗址，距离东都洛阳非常

近，在中华文化起源意义上又具有相近性和一体性，如能把两地旅游景点联合起来开发，从中华文化发源地这一大文化圈来考察切入，加快与古都洛阳地区白马寺、龙门石窟等景区的融合发展，从而使游客在参观三门峡—洛阳沿线不同文化故地的同时，更加深刻地体会到中原文化的博大精深和源远流长。

总之，三门峡市是一个文化底蕴深厚、文化资源丰富、文化品牌众多的传统文化地区，其文化建设已经取得了较为突出的成就，具有了良好的基础。随着新时代社会各界对文化事业的日益重视，人们对文化的消费需求日益增强，三门峡市如能抓住机遇，乘时而进，开拓创新，其文化事业必将驶入快行线，进而为三门峡乃至河南省的文化事业建设做出重大贡献。

参考文献

《史记》，中华书局，1959。

《汉书》，中华书局，1962。

《后汉书》，中华书局，1965。

（北魏）郦道元：《水经注校证》，陈桥驿校证，中华书局，2007。

徐龙欣主编：《虢国故都三门峡》，河南科技出版社，2010。

《三门峡市城市总体规划（2013—2030）》，三门峡市人民政府，2014年11月7日。

B.20
洛阳市家风家训馆建设调研报告

卢 冰*

摘 要： 近年来，洛阳市在全市范围内大力推动家风家训馆建设工作，将其纳入中华优秀传统文化传承发展工程和全市构建文化传承创新体系，同时把建设家风家训馆作为深化群众性文明创建活动的重点，以家风家训馆的建设作为有效抓手，推动文明创建活动从无形到有形。洛阳市在展馆建设中与时俱进，剔除封建糟粕，密切联系党建工作，注重典型示范作用，并在展馆之外举办各种活动多方宣传，取得了良好的社会效果，但也存在活动内容不够丰富多彩、宣传方式不够多样等问题。应该在深入挖掘整理洛阳当地优秀传统文化资源的基础之上，充分发挥多平台宣传的优势，与现有的群众性文化活动相结合，与青少年思想道德建设相结合，发挥典型人物行为示范作用，以好家风推动社会移风易俗。

关键词： 洛阳市 家风家训馆 文化传承 思想教育 移风易俗

习近平总书记指出："家风好，就能家道兴盛、和顺美满；家风差，难免殃及子孙、贻害社会。广大家庭都要弘扬优良家风，以千千万万家庭的好家风支撑起全社会的好风气。"党的十八大以来，习总书记多次就家风建设

* 卢冰，河南省社会科学院文学所助理研究员，研究方向为图书史与明清文化。

做出论述，中共中央办公厅、国务院办公厅印发的《关于实施中华优秀传统文化传承发展工程的意见》指出，要"挖掘和整理家训、家书文化，用优良的家风家教培育青少年"。2017 年河南省深入实施中原人文精神"五大工程"以实现构筑文化高地的目标，其中就包括中原优秀传统文化传承工程。

2016 年以来，洛阳市在全市范围内大力推进家风家训馆的建设，不仅将家风家训馆的建设纳入中华优秀传统文化传承发展工程和全市构建文化传承创新体系，同时把家风家训馆建设作为深化群众性文明创建活动的重点，以家风家训展示馆的建设作为有效抓手，推动文明创建活动从无形到有形。家风家训馆投入使用之后，在广大党员干部群众中产生了热烈反响，参观群众表示不仅学习了中华优秀传统文化，而且受到了思想道德的教育。

一 洛阳市建设家风家训馆的基本情况

目前，洛阳市已建成 68 个家风家训展示馆，累计吸引近 20 万人次参观学习，2018 年底实现全市家风家训展示馆乡镇（街道办事处）全覆盖。

位于"市民之家"三楼的洛阳市家风家训馆，总面积 400 多平方米，每周一至周六开放，全馆通过文字、图片、多媒体等多种方式，展示了中华优秀家风家训。馆内主要分为"核心指引、根植践行、家范传世、风范长存、和合新风"五个展区，"核心指引"展区主要展示习近平总书记关于家风家训的重要论述和习式家风；"根植践行"展区主要展示洛阳市委贯彻落实习近平总书记关于家风建设指示精神的具体措施；"家范传世"展区主要展示洛阳古代名人的家风家训；"风范长存"展区主要展示老一辈党和国家领导人的家风家训；"和合新风"展区主要展示了焦裕禄的家风家训故事以及洛阳当地的文明家庭、孝道人物等传承家风的具体事例。

为了深入广泛宣讲传统文化、家风故事，洛阳市先后开通了电视《文明河洛大讲堂》和道德讲堂，并邀请王立群、于丹、蒙曼等知名学者作"传承优良家风"专题讲座。为使优良家风文化融入寻常百姓家，洛阳市先后编排反映家风建设的戏剧《慈母心》、小品《家风》等，并依托城乡社区综合文化服务中心和社区艺术团，广泛开展家风节目进基层巡演活动。为弘扬优秀传统文化和优良家风传统，洛阳市还举办了"河洛诗词大会"，吸引3万余人参赛。

洛阳市的家风家训馆建设计划覆盖各个乡镇（街道办事处），在全面铺开的同时，注重同各个村镇社区的历史相结合，使家风家训融入村镇发展的变迁史，从而凸显了家风家训的历史传承和时代意义。位于洛龙区龙康社区的皂角树村家风家训馆内竖立了一面嵌着39个姓氏的墙，长4米、高3米，辖区内大多数人的姓氏能在这面墙上找到。在场馆内树立的多块展板记录了皂角树村400多年的发展历史，内容主要包括皂角树村大事记、家训展示和优秀村民介绍。为了使展示内容更加扎实，社区请几位老人当参谋，大事记板块用了25块展板，呈现了该村发展历史中的重要事件，如1948年皂角树村农民协会成立、1983年实行家庭联产承包责任制、2013年被命名为"全国十佳小康村"等，其中优秀村民板块介绍了本村的高学历人才、军人、劳模等。

统计显示，2018年4月9日正式开馆以来，短短一个月之内，洛阳家风家训馆就吸引了来自省内郑州、焦作等市县及省外湖南、湖北等地的干部群众前来参观，自发参观团体达136个，参观人数突破1万人次。

除了广大群众踊跃参观之外，洛阳市干群互动，形成合力，重视发挥党员干部的带头作用，推动党员干部积极当好宣传员、引导员、监督员，树立文明家风、文明乡风。洛阳市、县、乡三级党委（党组）将家风建设纳入中心组学习内容，作为党校各类主体班、专题班和培训的必修课。时任洛阳市委常委、宣传部长杨炳旭表示："为推动更多的家庭讲好家史、立好家规、牢记家训、正好家风，洛阳市通过大力推进家风家训宣传阵地、文化阵地、教育阵地、活动阵地等四大阵地建设，在全社会形成向上向善的良好风尚，汇聚起建设副中心、打造增长极的磅礴力量。"

在 2018 年初举行的洛阳市十一届市纪委三次全会上，省委常委、洛阳市委书记李亚给洛阳市党员领导干部布置了两道"作业题"。其中一道必答题是如何持续深化家风建设。这也是洛阳市连续第三年给领导干部布置的春节家风建设"家庭作业"，要求各级领导干部继续深化家风建设，讲讲家史、谈谈家训、立立家规、正正家风，把家风建设引向深入。

洛阳市、县、乡三级党委（党组）将家风建设纳入中心组学习内容，作为党校各类主体班、专题班和培训必修课。为突出抓好党员干部这个关键少数，40 余位市级领导干部带头示范召开家庭会，撰写家风建设实践报告。全市通过"廉洁家风建设""立家训、树家风、作表率""百名正县级干部写家风"等一系列弘扬家风家训的主题活动，促进家风建设不断深入。通过开展"廉洁家访""发出家庭助廉倡议书""干部家属为党员干部书写廉情寄语""廉洁家风书画展"等一系列活动，力促家风建设取得实效。2018年春节期间，全市在副科级以上干部中开展家访 1000 余次，征得手写家风寄语 2 万余条，党员干部撰写心得体会、征文、书画作品等 8000 余篇（幅）。

二　洛阳市建设家风家训馆的主要经验

洛阳市在建设家风家训馆的过程中，注重结合现实情况，积累了丰富的经验。剔除不合时宜的封建糟粕，同时与党员教育相结合，注重典型示范带头作用，并在展馆之外开展多项宣传活动，使家风建设能够深入百姓家。

1. 与时俱进，随时修订文本

洛阳市在建设家风家训馆时，注重历史与现实相结合，吸取传统文化精华，去除其中不合时宜的内容。建设家风家训馆首先需要搜集整理一系列的相关材料，76 岁的朱建国是朱氏家训的整理者，朱氏家训的内容主要源自《朱子治家格言》。朱建国说："时代在进步，家风家训并非一成不变，也在与时俱进。"在这次的家风家训展示中，他去掉了一些不合时宜的封建思想。而在刘氏家训中，刘安民增加了"专本业，敢创新"这一条，他希望子孙后代在学习和工作中能做到专业、创新。村民从宅基地搬入高楼后,生活环境发生改变,个别村民想利用小区绿地种蔬菜,但这一行为无疑会损坏大家的绿化空间,于是新的村规民约就将"村容整洁、绿化大地"这一条加了进去。

2. 结合党建,筑牢思想阵地

家风连着作风、党风、政风,家风正则作风优、党风清、政风淳,因此党员干部要注重家庭的影响、家教的传承、家风的熏陶。杨氏家族以"清白传家"为祖训,通过"以廉守家""以俭持家""以责担家""以学兴家"的家训家规来培养良好的家风。这不仅是杨氏家族的家规家训,更是中华民族优良传统的体现。共产党人的家风,其实也是党的优良作风。洛阳市、县、乡三级党委(党组)将家风建设纳入中心组学习内容,并作为党校各类主体班、专题班和培训必修课。在春节期间连续开展家风建设,要求各级领导干部继续深化家风建设,讲讲家史、谈谈家训、立立家规、正正家风,把家风建设引向深入,以家风建设促进好党风好政风的建设。

3. 强化典型带动作用

家风家训是每个家族世代相传的精神内核,也是社会精神和时代风尚的缩影。为使家风家训传承不局限于单一的场馆中,落实到寻常百姓家,突出家风家训主题,深入开展星级文明户、好公婆、好媳妇、好妯娌、美德少年等评选和移风易俗等活动,全市共评选出县级以上文明家庭1400余户,其中7户荣获全国"最美家庭"荣誉称号。通过"我为正能量代言"宣传平台,集中宣传孝老爱亲、好家风好家训传承典型80余人。

4. "点、线、面"并行联动

在家风家训馆的建设过程中,洛阳市吉利区在下柳村建起首个家风家训馆,包含古人名人伟人家训、善行义举榜、二十四孝图等多个主题展示区,集中展示历代名人优秀家风家训等内容。在展馆之外,深入开展文明单位结对帮扶活动,采用"一对一,多对一"的形式,安排45家文明单位对口帮扶24个行政村,以家庭、家教、家风为重点,结合道德讲堂、志愿服务活动等开展，推动农村普德、树德、议德、颂德氛围不断浓厚。以"家风家教"为主题，不断丰富家风建设活动载体，在全区组织开展"党风带民风、传承好家风""我为老人洗洗脚"等活动 30 余场，受众多达 3 万余人次。

三　关于传承家风家训的建议

洛阳市在建设家风家训馆的过程中，取得了丰富的经验，获得了良好的社会效果，但也存在活动内容不够丰富多彩、宣传方式不够多样等问题。应该在充分挖掘整理洛阳当地的传统文化资源的基础上，发挥多平台宣传的优势，与现有的群众性文化活动相结合，与青少年思想道德建设相结合，发挥典型人物行为示范作用，推动整个社会移风易俗。

1. 整理资料，充分挖掘当地文化资源

家风家训经过历代传承，其中也不乏封建糟粕，我们今天要传承优良家风，就必须先做好资料整理工作。要注意甄别，剔除不符合时代发展、不符合科学规律的内容。同时要注意挖掘优秀传统文化，赋予其新的时代内涵和表现形式，培育时代精神和时代新人，解决现实问题，助推社会发展。洛阳历史悠久，文化资源极其丰富，而且洛阳市的家风家训馆建设规划覆盖到乡镇等基层，可以充分挖掘当地丰富的历史文化资源，记载村庄的历史沿革，弘扬前人留下的传统美德，凸显地方特色文化资源。家风家训的整理可以和编纂族谱、村镇历史等同步进行，在梳理乡村发展史的同时，也可以让家训家风在族谱中、村镇史中固定下来，以便更好地传承下去。可以在实践中积极探索好家风向文明村风的转化，使家风建设成为推进美丽乡村建设的"助推器"。总而言之，整理家风家训要以社会主义核心价值观为总的指导原则，结合当地的实际情况，移风易俗，及时修订完善村规民约，张榜公布，形成持续的影响力和渗透力。

2. 发挥新媒体优势，多平台宣传

要充分发挥宣传工作在家风家训建设过程中的作用，让优秀的家风家训故事在更大的范围内传播，让更多的群众知晓参与，从而营造良好的社会氛围。在利用现有的家风家训场馆进行展示宣传之外，还要继续发挥传统媒体如电视、报刊的作用，凝聚主流价值观，壮大主流思想舆论。可以制作以家风为主题的纪录片、动画片、短视频等，通过富有创意的宣传方式，来展示河洛文化中的良好家风家训，从而实现传统文化与新时代文化的融合互动。

此外，还可以利用微博、微信、直播平台等移动新媒体快速灵活的优势，即时发布动态新闻。新媒体以其便利性、快捷性、精准性获得了众多用户的喜爱，在当下要做好家风家训的宣传工作，就不可忽视新媒体的影响力。可以在新媒体发布好家风故事、家风传承的经验等相关信息，开展晒家风等多种活动，通过广大群众的转发、评论，让更多的人参与到家风的传承之中。如江西省赣州市纪委监委创意监制的《好家风在我家——客家门匾的"秘密"》廉政文化视频在该市各大新媒体平台推送，引起众多网友纷纷转发。这则视频通过场景转换和卡通人物对话的形式，讲述了多个门匾蕴藏的廉政家风故事，让观众从中领略赣南客家门匾的内涵和魅力。该作品还穿插了猜门匾小游戏等创意互动，吸引了广大网友参与，在寓教于乐中传承传统好家风。

3. 与现有的群众性文化活动相结合

家风家训的宣传工作应该与现有的群众性文化娱乐活动相结合，可以不断扩大活动的知晓度和群众的参与度。洛阳市现有"道德讲堂""文明河南·欢乐中原""送戏下乡""舞台艺术送农民"等群众文化活动，应将"勤为本、孝为先""明礼仪、美教化"等传统家风家训的理念融入各项群众活动，让群众在文化活动中获得道德教育，实现文化娱乐与道德熏陶的有机结合。

同时可以开展以家训传承、家风培育为主题的群众文化才艺活动，如歌唱、戏曲、演讲、故事会、经典诵读等富有特色、丰富多彩的群众性文化活动，积极组织开展家风主题的书法、绘画、摄影、剪纸等家庭才艺作品创作活动。

4. 与青少年思想道德建设相结合

家风家训的传承需要一代代人的接力，青少年也是家风传递的关键一环，同时良好的家风，能够帮助青少年树立正确的人生观、世界观和价值观。青少年的活动范围以家庭和学校为主，因此要从家庭和学校两个方面着手培育青少年。通过在中小学中开展以家风为主题的知识竞赛、征文演讲比赛、经典诵读等活动，引导广大青少年习礼仪、知道德。好家风的形成还要依靠良好的家庭行为习惯，家风家训本就源自家庭，也应落实到家庭。可以通过座谈培训等形式，对广大家长进行文明礼仪教育活动，寓教于乐，以便在家庭中实践礼仪家风。家长需要身体力行，通过自身的引导、示范和带动，为青少年营造一个良好的家庭氛围。通过学校和家庭的合力，提高青少年的思想道德素质，让诚实守信、与人为善、敬老爱幼、勤俭持家等良好家风从广大中小学生做起，形成影响社会风气的涓涓细流。

5. 发挥模范人物行为示范作用

依据优良家风家训在基层村镇社区逐步建立完善道德评价体系，健全善行义举评选表彰机制。通过开展"孝老爱亲"等多种多样的评选活动，不断推选出传承好家风的优秀典型。还要注重对典型人物的宣传推广，在社会上形成广泛的知晓度和影响力。

同时，各级组织可以相互学习、借鉴其他地区优秀的家风建设经验，不断提高基层社区的道德文明水平。如新乡市南李庄创立的文明户认领制度，以"认领制"为抓手，以"家家都是文明户"为目标，开展"好媳妇、好婆婆""孝老爱亲"模范评比等一系列创建活动。从 2015 年开展文明创建活动以来，经过两年时间的实践，全村 351 户中有 99% 的成为"文明家庭"。

6. 以家风建设推动移风易俗

2017 年 1 月全省宣传部长会议上，河南省委常委、宣传部长赵素萍指出要把家风建设作为核心价值观建设的重要抓手，广泛开展"传家训、立家规、扬家风"活动，建设新时代的家风文化，以家庭小气候温润社会大气候，要广泛推动移风易俗。家风建设对推动农村风俗转变起着非常重要的作用，铺张浪费、封建迷信等陈规陋习亟待改良。党员干部需要引领示范，树立标杆，营造氛围，利用场馆举行各种家风主题的教育活动，宣传和谐、向善、孝贤等文明道德建设内容，倡导树立社会新风。建立红白理事会，制定村规民约，并定期向广大群众宣传。红白理事会的宗旨是教育村民在婚丧嫁娶活动中，坚持节俭理事、婚事新办、丧事简办，反对大操大办、铺张浪费。要全方位宣传动员群众，以每月"阳光议事日"为抓手，号召党员、村民代表带头落实红白事简办，到户发放明白纸、倡议书，并在微信群中广泛转发，从而形成良好的社会风俗。

参考文献

《讲家史　立家规　正家风——洛阳好家风带动好党风好政风》，《河南日报》2018年5月23日。

《洛阳家风家训馆正式开馆》，《洛阳日报》2018年4月10日。

《洛阳市洛龙区首个家风家训馆建成并对外开放》，《洛阳晚报》2018年1月16日。

B.21
镇平县玉文化产业园区玉雕电商
发展情况报告

杨君胤　周娟帆*

摘　要： 在互联网经济和电子商务发展迅猛的当下，作为"中国玉雕之乡""河南省重点文化产业园区"的镇平县大力推进玉雕电商产业发展，形成了特色产业集聚区，取得令人瞩目的成就。但发展过程中也出现了电商专业人才匮乏、政府配套政策不够、玉雕产品结构不尽合理、诚信有待加强等问题。因此，本文提出镇平县需要加强人才培养、加大政府扶持力度、坚持差异化发展、完善诚信体系建设、优化自媒体营销、探讨玉商销售新模式。

关键词： 镇平　玉雕　电子商务　特色产业　诚信体系

　　镇平玉文化底蕴深厚，玉产业源远流长，在中国玉文化发展史上具有特殊地位。近年来，当地政府以打造"中华玉都"为目标，积极推动玉文化产业转型升级，坚持"政府引导、市场驱动、企业主体、应用主导"的原则，把推进电子商务应用作为促进企业升级的重要载体，从规划政策、平台建设、人才培育、示范带动等多个方面积极推动电商发展，整合现有电商资源，为电商的发展营造更好的环境，让电子商务的发展更好助力传统玉产业的转型和升级。

---

* 杨君胤，南阳市文产办主任；周娟帆，镇平县文产办副主任。

一 镇平玉雕电商发展背景及现状

镇平县位于河南省西南部，毗邻南阳市区，总面积1500平方千米，总人口105万，辖22个乡镇街道办、410个行政村。镇平县玉雕历史悠久，始于夏商，兴于汉唐，精于明清，盛于当今，距今已经有5000多年的历史。因玉而兴、因玉而名，镇平县先后被国家、河南省授予"中国玉雕之乡""中国新锐城市名片""中国珠宝玉石首饰特色产业基地""国家级文化产业示范基地""全国特色百佳产业县""河南省文化产业示范园区""河南省重点文化产业园区"等荣誉称号。

镇平县玉文化产业园区规划面积26.6平方千米，其核心区位于石佛寺镇，该镇是镇平县玉文化产业发展的重要依托和载体。因镇平玉文化历史悠久、内涵丰富、工艺独特，文化产业基础好，规模大、品种全、产业链条完整，市场体系完善、物质和非物质兼备，经济效益、社会效益良好。玉文化产业增加值连续三年超过35亿元，占全县地区生产总值的20%以上，富民效应巨大，据不完全统计，石佛寺镇有20%的群众围绕玉文化产业致富，95%以上的资产超千万元的家庭、80%以上的资产超百万元家庭从事该产业，玉雕专业村的人均纯收入是其他乡镇、村的三倍以上。目前，园区已成为中国最大的玉雕生产基地和玉产品集散地。

镇平县玉文化产业园区聘请北京大学文化产业研究院进行总体规划，通过河南省政府评审，确定了"中华玉都"发展定位和"一带六点"产业布局，规划了产业核心带和产业辐射区。园区内共规划文化服务配套项目和基础建设项目70个，总投资120亿元。园区内拥有专业村13个，专业户2.6万户，从业人员11.8万人，玉文化企业1287家，骨干企业128家，形成各类玉雕专业市场10个，辐射带动县内外玉雕从业人员30万人，形成以玉器加工为主导产业，集原料购进、人才培训、设计研发、文化研究、雕琢加工、展示销售、质量检测、包装装潢、节会推广、旅游观光、宣传推介、电商销售、物流配送于一体的完备产业链条。

2011 年以来，中国经济逐步走向了一个调整期，呈现高速增长转为中高速增长、结构不断优化升级，从要素驱动、投资驱动转向创新驱动的新常态，在这种新常态下，镇平玉雕产业的发展也接受着经济浪潮新的冲击和考验。玉器行业的传统销售是坐商，即以新型的产品款式或一定数量的产品优势坐等顾客上门。随着市场竞争的激烈和网络的普及，传统销售模式已经不能适应消费者的需求，新的消费需求让玉器的传统销售遭受到了前所未有的挑战，玉雕行业必须积极创新、主动变革，克服过去的成功造成的惯性思维，适应新的"互联网＋"营销模式才能在激流中生存，玉雕电子商务就应运而生了。

在信息化快速发展的形势下，电子商务已经成为促进经济转型升级新的动力源和加速器。作为全国最重要的珠宝玉石销售基地之一，镇平县主动顺应"互联网＋"时代潮流，把发展电子商务摆上重要位置，电子商务如雨后春笋般裂变发展，使玉雕企业快速从传统的"线下交易"走向"在线电商"模式，开辟了"买全球·卖全球"的第二战场，成为开拓新市场、培育新优势、打造新动能的重要引擎。

伴随着"互联网＋"战略的深入推进，镇平县近年来抓牢"国家电子商务进农村示范县"重大机遇，高起点规划建设了电商产业园、真玉天地电商孵化基地，将玉雕产业与电子商务深度融合，实现了玉文化产业线上线下发展的蓬勃态势。

镇平县玉雕电商发展基础好、推进快、潜力大。阿里研究院评估报告显示，镇平县域电商发展指数居南阳市第一位，是中西部大众电商创业最活跃县之一。商务部电商进农村绩效评价，镇平电商进农村综合示范创建工作位居全省先进位次，在中央电视台财经频道"厉害了我的国"100 个国家级贫困县电商扶贫行动中，镇平县电商销售额居百县第三位，其中玉器电商销售额占半壁江山。2017年，全县电商交易额突破 70 亿元，同比增长 41.8%，目前，该县各类网店、电商企业等达到 1.2 万家，3 个村被评为"淘宝村"，实现南阳市"淘宝村"零的突破。在 2018 年第四届中国县域电商大会上，被商务部及阿里研究院评选为"2017～2018 年电商示范百佳县"，河南省仅有两个，此外还荣获"全国电子商务进农村示范县""电子商务促进乡村振兴十佳案例"等殊荣。

石佛寺镇作为河南省唯一的玉雕产销重镇,是全国最大的玉雕生产销售集散地,作为镇平玉文化产业园区的核心区,建成的电商产业园、电商孵化基地、玉雕馆、菜鸟物流中心等带动作用成效突出,已成为玉雕产业发展的加速器和催生点,当前已入驻规模电商企业100多家,玉器产品配套商家7000多家,年销售额近20亿元,辐射带动周边从事电子商务3万多人,辖区内的石佛寺村和贺庄村还被评为国家"电子商务示范村"。

二 镇平玉雕电商发展的主要做法

(一)依托产业特色优势,营造电商浓厚发展氛围

镇平有很多县域特色产业,如玉雕产业、金鱼产业、莲藕产业等,政府立足特色产业规模大、品类多的优势,大力开发电商产品,推动特色产品线上线下融合发展,既保留了特色的地域产业名片,又突破了时空的局限。地方政府对电子商务加强扶持引导,成立了电子商务推进工作领导小组,组建电子商务工作专班,先后制定并出台了《关于加快农村电子商务发展的实施意见》《镇平县创建电子商务进农村示范县实施方案》《镇平县扶持电子商务产业发展支持办法》等一系列文件,县财政安排1000万元电子商务发展专项引导资金,细化税收、人才、金融等产业扶持政策,带动全县电商创业热情。当地政府为营造"全民触网、全企入网"的浓厚氛围,有计划地开展电子商务培训,培训对象涉及电商从业人员、党员干部、村支书、传统企业骨干等,已累计培训人员10578人次,并将宣传工作与各种玉雕节会、玉文化交流会、玉产业博览会等活动相结合,在活动中普及电商知识,提高社会认识,营造发展电子商务的浓厚氛围。

(二)完善基础设施建设,搭建电子商务发展平台

镇平县电子商务的快速发展,离不开基础设施和平台的搭建。采取

"线下服务中心 + 线上服务平台"模式，建成集产品展示、运营服务、培训孵化等功能于一体的县级电商公共服务中心，同时打造乡镇服务站和村级服务点，基本实现全覆盖。围绕"一县一仓配、一乡一中心、一村一站点"物流服务体系标准，整合邮政、供销、商贸流通、第三方物流等资源，建成了贯通县、乡、村三级的物流配送体系，"四通一达"、航天物流、裕华物流等物流企业达 32 家，消除了农村物流快递的盲区，打通了到村到户的"最后一步路"，收发货品实现了县内 1 天到达。成立电子商务协会，聚集领军人物，实施资源整合，实体会员达 225 名，个体会员达 138 名，先后举办了玉器电商高峰论坛、跨境电商峰会等大型活动，达到了宣传推介、取长补短、抱团发展的预期目的。此外，还积极引导牵线淘宝网、京东网、阿里巴巴、农购网、买多网、买玉网、玉路人生网、和田玉网、e 网、籽说玉器销售网、镇平在线、镇平百事通等电商平台和电商企业，为电子商务快速发展提供技术支撑和平台保障。在信息化建设方面，以创建"全光网"县、河南省"宽带中原示范县"为契机，加大移动、联通、电信等网络设施的建设力度，提升无线网络、无线通信设施的运行质量，全县实现 3G 全覆盖、4G 覆盖率达 95%，宽带网络出口带宽达到 40G。

（三）注重电商人才培育，建立梯次发展队伍

镇平县大力支持本地院校、教育培训机构开展电子商务人才培训，输送具有专业资格证书的电子商务领域人才。定期邀请"一扇门"、中国地质大学、南阳理工学院等院校、企业，对有意向从事电子商务人员进行培训指导，至目前已组织培训场次 70 多次，培训人员 6000 人次。此外，加大对电子商务企业引进优秀应届毕业生工作的支持力度，重点向应届毕业生等基层人才适当倾斜。鼓励引进具有硕士以上学位、全日制本科学历且具有高级专业技术职称，在互联网等方面取得突出成绩的高层次专业技术人才。同时，定期不定期邀约玉雕产业业界矿产原材料、行业行情趋势把控、直播趋势、技术创新、营销推广等方面的资深专家组织专业论坛、学术交流会，真正形成原材料、生产、销售、研学为一体的培训服务机制。

（四）打造电商孵化基地，发挥示范引领作用

镇平县真玉天地电商孵化基地位于玉文化产业园区核心位置石佛寺镇，总建筑面积约2万平方米，集"线下产品展示，线上产品交易"于一体。基地下设电子商务创业孵化区、创客空间、真玉天地商学院、电子商务服务区和电子商务街铺等功能分区，并配套沙龙、书吧、教学基地、物流服务、品牌策划、文案摄影等保障设施，为电商创业者提供全产业链一站式管理服务，形成从源头采集、销售到服务的"一条龙"的电商全产业链加速孵化器，创造了从个体到产业链、从分散到集约的"抱团"发展模式。真玉天地电商孵化基地在传统玉产业和电商的融合发展方面探索出良好的经验，先后被授予"南阳市电子商务示范基地""南阳市重点文化企业""河南省制造业与互联网融合双创基地"等荣誉，并于2017年成为苏宁易购玉器类目唯一代招商运营机构、2018年与淘宝达成合作在真玉天地设立淘宝珠宝行业直播基地，已成为引领当地传统玉雕企业改革、大力发展电商经济的重要载体。

真玉天地电商创业孵化基地建于2014年底，当时传统的玉器市场正处于低迷期，创建者满多女士以敏锐的洞察力看到电商的无限发展空间，前往浙江、江苏、广东等电子商务比较发达的地区进行多方考察，学习借鉴了素有"中国网店第一村"美誉的浙江义乌青岩刘村的发展模式。利用"互联网+"的概念、手段、资源，升级打造电商孵化基地，面向全国招商，为入驻基地的创业人员和企业免费提供2年的创业场地、光纤使用，从业者可拎包入驻、即时办公，当地政府提供无风险租房保障，吸引了来自全国各地的商家、商品和创业者，入驻企业从最初的4家发展到了140余家。

真玉天地电商基地利用孵化平台和互联网技术，进行项目对接孵化，上线运营移动商务和社交平台，打造玉雕电商全产业链加速孵化基地，被河南省工信委认定为省级制造业与互联网融合双创基地。孵化基地为电商提供玉料市场对接、产品展示、营销策划、快递物流、餐饮住宿等全方位、无缝隙的服务；孵化支撑系统进行前期政策引导、整合配置资源、塑造电商品牌；

培训教育系统和引进的专业服务人员辅导创新创业；营销推广系统培育主导产品，打造企业电商品牌，带动产业发展。

真玉天地电商孵化基地还吸纳"互联网＋"产业类企业入驻，建成电商培训平台，为入驻企业提供教育、咨询、资源对接等服务，帮助企业迅速发展。基地成立的真玉天地商学院和创客空间，本着"创新发展，开放共享"的理念，利用"走出去、请进来"等方式，不定期举办各种免费培训活动，培育了大批电子商务人才。创新校企合作，吸纳高校"技术源"，与中国地质大学（北京）中地大珠宝鉴定中心、南阳理工学院电子商务学院等进行深度合作，在玉器知识珠宝鉴定、珠宝商贸、电子商务、美工设计、营销策划等专业与高校建立人才培训和实习实践战略合作。2018 年 6 月，郑州大学教育实践基地落户真玉天地众创空间，进一步在"老家镇平"品牌打造、电商扶贫、淘宝直播等方面开展深度合作，为镇平输送"学院派人才"。

真玉天地电商孵化基地内的综合性物流平台，对物流、收货、分拣、采购、打包、发货等环节进行整合，客户可实现一站式购买。供应链平台，整合玉矿原料、生产加工、实体店、电商的高效率对接，大大提升产品的销售业绩。公共服务平台与多家物流、培训、摄影、鉴定、银行等机构合作，为企业与个人提供大数据采集等社会化服务。建立传统企业孵化转型帮扶机制，依托镇平玉雕支柱产业，打破传统玉器商家的经营模式和竞争机制，引导其向电子商务营销发展，支持企业的转型和科技创新。从产销对接、办公服务、营销扶持、人才培育、金融支持等方面扶持，降低创业风险和创业成本，提高创业成功率，加快企业孵化转型。

真玉天地电商孵化基地高度重视企业信誉问题，引导玉雕企业线上线下诚信经营，建设电子商务信用体系。对所有入驻基地的企业严格把关，统一签署诚信经营承诺书，十天无理由退换货，加强电子商务信用体系建设，建立健全电子商务信用信息管理制度，推动电子商务企业信用信息公开。

目前，基地已正式签约入驻企业 136 家，吸纳从业人员 2000 人以上，为 1200 余家初创型电子商务企业（网店）提供货源服务，仅在淘宝上的销售额就从 2016 年的月均几万元发展到了 2018 年的月均 4000 万元以上。特别是从 2018 年 4 月建立淘宝珠宝直播基地以来，成交额月增 40%，直播场次相对于 2017 年"双 11"当天翻六倍，成交额翻 185 倍，当天仅在淘宝上的销售额就超过 1000 万元。真玉天地电商创业孵化基地构建的"网商"和谐生态产业链，成为"网商"企业孵化器，为拉动玉雕行业创新发展起到了积极的示范带头作用，当地产业集聚度和市场辐射能力不断增强，电子商务支撑和服务体系不断完善，进一步助力镇平玉雕产业集群发展壮大。

（五）助力脱贫攻坚，电商扶贫效果显著

当地政府制定了电商扶贫工作推进计划，成立电商扶贫工作专班，着力把贫困村变货仓、产品变网货。鼓励引导电商创业，引导有学习能力的贫困群众参加电商培训，借助园区内的工艺美术职业学校、玉人玉雕职业学校、龙山玉雕培训学校等，采用"半工半读""工学结合""校企结合""订单培养"等方式，加大对有能力、有意愿的贫困人员进行职业教育，提高自富能力和创业能力。坚持电商扶贫与产业扶贫相结合，探索互联网时代电商与产业扶贫结合的新模式，实行玉商与电商的嫁接融合，拓宽玉雕产品销售渠道，培养玉雕电商营销人才，助力玉雕产业扶贫。发挥玉雕龙头企业在脱贫攻坚中的带头作用，重点玉雕企业与贫困户结对帮扶，吸纳贫困户入股分红带动贫困户增收。此外，在玉雕加工基地建立扶贫车间，形成"基地 + 农户 + 电商"的生产经营销售模式，利用线上销售和线下平台形成"双驱合力"，带动贫困户创收。当地的电商扶贫成效得到了广泛关注，荣获"全国电商消贫十佳县"。

三 镇平玉雕电商发展中存在的问题

当今时代是一个信息化的时代，电子商务迅猛发展的速度已经远远超出了人们的预测。大力发展电子商务，是促使传统产业提升效率、降低成本、

推进供给侧结构性改革的重要途径，也是培育财源的捷径。镇平玉雕电商在迅猛发展之下，也存在一些亟待解决的问题。

（一）电商专业人才匮乏

电子商务涉及多部门、多领域工作，需要电商服务人员具有较高的综合素质，尤其是要熟悉互联网技术的应用、网上交易、支付、市场，懂得一定的玉雕知识。在县域开展电子商务，一是电商人才缺口大，找不到合适的电商人才也无法留住优秀的电商人才，县域内的薪资待遇普遍低于大中城市，有能力的优秀电商人才不愿意到农村发展，即便来了，大多数也待不长，人才流失严重；二是电商人才培训效果有限，目前开展的电商培训大多数是普及型的，时间短、内容少，缺乏针对性，后续跟踪和继续支撑不够，技术问题还是需要有深厚的专业知识作为支撑，尤其是运营、美工、数据分析等岗位缺乏技术过硬的专业人才。

（二）政府的配套政策不够

当地政府的政策支撑体系不完善。电子商务是涉及多个部门、多个行业的系统工程，尽管当前政府已经出台了支持发展电子商务的相关政策，但落实不到位，特别是多部门、多行业的联动机制尚未建立，还需要人社、工信、发改、金融等相关部门制定相应配套措施，构建完备的政策支持体系。金融措施不健全，支持电商发展的金融政策基本还是空白，电商企业融资困难，严重制约了电子商务产业的快速发展，亟须强化金融支撑和优化金融服务。

（三）玉雕产品结构问题

伴随着玉雕电商的快速发展，玉文化产业园区在形成规模效应的同时，也产生了同质化竞争的担忧。目前，有一部分网店经营商户反映面临的最大问题是同质化竞争，热销产品抄袭、仿造层出不穷。网店经营户在竞争过程中如果不能形成自身特色，仅依靠着打折促销等低层次的手段进行营销的话，将会导致恶性循环。在这种局面下，玉雕电商经营者想要挣脱出来，得到进一步的发展，就必须摆脱传统观念束缚，实现品牌创新，改善产品结构问题。

（四）诚信问题仍旧存在

当前，我国有关电子商务的法律法规体系仍不健全，受到网络技术的限制，也没有形成一套行之有效的预防机制和惩罚措施，致使网络失信行为并没有得到相应的制裁。顾客购买货品时候缺乏衡量标准，一些玉雕从业者盲目开展电商业务，为达到挣钱目的，不顾自己的实际情况，制造虚假商品信息；还有的商家为了获取高额利润，在网络广告中刻意夸大商品的质量和优点，欺骗消费者，盲目追求眼前利益，玉料以次充好，以假乱真，名不副实；售后服务差，夸大承诺，声称包退包换，当客户发现问题与之联系，要么置之不理，要么收到的是质量比较低劣的产品，严重侵害消费者权益。玉雕行业的诚信问题严重制约电子商务的发展，也在一定程度上对"镇平玉雕"形象造成了伤害。

四　镇平玉雕电商对策建议

（一）加强人才培养工作，发挥人才支撑作用

对于电子商务发展来说，技术是基础，人才是关键。首先，人才的培养要注重专业化。目前，当地玉雕电子商务的开展形式以开淘宝店和微店为主，想要进一步发展电商，就需要培养高素质的专业人才。"电商的从业岗位由三类组成，一是技术岗位，包括网站装修、美工、网页制作等；二是管理岗位，包括网站运营、数据分析和网站管理与决策等内容；三是业务岗，包括网站客服、市场推广和售后服务等，在农村由于企业发展时间短、资金有限，很多电商人才一人身兼数职，因此在专业性方面的要求就比其他专业

岗位人才更高。"① 在明确培训岗位类别的同时还要注重各个岗位之间知识的交叉，注重不同岗位培训内容的专业性，扩大深度和广度，才能适应电商人才培养的知识深度要求。其次，拓宽培养培育渠道。实施"走出去"策略，通过学习成功的先进经验、参加电商研修班及交流论坛等活动，融入电商圈子，要充分发挥带头人的带领和示范作用，扶持电商带头人；实施请进来策略，有针对性地引进技术人员、电商运营人才、企业家等各类人才；采取聘请专家顾问、与高校、电商行业机构等合作办学培育急需人才；结合当地玉雕产业发展情况，推进创新创业园建设，为引进人才和本地创业精英创造发展空间。此外，"院校在进行人才培养过程中，应该结合现阶段市场运营发展的具体情况对电子商务人才的需求，针对性地增加实训课程提高人才的实践能力，通过校企合作的方式，结合企业对电子商务的需求针对性地安排人才在企业进行实习，这样人才在毕业后能够迅速在企业中扮演重要角色，降低真空期的同时也提高高校人才培育的工作效率。经济欠发达地区政府应该意识到电子商务对自身经济发展的重要性，通过有效的人才补贴及鼓励政策来使优秀人才外流的现象得到控制，同时也可以结合区域内电子商务发展的具体情况对人才的需求针对性地完善人才引进模式，弥补电子商务发展中人才缺口，使电子商务的运营发展有良好的人才进行支撑。"②

（二）加大政府扶持力度，完善政策和体制机制

电子商务的顺利进行，政府的政策、基础设施建设、监管等至关重要，因此要制定和完善符合本地实情、针对性和可操作性强的政策措施，理顺体制机制。加大电子商务配套政策倾斜力度，鼓励在电子商务行业探索制度创新，通过制度创新推动产业创新。在项目立项、用地、融资、仓储、物流、信息网络、工商、税务、市场准入等政策方面，要给予电

---

① 王梁雨生：《农村电子商务人才培养路径研究》，《产业与科技论坛》2018 年第 17 期。
② 章静敏：《网络经济环境下电子商务发展新方向刍议》，《商业经济研究》2018 年第 20 期。

商企业更多支持，开辟绿色服务通道。要充分发挥行业协会在规范电子商务行为和市场秩序中的作用，建立健全有利于网络交易的行业自律和权益保障机制，提供信用评价、纠纷处理、法律咨询、技术研究、成果转化等服务。研究设立电子商务发展基金，用于园区基础设施配套、重大项目建设、公共服务平台搭建、人才引进和培训、电子商务应用推广和龙头电商企业引进。

（三）坚持差异化战略，促进企业良性发展

"坚持差异化战略。坚持差异化战略要求电子商务在发展过程中在某一方面形成自己的竞争优势，比如产品的质量与服务等。"① 面对当前竞争日益激烈的电商环境及同质化现象严重、结构单一问题，企业必须增强创新意识、升级转型，才能使企业内部各部分相互协调共同发展。商家要注重特色发展，体现自己的鲜明特色，另外要避免竞争对手的刻意模仿，形成自己独特而定品牌优势。如尝试新题材的博涵玉文化传播有限公司，对人物、花鸟、动物、山子等传统玉雕题材进行创新，将文化与玉雕工艺完美结合，设计出了以《玉石书简》为代表的大批具有深厚文化内涵的玉雕精品，申报取得了多个国家专利产品；致力于独山玉雕刻艺术研究的玉神工艺品有限公司，实施了"根在中原"乡土题材产品研发项目，将中原文化与河南风情凝聚在玉雕之中，有效地提升了独玉作品的艺术价值，很多消费者慕名而来求购玉神产品；实现创作经营一体化的百宝堂玉文化有限公司，从产业链的每个环节入手，亲自到玉矿地选原料，"走出去"参加国内有影响力专业性强的玉文化产品展会，做市场调研，对每年的玉产品走势进行分析研判，把握玉行业中的"流行元素"，推出特色系列作为企业主创产品，聘请福建手艺高超的木雕、根雕师傅设计配套底座、包装盒子，在全国发展加盟店，拥有自己的电商营销团队，形成集采购、设计、加工、销售为一体的全生产链

---

① 李淑珍、李晓宾：《"互联网＋"时代电子商务发展的挑战与战略选择》，《商业经济研究》2016年第16期。

体系，销售额年年攀升；对传统题材进行新演绎的金江源玉业公司，结合现代审美观念和艺术表现手法，利用先进的错金工艺，赋予传统题材以新的生命，公司研发的玉梳系列，一经上市就受到广大消费者的追捧，畅销全国各地；还有新生代传承人仵丹，作为中国玉雕第一世家仵氏家族第五代传人，仵氏珠宝玉文化传播有限公司从成立开始，在传承祖辈精湛雕刻工艺的同时，超前的营销思维和设计理念都符合当下年轻人的口味，出生于20世纪80年代末的仵丹不仅可以自己设计雕刻，还亲自上阵当主播、开微店、拍宣传片、线上线下同时发力。这些玉雕行业涌现出的先锋，已颇具规模且为其他的中小企业做了很好的启迪示范。

此外，针对已经初具规模的网店卖家，可以进一步扩大经营规模，选择入驻天猫商城或是创办自有品牌等方式实现产品升级，将同质化竞争转移为差异化竞争。发展不稳定或刚开始创业的小型卖家，可以注重新产品的推广、客户服务，充分建立自己的发展优势。

（四）完善诚信体系建设，营造良好市场环境

在电子商务高速发展的同时，我们应该清醒地看到诚信问题的危害性，营造良好的电子商务诚信环境，促进电商的健康发展是一个重要而紧迫的任务。

建立电子商务征信评价制度。"应加大政府推动力度，建立和培育一套适合我国国情的诚信评价与监管体系，从宏观上引导和部署；在充分利用现有的电子商务信息系统和信息数据库的基础上，稳健放开征信市场，建立科学、合理、权威、公正的信用服务机构和在线征信评信信息服务平台，实现电子商务诚信信息的互联互通，使之成为评判企业和个人荣誉等级的依据，也为建立公平交易的网络市场环境提供了环境保障。"[①]

完善退换货机制是发展玉雕电子商务须解决的首要问题。无论是玉

---

① 王鸿波：《论电子商务中的诚信问题建设》，《赤子》（上中旬）2014年第21期。

雕电商还是消费者，在交易过程中都要做到诚实守信，曾出现过玉商所提供的产品和服务与其在网站中所宣传的信息不一致的情况（主要为材质、价格误导问题），也出现过消费者在货到后不付款的情况，这些都属于不守信用行为。建立和完善守信激励和失信惩罚相结合的制度，在舆论上、道义上褒奖守信者，对信誉良好的商家给予宣传推广、信用升级等方式的优惠政策；加大失信行为的披露和惩戒力度；充分发挥电商协会的功能，牵头制定诚信行为规范和标准，完善行为的竞争规划，以行规行约的方式，推进电商企业的自我约束，促使电子商务诚信市场的形成。

（五）优化自媒体营销，提升市场发展效率

当前，网络营销已成为市场营销发展的重要途径。自媒体营销是指借助互联网技术，通过微信、微博、自制视频等方式开展的营销活动，现已成为电商时代各类活动开展的重要组成部分，在当下的电子商务平台中，有将近1/3的服务和商品是通过自媒体营销实现的。

优化电子商务自媒体营销，能大大提升电商市场的发展效率。明确自媒体营销内涵，结合实际现实对消费人群细分；加强对电子商务自媒体营销监管力度；最重要的是明确自媒体营销的顾客定位。"在电子商务自媒体营销中对顾客的准确定位是营销成果的关键，顾客是电子商务自媒体营销的信息接收者，也是电子商务企业产品的重要点评者。"[1] 进一步提升电子商务自媒体营销效率，还需要综合应用各种手段，并结合社会发展对自媒体营销提出的要求创新手段，从而吸引更多的客户。自媒体的发展，为电商营销带来了新的机遇，弥补传统市场营销的不足，提升了电商市场营销发展效率。为此，在新的时期，需要加强对自媒体营销在电商发展重要性关注，结合企业发展实际不断尝试创新，不断提升自媒体营销发展成效，促进电子商务发展。

---

[1] 孙阳：《电商时代的自媒体营销思维与模式分析》，《科技经济导刊》2018年第26期。

（六）"电商＋直播"平台，探讨玉商销售新模式

网络直播作为一种新的互联网文化业态，随着自身的蓬勃发展和直播用户的急速增长，聚集了较高的流量，也成为商家用于营销的有力工具。2018年4月27日，淘宝第一个全国珠宝行业直播基地在镇平县石佛寺镇真玉天地电商孵化基地落户，镇平的直播商家立足玉产业源头，以价格优势和品种优势在全国玉器商家中脱颖而出，很快吸引了全国大量的粉丝，基地多个直播团队的交易金额创下了历史上第一个高点，在6月9日淘宝网举办的第一届全国珠宝节淘宝直播活动中，当天的数据显示镇平的交易额比前期上涨了300%。新的营销模式，也给创业者们带来了新的商机。2018年4月刚入驻基地的良玉奇缘公司，在短短的七八个月间迅猛发展，如今团队已有40余人，三个直播间，"双11"当天的销售额超过100万元，成交额位居基地商户第一。

淘宝直播与一般的直播不同，定位于"消费类直播"手机淘宝平台，让用户"边看边买"，有效解决了顾客对于产品信息的匮乏，用户缺少选购时实际经验的问题。淘宝直播不仅能让用户直观地看到产品的各种细节，还能了解到主播的使用感受，更加直观，容易产生购买欲望。通过直播平台能给淘宝店铺带来相对较高的影响力，吸引更多的消费人群，促进商品的加购。做好淘宝直播，是商家抓住红利的好机会。

想要做好直播平台首先要正确定位店铺的市场，找准目标人群。"全面参与，增强用户的参与感。如何增强用户在直播期间的参与感，拉近主播和粉丝之前的距离，是中小型店铺开播需要考虑的重点。"[1] 其次，重要的是要提高淘宝直播内容质量，有的卖家做淘宝直播，也有做两三个月就失败告终的，归根结底还是直播间氛围不够活跃、内容同质化严重。直播的主角应该是商品，需要商家提前经过精心策划，选择吸引眼球和有趣味性的话题，利用微淘、微博等多个渠道的配合做出直播预告，提前为直播做好宣传和预

---

[1] 但鸣啸、巫卓雯：《淘宝直播营销应用与策略研究》，《中国市场》2018 年第 29 期。

热。在直播过程中，强有力的价格优惠必不可少，通过直播中发放优惠券、开展秒杀活动，评论盖楼送奖品和点赞抽奖环节能成为主播和粉丝保持互动的强有力方式，观看人数不断刷新，互动更加热烈，就能为店铺带来更多流量和销量，获取盈利。

B.22
2018年汝州市汝瓷文化产业发展报告

赵俊璞　王淼　刘梦佳*

摘　要： “五大名瓷”之首的汝瓷原产于汝州，源于新石器时代的汝陶，始烧于唐朝，兴盛于北宋。汝瓷既是国家非物质文化遗产，也是“河南省十大最具影响力地理标志产品”。本报告分析了近年汝州狠抓汝瓷产业，着力在规划编制、载体创新、项目建设、政策扶持上形成突破，取得显著成效。在发展过程中也存在资本投入有待提升、相关政策有待完善、对外宣传有待加强等问题。最后提出汝州要进一步完善提升规划、加强科研创新、深化开放招商、加快汝瓷小镇建设，做大做强陶瓷文化产业，打造汝瓷文化名城。

关键词： 汝州　汝瓷　非物质文化遗产　文化产业

汝州市位于河南省中西部，总面积1573平方千米，总人口120万，辖20个乡镇办事处、459个行政村。是全国电子商务进农村综合示范市、全国第一批农民工等人员返乡创业试点市、农村产业融合发展试点示范市和河南省水生态文明城市、新型城镇化建设试点市、扶贫开发移民搬迁试点市、农业综合开发与美丽乡村建设试点市。汝州历史悠久、人杰地灵，出土于汝州，现珍藏于中国历史博物馆的“鹳鱼石斧图”彩陶缸，是全

---

* 赵俊璞，汝州市汝瓷电子商务产业园管委会；王淼，河南财经政法大学；刘梦佳，汝州市文化广电新闻出版局。

国64件不可出国（境）展出文物之一；汝瓷、汝帖、汝石，并称"汝州三宝"，享誉海内外，原产于汝州的汝瓷，位居北宋时期"五大名瓷"之首，史称"汝窑为魁"。

一 汝州陶瓷文化缘起与历史

（一）汝陶是陶瓷文化形成的源头

汝州市境内陶瓷土矿资源丰厚，早在距今8000年前的裴李岗文化时期，汝州境内的中山寨遗址、槐树伊遗址均有陶器出土。在仰韶文化时期，汝州有遗址十多处，均发现大量的彩陶和原始瓷器，特别是纸坊乡阎村的"鹳鱼石斧图"彩陶缸陶画是中国迄今发现最大、最早、最完整的一幅陶画。继彩陶之后，汝陶艺术又出现了黑陶，在汝州市大张遗址中出土的汝陶器质地坚硬，采用轮制方法制造，具有明显父系社会阶段汝陶艺术的特点。在汉代，出现了汝州陶瓷历史上的又一个重要转折点，在汝州城北的张庄汉墓群中，发掘出了汉代常见的陶器，许多器形模仿铜器造型，是由陶器到瓷器的一个过渡类型，对汝陶艺术的发展影响深远。

（二）汝瓷是陶瓷文化发展的杰出代表

汝瓷始烧于唐朝，盛名于北宋，在我国陶瓷史上具有显赫的地位。唐宋时期，汝州境内窑厂密布，现存的国家级文物保护单位窑址有张公巷窑、清凉寺窑和严和店窑。特别是北宋时期，汝州是北方烧造青瓷的中心，因当时汝州辖管郏县、龙兴县、鲁山县、汝阳县、叶县、襄县等地，烧造青瓷器的古窑遗址很多，形成"汝河两岸百里景观，处处炉火连天"的繁荣景象。到了北宋晚期，皇室认为定窑瓷器有芒，不堪用，遂命汝州造青瓷器。以玛瑙入釉，烧成后莹润如玉，其天青、天蓝釉，素淡高雅，明净润泽，有如"雨过天晴云破处"的汝瓷应运而生，成为一代名瓷，名扬天下，使汝州陶瓷的发展迎来了鼎盛时期。后金兵南侵，中原战乱，宋室南迁，汝窑烟灭，兴盛前后不过20余年，所以弥足珍贵。汝瓷传世品稀少，全世界已知的传世品有65件，分别存放在北京故宫博物院17件，台北故宫博物院23件，上海博物馆8件，英国达维德爵士基金会7件，日本大阪市立东洋陶瓷馆、维多利亚博物馆、美国克利夫芝和圣路易等知名博物馆和私人典藏约十余件。全国著名书画大师李苦禅先生曾挥毫写下"天下博物馆，无汝者，难称尽善尽美也"的名句。

（三）近代汝瓷技艺传承及保护

伴随北宋后期宋金战乱不息，盛极一时的传世汝瓷逐渐走向没落，汝瓷技艺濒临失传。1953年，周恩来总理亲自指示"发掘祖国文化遗产，恢复汝窑生产"。1956年，遵照周总理指示，临汝县政府在民生汝瓷厂的基础上，成立临汝县汝瓷厂。特别是在1957年，周恩来总理在南京召开的全国轻工业会议上做出"尽快恢复祖国历史五大名窑，尤其是汝窑和龙泉窑的生产"的指示，临汝县汝瓷厂成立汝瓷试验小组，由老艺人郭遂承担了汝瓷试验重任，在无数次的试验中复烧出了消失近千年的汝瓷。1973年，成立临汝县汝瓷二厂，1974年临汝县汝瓷二厂更名为临汝县工艺美术汝瓷厂。1983年，研制的汝官瓷天蓝釉终于试验成功，填补了我国古陶恢复史上的又一项空白。1986年成立河南省临汝县中国汝瓷开发公司和中国汝瓷研究所。1988年，汝官瓷天青釉、月白釉等分别试制成功，汝瓷文化产业的发展步入正轨。1998年以来，随着国营汝瓷厂的改制，国营厂的技术职工纷纷自建窑厂，一批民营企业迅速发展，逐步形成新的汝瓷产业集群。

二 古陶瓷遗存和重点、骨干企业及代表性传承人现状

汝瓷因其悠久的历史文化渊源和传世品的稀少而弥足珍贵，2004年，国家质量监督检验检疫总局批准划定汝州市全境作为汝瓷原产地域保护范围。2005年被世贸组织确定为原产地保护地理标志性产品。2006年5月张

公巷官窑遗址群被国务院列入全国重点文物保护名录。2007 年 1 月，汝瓷烧制技艺被河南省政府批准公布为首批非物质文化遗产保护项目。2009 年 10 月，河南省文化厅将汝瓷烧制技艺列为国家级非物质文化遗产项目申报国家文化部。2011 年 5 月 23 日，国务院下发《国务院关于公布第三批国家级非物质文化遗产名录的通知》，正式批准将汝瓷烧制技艺列入第三批国家级非物质文化名录。2009 年，国家质量监督检验检疫总局发布了《中华人民共和国国家标准——地理标志产品汝瓷》的行业标准，被河南省质监局、河南日报社授予"河南省十大最具影响力地理标志产品"称号。2013 年 5 月，严和店汝窑窑址被国务院确定为全国重点文物保护单位。2016 年，汝瓷地理标志产品保护领导小组办公室授予第一批 12 家汝瓷企业获得汝瓷地理保护产品专用标志使用权。截至 2018 年，汝州市共培养出了国家级非物质文化遗产传承人 3 人，分别是朱文立、孟玉松和李廷怀，省级非物质文化遗产传承人 4 人，市级非物质文化遗产传承人 52 人，国家级大师 3 人（含工艺美术大师、陶艺大师、陶瓷设计艺术大师），省级大师 50 人（含工艺美术大师、陶艺大师、陶瓷设计艺术大师）。比较有名的汝瓷企业有朱氏汝瓷有限公司、玉松汝瓷有限公司、廷怀汝瓷有限公司、弘宝汝瓷有限公司、宋宫汝瓷有限公司、恕堂文化发展有限公司等。2015 年 12 月，汝州市陶瓷协会改组大会召开。协会明确了秉持"发挥平台效应，创新发展模式，规范行业秩序，繁荣陶瓷经济"的宗旨，坚持以"务实、服务、团结、创新"的协会精神，竭尽全力为会员单位排忧解难，谋求福祉，积极参与国内和国际市场竞争，为重振中国瓷都雄风做出积极的贡献。

三 陶瓷文化产业现状

2014 年以来，汝州市委、市政府把陶瓷文化产业发展作为推进经济结构转型升级、实现文化产业大发展的核心抓手，坚持以市场化为方向，多措并举，努力擦亮"汝瓷文化名城"这一金字招牌。市政府规划建设汝州市汝瓷电子商务产业园暨汝瓷小镇，以汝瓷文化产业为主导，文旅结合规划，大胆创新，不断进取，目前已初具规模，取得了一定的成绩。

2010年，汝州市举办了中国（国际）汝瓷文化节；2011年，汝窑烧制技艺被国务院和文化部公布为国家级非物质文化遗产；2015年，成功举办了首届中国汝瓷烧制技艺大赛。张公巷窑址、严和店窑址等7处国家级重点文物保护单位在国际国内陶瓷界久负盛名，汝州市被中国陶瓷工业协会授予"中国陶瓷历史文化名城"和"中华名窑·瓷魁之乡"称号。2016年，汝州市人民政府和中国陶瓷工业协会联合举办中国（国际）汝瓷文化周开幕式。2016年12月，汝州市被中国民间文艺家协会评为"中国汝瓷文化之乡"。12月21日，经国家质检总局批准，中国质检报刊举办的2016"质量之光"年度盛典，汝州市汝瓷成功入选2016年"质量之光"年度魅力品牌。2017年，汝州陶瓷大师朱文立被选为陶瓷界的"大国工匠"代表，中央电视台进行专题报道。2017年5月，中国历史名窑当代汝瓷艺术展欧洲行正式启动。2017年6月，"中华之手匠心之美"系列活动在中央美术学院举行。汝州"北宋官窑"张公巷发掘活动重新启动。2017年，汝州市人民政府和中国陶瓷工业协会联合举办"纪念周总理指示恢复历史名窑60周年"系列活动。2017年，汝州市蟒川镇成功获批"第二批全国特色小镇"。2018年，汝州市组织陶瓷企业赴香港参加"老家河南"文化庙会。2018年，国家艺术基金资助项目汝州陶瓷艺术作品展正式开始全国巡展。2018年4月，汝州市人民政府与检察日报社共同举办汝瓷知识产权保护与品牌发展论坛。2018年5月，汝州陶瓷大师孟玉松荣获汝州市首个"中国工艺美术大师"称号。2018年6月，汝州市陶瓷协会带领企业参加第三届中国深圳国际茶器设计大赛，获得两金三银两铜的好成绩。2018年10月，汝州市人民政府与河南省雕塑学会共同举办中国汝州"汝瓷小镇杯"国际环境雕塑创作大赛。2018年11月，汝州市陶瓷协会带领陶瓷企业参加首届世界青瓷大会和第十一届中国陶瓷艺术大展，获得四金六银十铜的好成绩。

据统计，汝州市现有陶瓷研究及生产单位260多家，年产值5亿多元，网上交易额近3000万元。产品远销日本、新加坡、韩国、澳大利亚、美国、加拿大、英国、希腊等 30 多个国家和地区，在国际上享有较高声誉。

四 推动陶瓷文化产业发展的具体做法

（一）抓规划编制

文化产业是 21 世纪最有前途的产业之一，有巨大的经济效益和社会效益。为此，汝州市结合本地陶瓷文化产业发展基础和优势，突出"汝瓷"这一文化品牌，围绕"汝瓷文化名城"的发展定位，编制完成了汝州市文化产业发展专项规划，制订行动计划，明确年度工作目标和推进举措，坚持以科学的规划指导和推动文化产业发展。同时，在产业集聚区西南部，规划建设汝州市汝瓷电子商务产业园暨汝瓷小镇，规划面积约 12 平方千米，聘请清华大学建筑一所、同济大学规划设计院，编制了园区概念性规划及修详性规划，园区规划建设科研机构汝瓷鉴定中心，设计独特的中国汝瓷博物馆、创客创新创业的创客源、原生态宋窑群观光公园等文化项目。项目建设分两期，一是汝瓷电子商务产业园核心启动区，规划面积约 1212 亩，包括四大功能板块，即公共服务区、创意街区、中小企业板块、规模企业板块。规划建设有河南省陶瓷产品质量监督检验中心、中国汝瓷博物馆、游客接待中心、创客源区、中小陶瓷企业生产区等；二是汝瓷电子商务产业园二期（中国汝瓷小镇），规划面积约 5800 亩，主要包含严和店水库项目、汝瓷电子商务产业园片区蟒川棚户区改造一期项目、蟒川河水系治理项目，建设汝瓷文化遗址公园、非物质文化遗产展示馆、艺术家村、汝州艺术名家美术馆、陶瓷行业协会交流展示基地、汝帖文化中心、汝州特色文化商业街区、蟒川河滨水生态文化旅游度假区、曲剧艺术大舞台、汝石文化展示中心、孟诜养生养老文化中心等。该项目致力于打造"文化＋科技＋产业＋旅游＋休闲＋养生"的国家 5A 级特色景区、豫西南电子商务交易仓储物流中心，建成后，将实现年游客接待量突破 500 万人，创造税收 6 亿元以上，直接和间接带动当地及周边地区 20 万人就业，成为集聚农业转移人口的核心载体。2016 年至今，汝瓷小镇项目先后荣获国家住建部"第二批全国特色小镇"、国家发改委"国家农村产业融合发展示范园区"和"河南省田园综合体"、河南省人民政府"河南省重点文化产业园区"，中共河南省委宣传部、河南省科学技术厅"首批河南省文化与科技融合示范基地"、河南团省委"河南省青年创业创新示范园区"、河南省发改委"河南省高成长服务业专业园区"和河南省文化厅"第五批河南省文化产业示范园区"等众多称号。

（二）抓载体创新

专业化产业园区是推进陶瓷文化产业发展、塑造汝州历史文脉的重要载体。汝州市汝瓷电子商务产业园暨汝瓷小镇，是市委、市政府规划的陶瓷文化产业发展的重要载体和平台。一是汝州市委、市政府高规格成立汝州市汝瓷电子商务产业园管理委员会，由汝州市政协主席任第一书记，汝州市委常委、宣传部部长任书记，汝州市政协副主席任副书记，汝州市城建局局长任主任，汝州市文广新局局长任常务副主任，构建了协调联动、主动高效、分级负责的工作推进机制。在此基础上，先后面向社会公开招录了 3 名研究生、16 名本科生的高学历、高素质优秀人才服务于汝州市汝瓷电子商务产业园区建设。2016 年河南省委、省政府将园区规格确定为副处级。二是与中央美术学院、景德镇陶瓷学院、郑州大学美术学院、洛阳师范学院艺术设计学院、平顶山学院陶瓷学院、郑州轻工业学院易斯顿学院等高校签订战略合作协议，培育陶瓷创意人才，推动陶瓷文化产业发展。三是整合文化系统国有资产，组建成立汝州市文化投资发展有限公司，先后与省财政厅农开公司、百瑞信托、河南三建建设集团有限公司、中国有色金属工业第六冶金建设有限公司达成合作意向，推进园区整体开发建设，增强综合承载能力。

（三）抓项目建设

项目建设是陶瓷文化产业发展的重要基础。为此，汝州市按照"规划项目抓招商、意向项目抓落地、签约项目抓开工"的思路，积极推进陶瓷文化产业项目建设。一是以汝瓷小镇为依托，先后启动河南省陶瓷产品监督检验中心、游客服务中心、中国汝瓷博物馆、汝瓷大师园、田园花海等项目建设。二是先后三次到台湾莺歌镇、江西景德镇、浙江龙泉、陕西富平陶艺村等地学习考察，开展专题招商活动，按照"艺术用品高端化、生活用品艺术化"的原则，吸引全国"五大名瓷"企业和陶瓷大师入驻，推动陶瓷文化产业工业化、规模化、市场化发展。三是积极推进陶瓷文化产业与"互联网＋"电子商务融合发展，与阿里巴巴、天猫、京东、苏宁等知名电商达成合作意向，开展跨境贸易、网上拍卖等业务，推动陶瓷产品线上销售。

（四）抓政策扶持

文化产业发展是一项重要的惠民工程、发展工程，必须充分发挥政策导向作用，确保工作实效。一是针对企业创业初期办证难、落户难问题，对入驻园区的企业，实行首席服务官制度，由市委、市政府处级领导任首席服务官，全面放宽准入门槛，设立"三证合一"联办窗口，所需证照1个工作日内办结。同时，整合棚户区改造安置房、公租房等资源，对落户汝州的优秀陶瓷专业人才，优先解决公租房、子女入学等问题。二是针对企业创业筹资难问题，市财政设立汝瓷发展基金，对入驻汝瓷电子商务产业园的创业人员给予授信贷款，并提供免息创业资金。三是针对企业研发投入风险大问题，对陶瓷企业的研发费用，实行税前加计扣除政策，鼓励企业打破传统理念和思维，开发新技术、新产品、新工艺。

五 汝瓷产业发展存在问题

（一）资本投入有待提升

汝瓷小镇在基础设施建设、人才引进、产业发展、项目推进等多方面都需要资本的投入，根据《关于加快特色小镇规划建设的指导意见》，原则上特色小镇投资应在三年内完成，但小镇在建设过程中实际存在政府的招商引资能力弱、投融资平台作用小及民间投资少，汝瓷企业多是手工作坊，规模化企业较少，资金量不足，建设过程中资本的流动性较弱，建设缺乏资本的支撑等问题。国家相关部委 2017 年下半年以来各项金融政策文件的相继出台，使企业参与的 PPP 项目融资更加困难，受政策约束，目前金融机构贷款压力增大。

（二）相关政策有待完善

与特色小镇相关的部门较多，在特色小镇培育工作中，涉及发展改革委、住建厅、财政厅、科技厅、国土厅、商务厅、文化厅、统计局、旅游局等单位，小镇在建设中需要更进一步的具体指导帮扶政策，在建设中形成符合特色小镇发展的体制机制。通过土地优先保障、财税优惠及支持资金奖补，多种方式的金融支持，人才优先倾斜等政策大力支持特色小镇培育工作健康快速发展。

（三）对外宣传有待加强

陶瓷作为中华文化的一个重要符号，是中华民族的文化瑰宝。河南省自古就是陶瓷艺术高度发达的地区，有上千年悠久的历史和丰厚的陶瓷文化。钧瓷、汝瓷、三彩陶瓷等都有着极高的知名度。诞生于汝州的汝瓷，更是中原千年陶瓷文化中浓重的一笔。"酒香也怕巷子深"，汝州、禹州等主要陶瓷产区，作为县级市宣传载体资源有限，在打造这些河南陶瓷品牌体系上，需要借全省之力，加大对品牌的宣传力度。

六　汝瓷文化产业发展对策

汝州市应当紧紧围绕汝瓷小镇这一载体，加强科研创新，加大招商引资力度，加快推进相关产业项目建设，做大做强陶瓷文化产业，打造汝瓷文化名城。

一是完善提升规划。聘请专业规划设计单位和第三方策划运营机构，完善提升汝瓷小镇发展规划，对汝瓷产业进行精准谋划，对投资收益进行综合分析，顺应市场需求，合理确定人口规模、产业布局和空间布局，提高综合效益。

二是深化开放招商。按照"艺术用品高端化、生活用品艺术化"的原则，努力招引一批全国"五大名瓷"企业和陶瓷大师。同时推进陶瓷文化产业与电子商务融合发展，实现汝瓷产品"买全球、卖全球"，打造国际知名品牌。

三是加快汝瓷小镇建设。坚持融产业、文化、旅游、居住、社区服务等五大功能为一体，加快推进省陶瓷质量检验监测中心、汝瓷博物馆、汝瓷会展中心、大师园、严和店水库、蟒川河生态修复等项目建设。同时，统筹推进路网、游客服务中心、商务酒店和水系、林业生态等基础设施建设，提升特色小镇整体服务功能，形成具有辐射带动能力的市域副中心。

汝瓷在中国陶瓷史上有"纵有家财万贯，不如汝瓷一片"之美誉，有巨大的发展空间。近几年，汝瓷产业已经取得了长足的进步，但要实现汝瓷产业的可持续发展，必须拓展更大、更好、更广阔的发展空间。引进和培养先进的艺术设计人才和管理营销人才，丰富和创新汝瓷产品器形，拓宽汝瓷产品市场，使曾经高贵的宫廷御用瓷器走入寻常百姓家，将汝瓷艺术高贵清雅、自然沉静和含蓄质朴的文化内涵发扬光大，让这一承载着中华优秀文化的艺术品走遍中国、走向世界。

附录：2018年河南省文化发展大事记

李玲玲*

1月

1月4日至3月7日 河南省组派8个团组，分赴意大利、卢森堡、葡萄牙、爱尔兰、美国、俄罗斯、日本、加蓬、科特迪瓦、塞内加尔、斐济、澳大利亚、新加坡等13个国家，开展各类文化交流演出52场次，受众达25万人次，让各国人民品尝了极富中原特色的文化大餐。

1月8日 由中宣部、文化部、国家新闻出版广电总局、中国文联联合开展的2018年"我们的中国梦——文化进万家"活动在兰考、井冈山同时启动。河南省委常委、宣传部长赵素萍和中央、省直宣传文化单位有关负责同志出席了"文化进万家"兰考启动仪式。

1月12日 由国家新闻出版广电总局主办，中华出版促进会承办，中原出版传媒集团等单位协办的第五期"丝路书香"来华培训研修班在郑州开班。本期研修班在北京与河南两地进行，由中原出版传媒集团、中原大地传媒股份有限公司、郑州大学、汇天网络科技有限公司四家单位协办。共邀请斯里兰卡、巴基斯坦、孟加拉国、蒙古国等四国的17位出版人参加。

1月17日 "德耀中原"第六届河南省道德模范颁奖典礼在郑州举行。赵素萍、李文慧、戴柏华、张广智、刘法峰等出席。河南省道德模范评选从2007年开始，每两年评选一届。2017年6月，省委宣传部、省文明办、省

---

* 李玲玲，河南省社会科学院历史与考古研究所助理研究员，研究方向为先秦史与中原文化。本部分内容均来自《河南日报》。

军区政治部、省总工会、团省委、省妇联等部门联合启动第六届河南省道德模范评选表彰活动。经过层层推荐和公开公正评选，宋成元等 11 人被评选为"第六届河南省道德模范"，余善伟等 10 人获提名奖。

1 月 17 日 在西班牙马德里举行的第 14 届联合国世界旅游组织大会上，"互联网＋龙门"行动计划作为中国唯一进入总决赛的参赛项目，喜获"公共政策和管理创新"大奖。

1 月 18 日 全省文化工作会议在郑州召开。会议提出 2018 年河南省将围绕"加快构筑全国重要的文化高地"这一目标，着力实施"党的建设工程、文艺精品工程、文化惠民工程"，提升公共文化服务效能，提高文化产业发展水平，开创全省文化工作新局面。

1 月 19 日 河南省宣传部长会议在郑州召开。会议全面贯彻党的十九大精神和习近平新时代中国特色社会主义思想，学习贯彻全国宣传部长会议精神、省委常委会会议精神，总结工作，分析形势，安排部署 2018 年工作。省委常委、宣传部长赵素萍出席会议并讲话，副省长戴柏华主持会议。

1 月 23 日 "2018 香港欢乐春节文化庙会——中华源·老家河南"活动新闻发布会在郑州举行。春节后，来自"老家河南"的中原庙会，要开到香港大都市。2 月 22 日（农历正月初七）至 27 日（农历正月十二），由中华文化联谊会、中国友好和平发展基金会、河南省人民对外友好协会共同主办的中原庙会，将在香港九龙公园举行。

河南省省会首支"红色文艺轻骑兵"走进郑州金水区信基文化广场，以精彩的文艺演出和免费写春联、书画创作等活动，吸引了许多群众。这是郑州市文化馆宣传党的十九大精神、为基层群众送文化的一个创新之举。

1 月 24 日 列入第五批河南省传统村落名录的 220 个村落在省住建厅网站公示结束，加上此前经过评审公布的 591 个河南省传统村落，河南省传统村落总数已达到 811 个。

1 月 25 日 "中国长寿之乡"宝丰授牌仪式在北京饭店金色大厅举行。仪式上，宝丰县被人民日报《中国城市报》社、中国健康城市研究院、中国保健营养理事会等机构评定为"中国长寿之乡"和"中国健康宜居小城"，并授予牌匾。

1月27日　中国青旅豫资文化旅游产业投资基金在郑州设立，未来将助力河南文化旅游产业发展。当天，中国青旅集团公司和中原豫资投资控股集团有限公司就产业投资基金的设立、运行达成了战略合作协议。双方将共同出资组建100亿元旅游产业投资基金，进一步整合河南省内外文化旅游资源，重点推进河南省旅游度假、健康养老、教育体育、商务会展、文化创意等行业发展，为建设现代化服务业强省做出贡献。

2月

2月1日　由河南省委宣传部、省文化厅、省文联和周口市政府联合主办的纪念越调大师申凤梅先生90周年诞辰座谈会在郑州举行。来自省内外的艺术家、省直各院团负责人、申凤梅先生的生前好友等近百人参加座谈。全国政协教科文卫体委员会副主任王全书、副省长戴柏华等出席。

2月4日　由省文化厅主办、省京剧艺术中心承办的2018年河南省新春京剧晚会在河南艺术中心大剧院精彩上演。省委常委、宣传部长赵素萍，省人大常委会副主任徐济超，副省长戴柏华，省政协副主席高体健等出席观看。

2月4日　信阳师范学院炎黄学研究院正式揭牌。河南省委原书记徐光春，省人大常委会副主任、信阳市委书记乔新江，湖北省人大常委会副主任周洪宇等出席揭牌仪式并参加炎黄学公开课专家备课会。来自中国社科院、光明日报社、河南省社科院、湖北省社科院、河北师范大学、湖南大学、苏州科技学院和宝鸡炎帝文化研究会的十余位著名专家学者，围绕炎黄学公开课课程安排展开热烈讨论。

2月5日　由省史志办主办、河南日报报业集团承办的"传承：河南省非物质文化遗产代表性传承人实录"项目，目前已采写过半。这是河南省首次在全省范围内对非遗传承人进行全面深入的挖掘整理。该项目需要采写的传承人总数为832人，其中国家级传承人84人。河南日报报业集团正积极开展后续编辑整理工作，最终采写内容将集纳成丛书，约 840 万字，共 40 册，预计 2018 年底出版发行。

2 月 7 日 作为全国首家省级青年群众工作综合智库，"中原青年群众工作室"在郑州正式挂牌成立。这标志着河南省青年群众工作再上新台阶。

2 月 8 日 由省文化厅主办，省文化馆承办的"春满中原"春节系列文化活动启动。即日起至 3 月 3 日（农历正月十六），全省各级文化部门开展了一系列丰富多彩的文化活动。与往年相比，2018 年结合"宣传十九大，文化进万家"主题，为"春满中原"活动注入了新的内容和活力。作为全国著名的公共服务文化品牌，河南省"春满中原"系列文化活动已经连续举办了 12 届，成为春节期间中原大地的一道亮丽风景。

2 月 24 日 文化和旅游部日前公布了中国文化艺术政府奖第三届动漫奖评选结果，由河南艺术中心打造的"十二生肖"系列原创儿童剧的开篇之作《小马过河》荣获最佳动漫作品奖。这是河南首次获得该奖项，而且是唯一入选作品，实现了零的突破。

2 月 28 日 农历正月十三，一年一度的曲艺盛会"中国·宝丰马街书会"开锣。中国文联党组成员、副主席赵实，河南省委常委、宣传部长赵素萍出席了当天的书会。本届书会，除了传统民俗对戏、祭火神、书状元认定、拜师收徒等活动外，又增添了以马街村为原型的大型方言话剧《老街》展演、中国曲艺牡丹奖艺术团小分队"送欢笑·到基层"扶贫慰问演出等新亮点。

2 月 28 日 第十届中国（鹤壁）民俗文化节在浚县浮丘山广场开幕。来自各乡镇的民间社火表演队伍奉上绝活儿，令数十万名游客大饱眼福。

3月

3 月 1 日 随着河南省外国专家局向日籍专家内藤贤司等人签发首批 13 份《外国高端人才确认函》，外国人才签证制度在河南省正式实施。按照国家外国专家局、外交部、公安部统一部署，河南省从即日起全面实施外国人才签证制度。此前，北京等9个省份作为第一批试点地区，已于2018年1月1日开始实施这一制度。

3月13日 郑州国际文化创意产业园20个文化产业项目集中签约仪式在郑州举行，河南省文化旅游产业发展又添强劲"引擎"。此次集中签约项目20个，计划投资达252.9亿元，涉及会议会展、泛娱乐文体、创意设计、总部经济、中部设计城、主题酒店六大类别，其中一些项目弥补了河南省招商引资的空白。

3月18日 利比里亚共和国"华夏龙都中国濮阳"邮票正式发行，这是外国首次发行濮阳龙文化主题邮票。

3月21日 由河南省人民政府外事侨务办公室与洛阳师范学院联合主办的"河南省'一带一路'语言服务研究中心揭牌仪式暨语言服务体系建设洛阳论坛"在洛阳举行。这是河南省首家围绕"一带一路"建设开展语言服务研究的省级中心。

3月23日 中国（河南）自由贸易试验区国际物流金融洽谈会在郑州会展中心举行。"一带一路"沿线国家和地区的政府机构代表，国际知名贸易、供应链、物流、金融服务机构的高管，以及全国11个自由贸易试验区的相关负责人和国内外相关企业代表共200多人参加了会议。

3月25日 第四届中原创新发展论坛在郑州举行，论坛主题是"坚持新发展理念、实现高质量发展"，来自国内的20余位知名专家学者围绕主题展开对话。第四届中原创新发展论坛由河南省社科联、省政府发展研究中心、黄河科技学院主办，河南省国企创新发展研究院、省经济学会、中国（河南）创新发展研究院、省高校双创协会承办。论坛以深入学习贯彻党的十九大精神和全国两会精神为指导思想，聚焦我国社会主要矛盾变化，围绕推动和实现河南经济高质量发展、构建河南现代化经济体系、农业供给侧结构性改革与河南乡村振兴、创新驱动与河南制造业高质量发展、"三区一群"在河南经济高质量发展中的引领带动作用、双创生态与河南高质量发展、深化改革开放创新与实现经济高质量发展等议题，为开启新时代河南全面建设社会主义现代化新征程建言献策。

3月25日 郑州市文物局公布，2018年，郑州将加快推进"四大文化片区"建设，实施生态绿化与遗址文化内涵展示相结合的"生态保遗"工程，新建遗址生态文化公园17处，绿化面积2.4万亩，基本形成中心城区遗址生态文化公园文化带，为河南省打造文化高地增砖添瓦。

4月

4月3日 由中国文联、河南省人民政府、中国民间文艺家协会主办，河南省委宣传部、省文明办、省文联、省民间文艺家协会和开封市委、市政府承办的"2018中国（开封）清明文化节"在开封清明上河园开幕。中国文联原副主席杨承志、河南省人大常委会副主任王保存、省政协副主席高体健等出席开幕式。为期10天的"2018中国（开封）清明文化节"以"传承文明、拥抱春天"为主题，共组织四大类、60项活动。其中，清明民俗文化重点活动16项、重大文化旅游演艺活动8项、开封特色文化艺术精品展系列活动12项、群众文化活动24项。

4月3日 在全国学雷锋志愿服务工作推进会上，中央宣传部、中央文明办公布了2017年学雷锋志愿服务"四个100"先进典型名单，河南省共有15个典型入选。宣传推选学雷锋志愿服务"四个100"先进典型活动由中宣部、中组部、中央文明办等11个部门在全国联合发起，从2015年开始，已成功举办两届。活动通过各地推荐、网络投票、专家评审等程序，每年在全国推选出100名"最美志愿者"、100个"最佳志愿服务组织"、100个"最佳志愿服务项目"和100个"最美志愿服务社区"。此次河南省共有3名个人、4个志愿服务组织、4个志愿服务项目和4个志愿服务社区入选。

4月4日 2018年全省测绘地理信息工作会议上，首版中原文化系列地图对外发布。首版地图为"姓氏寻根老家河南"，把起源于河南的78个姓氏发源地标注在地图上，为姓氏寻根提供直观展示，地图还附有客家先民迁移路线图，便于读者了解古代中原人口迁移状况。

4月8日 2018年石氏宗亲拜祖大典在淇县朝歌文化广场南边的纯臣文

化园举行，来自广东、浙江、贵州、四川、山东、湖南、河南等30多个省份的500余名石氏族裔代表参加了拜祖大典。

4月9日　洛阳家风家训馆正式开馆，这是河南首家市级家风家训馆。洛阳家风家训馆总面积400平方米，分为"核心指引、根植践行、家范传世、风范长存、和合新风"五个部分。全馆通过文字、图片、电子多媒体等方式，多样化展示古今优秀的家风家训，为广大市民传承好家训、弘扬好家风提供学习借鉴。

4月10日　第36届中国洛阳牡丹文化节开幕式在隋唐洛阳城定鼎门遗址广场举行。十一届全国政协副主席王志珍出席开幕式并宣布开幕。河南省委常委、洛阳市委书记李亚，省人大常委会副主任徐济超，副省长戴柏华，省政协副主席张亚忠出席开幕式。

4月12日　主题为"数据驱动智造转型"的第二届洛阳大数据高峰论坛在洛龙区举行。论坛由洛龙区政府、洛阳市工信委联合主办，中移在线、西安交通大学中原大数据研究院、神州数码通用软件洛阳有限公司、炎黄科技园等单位协办。论坛旨在顺应国家大数据战略，助推河南建设国家大数据综合试验区，按照洛阳市委、市政府决策部署，大力发展大数据产业，全力打造"中西部地区大数据产业基地"。

4月13日　以"新时代的中国：与世界携手让河南出彩"为主题的外交部河南全球推介活动在北京隆重举行。国务委员兼外交部长王毅出席并发表讲话，河南省委书记王国生致辞，河南省长陈润儿进行推介。外交部副部长乐玉成，河南省委常委、宣传部长赵素萍，河南省委常委、省委秘书长穆为民，河南副省长何金平出席推介活动。

4月16日　由两岸企业家峰会主办的"2018两岸智能装备制造郑州论坛"在郑州开幕。本次郑州论坛以"智能装备制造：链接两岸　引领未来"为主题。两岸企业家峰会大陆方面理事长曾培炎，两岸企业家峰会台湾方面理事长萧万长，河南省委书记王国生，中共中央台办、国务院台办主任刘结一出席开幕式并致辞。省长陈润儿主持开幕式。

4月16日　戊戌年黄帝故里拜祖大典"老家河南"文化活动周启动仪式

暨"情系大别山——深入生活扎根人民"河南省美术摄影作品展开幕式在河南美术馆举行，河南省领导赵素萍、徐济超、戴柏华、高体健出席启动仪式。

4月16日 黄帝文化国际论坛在郑州大学西亚斯国际学院开幕。来自海内外的知名专家齐聚一堂，围绕"黄帝文化与新时代"这一主题论道演讲。作为中华民族的核心文化、根脉文化，黄帝文化是维系海内外炎黄子孙的精神纽带。黄帝文化国际论坛被誉为黄帝故里拜祖大典的"灵魂工程"，有"华语第一论坛"的美誉，发挥着传承黄帝文化、弘扬时代精神的作用，已连续举办十一届。

4月16日 2018年河南干部网络学院在线学习正式启动。与2017年的试点工作相比，2018年的在线学习将在全省18个省辖市、25个省直单位、22个省管高校、14个省管企业全面铺开，培训单位由13个扩大到79个，培训人数由1271人扩大到近9000人。河南干部网络学院由省委组织部主办、河南广播电视大学承办，以县处级以上领导干部为主体，兼顾各级各类干部需求，集信息发布、学习培训、统计分析、考核监督、在线评测等功能于一体，是一个运用先进云计算技术，通过电脑、手机等移动终端实施精准培训的全国一流在线学习平台。

4月17日 由河南省人民政府、中国国际贸易促进委员会、中国人民对外友好协会共同主办，以"开放创新、合作共赢"为主题的第十二届中国（河南）国际投资贸易洽谈会在郑州国际会展中心轩辕堂开幕。

4月18日 以"同根同祖同源，和平和睦和谐"为主题的戊戌年黄帝故里拜祖大典在新郑市举行。十三届全国政协副主席王正伟，十届全国人大常委会副委员长、中华炎黄文化研究会会长许嘉璐，十一届全国人大常委会副委员长桑国卫、省委书记王国生、省长陈润儿、省政协主席刘伟出席大典。

4月18日 首届河南"五侨"服务"一带一路"建设座谈会在郑州召开。省政协主席刘伟出席并致辞，省委常委、统战部部长孙守刚主持会议，省人大常委会副主任徐济超、副省长何金平、省政协副主席张亚忠、省"五侨"部门负责人以及来自世界各地的知名侨领、商业协会和企业代表等出席会议。

4月18日 作为第十二届中国（河南）国际投资贸易洽谈会的分会场，新时代"一带一路"城市产融合作论坛暨洛阳牡丹文化节投资贸易洽谈会在洛阳举办。十二届全国政协副主席、丝路规划研究中心理事长陈元出席并发表主旨演讲。河南省委常委、洛阳市委书记李亚致辞。全国政协经济委员会副主任刘世锦、世界贸易组织副总干事易小准、省政协原副主席靳绥东等出席会议。

4月19日 以"新时代新融合新发展"为主题的第二届河南省中小文化企业投融资路演暨项目对接签约活动在郑州开幕，主要有投融资项目路演、项目对接签约、文化与金融合作论坛等环节。此次活动由河南省文化厅主办，中国企业资本联盟协办，河南省文化产业投资有限责任公司、河南省青年时尚促进会、河南投融文化传播有限公司联合承办。

4月19日 世界刘姓文化交流暨经贸论坛在鲁山县昭平湖畔举行，来自世界各地的刘姓企业代表、汉字文化研究者、刘氏文化研究者参加了此项活动。

4月20~21日 以"古老的文明，崭新的故事"为主题的世界古都论坛在洛阳举行。来自世界20多个国家和地区的知名专家、学者，围绕"古都文化遗产的保护利用与国际合作"展开了热烈讨论。

4月21日 由中国全民阅读媒体联盟、中国新闻出版传媒集团和漯河市委、市政府联办的2018年"书香中国万里行"活动在漯河市启动。"书香中国万里行"活动是推动全民阅读的重要品牌活动，自2014年举办以来，已先后走进北京、青岛、襄阳等多个城市。

4月23日 第23个世界读书日，2018年"书香中原"全民阅读系列活动暨"百姓文化云"正式上线启动仪式在中原图书大厦举行。河南省委常委、宣传部长赵素萍，副省长戴柏华等出席启动仪式。举办2018年"书香中原"全民阅读系列活动，旨在深入学习贯彻习近平新时代中国特色社会主义思想和党的十九大精神，大力推动河南省全民阅读，加快构筑全国重要的文化高地。

4月23日 覆盖省市县的数字公共文化服务平台"百姓文化云"正式

上线，河南省2200多个公共文化场馆的文化资源和1000多个文化社团的演出活动都能通过"百姓文化云"一手掌握。"百姓文化云"由河南省委宣传部、省文联、省文化厅等单位牵头，中原出版传媒集团承建。该平台整合了全省文化场馆、文化活动、文化下乡、文化社团、文化旅游等资源，让群众更方便、更快捷地共知共享。

4月23日 2018年度河南省高层次人才特殊支持"中原千人计划"申报工作正式开始，计划遴选200名左右高层次人才。"中原千人计划"是围绕建设人才强省的战略部署，计划用5～10年时间，有重点地遴选支持2000名左右中原学者、中原领军人才和中原青年拔尖人才，打造"中原人才"系列品牌，形成与"中原百人计划"引进海外高层次人才相互衔接的本土高层次创新创业人才开发体系。此次"中原千人计划"的公开申报，在河南省尚属首次。

4月23日 商丘师范学院校长司林胜一行莅临河南日报报业集团融媒中心，与河南日报报业集团、大河网络传媒集团签署了战略框架协议，协商共建"商师云"融媒体中心。大河网"智慧政务"项目合作伙伴已超150家，服务领域涵盖河南省民政厅、河南省发改委等多个省属厅局委。

4月23日 由河南省委宣传部、省委高校工委、省文联指导，省作协主办的"文学阅青春·书香满校园——河南作家进高校"系列活动在河南大学启动。此次活动旨在为河南作家和高校学子搭建一个互动交流的平台，激发广大青年学子的文学热情和创作活力，培养和发展中原作家群的新生力量。

4月23日 2017年度"中国好书"颁奖盛典在央视一套播出，揭晓了"主题出版类""科普生活类""文学艺术类""人文社科类""少儿类""年度荣誉"上榜好书共计29本。河南作家李佩甫的《平原客》、孟宪明的《花儿与歌声》入选"中国好书"榜单。此外，河南文艺出版社出版的《梦与真：许渊冲自述》也入选"中国好书"。

4月23日 河南省全民艺术普及周在省文化馆启动。此次活动以"坚定文化自信，推动艺术普及"为主题，在接下来一周的时间，全省文化馆系统为群众推出千余场各类艺术普及活动。

4月24日 2018年河南省侵权盗版及非法出版物集中销毁活动启动仪式在郑州举行，同时启动2018年"绿书签行动"系列宣传活动。河南省委常委、宣传部长，省"扫黄打非"工作领导小组组长赵素萍出席活动并讲话，副省长、省"扫黄打非"工作领导小组副组长戴柏华出席活动。

4月24日 由中智科学技术评价研究中心、河南省政府发展研究中心、中国（河南）创新发展研究院主办，郑州大学体育学院承办的太极拳文化传承发展研讨会在北京举行。王梦奎、李慎明等国内知名专家学者，陈式太极拳传承人陈小旺等出席会议。

4月25日 由中央网信办网络社会工作局、河南省委宣传部、省委网信办主办的"学习践行十九大助力决胜全面小康——网络名人看河南"活动在郑州启动。

4月26日 中国报业协会成立30周年纪念大会暨中国报业发展大会在北京召开，河南日报报业集团荣获"报业融合发展创新奖"，并作为中国报协会员单位唯一代表受邀致辞。

4月27日 2018年郑州航展暨世界编队特技飞行年度颁奖盛典在郑州上街机场隆重开幕。为期5天的2018年郑州航展共有英国、意大利、澳大利亚等34个国家、3个地区、1个国际组织参展、参演、参会，创历届之最。

4月27日 "两岸一家亲 欢聚在祖根"——海峡两岸张氏宗亲联谊活动在濮阳举行。

4月27～28日 以旅菲浔江公会理事长施良帛为团长的菲律宾、新加坡、港澳施氏宗亲恳亲团一行29人到固始寻根谒祖。

4月28日至5月3日 许昌市一年一度的三国文化旅游周如期召开。本届三国文化旅游周举办开幕式、招商、文化、旅游等五大板块25项活动，在挖掘许昌特色中展现城市文化，在整合文旅资源中彰显城市魅力。

4月28日 由中国茶叶流通协会和信阳市人民政府联合主办的第26届信阳茶文化节开幕。本届茶文化节期间，除举办2018年全国春茶产销形势分析会暨全国茶行业社团联席会、中国国际茶商大会和国际茶文化与茶产业发展研讨会等一系列重要茶事活动外，还举行首届信商大会、信阳出口茶企与"一带一路"沿线国家贸易对接洽谈会，以及信阳茶业博览会、信阳特色农产品展、信阳茶旅游暨旅游产品展等活动，全方位展示茶乡信阳的独特魅力。

5月

5月3日 息县包信镇古赖国文化园里，来自世界各地的赖氏（罗氏、傅氏）宗亲代表们，齐聚祖地共同祭拜始祖叔颖公。

5月5~6日 由河南日报报业集团、中国国际商会河南商会联合主办，大河网络传媒集团、河南省物流协会、河南国际物流商会承办的第五届河南物流文化节在新郑市郭店镇举行。

5月6日 中国殷商文化学会甲骨文艺术研究院、安阳师范学院甲骨文研究院在安阳师范学院正式揭牌成立。中国社科院荣誉学部委员、中国殷商文化学会名誉会长王宇信，中国殷商文化学会副会长兼秘书长徐义华及甲骨文研究学者代表参加了揭牌仪式。

5月8日 中央驻豫及省主要新闻媒体座谈会在郑州召开。河南省委书记王国生出席座谈会并讲话，强调要深入学习贯彻习近平新闻思想，把牢正确政治方向，坚持正确舆论导向，以实际行动助力中原更加出彩。

5月8~9日 由中国出版协会少年儿童读物工作委员会主办、海燕出版社承办的"童书出版：新时代，新作为，新高度——2018年全国少儿图书交易会"在郑州举行。本次交易会集中了全国34家专业少儿出版社相关领导及编辑、发行业务人员和全国新华书店、民营书店、三大网站等网络平台、馆配渠道等的负责人及业务人员，并邀请众多著名儿童文学作家、评论家、插画家与会。

5月9日 首届中国自主品牌博览会河南展团布展完毕，共有24家河南品牌亮相本届博览会。副省长刘伟率河南代表团到展区进行了巡馆。首届中国自主品牌博览会于5月10日中国品牌日当天在上海举办。河南展团的参展主题为"豫见好品出彩中原"，共有24家河南知名企业参展。

5月9日 全国政协南水北调中线工程史料图书定稿会在郑州召开。全国政协文化文史和学习委员会驻会副主任陈惠丰，河南省政协副主席张震宇，河北省政协副主席孙瑞彬，北京市政协、天津市政协、湖北省政协、陕西省政协等相关负责人出席会议。

5月10日 在第十四届中国（深圳）国际文化产业博览交易会开幕会上，发布了第十届全国"文化企业30强"名单，中原出版传媒集团已是第三次上榜。

5月10~11日 第二届全球跨境电商大会在郑州举行。本届大会由商务部国际贸易经济合作研究院、中国国际电子商务中心、河南省商务厅、郑州市政府联合主办。主题为"跨境电商助力世界贸易创新发展"，大会倡议发起成立跨境电子商务标准与规则创新促进联盟。

5月11~12日 王子朝奔楚暨南阳先秦古遗址保护学术研讨会在南阳市鸭河工区举行，来自清华大学、中国科技大学、郑州大学等高校及中国先秦史学会的学者和考古专家围绕王子朝奔楚事件进行了研讨和交流，并把脉问诊南阳先秦古遗址保护工作。

5月10~13日 全国政协副主席刘奇葆率调研组来豫，深入安阳、开封、洛阳、郑州等地，就大遗址保护和利用开展监督性调研。其间，调研组在郑州召开座谈会，河南省政协主席刘伟主持会议，副省长戴柏华介绍了河南省大遗址保护和利用工作情况。

5月13日 中国（鲁山）第二届世界汉字节在鲁山县仓头乡拉开序幕。来自国内外的汉字专家学者、汉字文化爱好者和当地群众5000多人参加了盛会。

5月14日 第十四届中国（深圳）文博会颁奖大会上，河南省收获颇丰：河南省委宣传部、郑州市委宣传部、洛阳市委宣传部、许昌市委宣传部获优秀组织奖，河南省展团、郑州市展团、洛阳市展团获优秀展示奖。同时，河南九朝文物复制品有限公司的唐三彩作品《百兽之王》获中国工艺美术文化创意奖金奖，李学武牡丹瓷股份有限公司的"小花匠"系列饰品获银奖，得雅夏布的麻本《萧翼赚兰亭图》获铜奖。

5月15日 在河南艺术中心大剧院，来自新加坡等6个国家的7个艺术团体和河南歌舞演艺集团等中方团体，联合为观众奉献了一场精彩的演出，正式拉开了"一带一路"河南艺术展演周巡演序幕。此次展演周以"开放河南、和谐丝路"为主题，由河南省文化厅主办，河南艺术中心、河南省文化馆等承办。省委常委、宣传部长赵素萍，副省长戴柏华出席开幕式并观看演出。

5月16日 中国食品工业协会、中国商业联合会、中国食品和包装机械工业协会主办，漯河市人民政府承办的第十六届中国（漯河）食品博览会在漯河开幕。中国食品工业协会会长石秀诗、中国商业联合会会长姜明、中国食品和包装机械工业协会会长楚玉峰、河南省副省长刘伟等出席开幕式。本届食博会共有来自全国22个省份和法国、俄罗斯、加拿大、马来西亚等25个境外展团的868家企业参展，集聚了包括200余名世界500强、国内500强和行业龙头、知名企业高管在内的上万名客商，展览面积4.5万平方米，设国际标准展位2300个。

5月16日 文化和旅游部网站公布了第五批国家级非物质文化遗产代表性项目代表性传承人名单，河南省共有43位传承人入选。至此，河南省共有国家级非物质文化遗产代表性项目代表性传承人127人。随着此次"木兰传说"传承人陈时云、"民间社火"（浚县民间社火）传承人孙书林等人入选，河南省民间文学和民俗类项目实现零的突破，首次实现了国家级非物质文化遗产代表性项目类别全覆盖。

5月17日 第五届产教融合发展战略国际论坛在驻马店市开幕，来自国内外的各界代表及专家780余人齐聚天中大地，共商产教融合深化和地方高校转型发展大计，十二届全国人大常委会副委员长、中华职业教育社理事长陈昌智，教育部副部长孙尧，河南省副省长霍金花，河南省政协副主席龚立群出席开幕式。

5月17日 作为纪念比干诞辰3110周年的首场活动，比干文化产业论坛在新乡举行。当天上午，在卫辉市比干文化广场，大型纪录片《比干》举行了开机仪式，该纪录片由卫辉市委、市政府投资拍摄，并由央视导演团队策划监制。

5月18日 在国际博物馆日，围绕2018年的"超级连接的博物馆：新方法，新公众"主题，河南省300多家博物馆开展了内容丰富、形式多样的主题宣传及展示教育活动。

5月18~19日 由河南省文化厅主办，洛阳师范学院、河南省公共文化研究中心承办的河南省乡村振兴与乡村文化发展战略研讨会在洛阳师范学院召开。文化和旅游部、省文化厅相关负责人，来自华中师范大学、北京大学、浙江大学等高校的专家学者，以及省图书馆、省文化馆、省少年儿童图书馆和全省各省辖市、省直管县（市）文广新局负责人参加会议。

5月19日 以"科技创新，强国富民"为主题的2018年河南省科技活动周拉开序幕。本次活动周期间，将举办首届"郑洛新国家自主创新示范区军民科技融合创新创业大赛"。

5月23日 以"中华美德"和"时刻听党话永远跟党走"为主题的第二十五届河南省青少年爱国主义读书教育活动在郑州启动。目前，河南省已成功举办24届青少年爱国主义读书教育活动，活动覆盖18个省辖市、100多个县，参与活动的青少年累计达1亿人次，已成为河南省未成年人思想道德教育的一项品牌工程。

5月23日 全国人力资源市场建设工作座谈会在郑州召开，会议总结交流了2017年人力资源市场建设工作情况，研究部署了2018年工作。河南省人社部副部长张义珍出席会议并讲话，副省长戴柏华致辞。

5月24~30日 第二十四届三门峡黄河文化旅游节、第六届中国特色商品博览交易会（"一节一会"）在三门峡举行。

5月25日 第十届安阳航空运动文化旅游节开幕。开幕式上，各种飞行器进行了精彩表演。

5月25日 郑州市人力资源和社会保障局举行"智汇郑州"高层次人才分类认定启动媒体说明会，正式启动2018年首批高层次人才分类申报工作。

5月25日 2017年度全国文化遗产十佳图书评选活动在北京揭晓，由河南博物院编著的《谁调清管度新声——丝绸之路音乐文物》一书入选。此次活动共有532种图书参评，最终评选出"十佳图书"。

5月27日 2018年中国（郑州）国际旅游城市市长论坛在郑州国际会展中心开幕，来自近30个国家、国内外100多个旅游城市的市长或代表相聚一堂，共商合作发展。中国（郑州）国际旅游城市市长论坛由中国文化和旅游部、联合国世界旅游组织、河南省政府共同主办。本届论坛主题为"共享经济时代下的城市优质旅游"。

5月28日 "水到渠成共发展"网络主题活动在南阳市南水北调中线工程渠首启动。河南省内外60多家媒体再度聚焦南水北调中线工程，探访一渠清水永续北送的秘密。

5月28日 第五届中国（北京）国际服务贸易交易会在北京国家会议中心开幕，全球120多个国家和地区到北京办展办会参会。河南省商务部门及45家企业代表组成超过260人的代表团参会，集中向全球推介"河南服务"。

6月

6月1日 由河南日报报业集团、中原出版传媒集团、省文联联合主办，河南报业网络中心、河南美术出版社联合承办的"不忘初心再出发——喜庆河南日报创刊69周年全国著名书法家十九大报告书法作品展"在河南日报报业大厦开展，这既是深入学习宣传贯彻党的十九大精神的创新之举，也是庆祝河南日报创刊69周年的重要活动之一。

6月2日 2018年中国民族体育文化发展论坛在郑州大学体育学院隆重举行，来自全国87所高等院校及科研单位的170余名专家学者和研究生代表参加了此次论坛。论坛上，中国民族学学会民族体育专业委员会宣告成立，河南省民族体育文化研究中心同时揭牌。

6月5日 2018年全省知识产权系统执法维权"雷霆"专项行动启动仪式在新乡举行，至2018年底，河南省针对重点领域、重点环节及重点地区持续开展执法检查活动，精准、快速打击专利侵权假冒行为，加大惩治力度。

6月8～10日 在第二届中国嵩山骨科高峰论坛"河南省中西医结合学会骨伤分会骨坏死专业委员会学术年会（骨坏死分会场）"上，郑州中医骨伤病医院被南少林骨伤流派传承工作室设为二级工作站，这是南少林骨伤流派传承工作室在河南省设立的第一个工作站。

6月13日 由河南省委省直工委主管、红旗渠精神研究会主办、大河网承办的红旗渠精神研究会官方网站（http：//hqqjs. dahe. cn）上线仪式在河南日报报业集团举行。

6月14日 全省百城建设提质工程暨文明城市创建工作推进会在开封召开，河南省省长陈润儿主持会议并讲话，强调要在习近平新时代中国特色社会主义思想指引下，以文明理念为引领，以人民群众为中心，以品质提升为重点，走出一条城市高质量发展之路。

6月14日 "范长江行动——2018香港传媒学子中原行"启动仪式在开封举行。"范长江行动"于2014年由香港《大公报》发起。该活动每年组织香港传媒大学生秉承范长江精神，以香港人视角讲述内地故事，四年间有近300名香港学生参加。

6月15日 在河南省政府安委办和郑州市政府联合举办的河南省安全生产月宣传咨询日活动上，由省安全生产监督管理局联手河南日报报业集团、大河网络传媒集团精心打造的河南手机报安全生产版正式上线。

6月21日至7月13日 由河南省委宣传部、省文化厅联合主办，河南豫剧院承办的"庆祝改革开放40周年河南省优秀现实题材剧（节）目展演月"活动全面启动，来自全省各地的21台大戏全面展示河南省改革开放40年来的优秀舞台艺术成果。

6月22日 全省文化扶贫暨公共文化服务体系建设工作推进会在洛阳召开。会议深入学习贯彻习近平新时代中国特色社会主义思想和党的十九大精神，对推进文化扶贫工作和全省公共文化服务体系建设做出安排和部署。河南省委常委、宣传部长赵素萍，副省长戴柏华出席会议并讲话。

6月22日 首届中原美术、设计学院院长论坛在郑州市上街区五云山举行，全省30多所本科院校的美术、设计学院院长及高等美术教育界知名专家教授齐聚一堂，围绕"价值·责任·分享"主题进行交流、探讨。论坛由河南日报报业集团大河美术报和河南省学校艺术教育协会联合举办，以后将每年举办一届。

6月26日 第31个国际禁毒日主题是"健康人生、绿色无毒"。当日上午，郑州市青少年毒品预防教育基地正式挂牌成立。河南省副省长、省禁毒委常务副主任、省公安厅厅长舒庆参加挂牌仪式。

6月29日 全省首届党建主题摄影展在郑州开幕。为庆祝建党97周年和改革开放40周年，并为"不忘初心、牢记使命"主题教育活动营造浓厚氛围，河南省委组织部、省文学艺术界联合会共同主办此次活动。

6月29日 由河南省旅游发展促进会、嵩山智库、郑州旅游职业学院联合主办的新时代新旅游品质发展论坛举办，国内旅游专家齐聚郑州，为河南省文化与旅游融合发展及河南旅游业的转型发展建言献策。来自省内旅游规划单位、旅游企业、金融投资机构的代表和旅游职业学校的教师等近300人参加会议。

7月

7月4日 河南省省长陈润儿到省直文化事业单位调研并主持召开座谈会，共商文化事业和产业发展，就加快文化设施重点项目建设进行现场办公。

7月4～14日 河南省8个民营剧团相继亮相北京梅兰芳大剧院。这是河南民营院团首次联袂组团进京展演，也是河南省推动河南戏曲走向全国的又一次重大行动。

7月5日 "中原看海——2018中国（孟津）黄河小浪底文化旅游节"启幕。黄河旅游带是国家旅游局推介的国际品牌旅游线路之一，全力打造黄河小浪底滨水休闲旅游目的地是《河南省"十三五"规划纲要》的重要内容，挖掘黄河文化内涵、整合沿黄旅游资源、打造大黄河旅游国际品牌恰逢其时。

7月6～12日 河南省高校外国留学生太极拳体验营在河南理工大学举办，就读于河南省高校的来自世界24个国家和地区的70多位留学生在陈氏太极拳的发源地焦作秀"太极功夫"，享受太极拳带来的健康和快乐。体验营活动以"感知中国，留学河南"为主题，由河南省教育厅、焦作市人民政府和河南理工大学共同主办，焦作市体育局、河南理工大学太极拳学院、焦作市非物质文化遗产保护中心承办，旨在希望从"太极拳"开始的地方，让留学生朋友们能更直观地体验中国历史，感知河南文化。

7月7日 以弘扬和传播汉字文化为主旨的汉字与汉字教学国际学术研讨会在漯河市开幕，来自美、英、法、韩等十多个国家的120余名专家学者齐聚一堂，交流汉字研究成果，共商汉字教学问题。

7月8日 由河南省文化厅主办的第二届中原文创之星大赛近日拉开序幕。此次大赛主题为"新时代新创意新发展"，旨在树立一批文化创意领军人才和先进典型，搭建文创产品开发交流平台，汇聚文创产品创意设计资源，推动全省文创产品开发和文化创意产业发展。大赛由河南省文化产业投资有限责任公司承办，民革河南省委员会直属工作委员会、河南省文化产业协会协办。

7月10日 由国务院侨办主办、河南省政府外侨办承办的2018年海外华裔青少年"中国寻根之旅"夏令营——河南营开营仪式在郑州轩辕黄帝故里举行，来自美国、加拿大、阿联酋、匈牙利、德国、法国、意大利、捷克、西班牙9个国家的14所中文学校和协会近240名营员和领队参加了开营式。

7月11～12日 河南省政协副主席钱国玉带领省政协部分委员及省直有关部门负责同志到新乡、焦作，就沿黄生态文化产业带建设情况进行重点提案督办调研。

7月20～23日 由海峡两岸旅游交流协会和台湾旅游交流协会共同主办的"2018海峡两岸台北夏季旅展"，在台北世贸中心展览馆举办。河南省旅游局组织云台山、龙门、芒砀山、殷墟、太行大峡谷、青天河等重点旅游景区参展。

7月29日 由孔子学院总部、国家汉办主办，河南理工大学承办的第十七届"汉语桥"世界大学生中文比赛观摩夏令营在河南理工大学开营。"汉语桥"世界大学生中文比赛旨在激发各国青年学生学习汉语的热情，增进世界对中国语言与中华文化的理解，被誉为连接世界的"文化之桥、友谊之桥、心灵之桥"，是国际人文交流领域的重要品牌活动和广受关注的"汉语奥林匹克"。

7月31日 "2018海峡两岸鬼谷子文化交流大会"在淇县云梦山景区召开，来自海峡两岸的200余名专家学者代表和鬼谷子文化研究会成员参加了交流会。

7月 为切实帮助河南省2018年即将入学的贫困学子实现上大学的梦想，团省委、河南省青少年发展基金会共同启动2018年"河南希望工程圆梦行动"。

7月 为更好保护河南省优秀历史文化遗产，挖掘文化内涵，延续历史文脉，保护城乡传统格局和历史风貌，根据我国《历史文化名城名镇名村保护条例》相关规定，河南省政府公布了第一批15个省级历史文化街区名单。

8月

8月2日 "出彩河南——庆祝改革开放40周年中国豫剧优秀剧目北京展演月"正式拉开序幕。此次活动由河南省委宣传部、省文化厅主办，河南豫剧院承办，即日起至8月27日，来自河南、河北、新疆、安徽、湖北、陕西六省区19个院团的24台优秀剧目将在长安大戏院一一登场。

8月2日 "2018品味·中国陶瓷之旅"产品发布会在北京陶瓷艺术馆成功召开。禹州神垕古镇被纳入第九条线路——"河南美食品味陶瓷之旅6日"，其因独一无二的钧瓷产业，被作为河南省的一张名片对外发布。

8月4日 由河南省政府主办、团省委承办的2018年豫哈青少年夏令营暨"中原骄子·改革行"开营仪式在郑州举行，来自新疆哈密市、兵团第十三师的500名青少年和河南省100名青少年参加活动。省委常委、常务副省长黄强出席活动并讲话。

8月7日 记者从省文化厅获悉，河南省正式启动"三千行动"——"文艺院团千戏送千村扶贫行动""文化工作者千人进千村扶贫行动""民营文化企业千企帮千村扶贫行动"，从输送精神食粮、推动人才下沉、动员社会力量等方面全力助推河南省精准脱贫。

8月10日 新乡市沿黄生态景观产业带发展规划专家评审会在北京召开。该市拟通过规划建设，将沿黄滩区建成集生态保护、休闲农业、文化旅游、产业发展于一体的沿黄生态景观产业带，成为国家生态文明建设的新模式、郑新融合跨越发展的新名片。

8月11日 第七届鲁迅文学奖评奖办公室发布公告，揭晓了七个奖项的34部（篇）获奖作品。其中，河南省诗人杜涯以诗集《落日与朝霞》获得诗歌奖。

8月14日 甲骨文数据库云大会暨河南国家大数据综合试验区甲骨文创新中心启动仪式在北京举行。未来创新中心会围绕政务服务，配合河南深化"放管服"改革工作，服务于河南科技创新和技术应用，支撑河南省政务云平台、网上政务服务平台和政务大数据平台建设等，着力云计算、人工智能、物联网和区块链等领域的研发应用。

8月16日 九三学社陕西省委负责人带领省直机关、部分高校有关负责人一行到河南，就陕豫合作项目签订省际合作框架协议。河南省政协副主席、九三学社河南省委主委张亚忠出席签约仪式。根据省际合作框架协议，双方将建立长效机制，坚持"以项目为载体、利益为纽带、双赢为目标"的原则，着力推动社务交流、科技合作、参政议政成果共享等工作开展，全面提高陕豫两省社组织服务创新驱动发展的能力。

8月17日 由河南省老区建设促进会联合河南省宋河老子国学教育基金会、大河报社主办的"传递爱让梦想飞"2018年精准扶贫捐资助学活动在郑州举行。河南省老区建设促进会会长刘春良，河南省老区建设促进会副会长张程锋、铁代生，省军区原司令员卢长健出席活动。

8月19日 "中原画风"美术作品巡展北京站在中国国家画院美术馆启幕，共展出110位河南籍画家的110幅精品力作，生动展现了中原风情和时代风貌。此次展览由河南日报报业集团主办，是国家艺术基金2018年传播交流推广资助项目。

8月21日 "中国·河南招才引智创新发展大会"网络平台启动仪式在河南日报报业集团举行。河南省委常委、组织部长孔昌生，副省长戴柏华出席启动仪式。中国·河南招才引智创新发展大会于10月27~28日举办，将集中开展"十大专题活动"和"六项河南行活动"。建设大会网络平台，旨在借助互联网、大数据技术高效精准的优势，畅通人才项目供需渠道，促进人才项目实时无缝对接，集聚急需紧缺高层次人才，为推动河南省高质量发展提供人才智力支撑。

8月22日 河南省总工会、省教育厅联合举办的全省2018年"金秋助学"活动启动仪式在郑州举行。省委副书记、省委政法委书记喻红秋，省人大常委会副主任、省总工会主席王保存，省政协副主席周春艳出席。

8月22日 第四届全国十佳文博技术产品及服务推介活动终评结果在北京揭晓，河南博物院选送的"数字课堂教育公共服务平台"项目入选"十佳"。

8月24日 第二届中原文创之星大赛颁奖暨全省文化创意优秀作品展在河南省美术馆举行。该活动由河南省文化厅主办，省文化产业投资有限责任公司承办，民革河南省委员会直属工作委员会、省文化产业协会协办。本届中原文创之星大赛旨在推动文化文物单位文化创意产品开发，树立一批文化创意领军人才和先进典型，搭建河南文创产品开发交流平台，会聚文创产品创意设计资源，推动全省文创产品开发和文创产业发展。

8月25日 由国家人力资源和社会保障部主办，河南省人力资源和社会保障厅、洛阳师范学院联合承办的"'一带一路'倡议与大运河文化带建设"高级研修班在洛阳开班。此次研修班持续到8月29日。参加研修的学员来自清华大学、中央党校、暨南大学、郑州市文物局等国内著名高校与科研院所，共计 70 余人。

8 月 28 日　以"相聚天中，共赢未来"为主题的第十三届豫商大会在驻马店市会展中心开幕。大会由河南省政协主办，驻马店市政府、省商务厅、省工商联、省侨联、省豫商联合会共同承办，共有 127 家国内异地商会和 20 家海外商会代表近 1500 人参加。省政协主席刘伟出席开幕式并讲话。

8 月 28 日　记者从洛阳市文物局获悉，作为"一带一路"建设的文化交流项目之一，沙特阿拉伯国家博物馆 9 月举办的"华夏瑰宝"展览，洛阳 24 件（套）珍贵文物将惊艳亮相。这也是河南省文物首次大规模赴沙特展出。

9月

9 月 6 日　由农业农村部和河南省人民政府主办的第二十一届中国农产品加工业投资贸易洽谈会在驻马店市会展中心开幕。农业农村部党组副书记、副部长余欣荣，河南省委副书记、省委政法委书记喻红秋分别致辞。省领导王保存、张震宇等出席开幕式，武国定主持开幕式。

9 月 6 日　河南省检察院与团省委签署《关于合作开展关爱未成年人创建未检品牌活动的意见》，在河南省实验中学举行法治进校园"百千万"工程启动仪式。省检察院检察长顾雪飞被省实验中学聘为法治副校长，河南检察机关"法治进校园"巡讲团宣讲员为同学们讲授了"开学法治第一课"。

9 月 10 日　2018 年河南省暨新乡市社会科学普及周开幕式在新乡举行。河南省人大常委会副主任徐济超、省政协副主席高体健参加开幕式及主题活动。此次活动主题为"高举旗帜，牢记嘱托，做新时代出彩河南人"，各省辖市社科普及周活动当天同时启动。

9 月 11 日　由郑州市政协和黄帝故里拜祖大典组委会联合举办的"黄帝文化精神标识与精髓"专家论证会在郑州黄河饭店召开。来自中华炎黄文化研究会、中国社会科学院、北京大学、陕西师范大学、郑州大学、河南省社会科学院、河南省文化考古研究院等省内外高等院校、科研院所的专家学者齐聚一堂，围绕"黄帝文化精神标识与精髓探讨"研究报告，从多学科、多角度、全方位、全视野，展开广泛深入研讨，形成黄帝文化精神标识与精髓的新共识。

9月13日 泰国林氏宗亲总会会长林焕坤、理事长林汉光一行87人到卫辉比干庙拜祖参观。

9月15日 以"创新引领时代，智慧点亮生活"为主题，2018年河南省暨郑州市全国科普日主场活动在郑州举行。河南省委副书记、省委政法委书记喻红秋，省人大常委会副主任张维宁、省政协副主席高体健等出席启动仪式。

9月15日 "嵩山论坛——华夏文明与世界文明对话"2018年年会在登封市开幕。本届嵩山论坛由中国国际文化交流中心、中国文物学会、北京大学高等人文研究院、河南省华夏历史文明传承创新基金会主办，设文化论坛和海外华文媒体论坛，来自海内外的专家学者、海外华文媒体代表围绕主题开展主旨演讲、学术研讨、圆桌对话等交流活动。

9月17日 2018年河南省网络安全宣传周开幕式在郑州举行。河南省委副书记、省委政法委书记喻红秋出席并致辞。张维宁、徐光、钱国玉、习晓军等出席。

9月19日 2018年首届郑州国际城市设计大会开幕式在郑州市郑东新区举行。河南省副省长徐光出席开幕式并致辞。此次大会由河南省住房和城乡建设厅、中国建筑学会、郑州市人民政府主办，郑东新区管理委员会承办，主题为"塑造新时代城市特色风貌"。会议期间，来自国内外的150余位专家学者将围绕城市设计展开深入研讨。

9月20日 河南省纪念改革开放40周年中秋诗歌朗诵会在河南广播电视台8号演播厅举行。该活动由省委宣传部、河南广播电视台联合主办，在中秋节前夕，为观众送上一道精美的文化大餐。

9月22~24日 首届中原文化旅游产业博览会在洛阳市会展中心召开，此次博览会以"创新、融合、共赢、发展"为主题，中部7省和"一带一路"30多个国家1000多家参展商以及众多精美的文化旅游商品参展。

9 月 21 日　泉州江夏黄氏宗亲会的 138 位宗亲代表们在会长黄美玉的带领下赴潢川黄国故城祭拜祖先，同时参观了陆终雕像、黄国故城博物馆、黄国纪念堂和春申陵园。

9 月 26 日　由河南省社科院、省政府发展研究中心、河南日报报业集团、华北水利水电大学联合举办的第九届中原智库论坛在郑州召开，本次论坛主题为"以党的建设高质量推动经济发展高质量"。省委常委、宣传部长赵素萍出席并讲话。

9 月 26 日　第十八届"中国·中原花木交易博览会"在许昌鄢陵国家花木博览园开幕。河南省副省长武国定出席开幕式。本届花博会按照"协会主导、政府支持、需求牵引、市场运作"的原则，注重突出协会主体，由政府主办改为中国花卉协会主办。

9 月 28 日　第五届中原（鹤壁）文化产业博览交易会在鹤壁市朝歌文化园鹿台阁广场开幕。本届文博会由中国文化产业促进会、河南日报报业集团、河南省文学艺术界联合会联合主办，以"创意、融合、开放、共享"为主题，通过举办展览交易、会议洽谈等系列活动，搭建中原经济区与国内外各地区文化交流合作的平台。来自"一带一路"沿线 12 个国家、全国 4 个省份的 6 个城市、全省 18 个省辖市的 1220 家企业共计逾 4000 人参展。

9 月 29 日　药王孙思邈医药文化节暨第十二届禹州中医药交易会在禹州市启幕。两年一度的药王孙思邈医药文化节暨中医药交易会，迄今已举办了 11 届，规模越来越大，成果日益丰硕，影响力与日俱增。

9 月 29 日　"'我的河南我的国'主题诗会——看万山红遍，层林尽染"在郑州市中原图书大厦举行。此次诗会由中共河南省委宣传部指导，河南日报报业集团主办，河南报业网络中心承办，中原图书大厦协办。

10月

10 月 6 日　由河南省畜牧局、省家禽业协会主办，省养猪行业协会、省肉类协会、省奶业协会等协办的第 30 届中原畜牧业交易博览会在郑州国际会展中心开幕，来自法国、荷兰、美国等国家和河南省内外的 600 多家企业，数万名嘉宾参会。

10 月 7 日 记者从省旅游局获悉，2018 年国庆黄金周，全省共接待游客 6186.6 万人次，实现旅游综合收入 464.6 亿元，按可比口径计算分别增长 33.5% 和 37.7%，双创历史新高。

10 月 9 日 人民日报社新媒体在全网发布微视频《河南一分钟》，瞬间刷爆网络，引来大量转发。《河南一分钟》是人民日报社新媒体中心与中央网信办移动网络管理局合作推出的"中国一分钟·地方篇"系列之一，由河南日报社新媒体部、大河数字融媒体、大河报"豫直播"联合制作。

10 月 9 日 2018 年河南省大众创业万众创新活动周启动。河南省委常委、常务副省长黄强出席活动。本次双创活动周主会场设在郑州经济技术开发区，各省辖市、省直管县（市）设分会场，同步举办相关活动。活动周的主题是"高水平双创、高质量发展"，将举行新兴产业创投基金项目对接、创新创业大赛、返乡创业专家导师走基层、产业技术大会等系列专题活动。

10 月 11 日 河南省第十三届"群星奖"优秀节目展演在河南艺术中心广场举行，声乐、器乐、戏曲、曲艺等节目为市民编织了一片多姿多彩的艺术天地。

10 月 12 日 第二十四届郑州全国商品交易会（以下简称"郑交会"）在郑州国际会展中心拉开序幕，海内外的万种商品云集于此。本届郑交会由河南省人民政府主办，郑州市人民政府、河南省商务厅承办，围绕郑州建设国家中心城市的目标要求，以"扩大开放、合作交流、繁荣市场、促进消费"为办会宗旨。

10 月 12 日 "出彩新时代文化新力量"——纪念改革开放四十周年·河南文化产业盛典启动仪式暨河南文化产业智库成立仪式在河南日报报业大厦举行。15 位来自重点高校、社科研究机构的学者，参与河南重大社会经济建设的专家及文化产业领域的优秀企业家成为智库首批专家。

10月13日 200多位专家学者聚集安阳，经深入交流研讨达成《殷墟发展共识》，建议将10月13日设立为"中国考古日"。以纪念和传承中国考古学的伟大传统，并激励中国考古学家砥砺前行。

10月15日 河南省委宣传部与郑州大学、河南大学共建马克思主义学院签约仪式在郑州举行，这标志着河南省在推动马克思主义理论研究和建设工程方面迈出了重要一步。省委常委、宣传部长赵素萍出席签约仪式并讲话。

10月16日 由中国作协创研部、河南省文联主办的第三届中原作家群论坛在郑州举行，全国文学界的知名专家学者和豫籍作家代表，围绕"新时代、新突破、新高峰"这一主题，就繁荣河南文学创作、推动中原作家群实现更好发展进行研讨。省委常委、宣传部长赵素萍，中国作家协会副主席李敬泽出席会议。

10月17日 2018年中国·商丘国际华商节开幕式暨拜谒活动在商丘华商文化广场隆重举行。本届华商节由政协河南省委员会、中华全国归国华侨联合会主办，商丘市人民政府、中国侨商联合会、河南省工商业联合会、河南省归国华侨联合会承办。节会的主题是"齐聚华商源、共筑中国梦、争做出彩人"。

10月17日 中国开封第36届菊花文化节在开封清明上河园开幕。全国政协副主席、民盟中央常务副主席陈晓光，河南省委常委、统战部部长孙守刚，省人大常委会副主任徐济超，副省长戴柏华，省政协副主席钱国玉，全国政协常委、中国文联副主席边发吉，中国人民对外友好协会副会长林怡等领导及参加第20届中日韩友好城市交流大会的嘉宾出席。本届菊花文化节以"菊韵开封城，花开中国梦"为主题，以"放眼世界主导节会、高端元素叠加文化、节会经济产业拉动、综合布局协调统一"为宗旨，突出国际性、文化性、群众性、市场性，持续提升菊花文化节内涵。

10月 第二届"河南最美大学生"宣传推介活动正式启动，至2019年5月结束。该活动由河南省委宣传部、省委网信办、省委高校工委、省教育厅、河南日报报业集团、河南广播电视台、共青团河南省委主办，河南广播电视台都市频道、河南教育报刊社教育时报等单位承办。

10 月 18 日 以"东北亚地区互惠合作体系的构建"为主题的第二十届中日韩友好城市交流大会在开封举行。来自中、日、韩三国地方政府、经贸机构、商工会等的 400 多名代表，针对三国所面临的、所关心的文化进步、环境保护与可持续发展、智慧城市与科技进步等议题深入探讨，共商友城合作和城市发展经验，为进一步推动多领域国际合作搭建平台。

10 月 20 日 第十二届中国郑州国际少林武术节将在登封开幕。本届武术节坚持"以武会友，共同进步""扩大对外开放，广交中外宾朋，促进经济发展"的宗旨，本着"隆重节俭、开放创新、和谐为民"的筹办原则，通过精彩的节事活动，推动少林武术、嵩山文化在全世界的普及与推广，促进登封与世界各个国家和地区的交流合作，加快建设郑州国家中心城市次中心，为郑州国家中心城市建设做出积极贡献。

10 月 21 日 在第七届中国国际版权博览会闭幕式暨"金慧奖"颁奖仪式上，河南展团共有五家单位获奖，其中河南日报报业集团、河南广播电视台、河南大学出版社与河南省版权交易中心获"金慧奖"优秀企业奖，河南省版权局荣获"金慧奖"优秀组织奖。

10 月 21 日 开封市二夹弦戏曲博物馆正式开馆，成为让更多人了解二夹弦，保护和传承非物质文化遗产的平台。

10 月 21 日 郑大云创双创载体发展与评价研究中心成立，这是河南省首个双创载体评价中心。郑大云创双创载体发展与评价研究中心由郑州大学企业研究中心、郑大云创国际创新创业促进中心，联合河南省大众创业导师团政策研究与宣传委员会、河南省企业评价协会等相关机构，共同发起成立。该中心将通过政学研企等资源的整合，形成依托郑州大学和河南省大众创业导师团等学术机构的双创载体评价研究队伍，提高河南省双创载体发展与评价研究水平，形成具有全国影响力的双创载体发展与评价研究成果，并通过开展评价活动、发布评价报告，推动河南省双创载体建设水平和服务能力的提升，为河南省创新创业高质量发展和双创升级版的打造做出积极的贡献。

10 月 27 日 由中共河南省委、河南省人民政府、欧美同学会（中国留学人员联谊会）共同主办，以"广聚天下英才、让中原更加出彩"为主题的首届"中国·河南招才引智创新发展大会"，在郑州国际会展中心轩辕堂开幕。全国人大常委会副委员长、欧美同学会会长陈竺向大会发来视频致辞。省委书记王国生出席大会，宣布"中国·河南招才引智创新发展大会"开幕，并为首批"中原千人计划"专家代表颁发证书。省委副书记、省长陈润儿，中央统战部副部长戴均良，诺贝尔奖获得者、澳大利亚医学科学家巴里·马歇尔，中国科学院院士、西湖大学校长施一公先后发表致辞。

10 月 29 日 由郑州市旅游局主导发起，黄河沿线巩义市、荥阳市、惠济区、中牟县旅游部门和郑州黄河风景名胜区管委会共同组成的"郑州黄河文化旅游融合发展协作体"正式成立。

10 月 31 日 鄂豫皖三省政协共同举办的"情系大别山"主题书画展在全国政协礼堂开展。全国政协副主席王正伟参观书画展，湖北省政协主席徐立全、湖北省政协副主席郭跃进、河南省政协副主席钱国玉、安徽省政协副主席李和平等参加活动。

10 月 31 日 记者从河南省文化厅获悉，河南省设立 1000 万元专项资金用于购买公共文化扶持项目，现已启动项目申报，申报时间截至 11 月 9日。该专项资金主要用于扶持群众文化活动、读书活动、古籍保护传承与展示、公益性数字文化产品的制作与传播、民办公共文化机构免费等，具备开展公共文化服务能力的各级文化单位、文化类社会组织、文化企业、民间文化组织，符合条件的均可申报。

10 月 31 日 河南省文化厅发布第八批"省级文化先进县"名单，14个县（市、区）获评"省级文化先进县"。截至 2018 年 10 月，河南省已命名的文化先进县共有 44 个，其中全国文化先进县 21 个。

11月

11 月 1 日 以"推动制造业开放合作和高质量发展"为主题的 2018 年

中国（郑州）产业转移系列对接活动在郑州国际会展中心开幕。河南省委书记王国生、省长陈润儿、中国工程院院长李晓红、工业和信息化部副部长罗文共同启动开幕装置。开幕式上，王国生、李晓红一起为中国工程科技发展战略河南研究院揭牌。

11月2日　全国信息科学发展高端论坛暨科技项目合作大会在郑州高新区举行，来自中国自动化学会、中国通信学会、清华大学、中国科学院计算所的专家学者和省市领导出席活动。

11月3~4日　"2018中国社会治理50人论坛"暨"新时代地方社会治理创新与发展"学术研讨会在郑州召开。来自中国科学院、中国人民大学、复旦大学、中山大学、上海交通大学、同济大学、华中科技大学、华中师范大学、西南财经大学等20多所著名高校和科研机构的专家学者，共同探讨新时代地方社会治理创新与发展。

11月5日　首届中国国际进口博览会将在上海拉开序幕。河南省成立由18个省辖市和省政府国资委组成的19个交易分团，共有8953人报名参会。进博会期间，河南省举办两场专项活动，一是河南省交易团采购需求发布暨现场签约会，二是河南网上丝绸之路对接采购暨现场签约会。

11月7日　145件（组）河南出土的珍贵文物，顺利启航赴卢森堡展出。这是河南文物首次赴卢森堡展出，开启文物外交新篇章。此次"华夏文明之源——河南文物珍宝展"，于2018年11月20日至2019年4月28日在卢森堡国家历史与艺术博物馆进行展出。

11月8~9日　2018年中国科学院（河南）科技成果发布暨项目对接会——百名科学家许昌行活动在许昌市召开，包括中国工程院院士等重量级专家在内的100多位科学家携"高精尖"技术成果，与各地市进行项目对接，让科技成果落户河南，为中原经济社会发展服务。

11月9日　由农工党中央和河南省人民政府主办的第二届健康中原高峰论坛在郑州举行。全国政协副主席、农工党中央常务副主席何维，省委常委、统战部部长孙守刚出席论坛并致辞。五位院士发表了主题演讲。河南省副省长戴柏华主持论坛，省政协副主席、农工党河南省委主委高体健出席论坛。

11月9日 全省基层公共文化建设暨扶贫扶志工作推进会在安阳召开，河南省委常委、宣传部长赵素萍出席并讲话。省公共文化服务体系协调领导小组成员单位、扶贫扶志行动指挥部成员单位的负责同志，各省辖市宣传文化部门相关负责人参加会议。安阳、洛阳、濮阳、平顶山、商丘、信阳六市在会上交流发言。会议对全省基层公共文化建设工作和扶贫扶志工作进行了安排部署。

11月9日 河南（郑州）国际现代农业博览会在郑州国际会展中心开幕。此次展会由河南日报报业集团有限公司与河南省现代农业研究会共同主办。设种子植保肥料展区、农业机械展区、农特产品展区等15个展区；另外，展会还推出了大河惠农车展。

11月11日 "中韩文化交流——第三届老子文化论坛"在老子故里鹿邑县簧学堂举行，来自中国、韩国部分知名高校、学术机构的50余位专家学者共聚一堂，对这位伟大先哲及其思想智慧再度展开探讨。论坛主题为"老子文化与人类命运共同体建设"，学者讨论通过了《中韩文化交流——第三届老子文化论坛鹿邑宣言》，商定下届论坛在韩国举办。老子文化论坛始于2015年，由省文化厅和韩国学中央研究院共同发起，前两届分别在郑州、首尔举办。

11月18日 第十二届中国摄影艺术节暨第二届三门峡白天鹅·野生动物国际摄影大展在三门峡国际文博城开幕。近1.8万平方米的展厅，展示了来自58个国家和地区的约1500名摄影师的6000多张作品。本届艺术节为期8天，其间将颁发第十二届中国摄影金像奖，举办第十二届中国摄影金像奖获奖者作品展、全国摄影艺术展览60周年精品回顾展、"美丽中国"中国摄协团体会员单位联展等活动。同时举办摄影界庆祝改革开放40周年座谈会、庆祝中国改革开放40年摄影主题展等，生动展现40年来中国社会和百姓生活不同侧面的珍贵瞬间和历史画卷。

11月17~21日 由国家新闻出版署主办，中原出版传媒集团承办的第六期"丝路书香"来华培训研修班在郑州举行。本期研修班邀请了巴基斯坦、斯里兰卡两国 10 位新闻出版人参加。

11 月 23 日 全国首家中华民族共同体主题展馆在郑州航空工业管理学院建成并试运行。中华民族共同体主题展馆是全国首家以"铸牢中华民族共同体意识"为主题的展馆，由各民族共同创造中华文明、共同追求中华民族解放、共同致力于中华民族伟大复兴和河南铸牢中华民族共同体意识的实践等四个展区组成。

11 月 27 日 2018 年脱贫攻坚戏曲作品全省巡演活动在郑州启动，河南省副省长武国定参加。

11 月 28～29 日 统一战线与"一带一路"（2018）研讨会在河南省社会主义学院举行。来自中国社会科学院、省社科院和全国社会主义学院系统的百余名专家学者，围绕统一战线如何助推"一带一路"走深走实这一主题，进行了深入研讨。

11 月 30 日 在第十二届上海优秀儿童剧展演活动闭幕颁奖仪式中，河南省原创儿童剧《披上狼皮的羊》凭借高水准的制作和完美的呈现，一举获得此次展演活动的两大奖项："参演剧目奖"和"优秀组织奖"。

12月

12 月 1～2 日 由中国先秦史学会、黄河文化研究会、长垣县委县政府主办的"中国·长垣君子文化高层论坛"在长垣举办。来自全国的 60 多位历史文化专家学者围绕"君子文化内涵、蘧伯玉文化与蘧伯玉故里研究、君子文化的价值与当代传承研究"等主题进行深入研究探讨，并对长垣如何打造君子文化，扩大文化影响力建言献策，知名文化学者余秋雨还做了专题报告，论坛最终整合研讨成果形成了《长垣宣言》。

12 月 10 日 融媒体版"记忆中原"丛书发行会在郑州举行。融媒体版"记忆中原"丛书由河南省委宣传部组织 18 个省辖市市委宣传部统一编写，河南科学技术出版社出版。该丛书系统梳理河南地域文化特色，全面展示中原文化风貌，把弘扬中原文化与社会主义核心价值观相融合。该丛书把传统出版与新兴媒体相融合，内容除了纸质文字以外，增添了有声读物和视频短片。在每本书的目录里，有完整的音频资源和视频资源列表，在阅读纸质内容的同时，读者还可以通过扫描文中穿插的二维码观看18个城市宣传片、260集文化专题片，收听580多个录音故事等。

12月12日 一年一度的"双12"创客日暨第四届中国创客领袖大会在郑州会展中心召开。来自全国的1800余名知名企业家与青年创客代表共襄盛会。2018年大会的主题为"新时代中国创客和中国未来"。会上发布了《2018双创白皮书》，盘点本年度双创领域的现状、变化及趋势。

12月13日 由河南省台湾同胞联谊会、北京市台湾同胞联谊会主办，致公党河南省直十一支部委员会等单位承办的雾峰林家历史特展在郑州升达艺术馆开幕。

12月17日 第五届"好记者讲好故事"河南巡回演讲活动首场报告会在郑州举行。来自新华社、科技日报社、工人日报社等单位的12位记者，用一个个自己亲历、亲见、亲闻、亲为的好故事，诠释了新闻工作者"以导向为灵魂、以真实为生命、以人民为中心"的责任与担当，展现了当代新闻工作者奋发有为、锐意进取的精神风貌。

12月19日 河南省改革开放40周年暨产业集聚区建设十周年高峰论坛在郑州举行。本次高峰论坛由河南日报报业集团与河南省工商业联合会主办。论坛发布了2018年河南集聚区建设"金星奖"名单，包括"河南集聚区建设杰出贡献奖""河南最具发展战略集聚区""河南十佳特色产业名片""河南十佳营商环境集聚区"，同时发布了"纪念改革开放40年——河南卓越贡献企业家、创新先锋"名单。

12月20日 在中国生态文化协会成立十周年志庆活动上，举行了2018年"全国生态文化示范基地""全国生态文化村"授牌仪式。目前，全国128个村被中国生态文化协会命名为"全国生态文化村"，河南省有6个村获此殊荣。至此，河南省10年来获此殊荣的行政村已达34个。

12月25日 河南省第六届文学艺术优秀成果奖颁奖暨贯彻习近平总书记重要讲话精神推进河南文艺创作研修班开班仪式在郑州举行。河南省委常委、宣传部长赵素萍出席并讲话，副省长戴柏华主持会议。

12 月 25 日 首批"中原学者科学家工作室"授牌仪式在郑州举行。许为钢、常俊标等 12 人入选首批中原学者科学家工作室首席科学家。河南省委常委、组织部长孔昌生出席并讲话，副省长霍金花主持。

12 月 28 日 "蓄势·突破河南一百度 2019 战略峰会"在郑州大河锦悦酒店举行，来自省内外各界的 300 余名嘉宾齐聚一堂，共同见证河南一百度的新成长、新突破，分享 AI 时代数字营销的新思维、新模式。

12 月 30 日 2019 年河南新年音乐会在河南艺术中心大剧院举行。赵素萍、乔新江、武国定、钱国玉、李英杰、周春艳、张震宇等省领导与千余名省会观众一起观看了演出。本场音乐会由省文化和旅游厅主办，河南歌舞演艺集团承办，河南交响乐团演奏。

Abstract

2018 marked the 40th anniversary of reform and opening up and it was also the first year to implement the spirit of the 19th Communist Party of China National Congress. Guided by the spirit of the 19th CPC national congress and the important speech on Henan made by general secretary Xi Jinping, and in order to vigorously promote cultural construction, the whole province kept to the goal of building Henan province into the national important cultural highland and making Zhongyuan area more prosperous. In general, the community-level public cultural service system was constantly improved, the construction of demonstration areas and the demonstration projects of the public cultural service system developed better and better, and the cultural programs to benefit the people was promoted significantly. A steady increase of the cultural industry was made in both volume and quality with the rapid growth of the culture enterprises above scale, the more reasonable industry distribution, the new progress made in the construction of Double-ten project of ten key cultural industrial parks and ten key cultural enterprises, and the constant improvement in the construction of culture industrial demonstration bases. In 2017, the added value of culture and related industries in Henan province was 134.18 billion yuan, 12.90 billion yuan more than that of 2016 of 121.28 billion yuan, with an annual growth rate of 10.6%, accounting for 3.01% of the provincal GDP. The added value of cultural industry ranked the first among the six central provinces, and its contribution to the economic development of Henan province was continuously improved. While the regional cultural competitiveness of different cities showed the trend of differentiation and in 2019, Henan province will improve and optimize the business environment, intensify its efforts to deepen reform, further enhance the level of opening up, promote the integrated development of cultural tourism, and promote the development of creation, transformation and innovative in excellent traditional culture in Zhongyuan area.

Keywords: Henan; Reform and Innovation; Cultural Undertaking; Cultural Industry; Regional Cultural Competitiveness

Contents

I   General Reports

Abstract: 2018 marked the 40th anniversary of the reform and opening-up. Focused on the major proposition of " how to make Zhongyuan more outstanding in the new era ", Henan provincial governments at all levels continuously made efforts to support public cultural construction from both policy and capital investment so as to enhance the construction of cultural facilities in convenience, universality and effectiveness. With the intensify efforts to " foster and develop cultural industries ", Henan continuously increased its level in the agglomeration development of cultural industries and ability in market competitiveness of cultural enterprises. High-quality literature works won awards frequently, connections with the whole world extended in breadth, density and depth, and gratifying achievements and experiences constantly appeared in cultural construction, all of which accumulated powerful momentum and potential for the future development. In the meantime, there still existed many problems. The total investment in public cultural undertakings was relatively low, public cultural service system needed to be improved, the industrialization of superior cultural resources was low, cultural industry was not perfectly integrated with other industries, cultural policies could not be implemented well, and the cultural talent team needed to be strengthened. In 2019, Henan will continue to maintain a healthy and stable development momentum, promoting the integration of culture and tourism to a new level, enriching foreign cultural exchanges both in forms and contents, continuously increasing funding investment in cultural construction and building a strong cultural talent team. We will try our best to meet the people's new expectations and needs for cultural development in the new era.

Keywords: the 40th Anniversary of the Reform and Opening-up; Cultural Construction; Cultural Industries; Public Cultural Undertaking

B. 2 Analysis and Evaluation Report on Regional Cultural Competitiveness of 2017 −2018 in Henan Province

Research Group of Henan Academy of Social Sciences / 031

Abstract: 2018 witnessed new progress and new atmosphere in Henan province with its regional cultural undertakings and cultural industries developing in parallel, which shew a good momentum: the public culture gained powerful support in policy and finance, the public cultural service developed in digital direction, the intangible cultural heritage was protected and inherited more systematically, culture was integrated with science in a more efficient way, the cultural tourism industry was booming, and the spiritual civilization creation was colorful. Statistics of more than 40 single indexes from 18 provincial cities show that cultural competitiveness is uneven because investment from different places of Henan in human resources, materials and finances were greatly different. The first five cities that did quite well in cultural undertakings were Zhengzhou, Luoyang, Nanyang, Anyang and Jiaozuo; while those who did quite excellently in cultural industry were Zhengzhou, Kaifeng, Luoyang, Pingdingshan and Jiaozuo. Zhengzhou topped the list with its unique location advantage, good business environment and large capital investment. In the future from now on, Henan will work harder to create a sound business environment, continue to increase investment in policy and funding, cultivate special personnel of high-quality, and make every effort to improve the quality of cultural industry, so as to contribute more to the cultural construction of Zhongyuan.

Keywords: Cultural Construction; Cultural Competitiveness; Business Environment; Cultural Industries

II Public Cultural Undertakings

Abstract: In order to complete the construction of modern public service system of culture by 2020, Henan made great efforts in 2018 to improve the community-level infrastructure network, carried out initiatives designed to benefit the public, improved public cultural services and promoted poverty alleviation and aspiration encouragement in poor areas. Generally speaking, in building a community-level public cultural service system, significant progress was made clearly. While there still existed such problems as the relatively low investment, low level in general infrastructure of public cultural construction and low effectiveness of public cultural services. In the future, we will fully complete the village-level construction of the comprehensive cultural service center, redouble efforts to open public cultural institutions for free, continue to carry out mass cultural activities, continue to improve the effectiveness of public cultural services, improve the guarantee measures for building a public cultural service system, conduct performance appraisal and promote the integrated development of community-level public culture and tourism public services as well.

Keywords: Public Cultural Service System; Poverty Alleviation; Public Cultural Construction

B. 4　Report on the Development of Henan Province in Propaganda and Ideological Undertakings in 2018　*Tian Dan* / 080

Abstract: In 2018, a steady progress was made in the whole journalism of Henan province. The whole environment for journalism was always improved, the relevant supportive polices came into practice successively, media transformation and deep integration spread across the province and media management made remarkable achievements. The influence of news media represented by Henan Daily newspaper group was gradually enhanced. The important news issues such as Henan province's "two sessions", 40 years of reform and opening-up, high-quality development and tell good stories about Henan province, etc. received enough attention and news reports were full of highlights. The characteristics of the annual development of journalism itself became clearer and clearer. Social media communicators soared in number. News content developed towards video and mobile, and the public opinion reversed frequently. In order to further promote the development of the provincial journalism, Henan province should strengthen regulation of its social media platforms, intensify efforts to build county-level media centers and accelerate efforts to integrate artificial intelligence with journalism, thus, can we promote Henan's journalism into a new historical stage.

Keywords: Journalism; Social Media; County-Level Media Centre

B. 5　Report on the Project of Building the City of Culture

Guo Yan / 093

Abstract: Since the initiative of Cultural City, some remarkable results have been achieved, such as the public cultural infrastructure has been upgraded, mass cultural activities have been enriched, urban cultural characteristics have been increasingly prominent, cultural industries have further developed and spiritual civilization has been strengthened. While the following tendencies should also be guarded against in the process of cultural construction: lack of scientificity in the plan of urban cultural development, destroys brought by urban construction to historical and cultural deposits, too much emphasis on hard infrastructure construction while too little attention on cultural construction of soft force. From now on, great effort should be put on the top-level design so as to accurately position the orientation of a city's cultural development. We will adhere to the concept of innovation to cultivate cultural creative industries, take into consideration of protection and development to continue our historical and cultural deposits and cultivate urban spirit to construct the common value system of the city.

Keywords: Building the City of Culture; Cultural Industry; Construction of Mental Civilization

B. 6   Report on the Protection of Intangible Cultural Heritage

Liu Chunxiao / 104

Abstract: Protecting and in heriting the intangible cultural heritage is of great significance in realizing the comprehensive, coordinated and sustainable development of Henan's economy and society. In recent years, the protection of intangible cultural heritage in Henan province has been developing well and has achieved remarkable results, while, there still exist some problems that cannot be ignored, such as the lack of successors of intangible cultural heritage, the excessive development, the weak innovation ability and the extinction of some intangible cultural heritage. Faced with the problems above, Henan province adheres to *the Law of the People's Republic of China on Intangible Cultural Heritage* and *the Regulations of Henan Province on the Protection of Intangible Cultural Heritage*, staking to the guideline of "protection the main task, rescuing the first, rational use and development through inheritance". At present, a successful mode of protecting intangible cultural heritage has gradually formed with the basic work done quite well and the intangible project protected effectively.

Keywords: Intangible Cultural Heritage; Resource of Culture; Personnel Training; Targeted Poverty Alleviation

B. 7　Research Report on Strengthening the Protection and Utilization of Cultural Relics in Henan Province

Zhang Yuxia / 118

Abstract: Focusing on the construction of Chinese historical and cultural heritage innovation zone, guided by the target of building Henan into the national important cultural highland and acting in accordance with the requirement of making the relics come alive, Henan province advanced the relic reform to streamline administration, improve regulation while providing better services, comprehensively improved laws and regulations, established a long-term mechanism for protecting cultural relics and created new ways to protect relics and widen the value of cultural relics. Nowadays, Henan has walked out a way to protect and utilize cultural relics with Henan characteristics in line with Henan provincial conditions. On the basis of the existing work, it is necessary to strengthen work planning, find the right key points and improve the work system, integrate cultural relics work into the overall situation of economic and social development so as to make greater contributions to the more brilliant Zhongyuan.

Keywords: Cultural Relics Protection; Cultural Relics Utilization; Value of Cultural Relics

B. 8　Report on the Construction and Operation of "Reading Love" in Zhongyuan

Chen Qinna / 129

Abstract: In recent years, great attention has been given to the love of reading to build a nation of avid readers. Focusing on the theme of "loving reading all over Zhongyuan, building a nation of avid readers and making Henan a civilized province", Henan provincial party committee and government encouraged to carry out all kinds of activities theme with reading and let reading love prevail over seven places of enterprises, villages, offices, campuses, communities, military camps and networks. A nationwide reading system is being built up quickly and it will promote a universal reading atmosphere in the new era. Nevertheless, in implementing the project of reading love, there still exist some aspects to be improved, which are the reading management, reading popularization, brand making and legislative guarantee. Suggestions are given as follows: to establish a long-term mechanism, strengthen management, combine with the actual work to improve the reading effect, summarize reading experience and lessons to build a reading brand, and introduce relevant laws and regulations as soon as possible.

Keywords: Reading Love in Zhongyuan; National Peading; Brand Making

Ⅲ Cultural Industry

Abstract: In 2017, focusing on the strategic target and missions promoted about culture in the 19th National Congress of the Communist Party of China and under the leadership of the provincial party committee and the provincial government, the cultural industry has been further improved in overall strength and competitiveness, showing a relatively comprehensive pattern of development. This paper summarizes the following aspects covering the added value of cultural industries throughout society, the steadily developed cultural and culture-relevant industries of a certain large scales, existing problems and the relevant solutions and measures. It expounds the remarkable achievements of culture and related industries in Henan province, and the important role played by the culture in promoting the sustained and healthy development of national economy and promoting social civilization and progress.

Keywords: Cultural Industry; Cultural Construction; Cultural Brand

B. 10　Report on the Project of Double-ten Project of

Cultural Industries of Henan Province　　*Bi Chaojie* / 153

Abstract：Double-ten project of ten key cultural industrial parks and ten key cultural enterprises constitutes the important measure in strengthening the overall strength and core competitiveness of culture in Henan province. Since 2013, Henan province has organized three sessions of double-ten project evaluation and identification activities and great potential has been seen in promoting industrial accumulation and development of human, scientific and technological resources integration and innovation achievements industrialization. But owing to the relatively low platform on which Henan started its cultural industry development, the relative smallness in quantity and scale of enterprises, the number of employees, the key parks and enterprises have met various problems in their development process as follows. The cultural industrial chain was not complete enough. The driving effect of agglomeration is not obvious enough. The implementation of cultural and economic policies is not specific enough. Great effort should be given to the following aspects：to improve the clustering function of cultural industrial parks, to promote the in-depth integration of culture and science and technology and to improve the capacity and level of government services. Only doing so, can we really make Double Tens into an incubator for cultural enterprises to thrive and a propeller for key cultural enterprises strong.

Keywords：Double-ten Project；Cultural Industry Chain；Human Rescource

B. 11　Report on Development of Henan Province in Film Industry

Liang Li / 163

Abstract：In 2018, Henan province created a wide range of film themes and types, and a number of films highlighting positive energy were widely praised by the society. The box office of the whole province growth steadily with a momentum better than that of the national average level. A historic breakthrough was made in film distribution, and a newly established film distribution co. LTD called "Guo Ying Zong Heng" (prevailing the national films), which was made up of five national film distribution companies. They, hand in hand, realized box office over $ 10 billion. Film studies have entered a new stage with film special fund management and nowadays, they are becoming more and more scientific and standardized. The film industry system and market system of Henan province are developing on a healthy road.

Keywords: Film Creation; Box-office; Film Distribution

B. 12 Report on the Industrial Development of Central China Publishing Media Group in 2018 *Wang Jianxin* / 174

Abstract: In 2018, focusing on publishing as their major mission, Central China Publishing Media Group implemented precision management. We deepened reform and innovation and strengthened the construction of communist party as the importance of the importance. We undertook the responsibility that publishing a good book was our irreplaceable duty. We always put the culture love in our mind that publishing a good book is to contribute to the people. We made arduous efforts to explore content resource system, educational service system, culture-integrated consumption system, the mainstream culture dissemination front system, and the strategic investment system of cultural industry. As matter of fact, breakthroughs have been made in all work, and a good momentum of high-quality development has been maintained.

Keywords: Publishing Industry; Central China Publishing Meia Group; Cultural Industry

B. 13　Analysis on the Trend of Henan Province in Exhibition

Development in 2018　　　　　　　　　　*Xu Chunyan* / 188

Abstract：As an emerging high-growth service industry, convention and exhibition industry has developed rapidly and become one of the most competitive cultural and creative industries in Henan province. In 2018, thanks to the attention and promotion of governments at all levels and the persistent efforts of exhibitors, Henan gained great achievements in convention and exhibition with the market becoming larger and larger and the industry standard system becoming more and more completed. In the future development, Henan will further optimize the distribution of industries, create a number of industry leaders with industrial advantages, promote the cluster development of convention and exhibition enterprises, build a new industrial system and foster growth areas of economy.

Keywords：Convention and Exhibition Industry; Cultural Creativity; Industry Standards

Ⅳ　Literature, Arts and Communication

B. 14　Report on the Development of Henan Province in

Literature and Art in 2018　　　　　　　*Xi Ge* / 200

Abstract：Although the literature and art in Henan province was in the stage of buffer adjustment as a whole in 2018, there were also highlights. Advantages coexisted with deficiencies, which has become a prominent feature of Henan in its development of literature and art, such as Zhongyuan style and the limitation of regional vision, the stability of Zhongyuan cultural high land and the lack of masterpieces, optimization of echelon construction and the shortage of top talents. Because of the above, sticking to the thought of Xi Jinping on socialist literature and art with Chinese characteristics in the new era, respecting the development law of literature and art and taking effective measures will vigorously promote the prosperity and development of literature and art of Henan in the new era.

Keywords: Henan Literature; Henan Art; Forty Years of Reform and Opening Up

B. 15   Analysis of the Development Trend of Henan Province

in Novels in 2018   *Guo Hairong* / 215

Abstract: In 2018, as the construction of Zhongyuan cultural highland was vigorously promoted, the fiction creation of Henan continuously and steadily brought forth creation in fictions. Although the number of long novels was not as much as expected, the number of good ones were increased in percentage, medium-length novels remained of the same standard which got much attention. While generally speaking, the number of the novels of Henan overall declined in creation, young fiction writers were not sufficient, and the writing practice in life was not deep enough. So, effective measures should be taken in such aspects as grasping the spirit of the times, going into the life and strengthening the talent reserves, etc. , thus, can we promote the prosperity and development of novels of Henan in the new era.

Keywords: Henan; Talent Reserve; Novel Writing

B. 16   Report on the Development of Henan Province in Poetry

and Prose in 2018   *Jin Ruixia* / 225

Abstract: In 2018, a good development momentum performed in Henan province. In the aspect of works, good ones of great writers sprout one by one; in the aspect of conventions, the communications were more connected with life; in the aspect of awards, many works gained awards in and out of the province; in the aspect of style and young writers cultivation, highlights appeared continually. While in the meantime, there existed some problems in the development of poetry and prose, which worth us summarizing and thinking deeply. During the 40th anniversary of our reform and opening up, the circle of poetry and prose of Henan should introspect and perform reform, following closely the steps of the times, understanding General Secretary Xi Jinping's important thinking on literature and art, connecting writing with life, rooting among the people, finding out the orientation of literature development, and writing out the voice of Zhongyuan and China in the construction of the new era with Chinese characteristics.

Keywords: Literature of Henan; Poetry; Prose; Talent Team

B. 17   Report on the Drama Research of Henan Province in 2018

Wang Meng / 235

Abstract: Since the year of 2018, Henan has strengthened the force in the fostering of drama talents and in the popularity of traditional Chinese opera, so as to push forward Henan opera to go out of the province and further optimize the ecological environment of opera culture, and furthermore, has gained remarkable achievement. While, in the steady development of Henan's opera, there still exist problems such as the obvious shortage of talent team, the deficient material of contemporary theme and lack of diversity in forms, etc. From now on, we should strengthen the construction of talent teams, perform more reform and creations in the circle of opera, increase government support and make Henan opera more suitable to the development and the need of the new era. Thus can we continue to meet the increasing needs of the people from both spirit and culture.

Keywords: Henan Opera; Peronnel Training; Policy Support

B. 18   Report on the Development of Zhengzhou Xiaoxiaoshuo

Media

Ren Xiaoyan, Ma Guoxing / 246

Abstract: The cultural media corporation limited of Zhengzhou has been putting social benefit in the first place after it experienced the transformation to enterprises. It has actively explored the way of transformation, and cross-development. It has formed such multi-channel business models as periodical publishing, book selection, activity organization and network teaching. Now, it has realized the unity of social benefit and economic benefit.

Keywords: Xiaoxiaoshuo Media; *Garden*; *Periodical of Short Story*; Lu Xun Literature Prize

V   Regional Reports

B. 19   Strategies on the Cultural Construction of Sanmenxia City

in Resources, Situation and Development   *Hu Yongjie / 260*

Abstract: Lying in the west of Henan province, belonging to the ancient central China and locating in the three borders of Henan, Shanxi and Shanxi, Sanmenxia, since the ancient time, has enjoyed the great advantages in geography. Being the origin of Chinese culture and one of the main development areas, it is rich in historical and cultural heritage. In recent years, Sanmenxia city has attached great attention to the protection of the local cultural resources and to the exploration and utilization. They have not only made long and medium development plans, but also gained marvelous achievement in cultural construction. For some time to come, Sanmenxia should further develop ideas and explore continuously in the aspects of cultural band construction, development path and cultural connotation cultivation, so as to create a good situation of integrating social benefit and economic benefit to promote the development and prosperity of regional culture.

Keywords: Sanmenxia; Culture Resources; Cultural Construction; Cultural Brand

B. 20 Report on the Construction of Museums of Family Traditions and Instructions in Luoyang City *Lu Bing* / 272

Abstract: In recent years, the construction of museums of family traditions and instructions has been vigorously promoted all over Luoyang city, which has actually been integrated into the project of inheriting Chinese traditional culture and the innovation system of carrying forward culture all over the city. In the meantime, great importance has been attached to these museums with the creation of mass civilization as the focus of the construction. In the construction, the feudal dregs were discarded to keep pace with the times. Communist Party building was given a close consideration through setting up good examples, in addition, various activities were organized outside the museum to publicize, all of which have gained good social results. Nevertheless, neither enough nor colorful activities and the monotonic propaganda still constitute the main problem. We should, on the basis of deeply excavating and sorting out the outstanding traditional cultural resources in Luoyang, give full play to the advantages of multi-platform publicity, combine with the existing mass cultural activities, combine with the moral construction of the young people's ideology and give full expression of typical characters, thus, can we use good family traditions to make the whole society function well.

Keywords: Luoyang; Family Traditions and Instructions; Culture Inheritance; Ideological Education; Transform Outmoded Habit and Custom

Abstract: With the rapid development of Internet economy and e-commerce, Zhenping county, the hometown of China's jade carving and a key cultural industry park of Henan province, has formed the industry cluster area with characteristics and since then has made remarkable achievements. Even so, there still exposed some problems in the process of development such as the lack of e-commerce professionals, lack of supporting policies from the government, lack of sound product mix, and lack of enough integrity. So we need to strengthen talent training, strengthen government support, insist on differentiated development, improve the construction of credit system, optimize WeMedia marketing, and explore a new mode of jade sale.

Keywords: Zhenping; Jade Carving; E-commerce; Distinctive Industy; Credic System

Abstract: Ru porcelain, listed the first of "Five most Famous Porcelains" of China, was originally produced in Ruzhou city. Ru porcelain comes from Ru Pottery in the Neolithic time and the making of Ru porcelain started from the Tang Dynasty, and prevailed in the Northern Song Dynasty. Ru porcelain is not only the national intangible cultural heritage, but also one of the most 10 influential geographical indication products of Henan province. In recent years, Ruzhou has made great efforts to Ru porcelain industry, focusing on regulation, carrier creation, program construction and policy support, and all of which had helped them gain remarkable achievements. Now, Ruzhou has 7 inheritors of provincial level or above of intangible heritage, 53 provincial or above masters making Ru porcelain and 260 units of Ru porcelain research or production, with annual output value of more than 500 million yuan. Of course, in its development, there still exist some problems which are the capital investment needs to be increased, the relevant policies need to be improved and the external publicity needs to be strengthened. In the future, we will further improve the planning to strengthen scientific research and innovation, deepen the opening and investment and accelerate the construction of Ru porcelain town. We will try our best to strong the cultural industry of Ru porcelain so as to make Ruzhou into a culture city of Ru porcelain.

Keywords: Ruzhou; Ru Porcelain; Intangible Cultural Heritage; Cultural Industry

（本书英文摘要和目录翻译者为河南农业大学外国语学院教授张莉，主要研究方向为英语翻译与文化传播）

❋ 皮书起源 ❋

"皮书"起源于十七、十八世纪的英国，主要指官方或社会组织正式发表的重要文件或报告，多以"白皮书"命名。在中国，"皮书"这一概念被社会广泛接受，并被成功运作、发展成为一种全新的出版形态，则源于中国社会科学院社会科学文献出版社。

❋ 皮书定义 ❋

皮书是对中国与世界发展状况和热点问题进行年度监测，以专业的角度、专家的视野和实证研究方法，针对某一领域或区域现状与发展态势展开分析和预测，具备原创性、实证性、专业性、连续性、前沿性、时效性等特点的公开出版物，由一系列权威研究报告组成。

❋ 皮书作者 ❋

皮书系列的作者以中国社会科学院、著名高校、地方社会科学院的研究人员为主，多为国内一流研究机构的权威专家学者，他们的看法和观点代表了学界对中国与世界的现实和未来最高水平的解读与分析。

❋ 皮书荣誉 ❋

皮书系列已成为社会科学文献出版社的著名图书品牌和中国社会科学院的知名学术品牌。2016年，皮书系列正式列入"十三五"国家重点出版规划项目；2013~2019年，重点皮书列入中国社会科学院承担的国家哲学社会科学创新工程项目；2019年，64种院外皮书使用"中国社会科学院创新工程学术出版项目"标识。

中国皮书网

（网址：www.pishu.cn）

发布皮书研创资讯，传播皮书精彩内容
引领皮书出版潮流，打造皮书服务平台

栏目设置

关于皮书：何谓皮书、皮书分类、皮书大事记、皮书荣誉、
皮书出版第一人、皮书编辑部

最新资讯：通知公告、新闻动态、媒体聚焦、网站专题、视频直播、下载专区

皮书研创：皮书规范、皮书选题、皮书出版、皮书研究、研创团队

皮书评奖评价：指标体系、皮书评价、皮书评奖

互动专区：皮书说、社科数托邦、皮书微博、留言板

所获荣誉

2008 年、2011 年，中国皮书网均在全国新闻出版业网站荣誉评选中获得"最具商业价值网站"称号；

2012 年，获得"出版业网站百强"称号。

网库合一

2014 年，中国皮书网与皮书数据库端口合一，实现资源共享。

权威报告·一手数据·特色资源

皮书数据库
ANNUAL REPORT(YEARBOOK)
DATABASE

当代中国经济与社会发展高端智库平台

所获荣誉

- 2016年，入选"'十三五'国家重点电子出版物出版规划骨干工程"
- 2015年，荣获"搜索中国正能量 点赞2015""创新中国科技创新奖"
- 2013年，荣获"中国出版政府奖·网络出版物奖"提名奖
- 连续多年荣获中国数字出版博览会"数字出版·优秀品牌"奖

成为会员

通过网址www.pishu.com.cn访问皮书数据库网站或下载皮书数据库APP，进行手机号码验证或邮箱验证即可成为皮书数据库会员。

会员福利

- 已注册用户购书后可免费获赠100元皮书数据库充值卡。刮开充值卡涂层获取充值密码，登录并进入"会员中心"—"在线充值"—"充值卡充值"，充值成功即可购买和查看数据库内容。
- 会员福利最终解释权归社会科学文献出版社所有。

数据库服务热线：400-008-6695
数据库服务QQ：2475522410
数据库服务邮箱：database@ssap.cn
图书销售热线：010-59367070/7028
图书服务QQ：1265056568
图书服务邮箱：duzhe@ssap.cn

社会科学文献出版社 皮书系列
SOCIAL SCIENCES ACADEMIC PRESS (CHINA)
卡号：293365171827
密码：

S 基本子库
SUB DATABASE

中国社会发展数据库（下设 12 个子库）

全面整合国内外中国社会发展研究成果，汇聚独家统计数据、深度分析报告，涉及社会、人口、政治、教育、法律等 12 个领域，为了解中国社会发展动态、跟踪社会核心热点、分析社会发展趋势提供一站式资源搜索和数据分析与挖掘服务。

中国经济发展数据库（下设 12 个子库）

基于"皮书系列"中涉及中国经济发展的研究资料构建，内容涵盖宏观经济、农业经济、工业经济、产业经济等 12 个重点经济领域，为实时掌控经济运行态势、把握经济发展规律、洞察经济形势、进行经济决策提供参考和依据。

中国行业发展数据库（下设 17 个子库）

以中国国民经济行业分类为依据，覆盖金融业、旅游、医疗卫生、交通运输、能源矿产等 100 多个行业，跟踪分析国民经济相关行业市场运行状况和政策导向，汇集行业发展前沿资讯，为投资、从业及各种经济决策提供理论基础和实践指导。

中国区域发展数据库（下设 6 个子库）

对中国特定区域内的经济、社会、文化等领域现状与发展情况进行深度分析和预测，研究层级至县及县以下行政区，涉及地区、区域经济体、城市、农村等不同维度。为地方经济社会宏观态势研究、发展经验研究、案例分析提供数据服务。

中国文化传媒数据库（下设 18 个子库）

汇聚文化传媒领域专家观点、热点资讯，梳理国内外中国文化发展相关学术研究成果、一手统计数据，涵盖文化产业、新闻传播、电影娱乐、文学艺术、群众文化等 18 个重点研究领域。为文化传媒研究提供相关数据、研究报告和综合分析服务。

世界经济与国际关系数据库（下设 6 个子库）

立足"皮书系列"世界经济、国际关系相关学术资源，整合世界经济、国际政治、世界文化与科技、全球性问题、国际组织与国际法、区域研究 6 大领域研究成果，为世界经济与国际关系研究提供全方位数据分析，为决策和形势研判提供参考。

法律声明

　　"皮书系列"（含蓝皮书、绿皮书、黄皮书）之品牌由社会科学文献出版社最早使用并持续至今，现已被中国图书市场所熟知。"皮书系列"的相关商标已在中华人民共和国国家工商行政管理总局商标局注册，如LOGO（🖰）、皮书、Pishu、经济蓝皮书、社会蓝皮书等。"皮书系列"图书的注册商标专用权及封面设计、版式设计的著作权均为社会科学文献出版社所有。未经社会科学文献出版社书面授权许可，任何使用与"皮书系列"图书注册商标、封面设计、版式设计相同或者近似的文字、图形或其组合的行为均系侵权行为。

　　经作者授权，本书的专有出版权及信息网络传播权等为社会科学文献出版社享有。未经社会科学文献出版社书面授权许可，任何就本书内容的复制、发行或以数字形式进行网络传播的行为均系侵权行为。

　　社会科学文献出版社将通过法律途径追究上述侵权行为的法律责任，维护自身合法权益。

　　欢迎社会各界人士对侵犯社会科学文献出版社上述权利的侵权行为进行举报。电话：010-59367121，电子邮箱：fawubu@ssap.cn。

社会科学文献出版社